Der Krieg danach

Das Buch

Natalia und Josef Karpf haben den Holocaust überlebt. Sie wandern nach England aus, wo 1950 ihre Tochter Anne auf die Welt kommt. Deren Kindheit scheint normal zu verlaufen. Daß sie immer zu warm angezogen wird und die Mutter der Tochter verbietet, Fahrrad fahren zu lernen, scheinen nur Episoden zu sein.
Erst als erwachsene Frau begreift Anne, welch lange Schatten der Holocaust auch auf ihr Leben geworfen hat: Angst und Depression bestimmen ihren Alltag. In ihrer Autobiographie beschreibt sie den Kampf um ihr eigenes Leben und wie sie es schaffte, sich Stück für Stück aus der Vergangenheit ihrer Eltern zu lösen.

Die Autorin

Anne Karpf ist Soziologin und Journalistin. Sie arbeitet als Kritikerin regelmäßig für den *Guardian* und die *Cosmopolitan*. In *Der Krieg danach* schildert sie ihre eigene, packende Lebensgeschichte.

Anne Karpf

Der Krieg danach

Leben mit dem Holocaust

Aus dem Englischen
von Marion Kappel

List Taschenbuch Verlag

List Taschenbuch Verlag 2000
Der List Taschenbuch Verlag ist ein Unternehmen der
Econ Ullstein List Verlag GmbH & Co. KG, München

Titel der englischen Originalausgabe: The War After
(William Heinemann Ltd., UK)
Übersetzung: Marion Kappel
In Abstimmung mit der Autorin wurde gegenüber der Originalausgabe
die Abfolge der Kapitel geändert
Das Gedicht von Jerzy Ficowski wurde von Karin Wolff
aus dem Polnischen übersetzt
Umschlagkonzept: HildenDesign, München – Stefan Hilden
Umschlaggestaltung: DYADEsign, Düsseldorf
Titelabbildung: Photonica, Hamburg
Druck und Bindearbeiten: Clausen & Bosse, Leck
Printed in Germany
ISBN 3-548-60016-6

Für Bianca und
im Gedenken an Josef Karpf

nicht ein Leben zu retten
ist mir gelungen

nicht eine Kugel aufzuhalten
hab ich vermocht

also irre ich auf Friedhöfen umher
die es nicht gibt
suche nach Worten
die es nicht gibt
eile

zu Hilfe ungerufen
zu überfälliger Rettung

will es schaffen
auch wenn es zu spät ist

Jerzy Ficowski

Inhalt

Erster Teil

1

Meine Familie hatte einen Manteltick. Die gesamte Jugend hindurch und auch viel später noch bot meine Kleidung immer wieder Anlaß zu den heftigsten Streitigkeiten. In den Augen meiner Eltern hinkte sie immer eine Jahreszeit hinterher – angeblich trug ich Sommersachen im Herbst und dünne Herbstjäckchen im Winter. Zuerst schüttelten sie nur mißbilligend den Kopf, dann brach das Gewitter über mich herein: »So kannst du nicht rausgehen, du holst dir den Tod.« Ich wies ihre Anschuldigungen mit solcher Vehemenz zurück, als ob sie mich persönlich angegriffen hätte, doch im stillen nagten die Zweifel an mir, ob ich nicht vielleicht doch frieren würde. Dann gingen sie dazu über, mir allerlei Krankheiten zu prophezeien – »Du fängst dir eine Lungenentzündung.« Ich konterte mit der Wut einer Heranwachsenden, daß ich sehr gut auf mich selbst aufpassen könnte. Das Ganze endete entweder in einem großen Geschrei oder mit einem Ausflug zum nächsten Laden, wo ein neuer Mantel angeschafft wurde.

Keiner war dick genug für sie. Ich weiß nicht, wie viele Schafe ihr Fell lassen mußten, bis meine Eltern endlich überzeugt waren, daß ich warm genug eingepackt sei. Und trotz meiner Proteste glaubte ich selbst insgeheim daran, daß ich nur dem Erfrierungstod entgehen könnte, wenn ich mehrere Lagen Kleidung an mir hatte. Als ich mir mit fünfzehn zum ersten und einzigen Mal in meinem Leben einen Rock nähte, suchte ich einen dicken Filz aus – dieses Material, mit dem man zugige Dächer verkleidet. Die Nähte mußte ich mit einer Industrienähmaschine fertigen, und der Saum ähnelte einem Sandwich.

Ich habe nie richtig verstanden, was hinter dieser Manie lag, mich in Wolle zu packen – eine Obsession, die weit über die übliche elterliche Sorge, selbst die jüdischer Eltern, hinausging –, bis ich eines Tages, viele Jahre später, mit einer Freundin spazierenging. Es war ein kalter Wintertag, und sie hatte nur eine dünne Bluse und eine noch dünnere Jacke an – Kleidung, die in den Augen meiner Eltern etwa dem Wärmegrad eines Bikinis entsprach. Ich hörte mich fragen, ob ihr nicht kalt sei. Sie erzählte mir, daß ihr Vater beim Militär war und seine Kinder weniger als Familie sah, sondern eher als kleine Soldaten, die man abhärten mußte. Sie bekamen zwar nicht gerade eine militärische Grundausbildung verpaßt, aber sie wurden dazu erzogen, das Leben zu ertragen, ohne sich zu beklagen. Folglich hatte sie nie gelernt, sich zu beschweren, wenn sie fror. Mir dagegen – und dies war eine Folge und keinesfalls der Grund der Ängste meiner Eltern – war ständig kalt, und wenn nicht, hatte ich Angst, daß mir kalt werden könnte.

Und so wurde mir langsam klar, daß Kälte nicht nur eine Vokabel der Meteorologen, sondern auch die Beschreibung für einen psychischen Zustand war. Meine Eltern erlebten die Nachkriegszeit als kalt, sowohl körperlich als auch seelisch. Das Leben außerhalb unseres Zuhauses bedeutete Kälte, Kälte war das, was einen erwartete, wenn man das Haus verließ. In ihrem eigenen Heim konnten sie die Temperatur selbst bestimmen, dementsprechend empfanden sie die Engländer, die kaum heizten, als barbarisch. Aber wenn die *Gemütlichkeit* eines jüdischen Hauses Sicherheit bedeutete, konnte alles in der eisigen Welt außerhalb einen krank machen. Die Luft draußen wimmelte von Bakterien, war fremd wie eine nicht koschere Suppe, und man mußte ein wenig dieser jüdischen Wärme mit in die Welt hinaustragen. Man mußte das Drinnen mit nach draußen nehmen.

Von dem gefährlichen Draußen haben meine Schwester

und ich früh erfahren. Ich kann mich gar nicht erinnern, wann man uns zum ersten Mal vom Krieg erzählte. Manchmal denke ich, wir haben nie etwas darüber gehört, er schlich sich einfach in unser Haus wie ein merkwürdig wabernder Nebel und hat sich dort eingenistet. Über unserem Zuhause und unseren Eltern lag eine gewisse Traurigkeit, die unter die Haut ging. Die wuchtigen alten Möbelstücke, die aus Polen herübergeschifft worden waren, trugen noch zu der düsteren Stimmung bei. Meine Schulfreunde haben mir später gestanden, daß sie genauso empfanden. Es war kein Heim, in das man laute oder freche Spielkameraden einladen konnte oder in dem wir mit unseren Freunden toben durften. Dies war ein ernstes Haus. Unser soziales Leben fand vorwiegend bei unseren Freunden statt.

Man erzählte uns Geschichten aus dem Krieg, und wir sahen die Nummer, die meiner Mutter in den Arm tätowiert worden war. Aber ich kann mich an wenig erinnern. Meine Schwester und ich haben so gut wie keine Erinnerung an unsere Kindheit – unser Gedächtnis setzt ziemlich genau mit dreizehn Jahren ein. Davor ist alles ausradiert, ab und zu schimmert irgendein kaum faßbares Gefühl oder ein Ereignis durch wie losgelöste Zeitungsfragmente auf Pappmaché. Oder wie ein Traum, der einen verrückt macht, weil man sich nur beinah an ihn erinnern kann. So als hätten wir nie wirklich eine Kindheit gehabt – und vielleicht war das in gewisser Weise auch so.

Aber was ich weiß ist, daß der Tod in unserem Zuhause lebendig und allgegenwärtig war. Meine Eltern hatten einige wenige Photoalben aus der Vorkriegszeit gerettet, mit Gruppenphotos von fröhlichen Menschen, die einen frösteln ließen. Sie erzählten uns, wer wer war und wie wer gestorben war. Da in unserer Familie kaum noch jemand lebte, mußten die Toten herhalten, und so hörten meine Schwester und ich uns endlose Geschichten über die Jóseks, die

Jadziaks, die Mileks und die Natans an. Meine Eltern entwarfen lebhafte Bilder von ihnen, als könnten sie jeden Moment zur Tür hereinkommen. Aber solche Erinnerungen machten die tiefe Zäsur in unserer Familiengeschichte nur noch sichtbarer. Rückblickend erscheint es mir manchmal, als seien wir in England mutterseelenallein unserem Schicksal überlassen worden oder als hätte man uns an der einen Flußseite ausgesetzt, während all unsere Habseligkeiten noch auf der anderen Seite warteten. Das tiefe Gefühl des Ausgelöschtseins versuchten wir mit Geschäftigkeit zu überdecken. So war es mir nie möglich, diesen Mangel auszumachen oder zu benennen, geschweige denn, mich damit auseinanderzusetzen, denn all unsere Energien gingen dahin, ihn zurückzudrängen oder auf jede nur erdenkliche Weise auszufüllen.

Es scheint, daß ich von Geburt an vom Tod besessen war. Meine Eltern versuchten, dieser Obsession einen Riegel vorzuschieben, aber die Tatsache, daß sie mich über ihr wahres Alter belogen, hat ihr eher noch Nahrung gegeben. Weniger aus Eitelkeit als vielmehr aus Sorge ließen sie einfach ein paar Jahre unter den Tisch fallen, und als sie mir mit etwa acht oder neun Jahren die Unterschlagung gestanden, war ich überzeugt, daß es irgendwie gefährlich war, so alt zu sein, wie sie jetzt zu sein zugaben. Eines Tages starb eine Nachbarin, und bezeichnenderweise betrauten sie meine Schwester Eve mit der Aufgabe, mir die Nachricht zu überbringen. Sie sollte sagen, daß das Übergewicht der Nachbarin für ihren Tod verantwortlich war – sie war in der Badewanne ertrunken. Ich empfand meine Eltern als schwach und zerbrechlich, das lag sicher teils am Alter meines Vaters – er war fünfzig, als ich geboren wurde – als auch an ihrer Lebensgeschichte. Wann immer Eve und ich uns stritten, war ihre größte Trumpfkarte der Satz: »Wegen dir kriegt Papa noch einen Herzanfall.« Hätte ich damals gewußt, daß er erst mit 93 Jahren sterben würde, hätte ich vielleicht häufiger gewonnen. Die Angst, daß unsere Eltern sterben könnten, saß so tief, daß sie sogar unsere Phantasiewelten bestimmte. Wenn die Elfen, die wir uns ausdachten, hundert Jahre alt wurden, begannen sie ihr Leben von neuem, nur daß wir diesmal rückwärts zählten. So kam es, daß unsere Elfenkinder manchmal älter waren als ihre Eltern.

Es wurde ernst mit dem Draußen, als ich in die Schule kam, ein rußgeschwärztes Gebäude, in dem es nach Kohl und Desinfektionsmitteln roch – für mich, die ich in einer mitteleuropäischen Knödel-und-Strudel-Atmosphäre aufgewachsen war, eine völlig fremde Welt. Ich fühlte mich wie ein Astronaut, der zum ersten Mal einen Fuß auf den Mond setzt, nur daß es ein ziemlich kleiner Schritt für die Menschheit war und ein großer Sprung für mich. Gleich in der ersten Woche verteilte der Lehrer Malztabletten unter den Kindern. Ich hatte keine Ahnung, was das war, aber ich zweifelte sofort daran, daß ich sie herunterbekommen würde. Als ich es versuchte, mußte ich würgen. Der Lehrer erlaubte mir, in den Waschraum zu gehen und es noch mal zu probieren. Ich war furchtbar nervös, und zu meinem Entsetzen glitt mir die Tablette aus der Hand und verschwand im Ausguß. So fand ich mich in dem schrecklichen Dilemma, ob ich es dem Lehrer gestehen sollte oder nicht. Ich entschied mich dagegen, eilte nach der Schule nach Hause zu meiner Mutter und überredete sie, mir eine Entschuldigung zu schreiben, die mich vor weiteren Pillen verschonte.

Dieses Erlebnis – meine früheste Erinnerung – hat sich mir tief eingeprägt. Ich schreckte vor den Tabletten zurück wie ein Kind, das sein Leben lang koscher gegessen hat und zum ersten Mal Schweinefleisch kosten soll. Ich glaube, ich hatte das Gefühl, daß ich, wenn ich zur Schule ging, meine Eltern im Stich lassen würde – beziehungsweise sie ließen mich im Stich. Die Tabletten waren Teil einer beängstigenden fremden Kultur, kleine Kügelchen des Englischseins; sie zu verweigern, kam einer Zurückweisung der fremden Welt außerhalb meines Elternhauses gleich.

Bis ich elf wurde, war die Schule ein einziger Alptraum für meinen Magen, und ich entwickelte mich immer mehr zu einer Hungerkünstlerin. Ich konnte keine Milch vertragen und mußte auch davon entschuldigt werden. Und das Mittagessen in der Schule war der Gipfel der Unsäglichkeiten. Jahrelang hatte ich ein bestimmtes Bild im Kopf: Bei einer der ersten Mahlzeiten habe es ein gebratenes Ei gegeben, das auf einem Reispudding thronte – eine äußerst unwahrscheinliche Kombination, selbst wenn man bedenkt, wie gnadenlos schlecht das Essen in den staatlichen Londoner Grundschulen Mitte der Fünfziger war. Doch das Groteske dieses Bildes spricht für sich: Sie gaben mir Dinge zu essen, die einfach nicht zusammenpaßten. Zum Glück fand ich einen einfachen Weg, all diesem zu entgehen: Ich würde zum Mittagessen nach Hause gehen – ein kurzer Rückzug in den sicheren Hafen. Und so geschah es. Während meine Freunde und Klassenkameraden ungerührt ihr Mittagessen herunterschlangen – sie dachten dabei nur daran, daß gleich die Freizeit auf dem Spielplatz begann –, ging ich bis zum Alter von elf Jahren jeden Mittag nach Hause. Ich glaube, ich wollte mich vergewissern, daß es noch da war.

Nicht nur das Essen, auch die Sprache in der Schule war eine fremde Erfahrung für mich. Zu jener Zeit hatte noch niemand davon gehört, die Muttersprache der Schüler zu fördern. Meine Eltern konnten sich in acht Sprachen verständlich machen (sie konnten Polnisch, Englisch, Deutsch, Russisch, Französisch, Italienisch, Hebräisch, Spanisch und ein paar Brocken Jiddisch), und nun kam ich in eine streng einsprachige Welt, in der man immer wieder auf den Akzent meiner Eltern, den ich nicht wahrnahm, anspielte. Meine

Mutter ist oft gefragt worden, ob sie Französin sei – wahrscheinlich, weil Frankreich für Engländer das nächstgelegene Land war und so für das gesamte Ausland stand.

Der Abschied von zu Hause war ein beängstigendes und schmerzliches Erlebnis. Ich hatte das Gefühl, meinem Elternhaus gewaltsam entrissen zu werden. Meine Angst kündigte sich unweigerlich dadurch an, daß mir flau im Magen wurde, und diese schmachvolle Erfahrung ließ mich von nun an nicht mehr los. Wann immer wir unter Leute gingen – auf Parties, bei Picknicks oder im Urlaub – bekam ich dieses flaue Gefühl, und manchmal wurde mir richtig schlecht, und ich mußte mich übergeben, was meine Familie natürlich furchtbar aufbrachte. Und wenn ich dann, und sei es nur kurz, von meinen Eltern getrennt wurde, war es noch schwieriger für mich, die Übelkeit zurückzudrängen. Auch heute noch enden unsere Familienerinnerungen häufig mit der vorwurfsvollen Bemerkung: »Und dann wurde dir schlecht.« Da meine Eltern großen Wert darauf legten, daß wir funktionierten, hatten sie für diese nervösen Magenbeschwerden, ein Zeichen körperlicher Schwäche, wenig Verständnis.

Ich für meinen Teil war zutiefst beschämt von meiner Unfähigkeit, erhobenen Hauptes in die Welt hinauszugehen, und bemühte mich, meine Ängste zu bezwingen. Dabei kam ich ausgesprochen gut zurecht, wenn ich erst einmal »draußen« war. Heute wundert es mich nicht mehr, daß ich so lange von meinen Ängsten beherrscht wurde. Wir waren mit den Erzählungen über den Bruch im Leben meiner Eltern und die Kluft in ihrer Biographie aufgewachsen. Auch die Umarmungen meiner Mutter paßten in dieses Muster; sie waren warm und überschwenglich, doch sie hatten immer ein abruptes Ende und hinterließen das Gefühl, gehalten und dann plötzlich fallengelassen worden zu sein. Im Vergleich zu uns erschien mir das Leben in anderen Familien von einer außergewöhnlichen Kontinuität und einer beneidenswerten Natürlichkeit und Leichtigkeit geprägt.

Wenn wir bei schönem Wetter einen Ausflug machten, atmeten meine Eltern jedesmal tief ein und hielten uns an, es ihnen gleichzutun. »Atmet, Kinder«, drängten sie uns, als fürchteten sie, wir könnten es irgendwie vergessen oder als sei frische Luft eine seltene und äußerst flüchtige Kostbarkeit.

Meine Mutter hatte ein Lieblingssprichwort, »stolat«, aus dem Polnischen, was etwa so viel bedeutete wie »Mögest du hundert Jahre leben!« Ob wir nur niesen mußten oder uns über ein freudiges Ereignis in der Zukunft unterhielten, sie sagte es ständig und huschte dabei ganz schnell durch das Wort wie die Katholiken, wenn sie sich verstohlen bekreuzigen. So oft, wie sie es anbrachte, war dahinter die Angst zu erkennen, daß man nicht ohne weiteres erwarten konnte, ein durchschnittliches Lebensalter zu erreichen. Es war eine Beschwörungsformel, die den Tod abwehren sollte.

Elterliche Sorge ist sicherlich etwas ganz Natürliches, doch bei meinen Eltern war sie nicht auf irgendeine mögliche Zukunft gerichtet, sondern in dem begründet, was sie in der Vergangenheit erlebt hatten. Sie hatten so viel verloren, daß sie instinktiv fürchteten, noch mehr einzubüßen. All unsere Aktivitäten waren von dem »Oh, mein Gott« oder dem »Das bringt mich noch ins Grab« meiner Mutter begleitet und von ständigen Ermahnungen, wir sollten auf uns aufpassen. Zusammen mit der üblichen Sozialisation als Mädchen (und der jüdischen Wertschätzung von Bücherwissen) bedeutete dies, daß ich in meiner Freizeit niemals auch nur annähernd etwas ausprobierte, was nicht auf dem Boden stattfand – obwohl ich durchaus sportlich war und bei Wettkämpfen immer gut abschnitt. Tauchen?

Du bist wohl verrückt. Ich habe nie gelernt, Fahrrad zu fahren, niemals einen Berg bestiegen, bin nie zum Zelten gefahren. Rückblickend wird mir klar, wie sehr wir und sie davon überzeugt waren, daß alles um uns herum – Menschen wie auch Orte – nur provisorisch und vorübergehend war. Wir haben einfach nie gelernt, die Welt und unseren Platz darin als selbstverständlich zu betrachten.

Die schlimmste Trennung von zu Hause erlebte ich mit sechs Jahren, Eve war damals neun. Meine Eltern konnten sich keinen Familienurlaub leisten, und um Geld zu sparen, schickten sie uns in eine Sommerschule in Dorking. Für die anderen war es nur Dorking, für mich die Hölle. Ich war noch nie ohne meine Eltern verreist, und da war ich nun, weit weg von zu Hause und meinen Eltern, in einem Schlafsaal, den ich mit zehn anderen Kindern teilen mußte und in dem das Gesetz der Gruppe herrschte. Diesmal war flau gar kein Ausdruck für meinen Zustand, ich fühlte mich überwältigt von einer grenzenlosen Angst und Wut, und als ich eines Morgens erwachte und gegen meine Übelkeit ankämpfte, entdeckte ich – welch furchtbare Scham – einen eklig stinkenden Haufen in meinem Bett.

Meine Schwester, die auf die älteren Mädchen flog, hätte mir das beinahe nicht verziehen. Aber für mich war es nur der Anfang. Ich kämpfte wieder einmal mit dem fremden Essen, den Bratensoßen und dem Fett, all den Speisen, denen der Geruch nach billigem blauen Plastikgeschirr anhaftete. Es erschien mir alles derart absonderlich und unjüdisch – als hätte man mich gezwungen, eine Hostie zu kosten. Und so stand ich beim Mittagessen von meinem Stuhl auf – es war wie die Szene in »Oliver Twist«, nur daß ich ein Mädchen war – und verkündete der gesamten Schule, daß ich das Essen nicht anrühren würde. Und dann kamen sie alle herbeigelaufen, die Lehrer und der Direktor, redeten auf mich ein und versuchten, mich zur Vernunft zu bringen. Doch mein Entschluß stand fest. Von nun an, so teilte ich ihnen mit, würde ich nichts als gebutterte Weißbrotscheiben essen, fein säuberlich in zwei Dreiecke geschnitten. Und so geschah es. Während die anderen das reguläre Mittagessen aßen, marschierte ich in die Küche, um mir meine Dreiecke abzuholen.

Das Feilschen ums Essen fand jedoch nicht nur fern von zu Hause statt. Ich war der Schrecken aller Eltern, das Kind, das nicht essen wollte. Doch während es bei anderen einfach als kindliches Aufbegehren gewertet wurde, nicht mehr und nicht weniger, fühlte es sich bei uns fast wie eine Sünde an – das Kind, das den Leidensweg seiner Eltern noch verlängert. Meine Weigerung zu essen war sicherlich ein gezielter Akt der Rebellion: Ich verweigerte genau das, was man meinen Eltern gewaltsam vorenthalten hatte. Ihnen muß es so vorgekommen sein, als seien ihre eigenen Überlebensängste, die sie doch gerade erst bezwungen hatten, nun mit ihrer Tochter wiederauferstanden. In ihrer Verzweiflung ging meine Mutter schließlich mit mir zu einem Kinderarzt. Er tröstete sie mit einem Satz, der unseren Streitereien ums Essen ein für alle Mal ein Ende bereitete: »Das Mädchen ist nicht dumm, wenn sie Hunger bekommt, wird sie schon essen.«

Klingt das so, als seien wir ein trauriger Haufen gewesen? Oh, wenn es nur so gewesen wäre! Trauer war eins der verbotenen Gefühle, genauso wie Niedergeschlagenheit, Wut und Depression. »Deprimiert, was soll das sein?« fragte mein Vater ironisch, wenn meine Schwester von einer Klassenkameradin berichtete, der es nicht gutging – mit ihr mitzufühlen war gerade noch so an der Grenze des Erlaubten. »Ihr Leben ist nicht in Gefahr, und genug zu essen hat sie auch.« Das Leben außerhalb der Konzentrationslager war doch das Paradies auf Erden. Es gab ein genau festgelegtes Wertesystem, echtes Leid stand oben und die üblichen

Allerweltsdepressionen, pubertäre »Verstimmungen« und das Gefühl, daß etwas in deiner Welt nicht in Ordnung war, unweigerlich ganz unten auf der Skala. Als mich eine Freundin Jahrzehnte später fragte, ob ich wirklich ein unglückliches Kind gewesen wäre oder ob ich es nur später sozusagen »hineingedeutet« hätte, konnte ich mir nicht erklären, warum ich keine Antwort fand – bis mir klar wurde, daß wir nie darüber nachgedacht hatten, ob wir vielleicht unglücklich waren. Es war uns nicht erlaubt, so etwas zu fühlen, und ich hätte damals nicht gewußt, wovon sie sprach. Wenn die Eskimos viele verschiedene Worte kennen, um Schnee zu beschreiben, verwundert es mich nicht, daß »unglücklich« in meinem Wortschatz nicht vorkam.

Meine ausgegrenzten Gefühle fanden jedoch einen Weg an die Oberfläche und äußerten sich vor allem in körperlichen Symptomen. Als Baby hatte ich ein Ekzem. Als ich sechs Wochen alt war, bekam ich plötzlich einen qualvoll brennenden Ausschlag. In meinem ersten Lebensjahr habe ich mich nur gekratzt. Ich durfte nicht gebadet werden, und mein Vater cremte mich statt dessen ein und beruhigte mich mit seinen Händen. Obwohl das Ekzem verschwand als ich älter wurde, brach es Jahre später regelmäßig wieder aus, ein untrügliches Anzeichen von Streß.

Und ich weinte durch die Nase. Von früher Kindheit an litt ich unter chronischem Schnupfen – in meinen ersten Schuljahren war ich ständig furchtbar verrotzt. Gott sei Dank gab es damals schon Tempos, denn sonst wäre ich wohl kaum in den Genuß einer Schulbildung gekommen. Mit ein paar Stofftaschentüchern hätte ich den nicht enden wollenden Schleim niemals eindämmen können. Es war so schon schwer genug, denn ich wußte nie, wieviel Taschentücher ich tatsächlich brauchen würde. Obwohl ich immer ein dickes Paket einsteckte, war mein Vorrat unweigerlich gegen elf Uhr morgens aufgebraucht. Dann stand ich da, mit den durchnäßten Tüchern in der Tasche, und meine Nase war schon wieder zu. So mußte ich ständig den Unterricht verlassen und in die Waschbecken schnaufen.

Meine Eltern probierten die unterschiedlichsten Therapien mit mir aus, doch nichts half. Einmal wurde mir ein seltsamer Gummiballon in die Nase geschoben, während ich auf dem Bett lag und mein Kopf herunterhing. So sollte der Schleim hinausgepumpt werden – eine Art Nasenklistier –, es war eine furchtbare Qual.

Des Nachts schienen die Dämonen, die in mir wohnten, herauskommen zu wollen. Meine Schwester und ich hatten ein Sprüchlein, dem wir beinahe magische Kräfte zuschrieben und ohne das wir niemals einschliefen. Es mußte immer der letzte Satz sein, bevor wir uns schlafen legten, und falls eine von uns noch schnell etwas anderes loswerden wollte, mußten wir ihn noch mal wiederholen. »Gute Nacht schlaf gut träum von nichts« hieß er, und wir reihten die Worte ganz schnell aneinander, so daß sie wie eins klangen.

Trotzdem wachte ich nachts immer wieder mit Übelkeitsanfällen auf, überwältigt von einer unerklärlichen, doch machtvollen Angst, die sich in meine Träume geschlichen hatte, während mein waches Bewußtsein abgeschaltet war. Schließlich war ich so besorgt, daß diese Anfälle zurückkehren könnten, daß ich beschloß, einen Metallkrug neben mein Bett zu stellen. Dort blieb er über Jahre hinweg stehen und war mir eine große Beruhigung.

Mein wichtigster Trostspender war das Fernsehen. Es gibt kein besseres Schlafmittel, als fünf Stunden lang ohne Pause davorzusitzen. Wenn ich mir zwei alte Hollywoodfilme, eine Cowboyserie und vielleicht noch eine Sitcom angeschaut hatte, konnte ich absolut sicher sein, daß sich alles in mir und um mich herum in Luft aufgelöst hatte, ersetzt durch ein Universum, das nicht die geringste Erwartung an mich stellte.

Meine Eltern waren entsetzt, daß wir so fernsehsüchtig waren, und taten alles, um diese Sucht einzudämmen. Um uns davon abzulenken, versuchten sie, uns die englische Literatur nahezubringen. Feierlich entfaltete mein Vater bei solchen Gelegenheiten ein zerknittertes, fadenscheiniges Notizblatt, eng beschrieben mit den Titeln englischer Klassiker. Er las uns die Titel dieser Werke, von denen er viele in Übersetzungen gelesen hatte, laut vor, so als könne er uns allein durch die Namen ein Gefühl für diese großartige, zutiefst englische Literatur vermitteln und uns damit zum Lesen animieren. Doch meine Schwester blieb bei ihren Liebesromanen, und ich las so gut wie nichts, bis ich siebzehn war – Bücher waren zum Lernen da, basta. Sie waren ein Teil des Problems, nicht die Lösung.

Manchmal zogen meine Eltern auch das Antennenkabel raus und versteckten es. Doch sobald sie aus dem Haus waren, rannten wir in die Werkstatt meines Vaters und suchten uns ein neues, um dann wie hypnotisiert die Zeit vor dem Fernseher zu verbringen. Wenn wir unsere Eltern zurückkommen hörten, brachte eine von uns das Kabel schnellstens an seinen Platz zurück, und die andere rückte die Stühle wieder an den Tisch. Meine Eltern gingen dann schnurstracks zum Fernseher und legten eine Hand darauf. Er war immer verräterisch warm.

Eines Tages, wir spielten gerade im Garten, stand plötzlich eine Frau neben unseren Mülleimern. Sie war groß, hatte lange Haare und trug Hosen. »Ständig zerreißen Sie sich über Mrs. Wilkinson das Maul. Das möchte ich nicht noch einmal hören!« schrie sie meine Eltern an. Die beeilten sich, ihre Unschuld zu beteuern. »Wir kennen keine Mrs. Wilkinson. Wer soll das sein?« »Na, ich«, schnaubte sie wütend. Sie wurde hinwegkomplimentiert und aus sicherer Entfernung als Verrückte abgetan, aber dieser paranoide Ausbruch hatte unsere wohlgehütete Normalität aus dem

Gleichgewicht gebracht. Als wir ein paar Tage später draußen Lärm hörten, eilten wir auf die Straße und erblickten Mrs. Wilkinson am Fenster ihrer Wohnung im dritten Stock. Sie warf mit Milchflaschen auf die versammelte Nachbarschaft und die Sanitäter, die mit Engelszungen auf sie einredeten, sie solle doch herunterkommen. Irgendwann wurde sie schließlich abgeholt und wahrscheinlich irgendwo eingeliefert, doch ich konnte sie nicht vergessen. Sie schlich sich regelmäßig in meine Träume, um mich ihren Wahnsinn spüren zu lassen.

Es muß etwa zu dieser Zeit gewesen sein, als meine Mutter eine Frau aus Frankreich anstellte, die uns beide in Französisch unterrichten sollte. Ich glaube, ich war damals ungefähr acht Jahre alt. Die regelmäßigen Unterrichtsstunden und dieses glänzende, rotweiß eingeschlagene Berlitz-Buch waren mir ein Greuel, denn da ich die Regeln der englischen Grammatik nicht beherrschte, blieb mir die französische ein Buch mit sieben Siegeln. Und so kämpfte ich mit den y's und en's, die ich nie unterscheiden konnte, und verließ mich statt dessen auf den reinen Zufall. Neben diesen wenigen bewußten Erlebnissen erinnere ich mich heute noch an das Gefühl, das diese Stunden in mir auslösten: Es war eine quälende Verwirrung, als sei ich ohne Karte an einem fremden Ort gestrandet oder als hätte man mich betäubt, und ich versuchte krampfhaft, normal weiterzufunktionieren. Aber die Sätze »Das verstehe ich nicht«, »Das will ich nicht« und »Das kann ich nicht« blieben mir im Hals stecken. Ich konnte nicht nein sagen.

Von außen wäre natürlich niemand auf den Gedanken gekommen, daß etwas mit uns nicht stimmte. Wir wurden abgöttisch geliebt. Meine Eltern waren warmherzige, einnehmende Menschen mit ausgeprägtem europäischem Charme, manchmal war es mir peinlich, wie unbritisch sie waren, ich wußte ja, wie sehr die Engländer Übertreibungen verabscheuten. Aber die Begeisterungsfähigkeit meines Vaters, seine künstlerische Wertschätzung weiblicher Schönheit, und die Angewohnheit alle, die er kannte und mochte, auf charmante wienerische Art mit einer angedeuteten Verbeugung zu grüßen, wirkten entwaffnend und anziehend auf die Leute. Und genauso war es auch mit meiner überschwenglichen, musikalischen Mutter.

Über die Frage, wie man in England überlebt, erhielten wir zwei gegensätzliche Botschaften. Für meine Eltern war die Welt ein Ort ohne jede Sicherheit, und wir schlossen daraus, daß es am besten war, sich möglichst unauffällig zu verhalten. Wenn man keine Aufmerksamkeit erregte, vermied man auch unliebsame Reaktionen. Wahrscheinlich war das zwanzig Jahre zuvor in Krakau oder Lwów die beste Überlebensstrategie gewesen. Als meine Schwester in der Grundschule von ihrer Lehrerin als »dreckige Jüdin« beschimpft wurde, beschwerte sich mein Vater in einem anonymen Brief beim Direktor, der daraufhin die Lehrerin entließ, doch er verlor nie ein Wort darüber, und wir haben erst Jahrzehnte später von ihm erfahren, daß er diesen Brief verfaßt hatte. Ich habe einmal für die *Sunday Times* einen Artikel über Jom Kippur, den Versöhnungstag, und mein Selbstverständnis als Jüdin geschrieben – ich war damals schon über zwanzig. So stolz meine Eltern auch waren, man merkte ihnen nur zu genau an, wie sehr sie dieses öffentliche Bekenntnis ängstigte. Unter anderem hatte ich in dem Artikel auch erwähnt, daß ich meine Beine rasierte, woraus man fälschlicherweise schloß, daß ich dies auch mit meinen Schamhaaren tat. Dieses Detail war für die Leser bezeichnenderweise viel interessanter als mein Coming-out als Jüdin.

Auf der anderen Seite wurden wir ermutigt, uns hervorzutun. Seit meiner frühesten Kindheit wußte ich, daß gute Leistungen für meine Eltern eine besondere Bedeutung hatten. Ich gab ihnen, was sie brauchten. Man mußte mich nie zum Lernen animieren. Drohungen oder Belohnungsgeschenke waren bei mir überflüssig. Im Gegenteil, manchmal mußten sie mich regelrecht davon abhalten. Erfolg in der Schule und im Leben war etwas, mit dem ich für ihr Wohlbefinden sorgen konnte, ein nie versiegender Balsam. Unsere Erfolge, unsere bloße Existenz hatten etwas Berauschendes: Sie gaben dem Leben einen Sinn, waren ein Sieg über einen – namenlosen – Feind. Aber der Feind mußte wieder und wieder besiegt und der Sinn des Lebens unendlich oft erkämpft werden. Und so habe ich tief verinnerlicht, daß man, wenn man nichts tut, Gefahr läuft, nicht mehr zu existieren.

Erfolg und Leistung waren zudem die Garantie dafür, daß man nicht in die Mittelmäßigkeit abglitt: Es schien, als ob man sich durch unermüdlichen Einsatz des Intellekts und des Willens von der Masse abheben und so überleben konnte. Wir waren eine Familie voller Energie, Einsatzwillen und Leidenschaft. Mangelndes Selbstvertrauen kannten wir nicht, und Passivität machte uns angst. Unsere Lebenskraft mußte ständig geschürt werden. Wir spornten uns gegenseitig an.

Seit frühester Kindheit haben wir immer wieder erzählt bekommen, wie erfolgreich meine Mutter alles organisierte und in Gang hielt. Wie sie Freunde und Verwandte während des Krieges mit ihrem unverwüstlichen Optimismus buchstäblich am Leben erhalten hatte. Die Tatsache, daß sie überlebt hatten, war für meine Eltern kein glücklicher Zufall. Sie fühlten sich nicht als ohnmächtige Opfer. Für sie war es eher ein Beweis dafür, daß sie ihr Schicksal selbst in der Hand hatten. In ihren Augen bestimmten die eigene Entscheidung und das eigene Handeln das ganze Leben, nichts blieb dem Zufall überlassen. Obwohl seine Vergangenheit eigentlich das Gegenteil bewies, hörten wir von meinem Vater immer wieder den Satz: »Omnis homo sui fati auctor est«, jeder Mensch ist seines Glückes Schmied.

Mit der Entscheidung kam aber auch die Verantwortung. Wenn ich eine Erkältung hatte, dann war es meine Schuld: Ich hatte mich nicht warm genug angezogen, mich mit Leuten getroffen, die mich angesteckt hatten. Wenn mich andere Menschen im Stich ließen, lag das an meinem getrübten Urteilsvermögen. Alles wurde durch menschliches Handeln bestimmt, nichts war zufällig oder nicht vorhersehbar. Mit dieser Philosophie schützten sich meine Eltern vor dem unfaßbaren Gedanken, daß sie ihr Leben möglicherweise allein einer glücklichen Fügung zu verdanken hatten.

Obwohl sie uns unbesiegbar erschienen, spürten wir doch ihre Zerbrechlichkeit: Sie waren wie einmal gekittete Figuren, die an der gleichen Stelle leicht wieder auseinanderbrechen konnten. Wir wußten, daß wir für ihren Zusammenhalt von entscheidender Bedeutung waren.

Als ich etwa zehn Jahre alt war, wurde mein Verantwortungsbewußtsein durch einen harmlosen Verkehrsunfall noch verstärkt. Das Auto samt Dachgepäckträger voll beladen, waren wir auf der Heimreise von einem Urlaub in Frankreich. Meine Mutter saß am Steuer und nahm eine Kurve zu schnell. Wir schleuderten, der Dachgepäckträger rutschte zur Seite, und der Wagen kam von der Straße ab. Da die Straße leer war, hielt sich der Schaden am Auto und seiner Fracht in Grenzen. Aber nachdem wir uns von dem Schock erholt hatten, alles wieder an seinem Platz war und wir weiterfuhren, ertappte ich mich dabei, wie ich wie gebannt nach vorne starrte und in Gedanken mitfuhr, als ob ich am Steuer säße. Ich wußte, wenn ich mich nicht auf die Straße konzentrierte, würde der Wagen nicht weiterfahren und wir nicht sicher an unser Ziel gelangen. Dieses Gefühl hat mich bis heute nicht verlassen. Seit damals kann ich nicht einfach bei jemand anderem im Auto mitfahren, auch heute noch bremse und lenke ich in Gedanken immer mit.

Am stärksten war dieser Zwang zu leiten und zu unterstützen, wenn meine Mutter ein Konzert gab. Sie spielte regelmäßig als Solistin in Orchestern und gab Klavierkonzerte in den bekanntesten Londoner Konzertsälen. Wir waren immer dabei. Ihre Auftritte bewegten und begeisterten das Publikum, häufig sogar die berüchtigten Londoner Musikkritiker. Aber einmal, es war bei einem Konzert in der Wigmore Hall, brachte sie eine Passage durcheinander. Das ist nichts Außergewöhnliches bei Künstlern, und sie korrigierte ihren Fehler sehr schnell. Außer meinem Vater, meiner Schwester und mir hatte wohl kaum jemand diesen Faux pas bemerkt, aber wir kannten das Stück ja auch fast auswendig – zu Hause war ihre Musik immer gegenwärtig, ob wir spielten oder Hausaufgaben machten, sie begleitete uns durch den Tag.

Aber genauso wie bei dem Autounfall hatte dieser Beweis ihrer Fehlbarkeit eine nachhaltige Wirkung auf mich. Ich habe es niemals jemandem erzählt – am allerwenigsten meinen Eltern –, aber nach diesem Vorfall wurden ihre Konzerte für mich jedesmal zu einer Geduldsprobe.

Ich saß auf meinem Platz, spielte im Geist jede einzelne Note mit und wartete regelrecht darauf, daß sie etwas falsch machte. Natürlich spielte mir meine Phantasie manchmal üble Streiche. Wenn sie sich wirklich vergriff, brach mir der Angstschweiß aus allen Poren. Nach dem Konzert versammelten sich ihre Freunde und Fans hinter der Bühne, und irgendwann kam dann die unvermeidbare Frage, ob wir nicht stolz auf unsere Mutter seien. Ich habe nie gesagt, daß es für mich eigentlich nur zwei Gefühle gegeben hat: a) panische Angst und b) Erleichterung.

Die Identifikation mit meiner Mutter war allumfassend, und doch brachte ich nicht mehr als die ersten Akkorde von »Für Elise« zustande. Es war, als hinge der Erfolg dieser Konzerte von mir, die ich doch kaum spielen konnte, ab. Kein Wunder, daß die Schallplatte »Sparky's Magic Piano« mein absoluter Favorit war: Sie erzählt die Geschichte eines völlig unmusikalischen Kindes, das sich ans Klavier setzt, um zu entdecken, daß es spielen kann wie ein kleiner Gott.

In Wahrheit war es natürlich so, daß meine Mutter mir die Musik nahebrachte und nicht umgekehrt. Eines Tages – es war der Tag vor der Musikprüfung in der dritten Klasse – klimperte ich mit meiner besten Freundin auf dem Klavier herum. Sie spielte die fis-Moll-Tonleiter, aber sie hörte sich ganz anders an als bei mir. Sie bestand darauf, daß sie sie richtig spielte, und ich behauptete das Gegenteil. Als wir so dasaßen und über die zwei Versionen nachdachten, verließ mich plötzlich all mein Selbstvertrauen. Ich war überzeugt, daß meine Mutter mir etwas Falsches beigebracht hatte, daß sie – obwohl sie mit achtzehn als Solistin mit den Berliner Philharmonikern gespielt hatte – die fis-Moll-Tonleiter nicht beherrschte! Schließlich fanden wir heraus, daß es zwei Tonleitern gibt, eine melodische und eine harmonische: Meine Freundin hatte die eine gelernt und ich die andere. Es ist bezeichnend, daß ich mich selbst auf dem Gebiet, in dem meine Mutter Expertin war, nicht getrost in ihre Hände begeben und ihren Fähigkeiten vertrauen konnte.

Die europäische Kultur war bei uns zu Hause überall spürbar, sie lebte in der Musik meiner Mutter und der Kunst meines Vaters. Ihr Klavierspiel war ein zentraler Teil unseres Familienlebens. Für sie stellten Chopin, Beethoven, Brahms und Schubert wahrscheinlich die einzige Verbindung zu ihrem Leben vor dem Krieg dar, wobei ihre Erfolge in der Londoner Musikszene – die mein Vater mit allen Kräften unterstützte – bewiesen, daß sie sich die Welt neu erobert hatte. Doch ihre Musik war auch wehmütig und enthüllte einen Schmerz, den nur selten jemand bemerkte.

Ich liebte es, von ihrer Musik umgeben zu sein. Besonders genoß ich es, wenn ich nach einer Erkältung zur Erholung noch zu Hause bleiben mußte. Ich spielte dann gemütlich auf dem großen roten Sofa aus Polen, das in der Nähe des Klaviers stand, baute mir mit den Sofakissen eine Höhle und hörte zu, wie sie ihre Etüden spielte. Aber diese friedliche Szene war immer von Traurigkeit überschattet. Noch heute versetzen mich bestimmte Melodien in die Vergangenheit und lassen dieses quälende Gefühl in mir aufsteigen. Wann immer ich die Paganini-Liszt-Etüden höre, sind mir diese Stunden wieder präsent.

Meine Eltern hatten im Englischen zwar einen starken Akzent, aber sie waren in drei Sprachen zu Hause, und trotz seiner eigenartigen Satzstellungen war mein Vater in der Lage, einen eleganten Geschäftsbrief zu verfassen. In einer Umkehrung der Verhältnisse zwischen den Generationen – und wie alle Kinder von Immigranten – beherrschten wir die englische Sprache bald besser als unsere Eltern, unsere Muttersprache war nicht die Sprache unserer Mutter. Außerdem fiel es uns, wie allen Engländern in der ersten Generation, viel leichter, uns anzupassen.

Unsere Eltern waren stolz darauf, mit welcher Leichtigkeit ihre Kinder sich in dem neuen Land zurechtfanden. Es gibt in unserer Familie eine fast sprichwörtliche Geschichte darüber, wie ich im Alter von zweieinhalb Jahren meinen Vater in die Lebensmittelabteilung eines John-Barnes-Geschäftes begleitete, wo er für meine Mutter ein Päckchen Schokoladenpudding kaufen sollte. Als er sich im Gewirr der Regale und Verkaufsstände nicht zurechtfand, habe ich ihn an die Hand genommen und an das richtige Regal geführt.

Warum ist gerade diese kleine Episode meinen Eltern so lebhaft in Erinnerung geblieben, daß sie sie immer wieder erzählen wollten? Familiengeschichten sind eine Art von DNA, verschlüsselte Mitteilungen darüber, wie die Dinge sind und sein sollen, überliefert von Generation zu Generation. In dieser Geschichte ging es nicht um kindliche Frühreife oder kulinarische Vorlieben – dazu gab es bessere und treffendere Anekdoten. Es ging darum, daß ich sie durch eine fremde Kultur geführt und sie ihnen nahegebracht hatte. Diese Geschichte sollte sagen, daß ich mich in dieser Gesellschaft bereits zu Hause fühlte.

Ich glaube, wir lernten schon früh, daß wir uns um unsere Eltern kümmern mußten, damit ihnen nichts Schlimmes passierte. Wir versuchten, sie am Leben zu erhalten.

Ich war um einiges älter, doch noch genauso ängstlich, als ich mich in den Jahren 1983 und 1984 mit meinem Vater und meiner Mutter an einen Tisch setzte, um ihre Lebenserinnerungen aufzunehmen. Eigentlich war ich noch nicht bereit, sie anzuhören, aber ich hatte Angst, sie könnten sterben und ihre Geschichte mit ins Grab nehmen. Ich wollte mich irgendwann in der Zukunft in Ruhe damit auseinandersetzen, doch für den Fall, daß sie dann nicht mehr da wären, wollte ich ihre Biographien fein säuberlich geordnet verfügbar haben. Ganz entgegen meiner damaligen Gewohnheit habe ich bei den Aufnahmen überaus großen Wert auf Genauigkeit gelegt. Zum Teil lag das sicher daran, daß ich zu diesem Zeitpunkt gerade mit meiner Therapie angefangen hatte und in ihren Geschichten nach Material zum Verständnis meines eigenen Lebens suchte. Den genauen Ablauf legte ich fest – ich war auf meiner eigenen Entdeckungsreise.

Was dabei herauskam ist eine Mischung zwischen dem, was ich bereit war zu hören, und dem, was sie bereit waren zu erzählen. Später habe ich ihre Lebenserinnerungen noch einmal überarbeitet, mit veränderter Perspektive und einer anderen Herangehensweise.

Josef Karpf:
Mein Vater kam aus einer dreizehnköpfigen Familie. Mein Großvater lebte in Ulanów, an der Grenze zwischen Galizien und dem russischen Teil Polens. Er handelte mit Bauholz, das er den Fluß hinunter bis nach Danzig verschiffte. Sein Geschäft blühte. Fast drei Viertel der Bevölkerung von Ulanów hat für ihn gearbeitet, und er war sehr wohlhabend. Seine Kinder wurden im jüdischen Sinne erzogen, aber er gehörte auch zu den sogenannten »Aufgeklärten«, die sich schon in den sechziger und siebziger Jahren des letzten Jahrhunderts für europäische Kultur interessierten. Mein Großvater mütterlicherseits war ebenfalls gut im Geschäft. Er war Kaufmann und hat sich später ein Anwesen von mehr als 800 Hektar gekauft, auf dem ein großes Landhaus stand. Er baute eine Branntweinbrennerei auf, in der achtzig- oder neunzigprozentiger Alkohol zu sechsundneunzigprozentigem gebrannt wurde, der dann an Spirituosenfabriken weiterverkauft wurde. Es war die Zeit der Habsburger. Die österreichische Regierung war sehr liberal, und so gab es viele wohlhabende Juden. Die Familie meines Vaters hatte den Namen Karpf von der Regierung erhalten: Nach der Teilung Polens bekamen die Juden unter Kaiser Josef II. erstmalig Familiennamen. Vorher war es üblich, sie nach ihrem Vater zu benennen. Bei der Namensgebung hat man vor allem auf Berufe zurückgegriffen. Schneider war zum Beispiel ganz häufig. Viele Familien wurden auch nach Bäumen benannt wie bei Greenbaum und Rosenbaum oder nach anderen Begriffen aus der Natur, nach Vögeln, Blumen und Tieren oder, wie im Fall der Karpfs, nach Fischen. Die Namensgebung war von der Willkür der Beamten abhängig – geriet man an einen besonders boshaften, konnte man großes Pech haben –, und es ging das Gerücht, daß man mit einer kleinen Zuwendung ein wenig nachhelfen konnte. Die Amtssprachen waren Deutsch und Polnisch,

und meine Eltern sprachen beides. Nach ihrer Hochzeit hat mein Vater auf dem Gut seines Schwiegervaters gearbeitet, das in der Nähe von Jasło lag. Dort wurde ich 1900 geboren. Ich war das drittälteste Kind und hatte zwei Schwestern und drei Brüder.

Die ersten Jahre meines Lebens habe ich mehr oder weniger in den Ställen verbracht, bei den Kühen und Pferden. Es waren etwa zwanzig Leute auf dem Gut beschäftigt, und ich habe meistens zusammen mit den Stallgehilfen in der Gesindeküche gegessen. Es war eine glückliche, freie Zeit. Ich war oft mit dem Sohn des Verwalters zusammen. Abends wartete ich schon darauf, daß die Pferde von der Weide kamen. Mit drei oder vier habe ich sicher im Sattel gesessen und durfte die Pferde zur Tränke reiten. Wir wurden mehr oder weniger uns selbst überlassen, nur bei den Mädchen paßte man mehr auf, sie durften sich längst nicht so frei bewegen wie wir.

Als ich sechs war, baute mein Vater ein Haus in Jasło, und wir zogen vom Gut in die Stadt, in eine Fünf- oder Sechszimmerwohnung. Den Sommer verbrachten wir allerdings immer auf dem Land. Jasło hatte 11 000 Einwohner, etwa 10 Prozent waren jüdisch. Laut Aussage des Museums der Jüdischen Diaspora in Israel lebten im Jahre 1900 1524 Juden in Jasło, 23,2 Prozent der Gesamtbevölkerung. Nach ihren Angaben waren im Jahr 1921 viele der größeren Betriebe in jüdischer Hand, darunter die lebensmittelverarbeitende Industrie, chemische Werke und Bauholzfirmen. Mein Vater hat mit Land und Waldgrundstücken gehandelt. Er war ein sehr gebildeter Mann, ein angesehener Talmudgelehrter, aber er hatte auch deutsche und polnische Literatur studiert. Ständig waren Leute bei uns, die ihn wegen irgendeiner Sache um Rat fragten, und manchmal haben sie ihn auch gebeten, einen Streit beizulegen. Unser Haus stand allen offen, Besucher waren zu jeder Tages- und Nachtzeit willkommen. Zu Weihnachten hat mein Vater zwei Fuder Kohlen an arme Leute verteilen lassen, und zu Ostern zwei Fuder Kartoffeln. Meine Mutter sprach fließend Französisch. Sie war eine schöne, intelligente Frau, aber sie hatte eine sehr traditionelle Erziehung genossen, und nach der Hochzeit bekam sie fast jedes Jahr ein Kind. Sie nahm es leicht, denn sie hatte genügend Hilfe im Haus und mit den Kindern.

Ich bin in die örtliche Grundschule gegangen, zusammen mit den Söhnen der Jasłoer Geschäftsleute. Der Unterricht fand sowohl auf Deutsch als auch auf Polnisch statt. Antisemitismus haben wir damals nicht kennengelernt. Mein Großvater baute ein großes Schulhaus, in dem Hebräisch unterrichtet werden sollte, und mein Vater brachte einen Hebräischlehrer nach Jasło, der hauptsächlich modernes Hebräisch las – was zur damaligen Zeit eine große Seltenheit war. Mit sechs oder sieben haben wir alle Hebräisch gelernt, und innerhalb von einem oder zwei Jahren sprach jedes der 160 jüdischen Kinder in der Stadt die Sprache fließend.

1914, als ich vierzehn Jahre alt war, brach der Krieg aus, und wir mußten vor den Russen fliehen. Wir hatten eine Kutsche mit zwei Pferden. Vier weitere Pferde zogen den Karren mit der Plane, in dem wir Kinder und unsere wichtigsten Habseligkeiten untergebracht waren. Das Gut und alles andere mußten wir herrenlos zurücklassen. Wir zogen quer durch die Karpaten Richtung Süden, nach Ungarn. Als die Russen nach Jasło kamen und die Tanks mit den Millionen von Litern Alkohol zu Gesicht bekamen, ließen sie den kostbaren Tropfen abfließen aus Angst vor einer betrunkenen russischen Armee. Es hat Tage gedauert, bis die Tanks leer waren. Als die Bauern aus der Umgebung davon hörten, kamen sie mit allem angelaufen, was sie an Gefäßen finden konnten, um den guten Branntwein zu retten. Noch Jahre später haben sie davon geschwärmt, wie gut es ihnen damals ergangen ist. Weiter ging's nach Wien, diesmal mit dem Zug, was wir Kinder richtig aufregend fanden.

Wir mieteten eine sehr bescheidene Wohnung. Hausangestellte hatten wir nicht, und meine Mutter mußte selbst kochen. Eineinhalb Jahre blieben wir in Wien. Ich ging aufs polnische Gymnasium, wo wir »Macbeth« in polnischer Übersetzung lasen. Es war eine schöne Zeit für uns, Wien war so interessant, und ich war ja noch nie in einer großen Stadt gewesen. Ich habe mir oft die Abendausgabe der *Neuen Freien Presse* gekauft und sie im Park gelesen. Damals habe ich auch meine ersten Portraits gezeichnet. Einmal kaufte ich mir eine Postkarte von Beethoven und zeichnete ihn ab, in voller Lebensgröße. Und nach der Schule machte ich häufig Station in einem Laden in der Nähe der Hofburg, wo es automatische Plattenspieler gab. Für nur zehn Groschen konnte ich mir eine halbe Stunde lang Arien aus »Aida« oder irgendeiner anderen Oper anhören.

Als die Russen Ende 1915 den Rückzug angetreten hatten, beschlossen wir, nach Jasło zurückzukehren. Die Stadt war unversehrt, nur unsere Fabriken und die Gebäude auf dem Gut waren niedergebrannt worden. Unsere Wohnung in Jasło war wie leergefegt, sie hatten bis aufs letzte Möbelstück alles mitgenommen. Doch der Schock war nicht so groß, denn ich hatte ein nahezu grenzenloses Vertrauen in die Fähigkeiten meines Vaters. Er war sehr clever, und innerhalb von zwei oder drei Jahren hatte er alles – die Brennerei, die Destillerie und die Spirituosenfabrik – ohne fremde Hilfe wieder aufgebaut, näher an der Stadt und mit einer Eisenbahnlinie, die direkt ins Werk führte.

In der Schule hatte einer unserer Lehrer die Wände mit Reproduktionen von allen großen Renaissance-Kunstwerken geschmückt, was in einer Provinzstadt wie Jasło äußerst ungewöhnlich war. Ich hatte angefangen zu zeichnen, allerdings eher nebenbei, und nach der Schule war ich bei den jüdischen Pfadfindern, Hasch'omer, aktiv. Ich war Gruppenleiter. Es war eine zionistische Organisation, und mit sechzehn wurde auch ich Zionist. Wir haben viele Ausflüge gemacht und sind in Zeltlager gefahren. Wir haben jüdische Geschichte studiert und uns Vorträge angehört und manchmal auch selbst welche gehalten. Wir waren aber nicht nur mit jüdischen Kindern zusammen. Einer meiner besten Freunde, der gleich gegenüber wohnte, war zum Beispiel kein Jude.

Als ich achtzehn wurde, beschloß ich, nach Wien zu gehen. Für uns Galizier war Wien unsere Hauptstadt. Ich wollte Jura studieren an der Universität und Wirtschaft an einer Akademie, die Manager von Großunternehmen ausbildete – Unternehmensführung hatte ich im Betrieb meines Vaters ja schon gelernt. Ich war sehr glücklich in Wien. Nach einem Jahr zog mein Cousin hinterher. Er war einer der erfolgreichsten an der Uni, aber sehr bescheiden und anständig. Wir waren die besten Freunde. 1920 habe ich mich auch in der Kunstschule eingeschrieben, und zum Glück gelang es mir, diese neue Passion mit meinen beiden Studienschwerpunkten zu verbinden. Zuerst habe ich hauptsächlich Kohlezeichnungen angefertigt, später auch Ölmalerei. Meinen Doktor machte ich 1923, Thema meiner Arbeit war die Agrarreform in Polen.

Nach dem Studium bin ich nach Jasło zurückgekehrt, um in den Betrieb meines Vaters einzusteigen. Dann, es war 1925, wurde er plötzlich sehr krank. Die Leute hatten ihn immer geliebt für seinen Optimismus, seine Lebensfreude und seinen Humor. Aber in diesem Jahr hatte er sich verkalkuliert, und vielleicht war ich sogar indirekt mit schuld daran. Er wollte den Betrieb erweitern, weil ich jetzt mitarbeitete, und so war er nach Ostgalizien gefahren und hatte dort einen riesigen Bestand an Holz aufgekauft. Es war Eichenholz, extrem teuer, doch man versicherte ihm, daß es für die Produktion von Furnierholz bestens geeignet sei.

Leider stellte sich heraus, daß das Holz nicht einwandfrei war, sondern von innen morsch und verfault. Dieser Fehlkauf stürzte ihn in eine tiefe Krise. Er konnte sich seinen Fehler nicht verzeihen und wurde furchtbar depressiv. Für mich begann die schlimmste Tragödie in meinem Leben. Ich mußte mitansehen, wie er all sein Selbstvertrauen verlor. »Eine so glückliche und wunderbare Familie – was habe ich ihnen bloß angetan!«, hat er immer wieder gesagt. Wäre ich damals etwas weitsichtiger gewesen, hätte ich ihm raten können, Teile seines Geschäftes zu verkaufen, aber ich habe einfach tatenlos zugesehen. Er war immer noch ein reicher Mann, er hatte das Anwesen und die Fabriken, es war ja alles noch da, nur daß er nicht mehr flüssig war. Doch er hatte den Glauben an sich selbst verloren. Er wollte einfach nicht mehr leben, und als er dann Typhus bekam, hat er nichts dagegen unternommen. Es war 1926, er war gerade einmal 54 Jahre alt. Und dann starb er. Der Arzt kam aus seinem Zimmer, murmelte: »Verschieden«, und ich weiß es noch wie heute, ich habe mich einfach auf das Sofa geworfen und mein Gesicht in die Kissen gegraben. Niemand konnte mich dort wegbewegen. Ich habe mir schreckliche Vorwürfe gemacht, daß ich nicht geduldiger mit ihm gewesen war, als es ihm so schlecht ging. Das konnte ich mir einfach nicht verzeihen. Elf Monate lang ging ich zweimal am Tag in die Synagoge, um das Kaddisch-Gebet zu sprechen.

Für Tränen blieb nicht viel Zeit, denn jetzt mußte ich alles in die Hand nehmen. Meine Schwestern waren verheiratet. Ich tat, was getan werden mußte. Um meiner Mutter willen blieb ich in Jasło. Wäre sie nicht gewesen, hätte ich vielleicht alles hinter mir gelassen. Ich wäre gerne nach London oder Paris gegangen, vielleicht hätte ich sogar ernsthaft mit der Malerei begonnen. Aber ich wollte, daß meine Mutter in ihrer gewohnten Umgebung leben konnte. Ich sorgte dafür, daß man sich um sie kümmerte. Von Zeit zu

Zeit hatte ich auch mal eine Freundin, doch es blieben kurze, oberflächliche Beziehungen, nichts Ernstes. Ich war immer beschäftigt, trieb viel Sport. Nur zehn oder fünfzehn Minuten von unserem Haus entfernt lagen die Skipisten, und im Winter bin ich nach dem Mittagessen manchmal für ein Stündchen Skifahren gegangen. Ich hatte Freunde in Jasło, interessante, geistreiche Leute, ein hochangesehener Anwalt war dabei, ein Maler und auch ein Mathematiker. Auch in Krakau hatte ich Freunde und in Warschau. Ich bin oft nach Warschau gefahren, um sie zu besuchen – es waren hochintelligente, nette Menschen. Ein Jahr lang wohnte ich bei meinem Cousin in Lemberg (Lwów), ein andermal mußte ich mich um meine Schwester in Wieliczka kümmern. 1935 war ich drei Monate lang in Spanien, habe dort eine Exportfirma für Eier aufgebaut und Spanisch gelernt. Nur ein paar Monate, nachdem ich nach Polen zurückgekehrt war, brach dort der Bürgerkrieg aus.

Meine Mutter hätte mich gerne verheiratet, aber ich wollte nicht. Ein Heiratsvermittler hatte von mir gehört und schickte meiner Mutter einen Brief mit Angaben über eine gewisse Natalia Weissman. Als ich die Papiere zufällig im Safe entdeckte, fragte ich meine Mutter: »Wer ist das denn – Natalia Weissman, eine Pianistin?« Aber für Musik habe ich mich damals noch nicht interessiert.

1937 hatte ich dann meine erste etwas festere Beziehung. Roma hieß meine Freundin, und ich glaube, wenn der Krieg nicht gekommen wäre, hätte ich sie sicherlich irgendwann geheiratet. Meine Mutter mochte sie sehr.

Wir wußten, daß es Krieg geben würde, uns schien er unvermeidbar wie ein Orkan oder ein Sturm, ein Naturereignis. Die Behörden schickten uns versiegelte Briefe mit Anweisungen, was wir zu tun hätten, denn Alkohol war ja im Krieg ein wichtiger Rohstoff. Was Hitler betraf, so war uns klar, daß er ein furchtbares Monster war, aber im Osten gab es auch ein Monster – namens Stalin. Wir wußten jedoch nicht, was mit den Juden geschehen würde. Sicher, wir hatten von der Kristallnacht gehört und all den Dingen, die sich in Deutschland abspielten, aber von der Endlösung und den Gaskammern ahnten wir nichts.

Meine Mutter starb zwei Wochen vor Kriegsausbruch. Sie hatte Magenkrebs, schon seit 1937. Diesmal war ich darauf vorbereitet. Ihr Tod war für mich nicht so tragisch wie der meines Vaters. Sie war 62 und starb gerade noch zeitig genug, daß wir ein normales Begräbnis für sie ausrichten konnten. Alle Leute waren da, ganz so, wie es sein soll. Später hatte ich dann ein ganz furchtbares Erlebnis: Als ich nach dem Krieg auf den Friedhof kam, waren alle Grabsteine verschwunden.

Nun war meine Mutter an der Reihe, Natalia Karpf. Wir setzten uns in ihrem Wohnzimmer zusammen, und ich bemühte mich, ihre Geschichte, die ich nur sehr bruchstückhaft kannte, chronologisch festzuhalten. Ich wollte Daten und genaue Details und endlich einmal all die einzelnen Erlebnisse und Geschichten miteinander verknüpfen, die ich mir bislang nie hatte behalten können.

NATALIA KARPF:
Ich bin in Krakau geboren, in Polen. Mein Vater, Isidor Weissman, ist im Besitz verschiedener Unternehmen gewesen. Zu Anfang hat er Menschenhaar aus China importiert und es an Perückenhersteller verkauft – damals haben viele Leute Perücken getragen, und die religiösen jüdischen Frauen trugen alle welche. Bis in die zwanziger Jahre hinein lief das Geschäft gut, dann kam der Kurzhaarschnitt in Mode. Meine Eltern waren wohlhabend. Ich weiß noch, daß wir immer in einer sehr großen Wohnung gewohnt haben, die uns auch gehörte. Solange ich zurückdenken kann, ha-

ben wir Hausangestellte gehabt. Ich hatte eine ältere Schwester, Regina hieß sie, die an einer Unterfunktion der Schilddrüse litt. Sie konnte nichts bei sich behalten, konnte nicht schreiben, und auch geistig war sie ein wenig zurückgeblieben. Wir haben sie alle sehr geliebt. Später bekam ich noch eine Schwester, Hela – Hela und Helunia sind beides Koseformen von Helena. Sie war fünf Jahre jünger als ich, dann kam Natan, der sieben Jahre jünger war. Manchmal haben sie Regina geärgert, weil sie nicht alles verstanden hat. Regina starb, als sie fünfzehn war in einer Sonderschule in Deutschland. Für mich war es ein furchtbarer Schock.

Ich war immer sehr erwachsen für mein Alter und mußte ständig auf meine kleinen Geschwister aufpassen, weil ich ja die älteste war. Aber wir hatten auch ein Kindermädchen, Mania, die weder lesen noch schreiben konnte. Sie kam 1916 zu uns, als sie gerade einmal zwanzig war. Als ich zehn oder elf Jahre alt war, nahm sie den jüdischen Glauben an. Die Katholiken wollten nicht, daß sie aus ihrer Kirche austrat. Sie ließ sich von ihnen einschüchtern und war schließlich regelrecht verängstigt. Eine Zeitlang hat sie bei jedem Polizisten auf der Straße gedacht, er wolle sie verhaften – nur weil sie vorhatte zu konvertieren! Wir haben sie zum obersten Rabbiner, Dr. Thon, gebracht, der sehr erfahren und fortschrittlich war. »Sie brauchen keine Angst zu haben«, hat er sie getröstet, »lassen Sie sich bloß nicht einschüchtern.« Sie hat gesagt, daß sie sich als Jüdin fühlte, und schließlich hat man sie aufgenommen. Sie mußte zu einer Mizwa gehen, wo sie einen neuen Namen bekam, Sarah, und wir haben ein großes Fest für fünfzig Leute aus der Synagoge ausgerichtet. Es gab zu essen und zu trinken, wir haben richtig gefeiert, und sie war überglücklich. Ihre alte Geburtsurkunde haben wir jedoch aufgehoben. Es war schon komisch, denn der Krieg brach ja erst sechzehn oder achtzehn Jahre später aus – und dann mußte ich ihr sagen, daß sie ihre jüdische Geburtsurkunde verstecken oder zerreißen und wieder die alte nehmen sollte, weil sie sich und uns damit vielleicht retten könnte. Als sie konvertiert war, wollte meine Mutter sie mit einem Mann bekannt machen, aber sie lief weg und versteckte sich auf einem Heuboden. Sie wollte einfach nicht heiraten. Sie hat mehr als wir darauf geachtet, koscher zu essen und die jüdischen Gesetze einzuhalten, und sie ist bis zu ihrem Tod bei uns geblieben. Sie starb 1943 während des Krieges. Meine Mutter war manchmal sogar eifersüchtig auf sie, denn wir haben nie nach unserer Mama gerufen, wenn wir Kummer hatten, sondern nach Maniu, die Anredeform von Mania. Sie war wie eine zweite Mutter für uns.

Meine Eltern aßen koscher. Meine Mutter kaufte zwar auch Schinken für uns Kinder, weil das ja angeblich gesund war, aber auf unseren Tellern ist er nie gelandet. Doch wir gingen viel auf Reisen, und wenn wir im Ausland waren, haben wir den Sabbat nicht immer eingehalten und auch mal auswärts gegessen. Wir haben kein Jiddisch zu Hause gesprochen, nur meine Eltern manchmal untereinander, und mein Großvater sprach Jiddisch, wir aber haben Polnisch mit unseren Eltern gesprochen. Ich hatte eine sehr glückliche Kindheit. Krakau war eine schöne Stadt, es gab viele kulturelle Angebote, wunderbare Konzerte, Ausstellungen, Lesungen und ein lebhaftes soziales Leben. Wir gingen oft ins Café, doch mit Nichtjuden hatten wir keinen Kontakt, und wir kannten auch kaum Polen. Es gab viele jüdische Intellektuelle in der Stadt – Rechtsanwälte, Ärzte, Ingenieure, Professoren –, und man traf sich ständig. In Krakau lebten viele orthodoxe Juden, doch auch viele säkulare. Wir achteten zwar die jüdischen Gesetze, aber orthodox waren wir nicht.

Als Polen nach dem Ersten Weltkrieg unabhängig wurde, gab es furchtbare antisemitische Ausschreitungen und Pogrome. Das erste, woran ich mich erinnern kann, geschah, als ich sechs oder sieben war. Wir hatten einen Hausmeister, und ich höre noch heute, wie mein Vater ihm aufgeregt aus dem Fenster zurief: »Wojciech, mach schnell die Tore zu, und laß niemanden rein!« Wir hörten laute Schreie von der Straße, wo man Juden die Bärte abschnitt und die Haut dazu, und es gab gräßliche Ausschreitungen. Zu dieser Zeit war ich noch ein ganz kleines Kind. Ich habe mich nie geschämt, Jüdin zu sein, aber ich war wütend, daß so etwas überhaupt geschehen konnte.

Selbst in der Schule passierten Dinge. Ich sollte schon mit fünf Jahren zur Schule gehen, denn ich hatte mit viereinhalb angefangen, Klavier zu spielen, und man wollte, daß ich auch lesen und schreiben lernte. Die Schulpflicht begann allerdings erst mit sieben, und keine Schule wollte ein fünfjähriges Mädchen aufnehmen. Die einzige, die dazu bereit war, war die Evangelische Schule, eine deutsche Schule, in der großer Wert auf Deutsch gelegt wurde. Und dort hat man mich und die anderen jüdischen Kinder oft mit den Worten »du dreckiger Jude« beschimpft. Nachdem ich mir das jahrelang anhören mußte, ging ich mit dreizehn schließlich auf ein hebräisches Gymnasium, um mit diesen Kindern nichts mehr zu tun haben zu müssen. Doch ich habe mich immer gegen solche Beschimpfungen gewehrt, manchmal mit Worten, manchmal habe ich auch laut geschrien oder die anderen weggeschubst.

Bei uns zu Hause stand ein Klavier. Die Leute, an die meine Eltern vermietet hatten, waren im Ersten Weltkrieg nach Wien gegangen und hatten das Klavier in der Obhut meiner Eltern zurückgelassen. Ich war vier, und irgendwann habe ich einfach angefangen zu spielen. Ich habe mich hingesetzt und konnte alles, was ich einmal gehört hatte, nachspielen, einfach so. Radios gab es nicht, aber Konzerte und Operetten, und ich habe zu Hause viel Musik gehört. Meine

Mutter sang, sie kannte alle Arien auswendig, mein Vater spielte ganz gut Geige, der Bruder und die Schwester meiner Mutter Akkordeon – wir waren ein sehr musikalisches Haus. Auf den Tasten konnte ich spielen, nur an die Pedale kam ich noch nicht heran. Ich spielte alles nach dem Gehör, und mit der linken Hand improvisierte ich die Begleitung. Ich war begeistert, wie gut mir das gelang, aber ich fand mich nicht besonders begabt, denn es war mir ja einfach zugefallen. Eines Tages, es war mitten im Hochsommer und ich fast viereinhalb, klingelte es an der Tür, und eine junge Dame stand da. Sie sagte zu meiner Mutter, sie hätte von dem kleinen Wunderkind gehört und ob sie mir nicht Klavierunterricht geben dürfe. Bis heute weiß ich nicht, wer sie geschickt hat. Meine Mutter hat nach mir gerufen und mich gefragt, ob ich Lust hätte, Klavierstunden zu bekommen. Ich hab mir die Dame genau angeschaut. Sie war jung, hatte furchtbar dicke Augengläser, aber sie sah nett aus, und so sagte ich ja. Es wurde vereinbart, daß sie zweimal in der Woche zu uns kommen sollte, um mich zu unterrichten.

Sie war sehr bekannt als Klavierlehrerin und Schülerin eines berühmten polnischen Pianisten, der in Wien lebte. Als ich neun war und er einmal nach Krakau kam, hat sie mich mitgenommen, damit er mich prüfen konnte. Er gab mir ein Notenheft mit Beethoven-Sonaten in die Hand. Er wollte sehen, ob ich vom Blatt spielen konnte. Ich habe mich sofort hingesetzt und ihm vorgespielt. Vom Blatt zu spielen war für mich die einfachste Sache der Welt – schon als kleines Kind konnte ich Noten lesen wie andere Leute ein Buch.

Klavier zu üben hat mir am Anfang gar keinen Spaß gemacht, ich war ziemlich faul und wollte nur spielen, wozu ich Lust hatte. Schon im Alter von sieben sollte ich jeden Tag zwei oder drei Stunden am Klavier sitzen. Meine Eltern kauften mir ein Bild – es war ein Holzschnitt, ein Portrait von Beethoven – und erzählten mir, er würde schrecklich böse werden, wenn ich faul wäre, und ein paar Tage lang hatte ich richtige Angst vor ihm und habe fleißig geübt. Doch dann kam ich auf die Idee auszuprobieren, was geschehen würde, wenn ich nichts täte, und natürlich passierte gar nichts. Jetzt hatte ich immer eine gute Ausrede. Als ich sieben war, sollte ich regelmäßig zusammen mit anderen hochbegabten Kindern Konzerte geben. Es war die Idee meiner Lehrerin, aber sie mußte mich regelrecht zwingen. Ich wollte absolut nicht, ich spielte lieber nur für mich und meine Familie.

So habe ich sie dann verlassen und bin zum Schwager von Arthur Rubinstein gegangen, bei dem ich zwei Jahre Unterricht hatte. In der Schule war immer ich diejenige, die vorspielen oder die anderen begleiten mußte. Aber als ich neun war, habe ich tatsächlich einmal zwei Konzerte gegeben. Es waren meine ersten richtigen Konzerte, zusammen mit einem renommierten Sänger. Am zweiten Abend war er heiser und konnte nicht singen, also bin ich für ihn eingesprungen und habe vor siebenhundert oder achthundert Leuten den ganzen Abend Mozart und Beethoven gespielt. Ich war gar nicht aufgeregt, es hat mir Freude gemacht. Das Publikum war begeistert.

1920 waren meine Eltern zu der Hochzeit meines Cousins in Berlin eingeladen. Da es meiner Mutter nicht so gutging, hat mein Vater mich mitgenommen. Auf der Hochzeit trafen wir Nahum Sokolow, der als einer der bedeutendsten Männer in der Geschichte des Zionismus galt, den Lyriker Bialik und Leonid Pasternak, Boris Pasternaks Vater, und seine Frau. Sie war einst eine bekannte Pianistin gewesen, war aber herzkrank und hatte deshalb die Musik aufgeben müssen. Auf dem Empfang habe ich wieder vorgespielt, und später kam Boris Pasternaks Mutter auf mich zu. Sie gab mir einen Kuß und sagte, meine Musik habe sie zu Tränen gerührt.

Mein Vater hatte zu der Zeit eine Strickwarenfabrik. Er war auch an anderen Geschäften beteiligt und besaß Liegenschaften in Berlin. Seine Geschäfte gingen gut, er hat viel Geld verdient, doch er hatte ein viel zu weiches Herz und hat immer allen Leuten Kredit gewährt. Er hat nie auf die Warnungen meiner Mutter gehört, und später verlor er alles.

Mit dreizehn ging ich aufs hebräische Gymnasium, wo ich Hebräisch lernte. Auch Hela und Natan besuchten diese Schule. Sie hatte einen erstklassigen Ruf, und wir fühlten uns alle sehr wohl dort. Wir hatten die besten Lehrer und lernten Latein, Hebräisch, Deutsch und Polnisch. Ich war sehr glücklich dort.

Etwa zur gleichen Zeit beschloß ich, daß ich Pianistin werden wollte. Zum großen Teil lag das am Einfluß meines Großvaters, der mir sehr nahe stand. Er hatte eine wunderbare Tenorstimme, und mit der richtigen Ausbildung wäre aus ihm sicher ein zweiter Caruso geworden. Er war sehr orthodox, ein »talmid chochm« (jüdischer Gelehrter), und er hat exzellent deutsch gesprochen und geschrieben. Ohne ihn hätte ich nie Musik studiert. Er hat mich immer wieder angespornt und mir Mut gemacht und dann auch meine Eltern davon überzeugt, daß man mir unbedingt das Klavierstudium ermöglichen müsse. Als ich fünfzehn war, erklärte mir mein damaliger Lehrer, er könne mir nun nichts mehr beibringen, und es sei an der Zeit, daß ich ins Ausland ginge, um mich dort bei einer anerkannten Koryphäe weiter ausbilden zu lassen. Meine Eltern beschlossen, mich von der Schule zu nehmen und nach Berlin zu schicken, das bot sich an, denn mein Vater hatte dort häufig geschäftlich zu tun. Sie meldeten mich bei einem Mädchenpensionat an, in dem höhere Töchter den letzten gesellschaftlichen Schliff erhielten und wo nur halbtags unterrichtet wurde. Für mich war es schrecklich, in der Fremde zu sein, denn ich hing sehr an zu Hause und meinen Eltern, und die ersten Wochen habe ich jede Nacht die Kissen naßgeweint. Es machte mir angst, in einer so großen Stadt ganz auf mich gestellt zu sein. Zum Glück sprach ich fließend deutsch, das hatte ich ja im Gymnasium gelernt. Aber das Mädchenpensionat war der gräßlichste Ort auf Erden. Die Schulleiterin war eine alte Schrulle, die sich fünf Hunde hielt. Ständig sind ihr die falschen Zähne aus dem Mund gefallen. Sie hat uns halb verhungern lassen, und das, obwohl meine Eltern sehr viel Schulgeld bezahlen mußten. Sie hat uns einfach nichts zu essen gegeben. Einmal habe ich das Stückchen Fleisch, das wir mittags bekamen, in einen Briefumschlag gesteckt und es nach Hause geschickt, damit meine Eltern einmal sahen, wo ich gelandet war. Es war hauchdünn und schon so trocken, das es auf dem langen Postweg nicht einmal verrotten wollte! Nach vier Wochen habe ich es nicht länger ausgehalten und bin zum Verwalter unserer Liegenschaften gegangen. Er hatte selbst Kinder und Verständnis für mich. Er hat mir direkt gegenüber ein Zimmer vermittelt bei einer Lehrerfamilie, die mich wie ihre eigene Tochter behandelte. Ich habe mir ein Klavier gemietet und durfte dort auch üben.

Arthur Schnabel war damals ein bekannter Name in der Musikwelt. Eine unserer Mieterinnen war Maria Zweig, Arnold Zweigs Schwester und Cousine von Stefan Zweig, du weißt schon, die beiden berühmten Schriftsteller. Sie selbst war eine gefeierte Pianistin und Schülerin bei Schnabel. Also habe ich sie um Hilfe gebeten, und sie hörte mich an und meinte, mit meinen Kenntnissen würde ich durchaus eine Chance bei ihm bekommen. Als ich sechzehn wurde, meldete sie mich bei ihm an, und wir gingen zusammen hin. Es war 1927. Zuerst schüchterte er mich ein, denn er sah so ernst aus. Später hat er sich dann auch von seiner ironischen und witzigen Seite gezeigt. Damals war er wohl an die fünfzig. In seinem Haus standen fünf Klaviere. Dann mußte ich ihm vorspielen. Ich spielte eine Beethoven-Sonate, eine Sonate von Scarlatti, einige Stücke von Rameau, und er sagte sofort: »Schön, Sie können gern kommen.« Ich war so aus dem Häuschen, daß ich sofort ein Telegramm an meine Eltern geschickt habe – es war eine riesige Ehre, von Arthur Schnabel, dem weltbekannten Pianisten und Klavierlehrer, als Schülerin akzeptiert zu werden.

Er hat Privatstunden gegeben, die sehr teuer waren. Für eine Stunde nahm er damals schon 100 Mark und später 20 Pfund, so daß ich es mir nur einmal in der Woche leisten konnte, zu ihm zu gehen. Aber er hat sich nie an die Zeit gehalten, und manchmal dauerte der Unterricht bis zu zwei Stunden. Und wenn er eine besonders interessante Stunde gab, wenn zum Beispiel seine Sekretärin, die mit ihm verschwägert war, Unterricht hatte, hat er mich oft angerufen und Bescheid gesagt. Wir durften oft bei anderen zuhören, und das war ein ganz wunderbares Erlebnis. Sein Sohn Karl-Ullrich hat mich in Harmonielehre und Musiktheorie unterrichtet. Schnabel hatte viele andere Schüler, unter anderem auch Clifford Curzon, der 29 Jahre lang sein Schüler war. Manchmal konnte er jedoch auch furchtbar unangenehm werden, und ich habe immer Angst vor ihm gehabt. Er hielt mich für begabt, doch er wußte auch, daß ich nicht die Fleißigste war. Als er herausbekam, daß ich auch Ballettstunden nahm, beauftragte er seine Sekretärin, bei unserem Verwalter anzurufen. Sie sollte fragen, was dem verehrten Fräulein Weissman wichtiger sei – ihre Karriere als Pianistin oder ob sie doch lieber Ballettänzerin werden wollte. So habe ich die Ballettstunden aufgegeben. Er war fest davon überzeugt, daß man sich auf eine Sache konzentrieren mußte, wenn man gut sein wollte.

Jeden Sonntag gab er ein Konzert. Er spielte alle 32 Beethoven-Sonaten. Ich ließ mir keine einzige entgehen, denn er war einer der größten Beethoven-Interpreten, und ich war jedesmal begeistert. Unterricht hatte ich jedoch nur zwei Jahre bei ihm. Ich hielt ihn für einen phantastischen Musiker, doch er legte zu wenig Wert auf meine Technik, und ich wußte, daß ich gerade in dieser Hinsicht noch einige Hilfestellung gebrauchen konnte. Ich hatte von Georg Bertram gehört, der sich als Pianist einen Namen gemacht hatte, und als ich ihm vorspielte, sagte er, daß ich noch viel an meiner Technik arbeiten müsse. Ich habe Schnabel meine Beweggründe nie erklärt, was nicht gerade nett war. Ich erzählte ihm, daß ich Berlin verlassen und nach Hause zurückgehen wollte, und dann bin ich einfach sang- und klanglos verschwunden.

Ich hatte oft schreckliches Heimweh, und so bin ich in allen Ferien – den jüdischen und auch den nichtjüdischen – nach Hause gefahren. Außerdem kam mein Vater jeden Monat für ein paar Tage nach Berlin, um sich um seine Geschäfte zu kümmern. In der Nacht vorher habe ich nie gut schlafen können vor lauter Vorfreude, ihn endlich wiederzusehen. Und ich wußte, daß er mich wieder jeden Abend ausführen würde. Sonst besuchte ich ja nur Konzerte, doch mit ihm bin ich in Musicals, in die Oper und ins Theater gegangen. Vor dem Krieg war Berlin eine aufregende Stadt. Ich hatte viele Freunde, junge Männer mit eleganten Capes und Zylindern, und ich habe diese Zeit sehr genossen. Die ganzen vier Jahre lang habe ich in Berlin keinerlei antisemitische Ressentiments gespürt – in Polen schon, aber nicht in Deutschland. Es hat dort auch viele gemischte Ehen gegeben.

Nachdem ich eine Weile bei Bertram gelernt hatte, kam er auf die Idee, ein großes Konzert zu organisieren. Er mietete einen der größten Konzertsäle der Stadt, in dem wohl an die zweitausend Zuschauer Platz hatten, und organisierte ein Konzert für drei Pianisten: eine Amerikanerin, eine Deutsche – es war die Nichte von Rathenau, dem berühmten deutschjüdischen Außenminister, der später einem Anschlag zum Opfer fiel – und mich. Es war der 14. Dezember 1929. Ich spielte zusammen mit den Berliner Philharmonikern Chopins Klavierkonzert Nr. 1 e-Moll, unter der Leitung von Heinz Bongartz. Ich war achtzehn, die jüngste von uns dreien. Es wurde ein riesiger Erfolg, ich habe glänzende Kritiken bekommen und konnte mein Glück kaum fassen.

Doch es war nicht von Dauer, denn am nächsten Tag bekam ich einen Anruf von meinem Cousin in Berlin. Er teilte mir mit, daß meine Mutter krank sei. Man wisse nicht genau, woran sie leide, aber ich müsse gleich am nächsten Tag abreisen. Ich fuhr sofort zu Bertram, um ihm die schreckliche Nachricht zu überbringen. »Ach, Natalia«, sagte er. »Wäre ich doch nur zwanzig Jahre jünger. Kein anderer dürfte dir zu nahe treten, ich würde dich auf der Stelle heiraten.« Ich war wie vom Donner gerührt, ich hätte niemals gedacht, daß er als mein Lehrer sich in mich verlieben könnte. Er war ein alter Junggeselle und lebte mit seiner Schwester zusammen. Es war eine furchtbar peinliche Situation für mich, aber zum Nachdenken hatte ich keine Zeit. Schon am nächsten Morgen saß ich im Zug nach Krakau. Die Reise dauerte nur zehn Stunden.

Meine Mutter war damals 47. Ihr Zustand war äußerst bedenklich, und sie war halb wahnsinnig vor Schmerzen. Wir zogen schließlich einen Spezialisten aus Berlin hinzu, der Nierenkoliken diagnostizierte. Er sagte, sie müsse operiert werden, und wir beschlossen, sie in eine Klinik nach Berlin bringen zu lassen. Sie mußte im Krankenwagen transportiert werden, so schlecht ging es ihr.

Ich fuhr mit ins Krankenhaus. Bei der Operation wurden mehrere Steine aus einer Niere entfernt, und einige Zeit später hatte sie sich völlig von dem Eingriff erholt. Ich brachte ihr ein Grammophon aufs Zimmer. Wir haben uns Schallplatten angehört, und sie sang dazu. Wir hatten eine schöne Zeit. Doch dann sagten die Ärzte, daß mit ihrer anderen

Niere auch etwas nicht in Ordnung sei, und setzen eine zweite Operation an. Danach bekam sie eine Infektion, und Penicillin gab es nicht. Am Tag nach der Operation legten sie ihr einen Nierenkatheter, weil sie furchtbare Schmerzen hatte. Als der Arzt den Verband wechseln wollte, fiel der Katheter plötzlich heraus. Er hätte einen Katheter der gleichen Größe einsetzen müssen, doch er benutzte einen kürzeren, der das Organ nicht richtig reinigte. So entzündete sich schließlich der gesamte Harntrakt. Drei Wochen später ist sie unter furchtbaren Schmerzen gestorben. Ich war die ganze Zeit bei ihr. Mein Vater war auch da, doch kurz vor ihrem Tod lief sein Paß ab, und er mußte nach Polen zurück, um ihn erneuern zu lassen. Als meine Mutter starb, war ich allein mit ihr.

Es war ein katholisches Krankenhaus, und irgendwann kamen die Nonnen ins Zimmer und wollten für sie beten. Ich hab sie hinausgeworfen und sie draußen zur Rede gestellt. »Ihre Mutter liegt im Sterben, wir wollen für sie beten«, erklärten sie mir. »Wie kommen Sie denn darauf, meine Mutter liegt nicht im Sterben«, protestierte ich verzweifelt, »das kann nicht sein, sie darf nicht sterben.« Aber dann, ich weiß es noch wie heute, es war ein sonniger Tag im Mai, draußen grünte und blühte alles wunderschön, da sagte Mutter plötzlich: »Wie traurig, daß ich all das nun nicht mehr sehen kann. Ich werde hier nie mehr rauskommen.« – »Was redest du denn da, Mama? Blödsinn!« protestierte ich. Aber sie hat sich nicht beruhigen lassen und fing an zu weinen. »Nein, meine Liebe. Und dein Vater hat sich so verrannt und verleiht all sein Geld an Leute, die es nicht zurückzahlen können. Ihr werdet bald als Bettler dastehen, nichts wird für euch übrigbleiben.«

Und dann ist genau das eingetreten. Sie starb am 22. Mai 1930. Ich war untröstlich in meinem Schmerz, und die Nonnen mußten meine Cousins anrufen, damit sie mich über

Nacht mit nach Hause nahmen. Mein Vater kam am nächsten Morgen – zu spät. Er hat meine Mutter nicht mehr gesehen. Ihr Tod war ein Schock für ihn, doch zehn Monate später hat er wieder geheiratet, eine gräßliche Frau.

Nach dem Begräbnis in Berlin bin ich nach Polen zurückgefahren. Heute bin ich froh, daß sie dort begraben ist. In Krakau wurden viele jüdische Gräber während des Krieges zerstört, aber in Berlin konnte ich sie immer besuchen. Ich habe später oft Konzerte ich Ostberlin gegeben, damit ich wieder einmal zu ihrem Grab gehen konnte. Der Tod meiner Mutter veränderte mein Leben völlig. Ich mußte mein Studium in Berlin aufgeben, denn meine kleinen Geschwister hätten sonst niemand gehabt, der sich um sie kümmerte. Mit meiner Mutter ist auch ein Teil meiner selbst gestorben. Als junges Mädchen war ich unbeschwert und lebhaft, ich konnte gut tanzen und singen, andere unterhalten, war immer vergnügt und voller Lebenslust – doch danach bin ich nie wieder die gleiche gewesen. Ihr Tod war ein solcher Schock für mich, ich werde ihn niemals vergessen können.

Von jetzt an kümmerte ich mich um meine Geschwister. Mein Vater beschloß, nach Berlin zu gehen und dort zu leben – er blieb dort bis 1937 –, und so waren wir ganz auf uns gestellt. Nur Mania war noch bei uns. Als ich von der Beerdigung nach Hause kam, mußte ich plötzlich die Starke sein. Ich fand Hela und Natan, die damals vierzehn und zwölf waren, weinend in ihren Betten. »Gestern noch haben wir eine Mutter gehabt, und jetzt ist sie auf einmal weg«, schluchzten sie. Und in nur einem Jahr würde Natan zur Bar Mizwa gehen. Obwohl er gerade mal zwölf war und keiner ein Wort zu ihm sagte, stand er am Morgen nach *Schiwa* um halb sieben auf und ging in die Synagoge, um den *Kaddisch* zu sprechen. Dies wurde ihm zur Gewohnheit, und er ist ein ganzes Jahr lang täglich in die Synagoge gegangen.

Ich habe das Klavier sechs Monate lang nicht angerührt.

Dann kam mein Großvater zu Besuch. Er war ein sehr gläubiger Jude, doch er dachte oft erstaunlich liberal. Bei uns ist es üblich, ein ganzes Jahr lang zu trauern, und in dieser Zeit dürfen wir nicht ins Kino und uns auch nicht anderweitig Zerstreuung suchen. Aber Großvater ist schon nach zwei oder drei Monaten zu mir gekommen und hat mir ins Gewissen geredet. »Aber es ist doch dein Beruf, du bist Musikerin, schließlich machst du das nicht zum Spaß«, sagte er. »Du mußt üben, du mußt wieder spielen.« Nur seinetwegen habe ich wieder mit der Musik angefangen. Meinen Großeltern hat der Tod meiner Mutter fast das Herz gebrochen. Ich habe noch heute das Bild im Kopf, wie mein Großvater mit seinem Bart und dem kleinen Käppchen auf dem Kopf, das man im russischen Teil Polens trägt, vor dem Photo meiner Mutter stand und bitterlich weinte. »Warum mußte ich dich überleben?« hat er geschluchzt. Sie hatte als einzige seiner Kinder geheiratet und Kinder bekommen. Danach sind oft Leute zu mir gekommen und haben mir erzählt, daß auch sie um meine Mutter trauerten und daß sie sie häufig den ganzen Winter hindurch mit Kohlen versorgt hatte. Wir wußten von all dem nichts, denn sie hatte uns nie etwas davon erzählt. Offenbar war sie in mehr als zwanzig Stiftungen für Blinde, Mittellose und Kinder aktiv gewesen.

Als sie sechs Monate tot war, begann ich wieder Klavier zu spielen. Und ich gab auch Unterricht, denn sonst hatten wir ja keine Einnahmen. Mein Vater schickte uns manchmal ein bißchen Geld. Seine großzügigen Kredite hatten sich gerächt, die Leute zahlten oft nicht, und so waren all seine Häuser mit Hypotheken belastet. Sie wollten sie ihm sogar wegnehmen, aber er hat versucht, sich auf dem Gerichtsweg dagegen zu wehren. Von ihm war nicht viel zu erwarten, und so lag es allein an mir, das Geld fürs tägliche Leben heranzuschaffen. Ich habe oft nicht gewußt, was wir am nächsten Tag essen sollten. Manchmal kam ein Brief mit einer Fünfpfundnote, doch das reichte gerade mal für die nächsten zwei oder drei Tage. Deshalb fing ich an, Kissen zu nähen und Damenhandschuhe zu häkeln, die damals sehr in Mode waren, und von Zeit zu Zeit habe ich einen unserer Persianer oder Silber aus unserem Haus verkauft. Als junges Mädchen hatte ich meinen Vater vergöttert, doch seit seiner erneuten Heirat änderte sich meine Beziehung zu ihm gewaltig. Einmal hat er uns mit seiner neuen Frau besucht, und sie haben viele Wertgegenstände mitgenommen, Silber und auch Schmuck. Irgendwann hat er schließlich eingesehen, daß sie nur auf sein Geld aus war, und sich von ihr scheiden lassen. Das war 1932. Doch er ist in Berlin geblieben, selbst als Hitler an die Macht kam. Ich habe das nie verstanden.

Als er zurückkehrte, hat er sich Strickmaschinen besorgt und wieder ganz von vorne angefangen. Hela hat damals auch für ihn gearbeitet. Es ließ sich alles sehr gut an, und ich denke, wenn der Krieg nicht alles zunichte gemacht hätte, wäre er sicher wieder zu Geld gekommen. Er war ein ziemlich cleverer Geschäftsmann.

Im Sommer 1930 bin ich mit meinen Geschwistern und meiner besten Freundin Jadzia an die Ostsee gefahren, nach Sopot. Wir mieteten uns zwei Zimmer, und dort habe ich dann meinen ersten Ehemann kennengelernt. Er hieß Julius Hubler und kannte mich von früher. Er konnte sich erinnern, wie ich als kleines Mädchen einmal bei Freunden Klavier gespielt hatte. Ich war neunzehn, und er acht Jahre älter als ich. Er war Rechtsanwalt und Musikkritiker und spielte wunderbar Klavier. Als wir wieder in Krakau waren, hat er mich gleich seinen Eltern vorgestellt. Ich fand mich eigentlich zu jung zum Heiraten, aber da meine Mutter tot war und mein Vater uns verlassen hatte, fühlte ich mich oft schrecklich einsam. Seine Mutter hat mich mit offenen Armen empfangen und mir beteuert, sie wolle mich wie ihre eigene Tochter behandeln. Sie glaubte allerdings, daß ihr Sohn ein Mädchen aus reichem Hause gefunden hatte. Als sie erfuhr, daß wir all unser Geld verloren hatten, drängte sie ihn, die Verlobung zu lösen. Auch ich wollte Schluß machen, doch er reagierte mit furchtbaren Drohungen. Er stand an der Straßenecke und sagte zu mir: »Wenn du dich von mir trennst, werde ich uns beide erschießen.« Naiv wie ich damals war, hielt ich es für eine Sünde, eine Verlobung einfach so zu lösen – schließlich hatte er mich schon geküßt und auch schon berührt; wir haben jedoch erst nach der Hochzeit miteinander geschlafen. Also rief ich meinen Vater an und erzählte ihm von meinen Heiratsplänen. Er hat sich schrecklich aufgeregt, weil er ihm nicht gut genug war für seine Tochter.

Wir haben am 24. Dezember 1933 geheiratet. Mein Großvater war drei Tage vorher gestorben, und ich wußte von nichts, denn wir waren auf unserer Hochzeitsreise nach Zakopane unterwegs, wo Julius' Tante Jelinek wohnte. Sie war die schönste Frau, die ich je zu Gesicht bekommen habe. Ihr erster Sohn Jerzy war damals schon auf der Welt. Nach unserer Hochzeit haben Hela und Natan bei uns gewohnt. Sie waren meine Kinder, und ich habe ihnen die Mutter ersetzt. Natan hat Ende der Dreißiger einen Brief an den jüdisch-britischen Kriegsminister Leslie Hore-Belisha aufgesetzt. Er schrieb ihm, daß er Jude sei und schon viel von England gehört hätte. Er würde so gern nach England kommen, und ob er ihm nicht irgendwie dabei helfen könne. Doch er erhielt nur ein förmliches Rückschreiben, in dem man ihm mitteilte, daß man ihm leider in dieser Sache nicht behilflich sein könne. Dann wollte er nach Israel. Ich hatte kein Geld, und so ging ich zu meinem Schwiegervater und bat ihn um 500 Zloty für meinen Bruder. Er war ein reicher Mann, aber er behauptete unverfroren, er könne nichts erübrigen. Meine Schwiegereltern waren furchtbar geizige Leute. So lebten Hela, Natan und Mania fünf Jahre lang in unserem Haushalt, von 1933 bis 1938, bis mein Vater nach Polen zurückkehrte. Meinem Mann war dieser Zustand sehr verhaßt.

Er war auch eifersüchtig, wenn ich in der Öffentlichkeit aufgetreten bin. Er sagte immer zu mir: »Du bist eine wunderbare Pianistin, aber spiel doch bitte zu Hause.« Er hat mich nie ermutigt, Konzerte zu geben, ganz im Gegensatz zu meinem zweiten Mann, der mir immer den Rücken gestärkt und sich unermüdlich für meine Karriere eingesetzt hat. Nicht so Julius. Also fuhr ich nicht mehr ins Ausland und spielte nur noch in Krakau. Unterricht habe ich jedoch weiterhin gegeben.

Natan besuchte die technische Schule. Er war ein guter Schüler und hat später gleich Arbeit in einem Betrieb bekommen. Von seinem Lohn konnte er sich sogar einen großen Buick leisten. Irgendwann habe ich dann einen Ring verkauft, und so hatten wir endlich das Geld für Israel zusammen. Das Schiff hatte jedoch schon abgelegt und wurde, wie viele andere damals, entweder zurückgeschickt oder von den Briten abgefangen. Trotzdem muß es wohl irgendwie an sein Ziel gelangt sein, denn Natans Schulfreunde sind nach Israel gekommen, zumindest einige von ihnen. Hätten wir es geschafft, wäre er heute noch am Leben.

Dann wurde ich schwanger. Ich hab mich riesig gefreut und blühte richtig auf. Ich hatte mir immer Kinder gewünscht. Im achten Monat, es war im August 1938, bin ich mit meiner Freundin, die auch ein Kind erwartete, in einen Kurort gefahren. Eines Morgens wachte ich auf und habe zu meiner Freundin gesagt: »Irgendwie ist es komisch, die ganze Zeit hat das Baby so gestrampelt und mich getreten, und seit gestern ist plötzlich alles ruhig.« Sie hat das nicht weiter ernst genommen und meinte, so etwas passiere schon mal. Dann kam der nächste Tag und der übernächste und noch einer, und es rührte sich nichts. Ich habe Julek, ein Kosename von Julius, zu Hause angerufen, und er sagte nur: »Du kommst auf der Stelle zurück.« Ich bin gleich zu meiner Ärztin gegangen, aber sie hat nicht erkannt, daß mein Baby schon tot war. Drei Wochen bin ich so herumgelaufen. Ich habe genau gespürt, daß etwas nicht stimmte, und war außer mir vor Sorge. Kurze Zeit später hatte ich eine Totgeburt. Die Plazenta hatte sich abgelöst, und das Baby war schlicht und einfach verhungert. Ich war am Boden zerstört. Es war ein Mädchen, und ich hatte mir so sehr ein Mädchen gewünscht. Eva sollte es heißen.

Im Juli und August 1939 sprach man schon überall vom Krieg. Wir wußten ja, daß Hitler in Deutschland war, und ahnten wohl, daß etwas Schlimmes passieren würde, aber hätte man damals den Holocaust und all die Schrecken an die Wand gemalt, hätte niemand ein Wort davon geglaubt. 1939 waren sie schon in Österreich und der Tschechoslowakei. Wir waren die nächsten, und die polnische Armee war kaum ausgerüstet. Wir wußten, was dort auf uns zukam. Daß es Krieg geben würde war keine Frage, doch wir stellten uns nur den Kampf an der Front vor. Keiner dachte daran, daß er bis in unsere Häuser getragen werden würde. Im Juli 1939 traf ich zufällig die Mutter einer Freundin, und sie erzählte mir, daß ihre Tochter zur Weltausstellung in die Vereinigten Staaten fahren wollte. Ich ging nach Hause und sagte zu Julek: »Weißt du was? Laß uns zur Weltausstellung in die Staaten fahren«, aber er gab zu bedenken, daß uns eine solche Reise 2000 Zloty kosten würde. »Na und, dann haben wir eben 2000 Zloty weniger auf der Bank, wir können's uns doch leisten. Laß uns hinfahren!« drängte ich ihn. Aber er wollte nicht. Hätte er sich darauf eingelassen, wäre er heute wohl noch am Leben …

2

Irgendwann seine Eltern zu hassen gehört genauso zur Kindheit wie zu lernen, aufs Töpfchen zu gehen. Wir haben diese Phase nie erlebt. Wie hätten wir unsere Eltern hassen können, wo sie doch schon so viel Haß erfahren hatten? Wir hatten kein Ventil für unseren Haß, er blieb im verborgenen – ein kleines verstecktes Reservoir unseres Protestes, dessen ich mir jahrzehntelang kaum bewußt war. Manchmal wagte sich ein bißchen Wut an die Oberfläche, aber dann war ich gleich so entsetzt, daß sie sofort einen Rückzieher machte und wieder in ihrem Versteck verschwand. Wenn meine Schwester und ich einmal etwas an meiner Mutter auszusetzen hatten, nahm mein Vater sie sogleich in Schutz. Sein Standardsatz war: »Denkt doch daran, was sie durchgemacht hat.« Ihre qualvolle Vergangenheit war mir schließlich furchtbar verhaßt, weil sie unser Leben so sehr beeinträchtigte. Durfte man ihr nie einen Vorwurf machen, egal was sie tat, nur weil sie eine solche Geschichte gehabt hatte? Abgesehen von den ewigen Auseinandersetzungen um die Mäntel habe ich als Jugendliche kaum Wege gefunden, mich im Streit mit meinen Eltern zu messen. Nur einen weiteren gab es noch: Diskussionen über Politik. So wurde die übliche – für uns unerträgliche – Schärfe des Eltern-Kind-Konfliktes auf dem politischen Forum ausgetragen. Und so saßen wir oft beim Mittagessen und haben endlos über Sinn und Unsinn des Sozialismus diskutiert, als hinge unser Leben davon ab.

Meine Eltern maßen alle schmerzlichen Gefühle an dem, was sie im Krieg erlebt hatten, und dem hielt natürlich nichts stand. Niedergeschlagenheit, Ärger, Wut oder Enttäuschung – all dies war in ihren Augen unbedeutend, eine Laune verwöhnter Kinder, und so konnten wir solchen Gefühlen nie freien Lauf lassen. Die Empfindungen, die erlaubt waren, beschränkten sich auf ein Mindestmaß, und das ging so weit, daß ich in meiner Therapie später meine Therapeutin fragen mußte: »Was ist das eigentlich, ein Gefühl?«

Sie wünschten sich verzweifelt, daß wir ein glückliches Leben hatten, frei von all dem Düsteren, das ihr Leben überschattet hatte. »Ihr sollt es nur gut haben« – ich weiß nicht, wie oft ich von meiner Mutter diesen Stoßseufzer gehört habe. Unser Leben hatte eine tiefe symbolische Bedeutung: Mit uns sollte die Familiengeschichte wieder in glücklichere Gewässer geleitet werden. Manchmal schienen sie fast ärgerlich, wenn dies nicht so reibungslos funktioniert hat. Wir wußten instinktiv, daß negative Gefühle unbedingt in Schach gehalten werden mußten, denn sonst hätten sie womöglich die positiven verdrängt und all das Lebenswerte, das sich meine Eltern so mühsam erkämpft hatten, wieder zunichte gemacht. Entschlußkraft, Hartnäckigkeit und Hoffnung waren die drei Pfeiler, auf denen ihre neue Welt basierte. Wir mußten uns gegenseitig immer wieder versichern, daß mit dieser Welt (fast) alles in Ordnung war.

Die Liebe, die ich meinen Eltern entgegenbrachte, war, genauso bang und grenzenlos wie ihre zu mir, wie eine nicht enden wollende Bandage, mit denen ich sie immer wieder vor Verletzungen schützen wollte. Ich habe ihnen Jahr für Jahr die liebevollsten Geburtstagskarten geschrieben, auch als erwachsene Frau noch. Sie waren eine einzige Lobeshymne: liebster, bester, geschätzter Vater (oder Mutter), die allerherzlichsten Grüße und so weiter. Keine Verletzungen von außen oder mutwillige Kränkungen hätten hier jemals Platz gehabt.

Das soll nicht bedeuten, daß ich als Kind oder Jugendliche immer nur brav war. Sicher habe ich auch schon mal getobt oder sie angeschrien. Aber wir wußten alle, das war ein böser, unverzeihlicher Ausrutscher, und so mußte ich ständig geloben, mich zu bessern oder »neue Saiten aufzuziehen«. Mein Vater hat dann spöttisch bemerkt, so viele Saiten, wie ich bräuchte, gäbe es gar nicht. Ich weiß noch, daß sich meine Mutter immer beschwert hat, was für ein bockiges Kind ich gewesen sei. Ich habe das jahrzehntelang selbst geglaubt, nur habe ich irgendwann gelernt, wie sich wahrer Trotz äußern kann. Seitdem ist es mir unbegreiflich, wie sie diese winzigen Meinungsverschiedenheiten dermaßen haben aufbauschen können. Vielleicht hat meine Mutter instinktiv gespürt, wieviel Wut in mir versteckt war? Später bin ich zu einem anderen Schluß gekommen: Ich glaube, daß sie sich nach all den Schrecken, die sie erlebt hatten, vor allem eins gewünscht haben: Ihre Kinder sollten vollkommen sein. Ihre Welt war strikt in Gut und Böse eingeteilt, Zwischentöne gab es nicht. War ich nicht perfekt in dem einen, hätte ich automatisch schlecht sein müssen, und das hätten sie niemals ertragen.

Und so war ich zu Hause und in der Schule immer der Sonnenschein, ich sprühte vor guter Laune. In meiner Familie gehörte es zum guten Ton, besonders lustig und ausgelassen zu sein. Immer lag diese milde, unwiderstehliche Euphorie in der Luft. Selbst als ich schon 24 war, konnte ich mich dem nicht entziehen. In meinen Karten hatte ich nur Gutes zu berichten und lobte meine Welt in den höchsten Tönen. Das Wertesystem meiner Eltern war mir mittlerweile in Fleisch und Blut übergegangen. Als Teenager habe ich eine scheußliche Abneigung gegen die Jugendkultur entwickelt. Alles, was meine Mitschüler mit Begeisterung taten, war mir ein Greuel. Für Beatles- oder Rolling-Stones-Konzerte hatte ich nur müde Verachtung übrig, und einen Minirock habe ich mir erst angeschafft, als er schon fast wieder out war. Damals war mir keins der Symbole der Jugendrebellion zugänglich. Ich hatte nicht einmal Poster an der Wand, solche Angst hatte ich, möglicherweise ihre Kultur in Frage zu stellen oder ihre immer gleichbleibende, geregelte Welt zu bedrohen.

Wie kann ich es bloß wagen, so etwas zu schreiben? Es wird alles kaputtmachen. Die Freunde meiner Eltern werden es lesen, meine Mutter wird am Boden zerstört sein und mein Vater entsetzt. Jetzt bin ich schon über vierzig. Wie kann es sein, daß ich immer noch überzeugt bin, allen ein lachendes Gesicht zeigen zu müssen? Daß ich immer noch denke, ihr Wohl und Wehe hängen davon ab? Daß ich glaube, meine Wahrheit kann nicht neben ihrer stehen, ohne sie und ihre Wahrheit auszulöschen? Lächerlich zu denken, sie könnten eine andere Meinung ihrer Kinder nicht aushalten, nachdem sie doch die Nazis überlebt haben! »*Nebbich*«, höre ich meine Mutter säuerlich murmeln, »als hätten wir das nicht vierzig Jahre ständig getan!« – Verschwinde, Mutter. Bleib in deinem Teil des Buches!

Da ich fast alle negativen Emotionen im Keim erstickt habe, ist es nicht verwunderlich, daß ich manchmal das Gefühl bekam, nicht ganz wirklich zu sein. Das hat sich ganz unterschiedlich geäußert. Manchmal war es nur der Anflug eines Gefühls – es überkam mich, wenn ich in der Schule die Treppe hinunterging, oder auch plötzlich mitten in einer Unterhaltung – der Eindruck, aus mir herauszutreten und meinen Körper zu verlassen. Ich schwebte über mir in der Luft wie ein altmodischer Peter Pan in einer dieser Provinztheater-Aufführungen vor dreißig Jahren. Nach außen hin funktionierte ich weiter, als sei nichts geschehen, doch irgendein aufsässiger Teil von mir hatte sich aus dem Staub gemacht und schwebte in anderen Gefilden. Wenn man betrunken oder bekifft ist, fühlt man sich manchmal auch so. Die Tatsache, daß ich mich ganz ohne Drogen in diesen Zustand versetzen konnte, zeigt mir jedoch, wie sehr ich mich danach gesehnt habe, der Realität zu entfliehen.

Ich wollte nicht mehr Realität, sondern weniger. In meinen Träumen war ich immer Toni – das schicke kleine i am Ende drückte genau das aus, was ich sein wollte. Sie war Schauspielerin und sah ein bißchen so aus wie Mary Tyler Moore oder diese makellosen Schönheiten in Comics, die sich wie ein Ei dem anderen gleichen: wallende Mähne, freche kleine Stupsnase und absolut symmetrische Nasenlöcher. So hatte ich mich, unwissentlich und lange bevor ich je eine zu Gesicht bekam, als Barbiepuppe neu erschaffen. Natürlich teilte ich dieses Schönheitsideal mit den meisten Teenagern in unserer Gesellschaft. Toni hatte noch eine andere wunderbare Eigenschaft: Sie ging vollkommen unbeschadet aus der Pubertät heraus. Peinliche Situationen oder Gefühle waren ihr unbekannt. Und, was genauso wichtig war, ihr fehlte eine Eigenschaft, die ich selbst nur zu gerne abgelegt hätte: Sie war kein bißchen jüdisch.

So lebte ich oft als Toni in einer ganz anderen Welt, die auch starke erotische Dimensionen hatte. Wann immer es mir in den Sinn kam, klinkte ich mich einfach aus der Realität aus und tauchte in meine Phantasiewelt ein. Hier schien alles viel unmittelbarer, es war wie ein spannender Fortsetzungsroman. Ich war immer furchtbar neugierig – wie die ersten Leser von Dickens' Romanen, als diese noch kapitelweise in der Zeitung abgedruckt wurden –, was als nächstes passieren würde.

Das Gefühl, nicht wirklich zu sein, wurde vor allem immer wieder durch eine bestimmte Vorstellung ausgelöst, die unvorhergesehen in meinem Kopf auftauchte und immer häufiger in ihm herumgeisterte bis ich Ende Dreißig war: der Gedanke kein »Mensch wie die anderen zu sein«. Manchmal äußerte sich dies in einer Art Selbsthaß, weil ich mein Aussehen oder die Art, wie ich sprach, nicht mochte. Es war wie eine krankhafte Übersteigerung des Gefühls, das alle Teenager kennen: mit sich selbst nicht im reinen zu sein. Als hätten sich all die jahrelang unterdrückten negativen Gefühle plötzlich nach innen gegen mich selbst gerichtet, so daß ich schließlich überzeugt war, von Grund auf verdorben und schlecht zu sein. Nur meine akademischen und beruflichen Erfolge zeigten mir, daß dies nicht die ganze Wahrheit sein konnte. Dann hatte ich häufig panische Angst, von anderen angeschaut zu werden, als könne mein unsicheres Selbst den scheinbar strafenden Blicken der anderen nicht standhalten.

Mit zwanzig hatte ich dann ein aufschlußreiches und tröstliches Erlebnis, das mir bis heute in Erinnerung geblieben ist. Ich lag auf dem Bett meiner Schwester und blätterte in R. D. Laings »Das geteilte Selbst«. Plötzlich stieß ich auf einen Absatz, in dem bis ins kleinste genau beschrieben war, wie man sich fühlt, wenn man kein Mensch wie die anderen ist, zusammengefaßt in den drei magischen Worten »primäre ontologische Unsicherheit«. Im Bewußtsein, daß ich sicher häufig darauf zurückgreifen würde, sog ich diese drei Worte gierig in mich hinein. Es hat mich gar nicht weiter gestört, daß Laing ja über Schizophrenie und das zweite Ich kranker Menschen schrieb. Ich fühlte mich dadurch nicht stigmatisiert, so genau erkannte ich mich in diesen Zeilen wieder und so groß – jedoch leider vorübergehend – war meine Erleichterung, daß jemand genauso fühlen konnte. Und meine ständig gute Laune? Jetzt hatte ich endlich die Erklärung, sie war nichts weiter als *mein* zweites Ich! Tagelang habe ich mich genüßlich in diesem Psychologenjargon geaalt. Ich schwebte wie auf Wolken und verkündete zu Hause im Brustton der Überzeugung, ich sei schizophren. Meine Eltern waren alles andere als begeistert.

Das Gefühl, nicht wie die anderen zu sein, wirkte sich vor

allem auf meine sozialen Kontakte aus. Wenn ich nicht gerade zu Hause oder in der Schule war, war ich extrem schüchtern. Schlimmer noch, ich hatte keinen Freund, und das zu einer Zeit, in der man schon auffiel, wenn man nur einen hatte. Selbst die pickligsten Schulfreundinnen hatten offenbar keine Probleme, Kontakt zum anderen Geschlecht zu knüpfen. Pickel waren allerdings nicht mein Problem. Als ich meine Abneigung gegen die Jugendkultur endlich abgelegt hatte, sah ich bald so aus wie ein typischer Teenager der sechziger Jahre. Ich war fast so schlank wie Twiggy und freundete mich nach und nach mit einigen der für mich bislang verbotenen Dinge an, die richtigen Klamotten, Make-up und Rockmusik. Ich sehnte mich nach einem Freund, aber sobald jemand Interesse signalisierte, zog ich mich sofort in mein Schneckenhaus zurück. Ich fand immer etwas Komisches an ihnen. Der Gedanke, sie könnten einen Blick auf meine schwarze Seele werfen, war einfach zuviel für mich. Also mußte ich mich weiter mit Tonis Abenteuern zufriedengeben. Irgendwann habe ich es jedoch nicht mehr ausgehalten. Ich wollte unbedingt so sein wie die anderen. Und so kam ich eines Tages mit der tollkühnen Geschichte daher, ich hätte ein Rendezvous mit einem attraktiven Mann gehabt. Es war furchtbar kitschig, wie in einem schlechten Liebesfilm. Leider kamen sie mir ziemlich schnell auf die Schliche. Ich hätte mich am liebsten in Luft aufgelöst.

Als das Abitur näherrückte, wurde ich plötzlich immer unruhiger. Schließlich bekam ich regelrechte Panikattacken und konnte nichts mehr essen. Wir hielten es für Prüfungsangst, aber ich glaube, es war eher die Angst davor, von zu Hause wegzugehen. Auch danach sind diese Anfälle noch häufig aufgetaucht. Es konnte überall passieren, zu Hause, in der Schule, in der U-Bahn oder im Theater. Ich wäre dann am liebsten schreiend weggelaufen.

Für mich war der Gedanke, auch nur für kurze Zeit von

zu Hause weg zu sein, unerträglich. Gleichzeitig habe ich mich geschämt, daß ich so an meinen Eltern hing. Schließlich waren dies die Sechziger. Mit achtzehn konnte man sich doch nichts Schöneres vorstellen, als endlich das verhaßte elterliche Joch abzuwerfen, oft waren schon die Vierzehnjährigen soweit. Und ich wollte noch mehr Nähe – nicht grade eine Einstellung, mit der man in jenen Tagen prahlen konnte.

Ich konnte auch nichts damit anfangen, daß ich gegen meine Eltern rebellieren sollte. *Ihr* Entsetzen konnte ich mir nur zu lebhaft vorstellen. Meiner Schwester hat sich gegen sie aufgelehnt, zumindest in kleinen Dingen. Ich habe mich dadurch nur noch mehr verpflichtet gefühlt, die Brave in der Familie zu sein. Aber zu jener Zeit wurde man fast wie ein Paria behandelt und abgrundtief verachtet, wenn man sich *nicht* auflehnte. Das große Schlagwort hieß Freiheit. All das waren natürlich ideale Bedingungen für Schuldgefühle, und genauso kam es auch. Ich schämte mich schrecklich, daß ich vom Rockzipfel meiner Eltern nicht loskam – leider wieder ein Gefühl, das längst passé war. Die Kinder der Sechziger waren *gelassen*, und man konnte nicht gleichzeitig gelassen sein und sich schämen. Es ging nur das eine oder das andere – oder man konnte sich schämen, daß man nicht gelassen war.

Für mich waren die Sechziger durch diese überwältigende Mischung aus Scham und Furcht gekennzeichnet. Ich hatte keine Ahnung, woher das kam. Ich wußte nur, daß ich nirgendwo hinpaßte. Es lag an mir, ich machte einfach alles falsch. Auf Schamgefühle habe ich immer körperlich reagiert. Ich habe jedesmal den Atem angehalten und meine Pobacken zusammengekniffen, als könnte ich sie so in meinem Körper ersticken. Da ich damals nur im Sinn hatte, meine Gefühle zu unterdrücken und nicht etwa ihnen auf den Grund zu gehen, blieben die Ursachen verborgen.

Wenn ich heute versuche, diese Zeit zu rekonstruieren, habe ich nur Erinnerungsfetzen und ein paar vage Gefühle, an die ich mich halten kann – psychologische Fossilien. Doch Archäologen können nie sicher sein, wie authentisch sie die Vergangenheit wiedergeben. Und unser Unterbewußtsein läßt sich nicht bis ins letzte ergründen. Manches wird nie ans Licht kommen, daran können auch Jahre auf der Couch nichts ändern.

Nur eins weiß ich mit Gewißheit: Es war mir ewig lange nicht möglich, mir ein Überleben ohne meine Eltern vorzustellen, genausowenig wie der Gedanke, daß meine Eltern ohne mich klarkommen könnten. Die Angst vor einer Trennung oder einem Bruch – was für mich das gleiche war – saß mir so tief in den Knochen, daß ich auch in den alltäglichsten Situationen vor jedem kleinen Schlußstrich zurückschreckte. Ich fand es schwer, aus einem Laden zu gehen, aus der Wanne zu steigen, Telefongespräche zu beenden oder nach einem netten Abend meinen Freunden gute Nacht zu sagen. Auch von meinen ersten eigenen Sachen habe ich mich nie getrennt. Ich habe mich immer gewundert, wie leichtfertig meine Freundinnen damit umgingen. Sie ließen ihre Sachen bei ihren Freunden oder Ex-Freunden stehen, verliehen sie monatelang an Bekannte oder verteilten sie manchmal sogar auf verschiedene Haushalte! Ich habe mir nie vorstellen können, daß man irgendwann wiederbekam, was man weggegeben hatte, oder daß man sich wiedertreffen würde. Ich hatte ständig böse Vorahnungen. Für mich hatten alle Trennungen etwas Endgültiges, die Möglichkeit, daß man sich zum letzten Mal gesehen hatte, stand immer im Raum.

Die Menschen, die im Krieg ihre Sachen gepackt hatten, waren nur selten zurückgekommen. Im Leben meiner Eltern gab es viele solcher plötzlichen Brüche. In meinem eigenen Leben war noch nie jemand weggegangen und kaum jemand gestorben, also war es äußerlich gesehen sehr konstant gewesen. Aber irgendwie hatte ich die Erfahrung meiner Eltern zu meiner eigenen gemacht und ihre Verlustängste tief verinnerlicht. Auf der symbolischen Ebene war Trennung für uns alle gleichbedeutend mit Tod.

Irgendwann bin ich dann tatsächlich mal weggegangen, allerdings nur für kurze Zeit. Ich bin mit zwei Schulfreunden für drei Monate nach Florenz gefahren. Wir haben Italienisch gelernt und Kunst studiert. Und hier, weit weg von meiner Familie, habe ich meine Schüchternheit ein wenig abgelegt, denn in der Fremdsprache fiel es mir leichter, Kontakte zu knüpfen. Und schließlich hatte ich auch Glück mit dem anderen Geschlecht. Ich habe sage und schreibe drei Freunde gehabt – nacheinander natürlich.

Im nächsten Jahr bin ich nach Oxford gegangen. Meine Eltern haben mich hingefahren, als das Semester anfing. Nach der Ankunft haben wir erst einmal eine Pause im Kardomah-Café eingelegt. Ich bestellte mir eine überbackene Käseschnitte. Irgendwie hatte sie einen merkwürdigen Beigeschmack, den ich nicht identifizieren konnte. Ich habe immer wieder probiert. Ich kannte den Geschmack, der Name lag mir auf der Zunge, aber ich kam nicht darauf. Dann sind wir zum College gefahren. Als meine Eltern schon dabei waren, die Koffer in mein Zimmer zu tragen, zerbrach ich mir immer noch den Kopf. Meine Umgebung nahm ich kaum noch wahr, ich klebte irgendwo unter meinem Gaumen. Ich wußte zwar unterbewußt, daß etwas Unfaßbares geschehen war – das hier war nicht zu Hause, dieses komische kleine Zimmer inmitten endloser Flure in einem College irgendwo in England –, aber mein geschmackliches Abenteuer überlagerte jede andere Empfindung. Als ich endlich den Namen des Gewürzes herausbekam – es war Paprika –, waren meine Eltern schon längst nach Hause gefahren. Und ich saß da und fühlte mich gefangen in einer völlig irrealen Welt, aus der es kein Entkommen gab. Ich wußte, ich war irgendwo im Niemandsland gelandet. Dieser Ort hatte nichts mit mir zu tun. Ich fühlte mich, als hätte ich mich selbst ins Exil geschickt.

Das Oxford, das ich mir vorgestellt hatte, war ein Ort jüdischer Intellektueller, ein Hampstead [Stadtteil Londons, in dem viele Juden leben; Anm. d. Übersetzerin] mit vielen spitzen Türmchen, ein *Jeschiwa* der Künste. Das wirkliche Oxford erinnerte mich eher an die exklusiven Privatschulen Rodean und Harrow. Seine Steine sprachen von Beständigkeit und geradliniger Abstammung, von eingespielten Regeln und festen Bräuchen, und die weitläufigen Rasenflächen, auf dem träge die Studenten flanierten, schienen gebieterisch über eine Welt zu wachen, die nur sich selbst akzeptierte. Entweder man unterwarf sich ihren Regeln, oder man blieb für immer ein Außenseiter.

In meinem College gab es die Mädchen aus gutem Hause, die sich auf den Reiterwettbewerben tummelten, elegante junge Damen, die gerade in die Gesellschaft eingeführt wurden, ernsthafte Studenten aus weniger wohlhabenden Familien und die Rudermannschaft mit den blauen Mützen – nur Juden gab es hier kaum. Damals war ich mir kaum bewußt, daß mir etwas fehlte. Ich hätte sicher irgendwo eine jüdische Gemeinde gefunden, aber ich kam ja aus einer sehr säkularen Familie. Und ich suchte weniger eine religiöse Gemeinschaft, als vielmehr kulturelle Geborgenheit. Das *Heimische* fehlte mir. Ich fand eine Freundin, die ein bißchen davon hatte, und sie wiederum kannte einen Studenten, mit dem ich mich sehr gut austauschen konnte. Aber die meiste Zeit habe ich einfach all das, was jüdisch war an mir, an diesen geheimen, kaum zugänglichen Ort verbannt, der schon so viele ungewollte Teile meiner selbst beherbergte.

Ich war nicht allein mit dem Eindruck, daß die Universität Juden nicht gerade mit offenen Armen empfangen hat. Das weiß ich allerdings erst heute. Ein in Oxford lehrender Rabbiner hat dies erst kürzlich bestätigt: »In der Vergangenheit ist es nicht leicht gewesen, Jude in Oxford zu sein. Denken Sie nur einmal über die Namen der verschiedenen Colleges nach: Corpus Christi, Christ Church, Jesus. Juden haben sich hier immer nur als Gäste gefühlt.«

In meiner Studienzeit lernte ich vor allem eins: die Schauspielerei, und das in jeder Hinsicht. In meinem zweiten Jahr habe ich mit der Oxforder Theatergruppe Tschechows »Drei Schwestern« aufgeführt. Die Aufführung fand im Theater der Uni statt. Ich spielte die Maša und durfte eine Woche Abend für Abend ihren Zusammenbruch darstellen. Wenn ich nicht gerade auf der Bühne stand, entdeckte ich, daß ich noch ganz andere Talente hatte. Ich lernte, daß ich auch witzig und komisch sein konnte, und eignete mir nach und nach die unterschiedlichsten Fähigkeiten im Umgang mit anderen an. Schließlich wurde ich so perfekt darin, daß es mir später schwerfiel, sie wieder aufzugeben. Doch vor allem war ich damit beschäftigt, mir ein neues Ich zu erschaffen. Ich habe schamlos andere Leute kopiert. Von allen habe ich mir irgend etwas abgeschaut. Ein bißchen hier, ein bißchen dort, mir war alles recht. Was immer mir an anderen gefiel, ich konnte es schließlich besser. Ich brauchte nur ein paar Worte zu hören oder eine kleine Geste erhascht haben, schon wußte ich, welchen Stil mein Gegenüber hatte und in welcher Stimmung es gerade war. Dem paßte ich mich einfach an, und in kürzester Zeit habe ich mit der gleichen Stimme gesprochen und haargenau dieselben Meinungen vertreten. Die anderen merkten es kaum, so perfekt ahmte ich sie nach.

Ansonsten weiß ich wenig aus meiner Zeit in Oxford – wieder ein Lebensabschnitt, den ich nur verschwommen erinnere. Ich habe viel Hasch geraucht damals, und wenn nicht, schwebte ich trotzdem in anderen Gefilden. Als ich meinen Abschluß in der Tasche hatte, bin ich wieder zu meinen Eltern gezogen und bekam meinen ersten Job bei der BBC, bei dem ich Themen recherchieren mußte. Ich betrat diese neue Welt mit einem Lächeln auf den Lippen, das ich nur selten ablegte. Meine Kollegen haben mich dafür bewundert und mir oft beteuert, wie herzlich sie dieses Lächeln empfanden. Sie wußten ja nicht, daß ich es gerade dann aufsetzte, wenn ich völlig gegensätzliche Gefühle verbergen wollte. Je wütender ich war, um so freundlicher und gefälliger gab ich mich. In diesen Jahren verschaffte sich auch die Frauenbewegung zunehmend Gehör. Ich habe zwar ihre Forderungen geteilt, aber die Bewegung an sich schreckte mich ab. Wieder einmal hatte ich Angst, etwas könne sich zwischen mich und meine Eltern stellen. Für ein Chamäleon wie mich wäre dort kein Platz gewesen.

Zur gleichen Zeit hatte ich auch meine erste ernsthafte Beziehung. Mein Freund war verheiratet und Nichtjude. Er interessierte sich sehr für andere Kulturkreise, auch für meinen, und er hat mir als erster das Gefühl gegeben, es müsse mir nicht peinlich sein, daß ich Jüdin war. Durch seine Ermutigung dachte ich zum ersten Mal darüber nach, daß mein Jüdischsein auch eine Bereicherung sein könnte. Vielleicht brauchte ich nicht ständig darauf bedacht zu sein, daß man es mir nicht ansah? Vielleicht durfte ich mich sogar darauf einlassen? Ich fühlte mich, als hätte ich nach Jahren in einem dunklen Bunker den ersten Schritt ans Tageslicht getan. In der Schule hatte es immer geheißen, jüdische Schüler seien clever – doch meist auch ziemlich unmodern. Die jüdischen Mädchen sahen oft ein bißchen wie kleine Babuschkas aus, nicht alle waren so, was damals nicht gerade als chic galt. Ich persönlich wollte mit breiten Hüften und altmodischen Lockenfrisuren absolut nichts zu tun haben. Viele von uns taten alles, um sich dem gängigen Schönheitsideal anzupassen. Wir entwickelten eine regelrechte Phobie vor krausen Haaren. Und so haben wir uns die Haare möglichst lang wachsen lassen – egal wie es aussah, Hauptsache, die Locken waren endlich raus. Damit sie glatt blieben, durften sie auf keinen Fall naß werden. Schwimmen war jedesmal eine furchtbare Prüfung, auch wenn wir es auf die jüdische Art taten, mit dem Kopf möglichst weit aus dem Wasser, als könnten wir uns daran verbrennen. Der Regen war unser ärgster Feind, der Fön unser ständiger Begleiter. Einige von uns – ich nicht, dazu war ich dann doch zu stolz – griffen sogar zum Brenneisen. Ich weiß noch, wie sehr es mich getroffen hat, als Vidal Sasson, der selbst Jude war, in der *Vogue* von seinem Lieblingshaarschnitt schwärmte, einem superglatten Fransenschnitt. Wir wollten am liebsten so aussehen wie Cathy McGowan. Wir schwärmten für ihre Haare, die ihr glatt wie ein Laken auf die Schultern fielen.

Es wäre uns nie in den Sinn gekommen, unsere Haare zu lassen, wie sie waren, geschweige denn, die Locken zu kultivieren. Unser Stil war einfach nicht in, und wir unterwarfen uns alle dem Modediktat der Zeit. Als ich Anfang Dreißig war, habe ich mir im Kino den Film »Sophies Entscheidung« angesehen. Es gibt dort eine Szene, in der ein Nazi die Heldin mit den Worten umschmeichelt, sie sehe »so arisch und schön« aus. In diesem Moment habe ich erkannt, daß es genau das war, was ich immer geglaubt hatte: Jüdisch konnte niemals schön bedeuten. Auf der Skala zwischen schön und häßlich lag es ziemlich weit unten. Und wenn jemand sagte: »Du siehst jüdisch aus«, war das nie als Kompliment gemeint.

Stolz den Unterschied zur Schau zu stellen war Sache eines anderen Jahrzehnts und einer anderen ethnischen Gruppe, die ihren Afrolook als äußeres Zeichen ihres neuen Selbstbewußtseins trug und deren Politik sozusagen bis in die Haarspitzen reichte. Sie waren es, die uns die Erkenntnis bescherten, daß Schönheitsideale keinesfalls natürlich entstehen, sondern von der dominanten Kultur bestimmt werden. Die WASPS [weiße angelsächsische Protestanten; Anm. d. Übers.] waren nicht an sich attraktiver als alle anderen, es erschien nur allen so. Das eigene Aussehen und den eigenen Stil mit denen der weißen Kultur gleichzusetzen erforderte eine tiefe Bewußtseinsänderung. Doch für uns in der Mitte der Sechziger war es ein Ding der Unmöglichkeit, stolz unsere Locken zu präsentieren. Es wäre uns vorgekommen, als hätten wir den Judenstern getragen. Und als ich als über Dreißigjährige beschloß, auf das Modediktat zu pfeifen und meine Locken endlich wieder frei fallen zu lassen, mußte ich plötzlich entdecken, daß ich gar keine hatte! Das war die größte Ironie. All meine Kämpfe mit dem Fön waren völlig umsonst gewesen, denn meine Haare waren tatsächlich nur ganz sanft gewellt.

Als Jude in England zu leben kann vielleicht am ehesten mit den Erfahrungen der Schwulen verglichen werden – es sei denn, man entschloß sich, unter seinesgleichen zu bleiben. In der Öffentlichkeit fielen wir selten auf, man erkannte sich eher an irgendwelchen kleinen Zeichen. Wir haben uns wohl diskrete Hinweise gegeben, wenn wir uns auf der Straße trafen, aber wir gaben uns nie offen zu erkennen. Sicher freuten wir uns über die Begegnung, doch unsere Gefühle waren eher gemischt. Was, wenn wir unsere Tarnung verloren hätten, wenn uns auch die anderen als Juden erkannt hätten? 1991 habe ich im Fernsehen eine Sendung mit dem Dramatiker Bernard Kops gesehen, der von Erfahrungen aus den fünfziger Jahren erzählte. Er war damals aus dem Londoner East End nach West Hampstead gezogen. An Rosch Ha'schana traf er einen jüdischen Nachbarn, der ihm ein »Frohes Neues Jahr« wünschte – nur mit den Lippen, es war kein Wort zu hören! Ein paar Wochen nach dieser Sendung hatte ich ein ähnliches Erlebnis. Eine

Verkäuferin aus einem Laden um die Ecke begrüßte mich mit dem Neujahrsgruß, aber sie kürzte ihn ab und sagte nur »Frohes NJ«.

An Jom Kippur wurde das Gefühl, in der Fremde zu leben, noch stärker als sonst. Wir sind immer gegen sechs Uhr in die Synagoge gegangen. Zu dieser Tageszeit war der Feierabendverkehr am dichtesten. Die Straßen, durch die wir gingen, waren uns vertraut, doch wir spürten, wie sehr wir mit unseren Gebetsbüchern und unserer Feiertagskleidung auffallen mußten. Die anderen Leute kamen gerade von der Arbeit, für sie war es ein Tag wie jeder andere. Es war, als hätte man uns in eine Gefängnisuniform gesteckt, als seien wir durch ein unsichtbares Band von den Leuten auf der Straße getrennt. Am *Seder*-Abend war es weniger schwierig, nicht nur, weil Pessach viel feierlicher begangen wurde, sondern auch, weil wir Seder zu Hause feierten, wo uns keine mißbilligenden Blicke treffen konnten.

Wenn wir uns tatsächlich einmal öffentlich zu unserem Jüdischsein bekannten, stießen wir auf wenig Verständnis. Als ich etwa Mitte Zwanzig war, nahm ich einmal an einem privaten Treffen nichtjüdischer Schriftsteller teil, die gerade aus Israel zurückgekehrt waren. Es war ein paar Jahre nach dem Jom-Kippur-Krieg. Die Journalistin Jill Tweedie sprach lang und breit über Israel. Irgendwann warf ich schüchtern ein, daß es die Juden in England vielleicht in gewisser Hinsicht schwerer hätten als die in Israel. Mein Einwand wurde mit einem entschiedenen »Blödsinn« abgeschmettert. Ich hatte nicht den Mut, meine Meinung zu verteidigen, was natürlich bewies, daß an dem, was ich gesagt hatte, durchaus etwas dran war.

Ich glaube, ich habe all die Jahre einen ständigen Kampf zwischen Englisch- und Jüdischsein erlebt, und zwar sowohl zu Hause als auch in der Welt draußen. Es lag sicher zum Teil daran, daß meine Eltern den Krieg mitgemacht hatten.

Aber es gab noch einen zweiten Grund, den ich erst verstand, als ich Philip Roth einmal im Radio über Amerika sprechen hörte. Er behauptete, es gebe in Amerika so viele Einwanderer, daß eigentlich jeder ein Außenseiter sei. Die Außenseiter seien mittlerweile die Bürger des Landes – ihre Erfahrung sei die der Mehrheit. In dem Moment wurde mir klar, daß das in England nicht so war. Hier war ein Außenseiter schlicht und ergreifend ein Außenseiter. In England konnte man genau sagen, wer dazu gehörte, und jeder wußte genau, was *die Engländer* ausmachte. Erst später kam ich dahinter, wie idealisiert die Vorstellung des Schmelztiegels war und wie eng sie mit dem amerikanischen Mythos verknüpft war, der mittlerweile von Afroamerikanern und anderen diskriminierten Gruppen vehement angegriffen wurde. Noch viel später verstand ich, daß auch die Engländer keine so monolythische und homogene Gruppe bildeten, wie ich sie als Kind erlebt hatte. Viele Menschen haben sich ebenso ausgeschlossen gefühlt. Zu der Zeit habe ich jedoch nur sehen können, daß ich selbst nicht dazugehörte.

Selbst als wir noch Kinder waren, oder besser gesagt, gerade damals, war uns schon bewußt, daß uns gewisse gesellschaftliche Bereiche verschlossen blieben. Zum Beispiel die Brownies [englische Pfadfinder; Anm. d. Übers.]. Einige meiner Mitschüler sind manchmal in braunen Uniformen zur Schule gekommen. Ich wußte gar nicht genau, was Brownies waren, ich stellte mir so etwas wie jugendliche Freimaurer vor, und vielleicht spielte auch irgend etwas Kirchliches hinein? Aber daß wir als Juden dort nicht hingehörten, war vollkommen klar. Schon möglich, daß ich sie doch unterbewußt mit den Braunhemden in Verbindung gebracht habe. Sie hatten auch all diese aufgenähten Sterne und Abzeichen, die mir so unheimlich waren.

Ich hätte immer zu gern Weihnachten gefeiert, aber da blieben meine Eltern eisern. Truthahn war das höchste der

Gefühle, ein Weihnachtsbaum jedoch völlig indiskutabel. Einmal habe ich so lange gequengelt, bis wir uns schließlich auf einen Kompromiß einigten und ein Apfelsinenbäumchen von einem halben Meter Höhe angeschafft wurde. Für meine Eltern muß Weihnachten so etwas wie die Apotheose des Christentums gewesen sein und eine der stärksten Bastionen des Antisemitismus. Sie dachten dabei an die Geburt jenes Christus, dessen Ermordung jahrhundertelang den Juden zu Last gelegt wurde. Sie haben nie verstanden, daß Weihnachten in England nicht einfach ein christliches Fest war, sondern sich sozusagen durch die gesamte Kultur zog. Ob im Fernsehen, im Radio, in den Läden, es gehörte einfach dazu und war darüber hinaus durch die langen Weihnachtsferien noch institutionalisiert. Dadurch, daß wir nicht teilnehmen duften, fehlte uns eine ganz entscheidende Identifikationsmöglichkeit. Ich habe wie viele andere britische Juden immer sehr unter der Weihnachtszeit gelitten. Das hat sich erst geändert, als ich selbst eine Familie hatte und Weihnachten auf meine ganz persönliche Weise feiern konnte, meist um *Chanukka* herum. Im ersten Jahr, in dem mein Lebenspartner und ich einen Weihnachtsbaum aufstellten – der allerdings vom Davidsstern gekrönt war –, haben sich meine Eltern geweigert, zu uns zu Besuch zu kommen. Und trotz all meiner beinah kindlichen Freude über meinen ersten Baum habe ich mich ein ganz kleines bißchen wie eine Verräterin gefühlt – als hätte ich mir eine Kette mit einem Kreuz um den Hals gehängt.

Das Gefühl, von der dominanten Kultur ausgeschlossen zu sein, wurde noch durch die Tatsache verstärkt, daß wir Nicht-Orthodoxen, die nur die Gesetze einhielten, keine nennenswerte weltliche Kultur vorzuweisen hatten, die sich in der Öffentlichkeit manifestierte. Es gab kaum anglojüdische Literatur. Sicher hatten wir jüdische Autoren, sogar ein paar ziemlich bekannte, doch mit den Werken der amerikanisch-jüdischen Autoren, die sich seit Jahrzehnten einen Namen gemacht und ein großes Selbstbewußtsein hatten, waren sie einfach nicht zu vergleichen. Der amerikanisch-jüdische Roman *war* der amerikanische Roman. Man kann nicht einmal sagen, es habe einen britisch-jüdischen Roman gegeben. Eher hatten sich jüdische Dramatiker einen Namen gemacht – Wesker, Kops und andere. Aber der bekannteste von ihnen, Harold Pinter, war eher ein Dramatiker, der zufällig auch Jude war. Obwohl Pinter erst kürzlich gesagt hat, er führe das Bedrohliche in seinen Werken auf den Antisemitismus zurück, den er in seiner Kindheit im East End zu spüren bekommen habe. Allerdings – müssen jüdische Autoren unbedingt über Juden schreiben? Moslemische Autoren über Moslems? Hat nur die männliche WASP-Literatur das Recht, sich über alle anderen auszulassen? Unter all den anglo-jüdischen Autoren gehörten Frederic Raphael und Jack Rosenthal später zu den wenigen Ausnahmen, die fürs Fernsehen über Juden geschrieben haben, wie sonst nur WASPS über andere WASPS schreiben – in der festen Überzeugung, jeder müsse sich dafür interessieren. Doch es war schließlich ein amerikanischer Schriftsteller, der den Antisemitismus der Briten in all seiner höflichen und versteckten Art genauer beleuchtet hat, und dies auch erst 1986. Dieser Verdienst ist Philip Roth und seinem wunderbaren Roman »Das Gegenleben« zuzuschreiben. Die Tatsache, daß es keine nennenswerte britisch-jüdische Literatur gab, zeigt nur zu deutlich, wie marginalisiert und wenig selbstbewußt wir waren. In gewisser Weise waren wir eine schweigende, lediglich geduldete Minderheit geblieben.

Der *Jewish Chronicle* ist immer für seine eindimensionale Weltsicht kritisiert worden. All diese Photos von strahlenden jüdischen Geschäftsleuten und jüdischen Wohlfahrtsorganisationen und diese kritiklose Lobhudelei über alles, was Juden jemals erreicht hatten. Aber genauso war es für uns: Wir haben die uns umgebende Kultur nach jeder, und sei sie noch so kleinen, Bezugnahme auf Juden durchforscht, und hatten wir etwas gefunden, so wurde dies endlos ausgeschmückt.

Als Kind und junge Erwachsene habe ich mich jedesmal furchtbar darüber aufgeregt, wenn meine Mutter sich erkundigte, ob jemand »englisch« sei – das war ihr beschönigender Ausdruck für »nicht jüdisch«. Mein Ärger rührte zum Teil daher, daß ich wußte, sie würde erst dann ein Urteil über die betreffende Person fällen, wenn ich es ihr gesagt hatte. Auf der anderen Seite lag in ihrer Frage die unausgesprochene Überzeugung, daß man nicht gleichzeitig englisch und jüdisch sein konnte. Man war dann eben nicht *richtig* englisch. Aber sie hatte die ganze Zeit recht – nur in diesem einen Punkt, Mutter. Auch ich habe ganz automatisch immer *sie* gesagt, wenn ich über die Engländer sprach.

Als Jüdin im nördlichen Teil Londons zu leben war eine Sache. Außerhalb dieser kleinen Welt für sich zu sein eine andere. Als ich Mitte Zwanzig, Anfang Dreißig war, habe ich mich manchmal aus London hinausgewagt und einen Ausflug in die Umgebung gemacht. Und dort, in diesen kleinen englischen Dörfchen, in denen der Kirchturm der Mittelpunkt der Welt war und Juden biblische Figuren, fühlte ich mich jedesmal, als hätte ich mich plötzlich auf wundersame Weise in einen Rabbi verwandelt, so wie Woody Allen in »Der Stadtneurotiker«. Hier war meine Andersartigkeit fast greifbar.

Als ich noch für die BBC arbeitete, mußte ich einmal nach Budleigh Salterton rausfahren, um ein Thema zu recherchieren. Es ging um einen Major. Er wohnte in einem Bungalow, und der kleine Weg zu seinem Haus war mit Mosaiksteinen gepflastert. Diese Mischung – Major, Bungalow, Mosaikpflaster – gab mir die absolute Gewißheit, auf einem fremden Planeten gelandet zu sein. Egal wo sie mich hingeschickt hätten, ob nach Paris, Rom oder selbst auf den Mars, überall hätte ich mich heimischer gefühlt als hier. Der Major und seine Frau entpuppten sich allerdings als sehr charmante Gesprächspartner. Als wir erst einmal ins Plaudern gekommen waren, zeigten sie sich überaus fasziniert von diesem exotischen Wesen, das in ihr Wohnzimmer geschneit war.

Die englischen Juden, das heißt die zweite, dritte und vierte Generation, boten mir genausowenig eine Zuflucht, denn sie waren nicht ängstlich genug. Verglichen mit amerikanischen Juden fehlte ihnen sicherlich einiges an Selbstbewußtsein, doch sie hatten ein Selbstvertrauen und eine Unbekümmertheit, die uns vollkommen abging. Sie wußten, was ihnen zustand, und schienen sich nicht weiter Sorgen zu machen. Mich stieß das ab, obwohl ich sie insgeheim sicher beneidet habe. Ihnen fehlte einfach diese gewisse Melancholie, die mir trotz all der Bemühungen meiner Eltern inzwischen so vertraut geworden war.

Auch ihr Bezugspunkt war ein anderer. Sie orientierten sich an Israel, während mein Bezugspunkt, wenn man überhaupt davon sprechen kann, Polen war. Ich empfand eine nostalgische Sehnsucht nach dem Jiddischen im Schtetl, und sie waren dem Pioniergeist des Kibbuz verbunden. Während sich bei ihnen alles um junge Menschen zu drehen schien, fühlte ich eine tiefe Verwandtschaft mit älteren Juden; sicher waren meine Gefühle hier auch gemischt. Wenn ich an die hellen, modernen Häuser meiner nichtjüdischen Freunde dachte, schämte ich mich wohl insgeheim meiner Eltern und meines Zuhauses, aber ich hatte auch eine unwiderstehliche Schwäche für die älteren Juden in der Finchley Road, die nur gebrochen Englisch sprachen und manchmal gebeugt über die Straße schlurften. Wenn ich sie irgendwo im Laden oder im Restaurant erkannte – sie trafen sich im Dorice oder im Cosmo, wo Wien und Warschau im kleinen wiederauferstanden waren –, wäre ich am liebsten auf sie zugegangen, um ihnen zu sagen, daß wir Landsleute seien. Ich mußte immer den Drang unterdrücken, ein Gespräch mit ihnen anzufangen, und vor allem, mich um sie zu kümmern.

Mich zu kümmern war nämlich meine große Passion. Egal wen ich traf, meinen Friseur, den Milchmann oder Verkäufer in irgendeinem Laden, ich war immer mehr als freundlich, habe tausendmal Dankeschön gesagt und allen mein strahlendstes Lächeln geschenkt. Im zweiten Teil von »Der Pate« – die Mafia im Film hat mich immer an eine lärmende, jüdische Großfamilie erinnert, die von allen Seiten belagert wird – gibt es eine Szene, in der Michael (Al Pacino) seinen verwundeten Vater Don Corleone (Marlon Brando) ganz allein und ohne Schutz im Krankenhaus vorfindet. Der Sohn verteidigt seinen Vater heldenhaft gegen einen brutalen Angriff. Obwohl ich diese Szene schon wer weiß wie oft gesehen hatte, bin ich jedesmal wieder in Tränen ausgebrochen. Ich glaube, Pacino spielte hier genau das, was ich mir in meinen geheimsten Phantasien oft erträumt habe: meine Eltern vor drohendem Unheil zu retten.

Auch als ich älter wurde, hat sich mein Helfersyndrom nicht gelegt. So wie ich in der Schulzeit brav die guten Noten nach Hause gebracht hatte, präsentierte ich ihnen jetzt meine Artikel. Meine Leistungen schienen einen Zweck zu haben: Sie waren dafür da, meine Eltern lebendig zu erhalten. Und an ihren Geburtstagen und zu Weihnachten habe ich mich Jahr für Jahr in Unkosten gestürzt und ihnen bombastische Geschenke gekauft. Natürlich mußte ich immer so tun, als sei es ein Geschenk zu *Chanukka*. Ich konnte noch so verschwenderisch sein, es schien mir nie genug, ich wollte immer noch mehr geben.

Sich um sie zu kümmern hieß natürlich auch, bei ihnen

wohnen zu bleiben. Wir konnten nur gemeinsam überleben. »Hoffentlich sehe ich euch wieder«, war der Standardsatz meiner Mutter, wenn meine Schwester und ich einmal in den Urlaub gefahren sind. Das sagt sie heute noch, *stolat.*

Mein Flug hat Verspätung. Kaum bin ich zu Hause, rufe ich wie immer sofort bei meiner Mutter an. Kein Gedanke daran, vielleicht erst einmal auszupacken oder aufs Klo zu gehen. »Ich hab mir solchen Sorgen gemacht«, sagt sie. »Ich dachte schon, wer weiß was ist passiert.« Aber wer weiß was ist nicht passiert.

Nur zu gerne hätte ich meinen Eltern auch körperlich etwas abgenommen, das Essen oder das Atmen oder, da dies ja nicht ging, einen Teil ihres Leids. Selbst da war ich unzulänglich, ich war einfach nicht so leidensfähig wie sie.

Wenn ich abends von der BBC nach Hause ging, habe ich oft Schuldgefühle bekommen. Ich konnte mir das gar nicht erklären. Es schien einfach nicht richtig, endlose Stunden der Muße ohne irgendwelche Aufgaben vor mir zu haben. Manchmal habe ich mich tatsächlich einmal ins Vergnügen gestürzt, aber ich mußte jedesmal noch schnell einen Spruch gegen den bösen Blick aufsagen, *kayn ayn hore*, den hatte ich von meiner Mutter gelernt. Und hatte ich irgendwo Glück gehabt oder erwartete irgendein glückliches Ereignis, habe ich dreimal mit der Zunge geschnalzt genauso übertrieben wie meine Mutter, um damit mögliches Unheil abzuwehren. In diesem Punkt habe ich sie noch übertroffen. Ich habe mich sogar gegen längst vergangenes Unglück wehren wollen!

Damals konnte ich mir nicht vorstellen, aus meinem Elternhaus auszuziehen. Man hätte mich schon mit Gewalt wegholen müssen. Meine Freunde wohnten schon längst in ihren eigenen Wohnungen, besetzten Häusern und lebten auch in Kommunen, denn mittlerweile schrieben wir die Siebziger. Ich hatte immer noch mein Kinderzimmer. Meine

Schwester war ausgezogen, als sie geheiratet hatte. Um mein Gesicht zu wahren, habe ich mir schließlich ein Zimmer in West-London gemietet. Ab und zu habe ich dort mit meinem Freund übernachtet, aber sonst war es eine reine Vorzeigewohnung. Wenn ich meine Freunde zum Essen eingeladen hatte, kam ich gerade rechtzeitig, um sie hereinzulassen. Gleich nach dem Essen bin ich schnell wieder heim gefahren. Einmal habe ich sogar einen Kollegen gebeten, mich von meinen Eltern »nach Hause« zu fahren, nur um dann, kaum daß er außer Sichtweite war, schnell wieder die Rückfahrt anzutreten.

Mit 25 bin ich endlich ausgezogen. Meine Mutter hat mich ein bißchen geschubst. Der Abnabelungsprozeß dauerte Ewigkeiten. Es war wie ein Kurs in Verhaltenstherapie, zuerst blieb ich immer nur ein paar Stunden, dann schon mal übers Wochenende und schließlich eine ganze Woche in meiner Wohnung. Allerdings habe ich jeden Tag zu Hause angerufen, um mich zu vergewissern, daß alle noch lebten.

Ich habe damals bei der BBC gekündigt, weil ich endlich als richtige Journalistin arbeiten wollte. Die Verhaltensmuster, die ich von Haus aus gewohnt war, trug ich nun auch in mein Berufsleben hinein. Meine Redakteure hatten es gut mit mir, ich hielt alles von ihnen fern. Ich habe sogar Ausgaben auf die eigene Kappe genommen, denn ich war der festen Überzeugung, daß ich allein damit fertig werden sollte. Auch Anweisungen nahm ich gern entgegen. Es fiel mir nur zu leicht, mich den Maßstäben anderer Leute zu unterwerfen, auch wenn ich mich immer mehr mit meiner Arbeit identifizierte.

Jetzt, wo ich allein lebte und selbständig arbeitete, kamen plötzlich bestimmte Verhaltensmuster zum Vorschein. Ich wollte die Welt mit großen Schritten erobern, nur vergaß ich dabei, auf meinen Energiehaushalt, meine Stimmung oder Biorhythmus zu achten. Ich habe mich unerbittlich zur Arbeit angetrieben. Für körperliche Bedürfnisse oder Schwächen gab es in meinem Tagesablauf keinen Platz mehr. Ich lebte streng nach dem Terminkalender, jede Sekunde war verplant. Kein Wunder, daß mein Körper sich irgendwann gewehrt hat. Morgens mußte ich alle Überredungskünste aufbieten, um mich aus dem Bett zu treiben, und wenn ich endlich auf war, mutete ich meinem Körper die nächste Tortur zu. Manchmal habe ich bis zu sechs Stunden unbeweglich am Schreibtisch gesessen, ohne auch nur einmal auf die Toilette zu gehen – und dann ging das Ganze wieder von vorn los. Der Krieg tobte nun in mir selbst.

Von meinem Freund hatte ich mich getrennt, doch im Berufsleben wurde ich immer erfolgreicher. Meine Arbeit gab mir neues Leben, sie war wie Blutplasma. Nur selten wurde einer meiner Artikel einmal abgelehnt und wenn, so war ich am Boden zerstört. Ich war dabei, aus mir die Journalistin Nummer eins zu machen: blitzschnell und gewandt, immer gut gelaunt und natürlich nie ein böses Wort auf den Lippen. Ich trainierte für die Sendung »Any Questions«.

Ich weiß nicht, ob meine Eltern auch nur die leiseste Ahnung hatten, unter welchem Streß ich all die Jahre stand, und das nicht erst in meinem Berufsleben, sondern auch schon in meiner Kindheit und Jugend. Doch wie hätten sie das merken sollen? Ich selbst hatte ja kaum eine Ahnung davon. Und wenn, wären sie sicherlich zutiefst entsetzt gewesen. Wenn ihnen an mir etwas merkwürdig vorkam, schoben sie es – wie die meisten ihrer Generation – sofort auf irgendwelche Komplexe, auf irgendein kaum faßbares neurotisches Verhalten. Ich dagegen fühlte mich wie jemand, der krampfhaft versucht, eine glibbrige Masse in der Hand zu halten, und plötzlich feststellen muß, daß sie zwischen den Fingern hervorquillt. Ich bemühte mich mit allen Kräften, meine Eltern vor mir zu schützen, aber gleichzeitig wußte ich, daß mir dies nicht mehr lange gelingen würde.

JOSEF KARPF:
Am 1. September 1939 nachts lag ich in meinem Zimmer in Jasło. Das Bett stand am Fenster, das einen Spalt geöffnet war, und morgens um fünf hörte ich plötzlich die Bombenflugzeuge. So erfuhr ich, was geschehen war. Eine halbe Stunde später wurde 30 Kilometer vor der Stadt entfernt eine Rüstungsfabrik bombardiert. Jetzt wußten wir Bescheid ... Es war schrecklich, aber es gab so viel zu tun, daß einfach keine Zeit blieb, das Ganze philosophisch zu betrachten. Wir hatten ja gewußt, was auf uns zukam, und nun war es soweit.

Gleich am nächsten Morgen gab es verschlüsselte Meldungen im Radio. Die Reservisten wurden aufgerufen, sich bei der Armee zu melden. Am ersten Tag lagen die Deutschen noch 100 Kilometer vor Jasło. Wir hörten, daß dort gekämpft wurde, obwohl die polnische Armee von Anfang an vor der Auflösung stand. Zu der Zeit hatten sie wenigstens noch Munition und Flugzeuge. Schon jetzt ging alles drunter und drüber, und es wurde jeden Tag schlimmer. In den versiegelten Umschlägen, die ich immer öffnen mußte, hieß es, wir sollten alle Kupferleitungen in der Brennerei und der Destillerie abmontieren und nach Tarnów schaffen – das war illusorisch, denn Tarnów war siebzig Kilometer entfernt. Wir erkundigten uns, was wir tun sollten. Niemand konnte uns eine Antwort geben.

Wir beschlossen, die Tanks aufzumachen und den Alkohol abfließen zu lassen, damit er nicht den Deutschen in die Hände fiel. Schließlich handelte es sich um mehr als eine Million Liter, und sie hätten Brennstoff oder Benzin daraus herstellen können. Wir rechneten uns aus, daß es mindestens zehn Tage dauern würde, bis alle Tanks leer wären. Meine Schwestern waren beide zu Hause – die eine wohnte ja bei uns, und die andere war nach dem Tod meiner Mutter hiergeblieben, um *schiwe* zu sitzen, denn wir hatten gehört, daß Hitler schon auf Krakau zumarschierte. Mein Bruder nahm das Auto, packte meine Schwestern mit den Kindern hinein und fuhr mit ihnen Richtung Osten nach Lemberg (Lwów), was um die 250 Kilometer entfernt war. Ich blieb zurück, um mich um alles zu kümmern. Ich wußte nicht, ob ich sie je wiedersehen würde. Es war ein so traumatisches Erlebnis. Alles, was vorher geschehen war, gehörte plötzlich einer fernen, fernen Vergangenheit an. In den ersten zwei Tagen habe ich nur vor dem Radio gesessen und Zeitung gelesen. Es kam uns wie ein schrecklicher Alptraum vor – ehrlich gesagt, in diesen Tagen *war* es ein Alptraum, alles völlig unwirklich. Mit Realität schien dies nichts mehr zu tun zu haben.

Am 4. September erfuhren wir, daß Hitler schon 35 Kilometer vor Jasło lag. Ich war einer der Direktoren der Genossenschaftsbank und gehörte dem Handelsgericht an, also war ich schon deshalb in großer Gefahr, abgesehen davon, daß ich Jude war. So habe ich mich mit Freunden und Verwandten zusammengetan und schnell einen einzigen Koffer gepackt. Wir mieteten uns einen ganzen Eisenbahnwaggon und brachen am 5. September nach Lemberg auf. Der Alkohol floß immer noch aus den Tanks, und die Bauern aus der Umgebung erinnerten sich an die Geschichten ihrer Väter über die Tage vor dem Ersten Weltkrieg. Wir machten noch Scherze darüber. »Was für ein Glück, daß es wieder Krieg gibt, so könnt ihr euch wieder für die nächsten Jahre eindecken.« Für sie war es ein großer Tag.

Ich hatte nur ein einziges Buch eingepackt. Es stammte aus der großen Bibliothek meines Vaters und hieß »The Wisdom of Ben Sirah«. Im Buchdeckel hatte er auf Hebräisch die Geburtsdaten all seiner Kinder vermerkt. Sonst nahm ich nichts mit, nur unsere Papiere und die wichtigsten Unterlagen. Es war nicht das erste Mal, daß ich dieses Haus verlassen mußte, im Ersten Weltkrieg hatten wir das schon einmal getan. Wir ließen alles offenstehen, Abschließen war zwecklos. Wir wußten, dies war das Ende von allem.

Als ich in Lemberg ankam, waren meine Schwestern schon da. Sie wohnten bei einer sehr netten Frau, bei der ich acht Jahre vorher schon einmal übernachtet hatte. Die Verteidigung der polnischen Armee war mittlerweile völlig zusammengebrochen. Mein älterer Bruder Milek lebte damals mit seiner Frau in Krakau, und sie haben die Stadt nicht rechtzeitig verlassen können. Er ist ins Lager Płaszów gekommen. Dort wurde er umgebracht. All das habe ich erst Jahre später erfahren, als der Krieg schon vorbei war. Wir hatten schon vom Hitler-Stalin-Pakt gehört. Ich beschloß, nach Rumänien zu fliehen. Am 10., vielleicht war es auch am 12. September habe ich mir einen Wagen gemietet und mich zusammen mit einem meiner Neffen und dem Bruder meines Schwagers auf den Weg gemacht. Als wir nachts aus der Stadt hinausfuhren, sind wir von einer polnischen Patrouille angehalten worden. Da wir keine Papiere vorzeigen konnten, haben sie den Wagen und die Pferde konfisziert, und so blieb uns nichts anderes übrig, als mit der Straßenbahn zurückzufahren und nach Hause zu gehen. Das war das Ende unseres Fluchtversuchs.

Die Russen kamen am 15. September. Für sie war Polen das Paradies, denn in den Geschäften gab es alles zu kaufen. Sie wollten, daß wir russische Pässe annahmen, doch wir wußten genug über die Russen und weigerten uns. Auf der Straße habe ich Roma wiedergetroffen. Sie war mit der ganzen Familie nach Lemberg gekommen, mit Eltern und Großeltern, Tante und Onkel sowie ihren Cousins und Cousinen. Sie hatten vier Wagen für den Transport gebraucht. Für die Nacht hatten sie sich in einem Hotel einquartiert. »Morgen wollen wir nach Tarnopol (weiter östlich) fahren«, vertraute sie mir an, »und von dort aus nach Rumänien.« Sie fuhren ab, und zwei oder drei Tage später waren die

Großeltern wieder da, zurück von Tarnopol, weil sie der Familie nicht zur Last fallen wollten. Roma hat überlebt, ihre Großeltern nicht.

Jeden Morgen mußten wir stundenlang für Brot anstehen. In dieser unwirklichen Welt in Lemberg entstand plötzlich eine ganz seltsame Atmosphäre. Wir haben uns mit Freunden getroffen, gemeinsam über Fluchtpläne nachgedacht und die interessantesten Menschen kennengelernt. Wir warteten einfach darauf, daß etwas passieren würde. Jeden Moment haben wir damit gerechnet, daß die Russen diejenigen verhaften würden, die keine russischen Pässe angenommen hatten. Es gab Gerüchte, daß sie schon Leute aufgegriffen hätten, und so habe ich ein paar Nächte im Atelier eines Malers geschlafen. Doch nichts geschah. In der letzten Nacht, es war schon März, bin ich wieder nach Hause gezogen, und genau in dieser Nacht sind die Soldaten gekommen. Die Hauswirtin hatte sie hochgebracht. »Sind Sie Josef Karpf?« fragten sie mich. »Mitkommen!«

So habe ich – völlig umsonst – die Aktentasche mit den Papieren über das Anwesen meines Vaters mitgenommen und wahllos ein paar andere Sachen eingepackt, ein Hemd, ein paar Schlafanzüge, doch sie ließen mir keine Zeit. »Los, los, Beeilung«, trieben sie mich an.

AK: Hast du keine Angst gehabt?

JK: Angst? Wir hatten furchtbare Angst, die ganze Zeit. Wir mußten ja damit rechnen, daß jeden Moment etwas geschehen konnte. Es war einfach Pech, daß ich gerade diese Nacht zu Hause geschlafen habe – doch im nachhinein hat sich herausgestellt, daß ich eher Glück gehabt habe. Wäre ich damals nicht verhaftet worden, hätte ich wahrscheinlich nicht überlebt, denn Alleinstehende wurden später von den Ukrainern umgebracht. Man glaubte, daß Alleinstehende eher bereit wären zu fliehen, und so ging man besonders hart mit ihnen um. Der Rest der Familie wurde später nach Rußland deportiert. Sie warfen mich ins Gefängnis. In dieser Nacht sind etwa tausend von uns verhaftet worden. Sie durchsuchten uns und nahmen uns alles ab, Papiere, Uhren, alles, was wir bei uns trugen. Dann steckten sie uns in eine Zelle, die für sechzehn Menschen gedacht war – wir waren sechzig. Wir lagen auf dem Boden, eng aneinandergepreßt, und konnten uns kaum rühren. Dort sind wir dann vier, fünf Wochen geblieben. Einmal am Tag bekamen wir einen Teller Suppe, morgens ein wenig Wasser, und zur Toilette wurden wir in Gruppen von fünfzehn Mann geführt. »Los, los, beeilt euch«, hieß es immer. In der Zelle gab es eine Waschkommode. Wir haben uns schnell daran gewöhnt. Meine Schwester Nusia hat gewußt, wo ich war, und sie haben versucht, mich herauszuholen, aber da war nichts zu machen.

Eines Tages haben sie uns dann in Viehwaggons verfrachtet, die verplombt wurden, und so ging es los nach Rußland in die Lager. Zehn Tage in geschlossenen Waggons. Wir wußten nicht genau, wo man uns hinbrachte, aber wir hatten einen Mann dabei, dessen Vater in der Zarenzeit nach Sibirien deportiert worden war. Er hat an dem winzigen Fenster gestanden und uns berichtet, daß wir durch Wälder fuhren. Wir bekamen Brot und Wasser und einmal am Tag Suppe. Einmal gab es Heringe, aber nur ganz wenig Wasser. Es war eine Tortur! Im Boden befand sich ein Loch mit zwei Brettern an der Seite, das war die Toilette.

Dann kamen wir endlich an, und sie ließen uns raus, irgendwo mitten im Wald. Es waren mehrere Lager. Das Ganze hieß Suchabezwodnialag und lag in der Sowjetrepublik Mari in der Nähe der Wolga. Im Wald verteilt standen ein paar Baracken, und sie sagten, wir sollten uns irgendwo auf den Dreierpritschen eine Schlafstatt suchen. Am nächsten

Morgen haben sie Brigaden zusammengestellt. So rückten wir aus in die Wälder, um Bäume zu roden, zuerst in einer Entfernung von 4 Kilometern, später waren es 6. Dann fing es an zu regnen – die Regenzeit hatte eingesetzt –, es war furchtbar, aber auch daran gewöhnten wir uns irgendwann. Im ersten Lager blieben wir sechs Monate, danach hielt man uns für reif genug, für fällig, in ein härteres Lager zu wechseln! Wir waren 1100 Männer am Anfang, doch nach dem ersten halben Jahr erlagen Hunderte von uns dem Hunger und der harten Arbeit. Morgens und abends gab es Suppe und 400 Gramm Brot täglich. Ich teilte mir meine Ration ein, so daß ich dreimal am Tag ein kleines Stückchen hatte. Alle die ihren Hunger nicht bezwingen konnten und alles auf einmal aßen, waren schon nach ein paar Monaten verhungert.

Der Tag begann morgens um fünf, es gab einen Schlag Suppe oder, besser gesagt, das, was sie Suppe nannten. Um sechs Uhr war Appell, und ich mußte mich von einem Jungspund, der gerade mal 21 oder 22 war, anpöbeln lassen. Dann ging's wieder los in die Wälder. Alle, die besonders gute Leistungen erbrachten, bekamen tagsüber eine Extraportion Suppe. Ich habe nie welche bekommen. Ehrlich gesagt, versuchte ich mich immer zu drücken, denn das Hantieren mit den Äxten und Sägen war die reinste Schinderei. Ich hatte noch nie so hart arbeiten müssen. Nach ein paar Monaten gelang es mir, mich in die Zimmermannsabteilung versetzen zu lassen, um nicht mehr in die Wälder zu müssen. Wir stellten Särge her. Mit den behelfsmäßigen Werkzeugen das Holz zurechtzusägen war furchtbar mühsam und anstrengend. Nach einiger Zeit durfte ich dann in die Küche. Wir haben die Holznäpfe abwaschen müssen, in einer pechschwarzen stinkenden Brühe. Glücklicherweise bin ich nicht krank geworden, denn die Luft war sauber und gesund.

Im September sind wir nachts in der gleichen Gruppe in ein anderes Lager gebracht worden. Niemand hatte uns gesagt, wo wir hinfuhren, und wir haben zwei, drei Stunden auf den Zug warten müssen. Am nächsten Morgen stand eine ärztliche Untersuchung an. Alle, die noch dazu in der Lage waren, rauchten stundenlang irgendeinen starken Tabak, in der Hoffnung, daß vielleicht ein Herzfehler diagnostiziert werden würde. Bei mir war diese Tortur völlig umsonst, am nächsten Tag teilte man mich der Brigade zu, die in die Wälder geschickt wurde, um Bäume zu fällen. Die armen Pferde haben sich an den riesigen Stämmen halb zu Tode geschleppt, und keins von ihnen hat diese Knochenarbeit mehr als zwei oder drei Monate überlebt. Doch einmal habe ich das Fett von einem der Pferdekadaver ergattern können. Es war das erste Mal, daß wir etwas zu essen bekamen, das ein bißchen Gehalt hatte. Danach bin ich krank geworden. Ich war von Kopf bis Fuß aufgetrieben, vor Hunger, aber es war äußerst schwierig, sich von der Arbeit in den Wäldern befreien zu lassen. Schließlich hat einer der Ärzte aus dem winzigen Feldlazarett, das gerade mal aus ein paar Räumen bestand, meine Versetzung ins Krankenlager bewirken können. Ich war zwei Wochen im Krankenlager, und ich kam mir vor wie im Paradies, denn sie gaben uns Suppe, Weißbrot, *Kascha* und manchmal sogar Fisch zu essen, den ich im ersten Moment für eine optische Täuschung hielt. Ich habe ihn gierig an mich gerissen. Ich kletterte auf mein Lager im dritten Stock und ließ ihn nicht mehr aus den Augen.

Sechs Monate war ich in diesem Lager, bis Anfang 1941. Viele von uns waren in der Zwischenzeit gestorben, von den 1100 Männer lebten jetzt vielleicht noch 600. Das Buch »Ein Tag des Iwan Denissowitsch« beschreibt vielleicht am besten, wie es uns in den Lagern ergangen ist. Und dann befand man, daß es an der Zeit wäre, uns in ein Lager zu versetzen, in dem noch härtere Bedingungen herrschten. Wieder wurden wir in den Zug verfrachtet, diesmal in Richtung Ural.

Im Zug wurden wir Leibesvisitationen unterzogen. Sie nahmen uns alle Gürtel ab und gaben uns statt dessen ein Stück Schnur. Ich trug immer noch die gleichen Kleider, in denen ich verschleppt worden war, obwohl sie uns gnädigerweise wattierte Mäntel gegeben hatten. Ich hatte den Vorteil, daß ich erst 41 war und noch als junger Mann galt.

Die Reise endete in einem Ort, der später Molotow hieß und an einem Nebenarm der Wolga gelegen war. Dort brachte man uns auf Schleppkähne, die von einem Motorboot gezogen wurden. Auf dem Kahn reiste noch eine zweite Brigade. Es waren Prostituierte und Diebe. In allen Lagern gab es Männer und Frauen. Unser Grüppchen bestand aus acht Leuten, und wir blieben eng beieinander. Wir setzten uns unter Deck in einen Kreis und verstauten unsere wenigen Sachen sicher in unserer Mitte. Die anderen, die nicht so weit gedacht hatten, saßen an Deck allein im Dunkeln, und von Zeit zu Zeit hörten wir ein lautes »*Gewalt*« von oben. Einer der Diebe hatte sich wohl einen Koffer geschnappt und war mit ihm zu seiner Dirne gerannt. Die hatte die Sachen unter ihrem Rock versteckt und den leeren Koffer rasch über Bord geworfen. Die Reise den Fluß hinauf dauerte zwei Tage, und es ging die ganze Nacht so weiter. Du kannst dir wohl vorstellen, daß ich diese Nacht so schnell nicht vergessen habe.

Irgendwann kamen wir endlich an unserem Reiseziel, einem Hafen am Fuße des Uralgebirges, an. Den ganzen nächsten Tag sind wir gewandert, und abends waren wir endlich da, in einem Ort, der keinen Namen hatte. Bis heute weiß ich nicht, wo dieser Ort lag. Bevor wir unser letztes Lager verlassen hatten, hatte ich mein erstes Päckchen aus Polen bekommen. Ich weiß gar nicht mehr, wer es geschickt hat. Zucker war drin, Zigaretten, ein wenig Margarine und Schlafanzüge; wir durften Briefe schreiben, also wußten sie zu Hause, wo ich war. Nachts habe ich mich mit dem Päckchen an einem Pfosten festgebunden, aber dann sind mir doch die Augen zugefallen. Am nächsten Morgen waren die Sachen verschwunden, und ich mußte mitansehen, wie die Diebe meine Zigaretten rauchten!

AK: Warst du nicht unbeschreiblich wütend?

JK: Wütend? Wir waren ja schon so abgestumpft, daß wir kaum noch etwas spürten. Wut, überhaupt alle Gefühle, waren uns fremd. Es waren schlimme Verhältnisse. Wenn du mehr davon hören willst, mußt du Natalia fragen, sie kann dir noch ganz andere Geschichten erzählen. Man konnte einfach nichts machen. Ich wußte, daß wir ausgeliefert waren, von dem Tag an, als man uns in Lemberg verhaftet hatte. Sich zu beschweren nützte überhaupt nichts, es machte eher alles noch schlimmer, denn sie haben's dich spüren lassen.

Dieses Lager war das übelste von allen, denn schon im Juni wurde es heiß. Wir mußten wieder in die Wälder, und die Fliegen haben uns bald umgebracht – du kannst dir das gar nicht vorstellen. Diese mörderische Hitze, kaum Wasser und dann die Fliegen, es war unerträglich. Wir haben immer sehnlichst darauf gewartet, daß es endlich Nacht wurde, aber es ist nie richtig dunkel geworden. Um zwölf war es noch so hell, daß man Zeitung lesen konnte. Hier oben gab's nämlich schon weiße Nächte. Von Mai bis September 1941 waren wir in diesem Lager. Hitler ist im Juni 1941 in Rußland einmarschiert. Für uns änderte sich nichts, bis General Anders mit Stalin übereinkam, mit den Gefangenen eine polnische Armee aufzustellen. Jetzt sollten wir also doch noch in den Krieg. Bevor wir abmarschierten, rief man uns in ein Büro, und dort haben sie uns überreden wollen, für sie zu spionieren. Aber wir haben uns geweigert. Sie gaben uns auch ein paar Rubel mit auf den Weg, schließlich waren wir jetzt keine Feinde mehr. Das machte es ein bißchen leichter für uns. Als wir ein paar Stunden gewandert waren, fand ich ein Wirtshaus und bestellte mir Suppe mit Fleisch und *Kascha.* Und wir marschierten weiter, wieder zurück nach Molotow, dem Hafen an der Wolga – alles zu Fuß. In Molotow habe ich Freunde aus anderen Lagern wiedergetroffen. Wir wollten mit einem Motorboot die Wolga hinauffahren Richtung Süden, aber statt dessen sind wir in Stalingrad gelandet. Die Reise dauerte mehrere Tage. Ich hatte mich mit einem Freund zusammengetan, und wir haben den Frauen, die am Ufer standen, mit unseren paar Rubeln kleine Mahlzeiten abgekauft. Wir konnten gar nicht mehr aufhören zu essen. Als wir in Stalingrad ankamen, wurde ich krank. Ich hatte mir die Ruhr geholt und lag zwei Tage lang im Bahnhof auf dem Boden, bis ich mich einigermaßen erholt hatte und wieder aufstehen konnte. Ich hatte damals keine Ahnung, wo der Rest der Familie war. Wir wußten nur, daß viele Familien ins gleiche Gebiet gebracht worden waren wie wir, jedoch nicht in Gefangenenlager, sondern in kleine Siedlungen ohne Stacheldrahtzäune, wo sie arbeiteten und Essen bekamen. Soviel hatten wir immerhin herausfinden können. Wo sie genau gelandet waren, wußte niemand.

Ich hatte einen Einberufungsbefehl und mußte mich in einem kleinen Örtchen melden, das zwischen den Flüssen Don und Donez lag. Ich meldete mich dort bei der Geheimpolizei, dem NKWD, und sie sagten, ich solle zu einem bestimmten Ort in der deutschen Republik – dem Ort, von dem aus die Deutschen zu Beginn des Krieges deportiert worden waren – fahren und dort in einer Kolchose bei der Ernte helfen. In der fruchtbaren schwarzen Erde stand der Weizen schon hoch und dicht, und sie konnten jede Hand gebrauchen. Es war grauenhaft dort. Die Hütten der Deutschen waren schon vor längerer Zeit verlassen worden, und es regnete überall hinein. Das war im August 1941. Morgens mußte ich in aller Herrgottsfrühe auf die Felder, um den Weizen zu mähen. Ich wußte, daß ich dort nicht lange überleben würde, denn es war kalt auf den Feldern, und der Regen hat uns oft bis auf die Haut durchnäßt. Den ganzen Vormittag haben wir ungeduldig darauf gewartet, daß man uns endlich zur Suppe rufen würde, denn wir hatten seit sieben Uhr morgens nichts im Bauch. So habe ich dem Leiter der Kolchose einen Handel vorgeschlagen. Ich wollte ein Portrait von ihm zeichnen, wenn er mich gehen ließe. Als er das Portrait sah, war er einverstanden und gab mir noch 60 Kilo Weizen mit auf den Weg, genau so viel, wie ich in meiner Zeit dort erwirtschaftet hatte. Mein Freund hat mit mir gehen dürfen. Ich bekam sogar die Erlaubnis, den Weizen auf einen Karren zu laden, der nach Frolovo, etwa 30 Kilometer entfernt, unterwegs war. Aber der klapprige Gaul ist unter der Last fast zusammengebrochen, und so bin ich die ganze Strecke neben dem Pferd auf dem Feldweg hergelaufen.

Wieder kamen wir abends an, als es schon dunkel war, und baten in einer kleinen Hütte um Einlaß. Eine alte Frau machte uns auf und erlaubte uns, auf dem Fußboden zu schlafen. Und sie hat uns Tee angeboten! Wir aßen und tranken und blieben die Nacht über dort. Am nächsten Morgen überlegten wir, wie wir am besten hier wegkommen konnten. Wir schauten uns auf dem Bahnhof um, den viele Militärzüge passierten, die wir natürlich nicht benutzen durften. Wir wollten in den Norden. Ich wußte mittlerweile, daß meine Schwester Nusia mit ihrem Mann und ihrem Sohn dort war, das hatten wir im Hafen von Molotow erfahren. Wir waren den ganzen Tag unterwegs, aber abends bin ich von einem Trupp Soldaten aufgegriffen worden. Ich sollte zu der Truppe, die die Schützengräben aushob, geschickt werden. Die Deutschen rückten aus Charkow in der Ukraine immer weiter in dieses Gebiet vor und waren nur noch 20 Kilometer entfernt. Die Soldaten brachten mich und die anderen in ein altes Kino, wo wir die Nacht verbrachten. Am nächsten Morgen mußten wir uns in Reihen aufstellen, bevor es zu den Schützengräben ging. Sie teilten uns unsere Rationen Wurst und Brot zu, und dann, als alle beschäftigt waren, habe ich mich einfach umgedreht und bin schleunigst um die Ecke verschwunden. So mußte ich nicht mit.

AK: Hattest du keine Angst? Sie hätten dich genausogut erwischen können.

JK: Und wenn schon, ich hatte doch nichts zu verlieren. Ich hatte noch einmal Glück gehabt, aber es gab ein weiteres Problem: Ich hatte keine Papiere. Aber ich hatte in den Lagern Russisch gelernt, und so nahm ich einfach ein Stück Papier, schrieb ein paar Zeilen in Russisch darauf und ritzte ein Zeichen in ein Stück Kork. Damit hatte ich einen Stempel, und fertig war mein neuer Ausweis. Zu der Zeit konnten nur die wenigsten lesen! So schafften wir es, in einen Zug zu kommen. Er hat allerdings für 1000 Kilometer etwa vier Wochen gebraucht. Mit meinen Papieren konnte ich mir jetzt überall dort, wo auch die Soldaten verpflegt wurden, etwas zu essen besorgen. Und ich hatte endlich Zutritt zu einer Entlausungsstelle, das war das Allerwichtigste, denn mittlerweile fielen mir die Läuse gleich scharenweise vom Kopf, wenn ich ihn nur ein bißchen schüttelte. Es war entsetzlich.

Irgendwann bin ich dann tatsächlich in Joškar-Ola angekommen, der Hauptstadt dieser kleinen Sowjetrepublik Mari. Von dort aus habe ich Nusia angerufen und konnte endlich zu ihr. Sie wohnte in Sernur. Als ich an ihre Tür klopfte, kam sie gleich nach draußen. »Zieh bloß alles aus, was du anhast«, sagte sie. »Du kannst die Sachen hier auf einen Haufen werfen. Und dann geh dich waschen.« In den Lagern hatte es wohl Duschen gegeben, doch sie waren 50, manchmal 100 Meter von den Baracken entfernt, und wir hatten splitternackt durch die Kälte laufen müssen. Und dann packte mich Nusia ins Bett, ich weiß noch, es war wie der Himmel auf Erden. Sie hat mir zu essen gegeben und sich so liebevoll um mich gekümmert. Ich konnte mein Glück kaum fassen, alle Sorgen waren plötzlich vergessen. Und dann habe ich geschlafen. Zwei Wochen lang nur geschlafen.

Ich war völlig erschöpft, aber ich lebte zum ersten Mal seit langer Zeit wieder wie ein menschliches Wesen. Ich hatte mir verordnet, die Vergangenheit zu vergessen.

Doch auch in den Lagern hatte ich nie ernsthaft um mein Leben gefürchtet. Sicher war ich immer auf der Hut gewesen und hatte mit dem Schlimmsten gerechnet, aber an Vernichtung habe ich nie gedacht.

Nusia lebte hier mit ihrem Mann, der als Facharzt im Krankenhaus arbeitete, und ihrem Sohn Ludek. Nach den zwei Wochen sagte ihr Mann zu mir: »Wenn du noch länger im Bett bleibst, werden die Russen bald denken, wir hätten uns einen Schmarotzer ins Haus geholt.« Also mußte ich mir eine Arbeit suchen, und ich wurde ziemlich schnell fündig. In einer Landwirtschaftsoberschule suchten sie einen Buchhalter. Mein Vorgänger war ein Zahnarzt aus Lettland gewesen, der kaum zwischen Soll und Haben hatte unterscheiden können ... Bei dem kleinsten Anzeichen von Mißwirtschaft, dem kleinsten Rechenfehler konnte man sofort der Sabotage bezichtigt werden. Als ich die Bücher zu Gesicht bekam, die mir ein völliges Rätsel blieben, so durcheinander waren sie, brach ich in Panik aus. Ich brauchte zwei oder drei Wochen, um sie zu entschlüsseln. Häufig genug war ich der Verzweiflung nahe, um so mehr, als man Ludek irgendwann zur Geheimpolizei zitiert hatte. Nusia und ihr Mann mußten draußen warten, und sie haben ihn erst nach drei Stunden entlassen. Sie wollten, daß er als Spion für sie arbeitet. Er sollte alle, die er kannte, aushorchen.

Als ich mir endlich einen Überblick über die Bücher verschafft hatte, bekam ich den Auftrag, den Kindern in der Kolchose Unterricht zu geben. Ich sollte Vorträge halten über Buchhaltung in der Kolchose und auch ein bißchen Volkswirtschaft unterrichten. Ich kann mich noch erinnern, als ich den ersten Vortrag hielt, saßen zwei Spitzel von der Geheimpolizei hinter einer Wand und paßten genau auf, wie sich dieser kleine Bourgeois machen würde und ob er nicht subversive Thesen verbreitete. Doch man war zufrieden mit mir. Ich habe dann bis 1944 Unterricht gegeben, fast drei Jahre lang. Ich hatte auch eine Sekretärin. In den Rundschreiben des russischen Landwirtschaftsministers hat man mich als vorbildlichen Arbeiter gelobt. Ich unterrichtete auf russisch, das ich mittlerweile fließend sprach. Man nannte mich Josef Markovich.

Einmal im Jahr mußte ich einen Wirtschafts- und Finanzplan erstellen, in dem jeder kleinste Posten und jede noch so winzige Ausgabe aufzuführen waren. Er war natürlich frei erfunden, denn wir konnten ja nichts bekommen, und so habe ich meiner Phantasie freien Lauf gelassen, aber frag nicht, wie! Laut Plan hatten wir zum Beispiel vier oder fünf Kühe im Stall stehen, doch wir besaßen nur eine oder zwei. Sechs Pferde standen in meiner Berechnung, wir hatten gerade mal eins. 20 Tonnen Mist fuhren wir laut Plan auf die Felder, in Wahrheit kam vielleicht eine Tonne zusammen. Ich schrieb einfach auf, was sie mir sagten. Man war verloren, wenn man sich nicht an die Regeln hielt.

Ich wohnte bei Nusia und ihrer Familie. Im Winter mußte

sie schon morgens um sechs aus den Federn, um auf den Bauernmarkt der Kolchose zu gehen, wo sie Bettlaken gegen Eier und Butter eintauschte. Wir haben auch ein Schwein gemästet. Später haben wir es geschlachtet und in der Speisekammer aufgehängt, wo es auf der Stelle zu einem festen Klumpen gefror. Jeden Morgen hat einer von uns mit der Axt ein Stückchen abgehackt, das dann mit verschiedenen Zutaten im gußeisernen Topf gekocht wurde. Dreimal am Tag haben wir von dieser nahrhaften Fleischsuppe gegessen, und sie hat uns gesund erhalten, bis auf Ludek, der sich in der Siedlung mit Tuberkulose infiziert hatte. Ich habe unter den Schwestern und Ärzten im Krankenhaus Freunde gefunden, so war es keine schlechte Zeit für mich. Manchmal bin ich 20 Kilometer durch die Steppe geritten und habe eine der anderen Kolchosen besucht. Vom Krieg haben wir all die Zeit *nichts* gehört, in den russischen Zeitungen stand auch kein Wort über Auschwitz und all die anderen Dinge. Meine Schwester Gizia lebte in derselben Republik wie wir, das wußten wir. Mein Bruder Lonek war in Palästina. Er war schon 1931 ausgewandert.

1944 stellte der Führer der polnischen Kommunisten in Moskau eine polnische kommunistische Armee auf, die helfen sollte, Polen zu befreien. Alle Männer polnischer Abstammung sollten einberufen werden. Ich habe Glück gehabt. Jedesmal wenn ich eingezogen werden sollte, gelang es der Schule, mich freistellen zu lassen. Sie gaben an, daß sie nicht auf mich verzichten konnten. Das ging eine Weile gut, doch im Spätsommer 1944 hieß es, daß ich mich in Minsk der Armee anschließen müsse.

Es war schon nach der Schlacht von Stalingrad, und die Machtverhältnisse hatten sich geändert, die Deutschen waren auf dem Rückzug. Eigentlich wollte ich nicht weg, denn ich konnte mich ja nicht beklagen. Aber ich habe unbedingt wissen wollen, wie es in Polen aussah. Ich fuhr über

Kiew nach Minsk, wo man mir berichtete, daß die Armee schon in Richtung des polnischen Lublin abmarschiert war. Also machte ich mich auf den Weg nach Lublin und mußte dabei durch Lemberg und Jasło. Es war einfach grauenhaft, was die Deutschen in Jasło angerichtet hatten. Die ganze Stadt war dem Erdboden gleichgemacht, nur ein oder zwei Häuser standen noch. Man konnte kaum erkennen, wo die Straßen verlaufen waren, so gründlich waren die Deutschen in ihrer Zerstörungswut gewesen. Jasło wiederzusehen war ein furchtbarer Schock für mich, doch in Anbetracht dessen, was mir schon widerfahren war … Du kannst dir gar nicht vorstellen, wie immun man in solch einer Lage gegenüber Dingen wird, die man sonst kaum verkraften würde.

Dann fuhr ich nach Lublin weiter. Ich kam im Oktober 1944 an, und da begannen auch schon die ersten Schwindelanfälle – ich hatte in Rußland Morbus Meniere bekommen, eine Erkrankung des Innenohrs –, so daß ich die Armee nie erreichte. In Lublin traf ich meine Schwester Gizia wieder, die seit drei Monaten aus Rußland zurück war. Mein Schwager meinte damals zu mir: »Du wirst doch nicht so verrückt sein, dich zu melden, wer kann schon beweisen, daß du aus Rußland gekommen bist?«

Die Deutschen waren dabei, Warschau in Schutt und Asche zu legen, und die Russen ließen die Westmächte nicht eingreifen – sie saßen an der Weichsel und sahen zu, wie die Bomben auf die Stadt fielen, in der gerade der Warschauer Aufstand niedergeschlagen worden war, und wie alles in Flammen aufging und dem Erdboden gleichgemacht wurde.

Zwei Monate später kam mein Bruder Mundek nach Lublin. Er hatte aus dem Konzentrationslager Janówska in Lemberg fliehen können, aber bekam dann Typhus und entkam nur um ein Haar einer *Aktion* in einem jüdischen Krankenhaus. Danach mußte er in ein Arbeitslager. Als es liquidiert wurde, konnte er in die umliegenden Wälder fliehen, wo er mit anderen Gefangenen einen Bunker gegraben hat. Fünf Monate lang haben sie sich dort versteckt, dreizehn Menschen auf so engem Raum zusammengepfercht. Wie durch ein Wunder haben alle diese Tortur überlebt. In Lublin haben wir monatelang zu sechst in einem kleinen Zimmerchen gewohnt – meine Schwester, ihre beiden Söhne, mein Bruder mit seiner Frau und ich. Später habe ich erfahren, daß die Deutschen meinen Cousin Josef Karpf von Warschau aus deportiert haben. Er hat zusehen müssen, wie sein Sohn vor seinen Augen getötet wurde. Danach hat man ihn umgebracht.

Ich habe dann im polnischen Finanzministerium gearbeitet und bin schnell zum Staatsrat aufgestiegen. Als die Deutschen den Rückzug antraten, zog das Ministerium zusammen mit den anderen Regierungsstellen nach Warschau. Nur am linken Weichselufer war noch etwas von der Stadt übriggeblieben, und so suchte ich mir dort ein Zimmer. Ich beschaffte mir ein Paar Schuhe und einen Anzug, und nach und nach gewann ich hier auch wieder neue Freunde. Als der Krieg am 8. Mai 1945 zu Ende ging, waren meine Gefühle sehr gespalten, denn mittlerweile wußten wir, was geschehen war. Ich hatte einen Transport mit Schuhen und einen Krawattentransport gesehen, Bestände, die die Russen aus Auschwitz und anderen Konzentrationslagern mitgenommen hatten. Mittlerweile traf man sich schon wieder in einem jüdischen Zentrum, und die Leute schrieben hier ihre Namen an die Wand, darunter standen die Namen der Menschen, die sie suchten. Ich dachte schon darüber nach, wie ich aus Polen herauskommen könnte. Rußland hatte ich zur Genüge kennengelernt. Ich wußte genau, daß dieses Land, wenn es auch anders heißen mochte, de facto schon zu Rußland gehörte.

Als ich mir nach dreizehn Jahren die Interviews mit meiner Mutter noch einmal anhörte, fiel mir auf, wie sehr ich mich damals gescheut hatte, ihre Erlebnisse nach 1936 abzufragen. Offenbar war dies für mich das letzte sichere Jahr gewesen, ich wollte einfach nicht weitergehen, denn als nächstes kam 1939 an die Reihe. Schließlich wagten wir den Sprung.

NATALIA KARPF:
Ende August 1939 gab es bereits in jedem Wohntrakt Komitees, die die Wachschichten einteilten. Es ging reihum, alle Mieter kamen einmal dran. Wir wußten nicht so genau, wonach wir Ausschau halten sollten, wahrscheinlich ob irgendwo eine Bombe einschlagen würde. Julius und ich wohnten im vierten Stock eines großen Gebäudes, das der polnischen Sparkasse gehörte. Am 31. August waren wir an der Reihe, auf dem Dach Wache zu halten. Wir hatten irgendeine Schutzvorrichtung auf dem Kopf, für den Fall, daß es Bombenalarm geben sollte. Wir hatten schreckliche Angst, daß irgendwo Feuer ausbrechen könnte. Das Haus stand in der Nähe der Eisenbahnbrücke, und wir fürchteten, daß sie eins der ersten Ziele der Deutschen wäre und die Bomben auch unser Haus treffen könnten. Außerdem wußten die Deutschen sicher, daß die polnische Sparkasse hier eine große Filiale hatte. Hela und Natan wohnten ganz in der Nähe im selben Wohnblock.

Am 1. September gab es morgens um halb fünf Bombenalarm. Es war der Beginn des Bombenangriffs auf Krakau. Wir hatten entsetzliche Angst. Doch das war nicht alles. Ich hatte damals eine Hausangestellte, die sehr antisemitisch eingestellt war. Ich wußte, sie würde keine Sekunde zögern, mich bei den Deutschen zu verraten, wenn die erst einmal hier wären. Und der Hauswart haßte Juden genauso. Als die ersten Bomben fielen, sagte Julek: »Komm, laß uns zu meinen Eltern ziehen.« Das taten wir dann auch.

Im polnischen Radio rief man alle Männer dazu auf, die Stadt zu verlassen. Frauen hätten von den Deutschen nichts zu befürchten, hieß es, doch Männern würden sie schreckliche Dinge antun. »Du mußt gehen, aber ich komme mit«, habe ich zu Julek gesagt, aber er wollte, daß ich bei seiner Mutter blieb. Am 4. September ist er mit seinem Vater und seinem jüngsten Bruder losgefahren. Er starb noch am gleichen Tag. Ich habe nichts davon erfahren. Der Zug, in dem er saß, wurde bombardiert. Eines Tages, als der Krieg schon vorbei war, hat mich sein Cousin besucht und mir alles erzählt. Sein Vater und sein Bruder waren in dem Gebiet, das von den Deutschen besetzt war, und sind beide erschossen worden. Mein Bruder fuhr am gleichen Tag wie alle anderen nach Lwów, das von den Russen besetzt war. Er hat großes Heimweh gehabt und ist im September 1939 noch einmal zurückgekommen in die Wohnung meines Vaters, zusammen mit einer Frau, die die Gegend wie ihre Westentasche kannte und ihn sicher über die Grenze gebracht hatte. Aber er hat gleich gesagt, daß er nicht bleiben könnte, er sähe ja, was hier los wäre. Und so kehrte er mit derselben Frau nach Lwów zurück. Er schaffte es über die Grenze und ist wohlbehalten dort angekommen. Soviel haben wir erfahren, doch danach haben wir nie wieder etwas von ihm gehört. Irgendwann hat jemand von uns noch einmal mit einem jungen Mann gesprochen, der meinen Bruder 1942 in der russischen Stadt Guzar getroffen hat, wo eine Typhusepidemie wütete. Wahrscheinlich ist er dort gestorben. Sonst hätte er sich sicherlich mit uns in Verbindung gesetzt. Ich habe zweimal versucht, ihn über das Rote Kreuz zu finden, aber es gab nirgends eine Spur von ihm. Später bin ich hier in London einmal zu einer Hellseherin gegangen. Fast 13 Pfund haben ihre Auskünfte mich gekostet, und sie meinte, mein Bruder sei bei einer Frau, die Maria hieße (Mania). Seitdem glaube ich, daß er tot ist.

Am 5. oder 6. September kamen die Deutschen nach Krakau. Ich habe schreckliche Ängste ausgestanden. Sie waren an jeder Ecke, wo ich nur hinschaute. Als meine Hausangestellte sie kommen sah, ist sie ihnen auf der Straße entgegen gelaufen. »Möchten Sie nicht nach oben kommen?« hat sie zu den Soldaten gesagt, »die Wohnung hier wird Ihnen sicherlich gefallen.« So haben sie es mir später erzählt. Sie blieben etwa zehn Tage. Eines Tages bin ich in die Wohnung zurückgegangen, um wenigstens ein paar meiner Habseligkeiten zu retten, und da standen sie vor mir. Sie haben sich vorgestellt, diese ganz jungen deutschen Offiziere, und als sie herausbekamen, daß ich Pianistin bin – wegen der zwei Flügel in der Wohnung –, baten sie mich, ihnen vorzuspielen. Sie gaben mir ein Notenbuch mit russischen Volksliedern. Ich habe ihnen vorgespielt, und sie haben dazu gesungen. Sie boten mir zu essen an und waren überaus höflich. Und dann erzählten sie mir, daß ich eine Feindin in meiner eigenen Wohnung hätte. Sie haben meine Hausangestellte für mich entlassen. Sie mußte unterschreiben, daß sie keine Ansprüche an mich hatte. Ich habe noch ein paar von meinen Dingen mitgenommen, ein, zwei persische Teppiche, ein bißchen Wäsche, mehr nicht, dann bin ich wieder zurück in die Wohnung meiner Schwiegermutter gefahren.

Man mußte damals für alles anstehen, für Kohlen, für Brot, manchmal schon ab fünf oder sechs Uhr morgens. Wir standen oft zwei, drei Stunden in der Kälte, so daß ich bald Frostbeulen an den Füßen hatte. Bei meiner Schwiegermutter habe ich die Wohnung saubergehalten. 1940 ist sie plötzlich von einem Tag auf den anderen auf einem Auge blind geworden. Sie war wirklich schwer krank, und manchmal mußte ich abends nach neun, wenn schon Ausgangssperre war, noch einmal auf die Straße, um den Arzt zu holen. Ich durfte ja nie ohne den Stern gehen, und ich habe großes Glück gehabt, daß nie auf mich geschossen wurde.

Die Deutschen waren noch nicht lange in der Stadt, da erging der Befehl, daß wir weiße Armbänder mit einem blauen Stern tragen mußten, die gelben Sterne kamen erst später. Ich habe Jelineks Schwester und Nichte in meinem Zimmer aufgenommen, denn sie wußten nicht, wo sie unterkommen sollten.

Ich blieb bei meiner Schwiegermutter wohnen, bis man 1940 plötzlich davon sprach, daß ein Ghetto errichtet werden sollte. Ich wollte auf keinen Fall dorthin. Ich beschloß, mit Helunia nach Tarnów zu gehen, wo meine beste Freundin Jadzia mit Onkel und Tante lebte, denn dort gab es noch kein Ghetto. Mein Vater ist zurückgeblieben, und so ist er ins Ghetto gekommen.

Im November 1940 sind wir nach Tarnów gefahren. Wir mußten zwar die Binden mit dem Stern tragen, aber es hat damals Sonderpässe gegeben, mit denen man noch reisen konnte, obwohl sie zu der Zeit auch schon anfingen, Leute wie Tiere auf der Straße zu jagen. Auch die Verhaftungen und Erschießungen begannen schon. Ich hatte Hela und Mania mitgenommen, und wir fuhren zu Jadzia, die mit ihrem zweijährigen Sohn bei ihrer Tante wohnte. Dort sind wir geblieben, bis 1942 plötzlich angeordnet wurde, daß Juden in diesem Stadtviertel nicht mehr wohnen dürften. Wir durften auch nicht mehr auf der rechten Straßenseite gehen. Innerhalb eines Jahres sind wir zwölfmal umgezogen, immer wieder ergingen Befehle von der Gestapo, diesen oder jenen Stadtteil zu verlassen. Zum Glück hatten wir Kleider und ein wenig Bettwäsche mitgenommen. So haben wir ab und zu ein Stück verkaufen können und dafür Lebensmittel erstanden. Wir haben auch in der jüdischen Gemeinde gearbeitet und in den Familien für die Transporte gesammelt, die regelmäßig in Tarnów ankamen.

Eines Tages – es war 1941, noch bevor in Tarnów das Ghetto errichtet wurde – hatte ich mich mit Jadzia mittags um zwei an einer Straßenecke verabredet. Es wurde ein Transport aus Hamburg erwartet. 2000 Juden sollten an dem Tag ankommen. Wir wollten einen Rundgang durch die Familien machen, um Besteck und Geschirr zu sammeln, denn das fehlte an allen Ecken und Enden. Wir wohnten ganz oben in einem dreistöckigen Haus, und als ich gerade heruntergehen wollte, sah ich, wie unten in der Eingangshalle zwei Männer durchsucht wurden, ein großer und ein etwas kleinerer. In dem großen erkannte ich Alex Weissberg, einen Freund von mir und Hela. Die anderen waren in Zivil, und ich ahnte ja nicht, daß es Männer von der Gestapo waren. Als ich an Alex vorbeigehen wollte, sagte er auf deutsch zu mir: »Warte, Natalia, wir wollten zu dir.« Die Deutschen hörten mit der Durchsuchung auf, drehten sich um und traten nach mir. »Raus hier, Sarah«, herrschten sie mich an. Für sie hießen alle Jüdinnen Sarah. »Ich geh schon«, stammelte ich völlig perplex. Der eine von ihnen war hochgewachsen und ziemlich gutaussehend. Grunow war sein Name. Er ließ Alex los und kam mir hinterher. »Du bist verhaftet, du freche Sarah«, bellte er. Sie gingen mit mir auf der rechten Straßenseite, so daß alle Juden sahen, daß hier etwas nicht stimmte – ich mit meiner Armbinde und diesen beiden Männern in Zivil auf der rechten Straßenseite. Sie brachten mich ins Gestapo-Hauptquartier. Dort haben sie mit einem riesigen Gummiknüppel und Stöcken auf mich eingeschlagen. »Du freche Sarah, wo ist dein Mann?« haben sie mich immer wieder auf deutsch gefragt, und ich wußte doch nicht, wo er war. Ich habe geschrien wie ein Tier, so brutal waren die Schläge. Das Ganze dauerte vielleicht eine Stunde lang. Ich barg mein Gesicht in den Händen, und sie schlugen mich auf den Rücken. Danach sperrten sie mich in eine Zelle im Keller. Ich war die einzige, die hier lebend herausgekommen ist, alle, die nach mir verhaftet wurden, sind von der Gestapo in Tarnów brutal zu Tode geprügelt oder erschossen worden. Der eine von ihnen, Grunow, war solch eine Bestie, daß es kaum zu beschreiben ist.

Stunde um Stunde bin ich in dieser Zelle herumgelaufen und habe Stoßgebete ausgesandt, an meine Mutter und meinen Großvater. Ich flehte sie an, mich entweder hier herauszuholen oder dafür zu sorgen, daß ich ohne Schmerzen sterben durfte. Nie wieder wollte ich solche Qualen ertragen müssen. Und dann, es muß schon ziemlich spät gewesen sein, vielleicht ein oder zwei Uhr morgens, hörte ich plötzlich Schritte herunterkommen. Der Schlüssel drehte sich im Schloß, und vor Panik schlug mir das Herz im Hals. Es war ein anderer Mann. Er brachte mich wieder hoch, ich weiß noch, es fing schon an zu dämmern, und fing wieder mit der Knüppelei an. Dann kam Grunow ins Zimmer. »Rudi«, fragte mein Peiniger süffisant, »hast du deine Sarah schon vergessen, die du gestern nachmittag verhaftet hast?« – »Schaff sie auf die Straße und erschieß sie«, gab Grunow seelenruhig zurück. »Vielleicht sollten wir sie lieber im Keller den Ratten vorwerfen«, meinte ein dritter. Das waren keine Menschen mehr, sie genossen es regelrecht, auch mit Worten zu quälen. Aber dann führte mich der Mann, der mich hochgeholt hatte, wieder in den Keller hinunter und sagte, ich solle meine Sachen holen. Als ich fertig war, haben sie mich getreten, mit Füßen getreten, hinaus auf die Straße. »Dank Jehova, daß wir dich gehen lassen.« Es war drei Uhr nachts, weißt du, was das bedeutete? Es hieß, daß mich die Gestapo auf der Stelle erschießen würde, wenn man mich auf der Straße sah. Sie haben in die Luft geschossen, um mir noch mehr Angst zu machen.

Gegenüber vom Gestapo-Hauptquartier wohnte ein Freund von mir, doch da konnte ich nicht hin, denn ich wußte, daß sie mich beobachten würden. Ich rannte los, zur nächsten Parallelstraße, wo die Birnbaums, die Eltern und der Bruder von einem Freund von mir, wohnten. Meinen Körper spürte ich gar nicht, ich war mir nicht bewußt, daß ich von Kopf bis Fuß mit riesigen Blutergüssen übersät war – es gab keine Stelle an mir, die nicht schwarz oder blau geschwollen war. Ich rannte, als hätte Gott mir Flügel verliehen. Meine Füße schienen kaum noch den Boden zu berühren, und ich brauchte nur zwei Minuten für die Strecke. Um drei Uhr morgens habe ich dort an der Haustür geklopft. Der Portier ließ mich rein. Dann habe ich leise bei meinem Freund angeklopft. Die Tür flog sofort auf. Die ganze Familie saß fix und fertig angezogen am Tisch. Sie hatten nicht gewagt, zu Bett zu gehen, denn meine Verhaftung hatte sich herumgesprochen und all meine Freunde hatten Angst gehabt, daß ich sie verraten könnte. Die Gestapo war ja nur zu bekannt für ihre Brutalität. Zwischen den Schlägen hatten sie mir auch die Namen meiner Freunde entlocken wollen, aber ich hatte immer nur geantwortet, daß ich niemanden näher kenne. Frau Birnbaum hatte einige Wochen zuvor ein Telegramm mit der Mitteilung erhalten, daß ihr Sohn in Auschwitz ums Leben gekommen war, und als sie mich auszog und meinen Rücken und Bauch zu Gesicht bekam, hat sie vor Entsetzen laut geschrien. »Jetzt weiß ich, was sie meinem Sohn angetan haben, wenn sie eine junge Frau so haben zurichten können!«

In dem Moment bin ich zusammengeklappt. Mein ganzer Körper zitterte, ich schluchzte nur noch. Sie gaben mir zwei Schlaftabletten. Ich mußte auf dem Bauch liegen, denn mein Rücken war gräßlich zugerichtet, und Frau Birnbaum hat die ganze Nacht an meinem Bett gesessen und mir kalte Umschläge gemacht. Irgendwann haben sie eine Ärztin geholt. »Die Hände sollen ihm abfaulen, der einem Menschen so etwas hat antun können«, sagte sie fassungslos, doch sie konnte meine Qualen auch nicht lindern. Nicht einen Zentimeter konnte ich mein Bein vom Laken anheben, solche

Schmerzen hatte ich. Doch sie versicherte mir, daß es heilen würde. Jemand hat Mania Bescheid gesagt, wo ich war. Hela war nicht da, sie war irgendwo in einem kleinen Dorf zu Besuch und kam erst zehn Tage später zurück. Ihr ist schlecht geworden, als sie mich sah.

Dann haben sie in einem Teil der Stadt ein Ghetto errichtet. Unsere Mania war ja mit uns in Tarnów und wollte uns nicht verlassen, aber das habe ich ihr ausgeredet. »Nein, Mania, das wäre das Allerverkehrteste. Du hast doch noch deine Geburtsurkunde, die dich als Arierin ausweist. Du mußt draußen bleiben, so kannst du uns vielleicht helfen.« Und das hat sie dann auch getan. Sie hatte solche Angst, aber sie half uns, wo sie nur konnte. Sie hat Handtücher verkauft und Bettlaken und so weiter und Lebensmittel dafür gekauft. Sie hat für uns gekocht und uns das Essen in die Fabrik außerhalb des Ghettos gebracht, wo wir arbeiten mußten.

Am 1. Juni 1942 habe ich erfahren, was mit meinem Vater geschehen war. Ich hatte einem jüdischen Freund in Krakau einen Brief geschrieben und ihn gebeten, Erkundigungen einzuziehen. Einige Zeit später schickte er mir ein Telegramm, in dem stand, daß mein Vater vom Ghetto aus deportiert worden war.

AK: Wußtest du, wohin er gekommen ist, in welches Lager man ihn gebracht hat?

NK: In welches Lager? Wenn jemand aus dem Ghetto geholt wurde, ging es nicht in ein Lager, sondern auf direktem Weg in die Gaskammern. Ich war verzweifelt, völlig am Boden zerstört.

Eines Tages, es war noch bevor sie das Ghetto errichteten, haben sie alle Juden von Tarnów auf einem Platz zusammengetrieben und fingen an zu schießen. Uns haben sie nicht abgeholt, aber sie haben an diesem einen Tag 15 000

Menschen erschossen. Es war ein Massaker. Wir haben die Schüsse gehört, es dauerte den ganzen Tag. Kurz davor hatten wir uns im Gestapo-Hauptquartier melden müssen und eine Karte mit einem Stempel ausgehändigt bekommen. Alle, die einen Stempel hatten, mußten nicht auf den Platz.

AK: Wovon war es abhängig, daß man diesen Stempel bekam?

NK: Was weiß ich? Ob ihnen deine Nase gefiel, ob man Brillenträger war oder nicht oder ob man einen Bart hatte – wer will das schon wissen? Wir waren alle so verängstigt zu der Zeit. Ich weiß noch, daß ich jedesmal, wenn ich hinter mir Fußtritte hörte oder wenn jemand »Halt« sagte, gedacht habe, man würde mir von hinten eine Kugel durch den Kopf schießen. Ich selbst hatte einen Stempel, also mußte ich nicht auf den Platz, aber meine Schwester nicht. Ich war völlig aufgelöst, denn ich wußte nicht, was ich tun sollte. Schließlich habe ich mich an Freundinnen gewandt, die einen Stempel hatten und in einer Bekleidungsfabrik arbeiteten. Eine von ihnen bot mir an, Helunia dort zu verstecken, und sie nahm sie mit und versteckte sie ein paar Tage lang in der Fabrik.

Dreimal ging das so, und einmal, als wir beide Stempel hatten und schon im Ghetto lebten, haben wir zweihundert Menschen in unserer Wohnung versteckt. Hinter einer Tür in unserem Zimmer waren Treppen zu einem verstecken Raum. Vor dem Krieg war er von Druckern des Bundes [jüdische sozialistische Partei] benutzt worden. Wir hatten einen Schrank davor stehen und wußten gar nichts davon. Eines Tages kamen Leute auf uns zu und erzählten uns davon. »Könnt ihr uns nicht dort verstecken? In ein paar Tagen geht es wieder los, und wenn wir nichts finden, verschleppen uns die Deutschen wer weiß wohin.« Ich beriet mich mit Helunia. »Was meinst du, was sollen wir machen? Wenn sie es herausfinden, erschießen sie uns.« – »Na gut, dann erschießen sie uns alle zusammen, aber vielleicht können wir auch alle retten«, sagte sie. Und so stimmte ich zu. Zweihundert Menschen sind durch diese Tür gegangen, die Birnbaums waren auch dabei. Sie kamen in der Nacht, sie wußten, daß das nächste Massaker bevorstand, und sie kamen mit kleinen Kindern, die sie vorher unter Drogen gesetzt hatten, damit keines weinte oder schrie, und mit Eimern, die tagsüber als Toiletten dienten. Nachts haben wir den Schrank zur Seite geschoben, damit sie sich ein wenig die Beine vertreten konnten, sie mit frischem Wasser versorgt und die Eimer ausgeleert. Fünf Tage lang ging das so, aber am dritten Tag hörten wir gegen fünf, sechs Uhr morgens die Deutschen draußen marschieren. Ich habe schnell die Tür verriegelt und leise geklopft. Einer der Birnbaums hatte gerade Wache. »Die Deutschen sind da«, habe ich ihm zugeflüstert. »Ihr dürft nicht antworten, auch wenn sie rufen. Verhaltet euch still, und reagiert nicht auf die Befehle!«

Die Deutschen kamen ins Haus. »Alles raus«, hieß es. Wir wußten nicht, wo sie uns hinbringen wollten. »Darf ich mein Zimmer abschließen?« habe ich einen von ihnen gefragt. »Ja.« – »Und kann ich auch den Schlüssel mitnehmen?« – »Ja, gut.« Als wir hinausgingen und die Tür abschlossen, hörten die drinnen einen Schuß. Die Deutschen hatten in die Luft gefeuert. Sie haben alle gedacht, daß man uns erschossen hätte.

Die Deutschen trieben uns auf den Platz. Wir wußten nicht, was sie mit uns vorhatten, und machten uns große Sorgen um die Menschen im Versteck. Sie haben uns viele, viele Stunden auf dem Platz festgehalten. Erst am späten Nachmittag erfuhren wir, daß sie im Ghetto alle Häuser und Bunker nach Verstecken absuchten. Man sagte uns, daß es nicht ins Ghetto zurückging, sondern in irgendwelche

Häuser am anderen Ende der Stadt. Wir hatten keine Ahnung, wie lange das dauern würde.

Als wir dort waren, wagten wir nicht, uns auszuziehen und zu Bett zu gehen. Die Nacht war die reinste Qual. Was sollten wir tun – uns schlafen legen, oder sollte eine von uns zurückgehen und die Tür entriegeln, damit die anderen rauskonnten? Wir kamen überein, daß es das beste wäre, wenn wir hierblieben, denn wenn man sie nicht gefunden hatte, waren sie in Sicherheit. Außerdem hätten sie uns leicht erschießen können, wenn wir uns allein in die Nacht hinausgewagt hätten. Eins wußten wir allerdings nicht: Die Deutschen hatten auch jüdische Polizisten angeheuert. Sie liefen durch die Straßen des Ghettos und riefen: »Alle Juden raus, es geschieht euch nichts!« Alle, die darauf hörten, wurden auf der Stelle erschossen.

Doch die Gruppe in unserem Versteck hatte sich an meine Worte gehalten. »Kommt nicht raus, glaubt kein Wort von dem, was sie sagen, bleibt einfach hier«, das hatten sie sich eingeprägt. 24 Stunden später hieß es: »Ihr könnt wieder zurück ins Ghetto.« Als wir dort ankamen, standen überall die Türen offen. Die Zimmer waren alle durchwühlt. Als ich den Schlüssel im Schloß drehte, schlug mir das Herz bis zum Hals. Doch sie waren noch da, ein Wunder war geschehen. Aber sie wußten ja nicht, daß wir noch lebten, und es war hellichter Tag und die Nazis sicher noch irgendwo in der Nähe, also konnten wir sie nicht rauslassen. Wie sollten wir ihnen bloß verständlich machen, daß wir es waren? Dann fiel mir etwas ein: »Heluniu!« habe ich laut gerufen und dabei gelacht. Helunia verstand mich sofort und antwortete laut: »Natalko!« So würden sie mitbekommen, daß wir beide noch lebten und wohlauf waren. Nachher erzählten sie uns, sie hätten beinah an Engel geglaubt, so unwirklich müssen unsere Stimmen und das Gelächter in ihren Ohren geklungen haben.

Einer der Männer, der seine Familie hat retten können, sagte zu uns: »Nach all dem, was ihr für uns getan habt, werdet ihr sicher mit einem glücklichen Leben belohnt werden.« Arme Helunia.

Wir haben alle retten können, aber nur für dieses Mal. Kurze Zeit später flohen wir nach Warschau. Viele von ihnen kamen bei der nächsten *Aktion* ums Leben.

Nach diesem Ereignis hielt Helunia es nicht länger aus. »Ich kann einfach nicht mehr. Wir müssen weg von hier«, sagte sie. Es war Ende 1942. Sie war überzeugt, daß wir die nächste Aktion nicht überleben würden, und wir hatten große Angst vor den Lagern. Wir mußten uns etwas einfallen lassen. Wir beschafften uns zwei Geburtsurkunden, die uns als Arierinnen auswiesen, und fanden zwei polnische Männer, die uns für 2000 bis 3000 Zloty im Zug nach Warschau mitnehmen wollten. Das entsprach etwa 100 Pfund. Mania hatte von zu Hause alles mitgebracht, was meine Mutter ihr als Aussteuer hatte mitgeben wollen. Ich selbst besaß ein paar Goldmünzen, die ich bei Kriegsausbruch in einen Schlüssel hatte umarbeiten lassen. All das half uns zu überleben. Jadzia war zu der Zeit schon in Warschau, und wir ließen ihr übermitteln, daß wir uns auf den Weg machen würden. Ich hieß jetzt Anna Bolechowicz. Hundertmal mußte ich mir vorsagen, daß ich nicht mehr Natalia Huber war, sondern Anna Bolechowicz. Meine Schwester hieß Julia Gajevska. Wir würden uns als Freundinnen ausgeben. Wir packten zwei Koffer mit unseren besten Kleidern, ein wenig Bettwäsche und Handtüchern. Als wir Mania von unserem Fluchtplan erzählten, bekam sie große Angst und fing an zu weinen. Sie wollte unbedingt mitkommen. Wir mußten sie beruhigen. »Du kannst jetzt nicht mit«, haben wir ihr gesagt. »Wir werden später jemanden schicken, der dich zu uns bringt. Solange mußt du hier warten.«

Am 13. Januar 1943 sind wir wie jeden Morgen mit der Gruppe zur Fabrik gegangen. Helunia und ich blieben ganz hinten in der Reihe. Dann haben wir unsere Armbinden abgenommen. Die Dämmerung hatte gerade erst eingesetzt, also war es noch ziemlich dunkel, und der Wachposten ging ganz vorn. Als die Gruppe um eine Ecke bog, sind wir einfach in die andere Richtung gegangen, wo schon die beiden Männer auf uns warteten. Wir hatten schreckliche Angst. Die Männer, die bei der Eisenbahn arbeiteten, hatten unsere Koffer abgeholt und schon die Billets gekauft. Sie sagten, wir könnten in ihrem Schuppen auf den Zug warten. Aber sie machten uns nur noch mehr Angst. Alle paar Minuten gingen sie raus auf den Bahnsteig, und als sie wiederkamen, erschreckten sie uns jedesmal mit der Mitteilung, daß draußen Deutsche vorbeigingen. Auf dem Bahnhof entdeckten wir auch eine Freundin von uns, die offenbar das gleiche vorhatte wie wir. Sie war ganz in Schwarz gekleidet, als hätte sie gerade einen ihrer nächsten Angehörigen verloren. Sie hatte eine kleine jüdische Nase und fürchtete, als Jüdin erkannt zu werden, also hatte man ihr geraten, einen schwarzen Schleier zu tragen [meine Mutter lachte, als sie dies erzählte]. Sie traute sich nicht einmal, uns anzuschauen. Wir saßen im selben Zug, flohen aus demselben Ghetto nach Warschau.

Die Zugfahrt dauerte ein paar Stunden, und die Männer blieben die ganze Zeit bei uns. Sie machten Scherze mit uns und taten so, als wären wir verheiratet. Es war die schrecklichste Reise meines Lebens, abgesehen natürlich von der Fahrt in diesen Viehwaggons nach Auschwitz und wieder zurück. Absolut grauenhaft. Als wir in Warschau waren, brachten uns die Männer noch zu Jadzia. Sie sagte, wir könnten nur eine Nacht bleiben, denn die Frau, bei der sie wohnte, hätte keine Ahnung, daß sie Jüdin war, und wenn zwei Frauen bei ihr auftauchten, würde sie sicher Verdacht schöpfen. Als wir einen der Koffer öffneten, waren all die schönen Kleider und unsere Sachen verschwunden, statt dessen fanden wir nur eine Handvoll Steine und Zeitungen. Die beiden Männer hatten uns beraubt. So waren die Polen damals. Ich war außer mir vor Wut, denn wir hatten sie großzügig bezahlt.

Jetzt, wo wir die neuen Papiere hatten, mußten wir lernen, uns für jemand anderen auszugeben und ständig mit der Lüge zu leben. Das war unumgänglich, wenn wir nicht aufgegriffen und erschossen werden wollten. Jadzia hatte ein Zimmer für uns gemietet bei einer polnischen Frau, die ein kleines Klavier in ihrer Wohnung stehen hatte. Seit drei Jahren hatte ich die Tasten nicht angerührt. Als ich mich eines Tages ans Klavier setzte, hat sie gestaunt, wie gut ich spielen konnte. Wir haben uns damals immer verstecken müssen, auch wenn die Sirenen heulten; zu dieser Zeit waren es alliierte Bomber. Wir trauten uns nicht in den Luftschutzkeller, denn wir wollten nicht, daß uns andere Leute von nahem sahen, sonst hätte uns womöglich noch jemand erkannt. Aber eines Tages heulten die Sirenen so lange, daß wir doch runtergehen mußten, und dort habe ich jemanden wiedererkannt, einen berühmten Pianisten und Dirigenten, noch ein Jude, der so tat, als sei er keiner [sie lachte]. Ich blieb in meiner Ecke, damit er mich nicht sah.

Ein paar Wochen später haben wir Mania zu uns geholt. Wir schickten einen jüdischen Freund mit 1000 Zloty zu einem Mann, der sie von Tarnów nach Warschau brachte. Unser Leben schien halbwegs normal, doch wir mußten immer damit rechnen, daß uns jemand denunzierte. Und dann ist genau das geschehen. Der Hausmeister hatte uns schon lange verdächtigt, und eines Tages hetzte er uns die Gestapo und die polnische Polizei auf den Hals. Vorher hatte er schon einen unserer Nachbarn angezeigt, der daraufhin umgebracht worden war. Ich habe ihn gekannt. Eines Morgens, es war 1943, klopfte es um fünf Uhr in der Früh an unsere Tür. Wir machten auf. Die Vermieterin hatte sie hereingelassen. Unsere Mania kam ungeschoren davon, denn der Hausmeister hielt nur Hela und mich für Jüdinnen und hatte nur uns beide angezeigt. Die polnischen Polizisten verhörten uns, wir zeigten unsere gefälschten Geburtsurkunden vor, und sie nahmen uns mit zur Polizeistation, wo wir mit Kriminellen in eine Zelle gesperrt wurden. Und dann fingen sie an, mit uns zu handeln. »Wieviel seid ihr bereit zu geben, wenn wir euch rauslassen? Wenn ihr nicht bezahlen wollt, übergeben wir euch der Gestapo.« – »Ich habe kein Geld, und außerdem wüßte ich auch nicht, warum ich euch Geld geben sollte«, habe ich mich zu Anfang gewehrt. Doch wir wußten ja, daß die Gestapo unseren Tod bedeuten würde, und so lenkte ich schließlich ein. »Also gut, ich habe eine Puderdose, einen Kamm und einen Lippenstift, alles aus Silber, und 2000 Zloty. Das könnt ihr haben, wenn ihr mich gehen laßt.« Sie willigten ein und ließen uns raus, und so waren wir schon ein paar Stunden später wieder zu Hause.

Danach beschlossen wir, daß es so nicht weitergehen könne, es war einfach zu gefährlich in diesem Haus. Wir würden uns etwas anderes suchen. Schließlich fanden wir ein Zimmer in einem kleinen Häuschen. Der Ofen, der das Zimmer beheizen sollte, war winzig, und wir wohnten zu dritt auf engstem Raum. Es war 1943. Wir wußten, daß die Juden im Warschauer Ghetto gegen die Deutschen kämpften, denn der Rauch, der über dem Ghetto in den Himmel stieg, war in der ganzen Stadt zu sehen. Und dann sagte diese polnische Frau, die direkt neben uns wohnte, zu mir: »Ist das nicht ein wunderbarer Anblick, wie sie dort die Juden verbrennen?« Und ich durfte kein Wort sagen, ich habe sie nur angeschaut. Es war schrecklich für mich, draußen zu sein und niemandem helfen zu können, immer so zu tun, als sei ich keine Jüdin, immer darauf zu achten, mich nicht zu erkennen zu geben.

Helunia arbeitete für die Untergrundbewegung, und jedesmal, wenn sie mich über Stunden allein zu Hause zurückließ, stand ich furchtbare Ängste aus, denn sie schmuggelte gefälschte Papiere für Widerstandskämpfer und Juden, deren Leben in Gefahr war. Doch ich habe sie nicht zurückhalten können, denn sie wollte unbedingt etwas tun, und wir hätten doch nicht einfach dasitzen und die Hände in den Schoß legen können.

Dann wurde Mania krank. Sie hat die Schmerzen kaum aushalten können, und wir mußten den Arzt holen. Er sagte, sie hätte etwas mit der Leber und müßte sofort ins Krankenhaus. Wir haben sie jeden Tag dort besucht. Arme Mania, jeden Tag kam der Priester zu ihr, und das war doch das letzte, was sie wollte. »Ich möchte nicht, daß er kommt, ich bin nicht mehr katholisch«, beschwerte sie sich bei mir. »Schsch, das darfst du nicht laut sagen. Was du im Herzen hast, kann dir niemand wegnehmen«, versuchte ich sie zu trösten. Sie starb im August, nach wochenlanger Krankheit. Sie hatte den sehnlichen Wunsch, auf einem jüdischen Friedhof begraben zu werden, doch wir mußten sie auf einem polnischen Friedhof beerdigen. Hela und ich behielten diesen Tag in schmerzlicher Erinnerung, war sie uns doch wie eine zweite Mutter gewesen.

In dieser Zeit hat Helunia ihren späteren Mann kennengelernt. Er hieß Adam Josefert, und er war der Mann, der unsere Flucht aus Krakau organisierte. Wir wollten mit dem Zug in ein kleines Nest in der Nähe der Tatra fahren, von dort aus würden wir von Ortskundigen durch die Berge geführt werden, und auf der anderen Seite, in der Slowakei, sollten Kutschen auf uns warten, die Juden ins sichere Ausland brachten. Wir hatten vor, erst in die Türkei und von dort aus nach England zu gehen.

Von Jadzia hatte ich mich getrennt, wir hielten es für das beste, wenn jede ihrer eigenen Wege ging. Ich habe sie nie wiedergesehen. Die Gestapo hat sie eines Tages abgeholt, und sie haben sie brutal zusammengeschlagen. Danach hat man sie und ihr Kind erschossen.

Am 14. November sind fünf oder sechs von uns in den Zug gestiegen. Als wir in den Ort kamen, wo wir aussteigen sollten, sahen wir polnische Polizisten auf dem Bahnsteig. Leider entdeckte Adam sie erst, als Hela und ich schon draußen waren. Er rief uns zu, wir sollten schnell wieder einsteigen. Ich hatte den Fuß schon auf dem Trittbrett, da sah ich, daß Helunia mit ihrem großen Rucksack es niemals rechtzeitig schaffen würde. Wenn Hela hierbleiben muß, bleibe ich auch, schoß es mir durch den Kopf. Natürlich kamen die Gendarmen sofort auf uns zu. »Das sind Juden«, sagte einer von ihnen, und sie haben uns der Gestapo ausgeliefert. Adam ist im Zug geblieben. Er fuhr nach Krakau zurück. Er hat ein gutes Versteck gefunden, und so überlebte er den Krieg. Wäre es uns gelungen, rechtzeitig wieder in den Zug zu steigen, wäre es uns genauso ergangen.

Die Deutschen brachten uns nach Zakopane, den berühmten Wintersportort, wo ich vor Jahren meine Flitterwochen verbracht hatte. Dort hielt man uns drei Wochen lang zusammen mit polnischen Frauen im Keller eines Hotels gefangen. Diese Frauen waren wunderbar, sie hatten so viel Sinn für Humor und brachten uns ständig zum Lachen. Einer der Gestapomänner, ein gutaussehender hochgewachsener Mann, hatte wohl Mitleid mit uns, und wenn niemand aufpaßte, steckte er uns schon mal einen Apfel zu. Er hat genau gemerkt, wie verängstigt wir waren, hat jedesmal gepfiffen, wenn er mit Essen kam, so wußten wir gleich Bescheid. Ein anderer hatte sich in Helunia verliebt und ihr ständig kleine Päckchen mit etwas zu essen vorbeigebracht. »Julia«, sagte er immer wieder zu ihr, »du bist einfach hinreißend.«

Am 9. Dezember 1943 mußten sechs von uns auf einen offenen Lastwagen steigen. Draußen herrschte eine eisige

Kälte. »Habt keine Angst, sie bringen euch in ein Arbeitslager«, sagte der große Deutsche zu uns. Er hat wahrscheinlich selbst keine Ahnung gehabt, was dort vor sich ging. Es war nämlich keins. Sie brachten uns nach Płaszów, dieses Lager in einem Vorort Krakaus, das auf einem Hügel lag und auf dem Boden eines jüdischen Friedhofs errichtet worden war.[1] Die Deutschen hatten die jüdischen Grabsteine einfach herausgerissen und die Straße damit gepflastert. Wir kamen nachmittags in Płaszów an, und es kam uns vor wie ein Militärlager, mit all den Baracken, dem Stacheldrahtzaun ringsherum, den Wachtürmen und den schwerbewaffneten Deutschen, die überall herumstanden. Man brachte Helunia und mich in eine Gefängniszelle, in der wir auf unser Urteil warten mußten. Von hier aus trieb man die Menschen auf den Hügel, wo sie erschossen wurden. Wenn man Glück hatte und jemand legte ein gutes Wort ein, wurde man ins Arbeitslager gesteckt. In der Nachbarzelle saß auch Jelineks Bruder. Von ihm habe ich erfahren, daß Jelinek und ihr jüngster Sohn auch hier waren und daß man beide dem Arbeitslager zugewiesen hatte.

An jenem Tag feierte der Kommandant des Lagers seinen Geburtstag. Einige der Kapos [jüdische Polizisten, die von den Deutschen ernannt wurden] waren aus Krakau. Ich hatte ja einen Ruf als Konzertpianistin, und sie kannten mich und wußten auch, daß Amon Goeth, der Kommandant des Lagers, ein Musikliebhaber war. Als sie ihm berichteten, daß fünf neue Gefangene angekommen waren, erkundigte er sich gleich nach unseren Berufen. »Eine von ihnen ist eine Klaviervirtuosin«, erzählten sie ihm. »Dann soll sie heute abend zu meiner Feier kommen und vorspielen«, sagte er.

Der Kapo kam zu mir und erzählte mir von der Feier und daß ich spielen sollte. Ich mußte mitkommen, und sie führten mich zuerst zu einem Frisör, der mir die Haare ein wenig herrichtete. Danach ging's auf den anderen Hügel von

Płaszów in diese wunderschöne Villa, die von jüdischen Architekten geplant und von jüdischen Arbeitern erbaut worden war. Als ich ankam, war das Bankett schon eröffnet, und es waren vielleicht elf oder zwölf Männer da, alles deutsche Offiziere in SS-Uniformen. Goeth trug eine Uniform mit weißem Jackett. Er war über einsachtzig und schrecklich fett und hatte mehrere dieser großen weißen Hunde mit den schwarzen Flecken bei sich. Nur seine Freundin, eine bildhübsche junge Frau, sah ein wenig freundlicher aus.

Am Anfang hat Goeth mich geduzt. »Setz dich hin, und spiel mir etwas vor«, befahl er. Da ich drei oder vier Jahre lang kaum gespielt hatte, waren meine Finger natürlich steif. Ich spielte ein Nocturne von Chopin, das Nocturne cis-moll, das erst posthum veröffentlicht wurde, ein sehr trauriges Stück, denn ich war traurig, und ich liebte Chopin über alles. Ich hörte, wie diese junge Schönheit ihm etwas ins Ohr flüsterte, und von da an hat er mich nicht mehr geduzt. »Sie spielen wunderbar, das muß ich zugeben«, meinte er danach zu mir. »Doch Sie wollen fliehen, stimmt's?« Wie hätten wir denn fliehen sollen? Niemand hätte den hohen elektrischen Stacheldrahtzaun überwinden können, außerdem war überall bewaffnete Gestapo postiert. Dann sagte er auf deutsch: »Sie soll leben. Sie dürfen raus aus dem Gefängnis, ins Arbeitslager.« Ich fühlte mich wie betäubt und habe keinerlei Erinnerung daran, wie das Gespräch weiterging. Als wir später in den achtziger Jahren einmal Urlaub in der Schweiz machten, habe ich zwei Frauen aus Israel getroffen, die im selben Lager waren. Ich kannte sie gar nicht, doch sie erkannten mich wieder und wußten von dieser Geschichte. Die Kapos hatten von dem Abend erzählt, und die Geschichte hat sich offenbar wie ein Lauffeuer im Lager verbreitet. So wie die Frauen mir berichteten, habe ich Goeth daraufhin geantwortet: »Auf keinen Fall gehe ich ohne meine Schwester«, und er hat meinen Wunsch berücksichtigt.

»Spielen sie etwas Lustiges«, hieß es danach. Ich wählte einen Tanz von de Falla, und als die ersten Töne erklangen, ließ er mich einhalten und sagte: »Halt, das nicht, das ist jüdische Musik.« Das stimmt natürlich nicht, mit jüdischer Musik hatte das nichts zu tun. Später sagte er: »Gehen Sie in die Küche, und lassen Sie sich dort etwas zu essen geben.« Die jüdische Köchin häufte mir riesige Mengen auf den Teller, und als ich sie fragte, ob ich meiner Schwester etwas mitbringen dürfte, hat sie mir auch für Hela etwas eingepackt. Dann brachte man mich zu Hela in die Zelle zurück, und am nächsten Morgen wurden wir in eine der Baracken verlegt. »Am 9. Dezember 1943 bist du zum zweitenmal geboren worden«, haben meine Freunde und alle, die von dieser Begebenheit gehört hatten, mir später versichert.

In jeder Baracke waren zwischen zweihundert und dreihundert Menschen auf engstem Raum zusammengepfercht. Wir schliefen auf Pritschen, Hela und ich teilten uns eine, denn wir wollten nicht getrennt werden. In Płaszów durften wir unsere eigenen Sachen tragen, natürlich mit dem gelben Stern. Um sechs Uhr morgens hieß es aufstehen, dann gab's eine Ration Brot und etwas zu trinken. Wir hatten keine Toiletten dort, nur eine Baracke mit Latrinen – es war ein riesiges Brett mit etwa fünfzig Löchern dicht nebeneinander, darauf mußte man sich setzen. Toilettenpapier? So was gab's nicht. Danach führte man uns in eine andere Baracke, wo wir gebrauchte Wehrmachtssocken stopften. Wir mußten die Spitzen erneuern und neue Hacken einsetzen, und es war natürlich alles voller Läuse und wir bald auch. Doch wir haben gelernt, kunstvoll Socken ausbessern – deshalb kann ich heute noch so schön stopfen, daß man nichts sieht.

Wenn wir unsere Periode bekamen, gab man uns Watte. Bis Auschwitz habe ich regelmäßig meine Tage bekommen, doch kaum waren wir in Auschwitz angekommen, war das vorbei. Das ist damals vielen Frauen so ergangen. Als der Krieg gerade mal drei Wochen vorbei war, setzte meine Periode sofort wieder ein.

Ich kann mich noch genau an den Tag erinnern, an dem sie sechs junge Männer aufhängten. Es war grauenhaft. Sie zwangen uns, immer wieder um den Galgen herumzugehen und uns anzuschauen, wie sie dort hingen. Auch die Schüsse habe ich heute noch im Ohr. Und eines Tages habe ich Amon Goeth draußen vor der Baracke, wo wir arbeiteten, mit seinem Hund vorbeigehen sehen. Ein Mann aus einer der anderen Baracken war auf dem Weg zu den Latrinen, und plötzlich hörte ich entsetzliche Schreie. Als er den Mann erblickte, sagte Goeth zu seinem Hund: »Mensch« – sein Hund hieß Mensch, und uns nannte er Hunde –, »Mensch, friß den Hund!« Und der Hund hat sich auf den Mann gestürzt, seine Hose zerfetzt und ihm ganze Stücke Fleisch aus dem Bein gerissen. Wir haben alles durch die Fenster beobachtet. Viele, viele andere Dinge, die in Płaszów geschehen sind, scheine ich jedoch völlig aus meinem Gedächtnis gelöscht zu haben. Ich habe eine regelrechte Blockade, wenn ich an diese Zeit in meinem Leben denke.

Aber als ich erst eine Woche im Lager war, kam mitten in der Nacht, es war so gegen zwölf, plötzlich ein Kapo in unsere Baracke. »Hubler! Natalia Hubler!« rief er. »Der Kommandant will, daß du wieder spielst.« Ich kroch aus dem Bett, zog mich an und mußte mitgehen. Diesmal war ich nicht allein, die Rosner-Brüder waren auch dort und spielten für Goeth – einer das Akkordeon, der andere Geige. Es war Unterhaltungsmusik. »So etwas habe ich noch nie gespielt«, mußte ich ihnen gestehen. Wir einigten uns auf die Ungarischen Tänze von Brahms, doch danach habe ich improvisieren müssen, um sie begleiten zu können. Es war mein letzter Auftritt bei Goeth, doch die beiden haben noch viele Male für ihn spielen müssen.

Ein anderes Mal habe ich mich mit der Frau, die die Latrinen putzen mußte, angelegt. Einige der Lagerinsassen waren sehr schmutzig. Sie hat alles wieder saubermachen müssen, und an diesem Tag war sie schrecklich geladen. Sie hatte einen dieser großen harten Besen in der Hand, tauchte ihn tief in die Jauche, und fing an, mich mit dieser ekligen Brühe zu bespritzen und mit dem Besen auf mich einzuschlagen. Sie ließ ihre ganze Wut an mir aus. Ich habe nicht einmal geschrien, aber ich riß ihr den Besen aus der Hand und kehrte den Spieß einfach um. Als die anderen Insassen hörten, was ich getan hatte, feierten sie mich als große Heldin, denn sie war der große Schrecken des Lagers gewesen und hatte alle schikaniert, wo sie nur konnte. Keiner von ihnen hatte bislang gewagt, es mit ihr aufzunehmen.

Im März 1943 kamen Recia und Cesia ins Lager. Sie arbeiteten am selben Tisch wie ich und standen mir direkt gegenüber. Als ich Recia zum ersten Mal sah, die wunderschöne Recia mit diesen Augen, die alle bezauberten, war es um mich geschehen. Zwischen uns beiden entwickelte sich eine tiefe Freundschaft, und wir waren unzertrennlich, gleich vom ersten Tag an. Jelinek war in einer anderen Baracke untergebracht, aber als es hieß, daß wir in ein anderes Lager umziehen müßten, beschlossen wir, daß wir zusammenbleiben wollten, Hela, ich, Recia, Cesia, Jelinek und Maria Alexandrovicz. Aber Maria wurde in Auschwitz von uns getrennt.

Und wieder hatte sich einer der Gestapomänner in Helunia verliebt. Das passierte ihr häufig, so groß und schlank und dunkelhäutig wie sie war, konnte ihr kaum ein Mann widerstehen. Er hat ständig einen Vorwand gesucht, in unsere Baracke zu kommen, hat immer angeblich etwas gesucht, doch es lag auf der Hand, daß er nur Hela wiedersehen wollte. Eines Tages hat er ihr draußen schnell etwas zu essen zugesteckt. Wir standen solche Ängste aus, denn wir wußten, wie gefährlich das war. Hätte man entdeckt, daß er einer Jüdin den Hof machte, wäre das unser Todesurteil gewesen – und seins dazu.

Wir entwarfen einen Fluchtplan, doch an dem Morgen, als wir ihn in die Tat umsetzen wollten, gab es ganz überraschend einen Appell. Um fünf Uhr morgens rief man uns alle nach draußen auf den großen Platz. Unsere Baracken standen ziemlich weit vorn, so waren wir mit die ersten auf dem Platz, und dann hieß es plötzlich: »Halt, alle umdrehen!« Die, die vorn gestanden hatten, waren jetzt ganz hinten. Und dann trieb man die ersten Reihen zu den Viehwaggons, den Zügen, in denen sie abtransportiert werden sollten. Als etwa die Hälfte der Menschen eingestiegen war, hieß es plötzlich: »Halt«, denn die Waggons reichten nicht aus für uns alle, und wir waren schrecklich enttäuscht. Erst später stellte sich heraus, welch großes Glück wir gehabt haben, denn dieser Transport ging nach Stutthof an der Ostsee, wo alle Insassen ohne Ausnahme ertränkt wurden.

Jelinek war in einer anderen Baracke, und als sie sah, was draußen vor sich ging, ist sie in einen Graben gesprungen. Sie konnte sich retten, doch ihren Sohn hatten sie ihr vorher weggenommen. Am 14. Mai 1944 hatte es schon einmal einen Appell gegeben, bei dem sich alle auf dem Platz versammeln mußten. Sechs oder sieben Stunden haben wir auf einem Fleck stehen müssen. Über die Lautsprecher spielten sie Schlaflieder, Kinderchöre sangen Liebeslieder an die »Mami«, und wir standen da und hörten, wie man sie einsammelte, alle Kinder des Lagers, wie man sie auf offene Lastwagen trieb und sie aus dem Lager fuhr, ihren Müttern entrissen. Auch Wojtuc, Jelineks Sohn, der damals zehn war, war dabei. Wir haben die Kinder schreien gehört, aber sie haben uns gezwungen, niederzuknien und den Blick auf den Boden zu senken. Kannst du dir das vorstellen? Jelinek war völlig außer sich, wir alle waren in einem schrecklichen

Zustand, doch trotzdem hat sie im August noch einmal den Mut aufgebracht, in den Graben zu springen.

Ein andermal gab es eine Selektion, bei der wir unsere Kleider ausziehen mußten. Splitternackt haben wir vor all den Gestapomännern auf und ab marschieren müssen. Dann wählten sie aus: Die Dünnen kamen auf die eine Seite, die mit Brillen auf die andere. Alle paar Monate gab es solch eine Selektion. Immer mußten wir in einer Reihe an ihnen vorbeigehen, und sie entschieden, wer leben würde und wer dem Tod geweiht war. »Diese, diese, diese«, hat es geheißen. Cesia war spindeldürr, und ich machte mir furchtbare Sorgen, daß sie eines Tages auch dabei wäre. Und wenn Helunia hinter mir stand und sie die Reihen von hinten abgingen und irgendwo hinter mir ein erneutes »Diese« erklang, krampfte sich jedesmal alles in mir zusammen, denn ich durfte mich ja nicht umdrehen. Doch es war jedesmal jemand anders gemeint. Es war reines Glück, daß wir fünf alle Selektionen unbeschadet überstanden haben.

Viele Menschen im Lager wurden mir bald unerträglich. Je mehr sie um die eigene Existenz kämpfen mußten, um so weniger scherten sie sich um die anderen. Die Kapos zum Beispiel demütigten uns ständig. Jelinek schaffte es morgens nie rechtzeitig zum Appell, wo wir uns in einer Reihe aufstellen mußten und laut gezählt wurden, und sie hat jedesmal brutale Hiebe einstecken müssen.

Die anderen haben immer gesagt, daß wir niemals lebend hier rauskommen würden. Ich spielte die Rolle der Optimistin. »Ihr sollt nicht so reden«, habe ich zu ihnen gesagt, »natürlich kommen wir hier raus, ihr werdet schon sehen, uns wird nichts geschehen.« Manchmal glaubte ich meinen eigenen Worten nicht, doch dann dachte ich, warum soll ich in diesen Chor einstimmen, lieber ist es mir, ich kann ihnen ein wenig Hoffnung machen. Ich wünschte mir nur, eines Abends einzuschlafen und einfach nicht mehr aufzuwachen – das war *mein* sehnlichster Wunsch.

An Jom Kippur 1944 habe ich in Płaszów gefastet. Die anderen in meiner Baracke lachten mich aus. »Wieso willst du heute fasten, wo du das ganze Jahr nichts zu beißen bekommst?« frotzelten sie. Ich hörte nicht auf sie und aß den ganzen Tag keinen Bissen.

Der 22. Oktober 1944 war unser letzter Tag in Płaszów. Das Lager wurde aufgelöst, denn die Front rückte immer näher. 1943, lange bevor wir dort ankamen, hatte Schindler die 1000 oder 1500 Juden aus dem Lager retten und sie in sein Lager bringen können. Sie trieben uns in die Züge. Wir wußten, daß es nach Auschwitz ging. Wir waren in diesen Viehwaggons zusammengepfercht, wo vielleicht zwanzig oder dreißig Menschen Platz gehabt hätten, und wir waren dreimal so viele, so daß wir kaum atmen konnten. Irgendwo auf dem Weg dorthin hielt der Zug, und sie haben uns rausgelassen. Das Ganze hat ein paar Stunden gedauert, und wir hätten tatsächlich die Gelegenheit gehabt zu fliehen, doch wir trauten uns einfach nicht, wir hatten zuviel Angst, daß sie uns erschießen könnten. Als wir in Auschwitz ankamen, warteten schon so viele andere dort. Das Lager war riesig, viel schlimmer als Płaszów. Wir wurden nach Brzezinka [Birkenau] verlegt, das direkt vor Auschwitz lag. Hier befanden sich auch die Gaskammern. Wir sahen nur Stacheldraht, Türme, Baracken – und viele Schornsteine.

Als wir ankamen, wurden wir alle in eine Baracke geführt. »Wartet hier«, wies man uns an. Wir rätselten herum, was sie damit meinten, und dachten natürlich sofort an die Gaskammern. In den 24 Stunden, die wir dort warten mußten, wurde alle paar Stunden ein neues Gerücht verbreitet. Einmal hieß es, Mengele käme nach Birkenau. Allein sein Name löste den größten Schrecken aus, denn wir wußten alle, daß er keine Gnade kannte. Wenn es nach ihm gegangen wäre, wären ausnahmslos alle in die Gaskammern gekommen. Als die Nachricht aufkam, dachten alle, das ist das Ende, doch er ist nie aufgetaucht. Dann das nächste Gerücht: Sie werden euch die Köpfe rasieren. »Wenn sie mir den Kopf rasieren, bringe ich mich um«, sagte Helunia zu mir. »Du bist wohl nicht ganz gescheit«, habe ich mit ihr geschimpft, »dein Haar wird schon nachwachsen, dein Kopf nicht. Warte doch einfach ab, was passiert.« Sie haben uns den Kopf nicht rasiert, uns nur die Haare abgeschnitten. Dann noch ein Gerücht: Jetzt ginge es in die Gaskammern. So ging es in einem fort, 24 Stunden lang.

Schließlich kamen sie und brachten uns in die Duschen zur Entlausung. Wir sahen das Wasser aus den Duschköpfen fließen – so wußten wir, daß dies nicht die Gaskammern waren. Und natürlich haben sie uns alles abgenommen. Was es auch war, Kleider, Zahnbürsten, alles haben sie an sich gebracht. Die Aufseher waren bewaffnet. Wie hätten wir uns widersetzen sollen? Mit Fäusten? Unseren Mut und unsere Menschenwürde hatten wir schon vorher irgendwo verloren. Ob sie uns jetzt die Kleider wegnahmen oder nicht, war uns mittlerweile fast schon gleichgültig. Dann trieben sie uns nach draußen in die eisige Kälte, und es gab keine Handtücher. Stundenlang standen wir zitternd in der bitterkalten Luft, rieben uns Arme und Beine, bis sie schmerzten, um endlich trocken zu werden, und rückten eng zusammen, damit uns die Kälte nicht in die Knochen kroch. Sie warfen uns Kleidungsstücke zu, die vorher entlaust worden waren. Niemand achtete auf Größen. Frauen, die so groß waren wie Helunia und ich, mußten sich mit kurzen schwarzen Kitteln zufrieden geben, Unterwäsche gab's nicht, auch keine Mäntel, nichts, nur ein Paar Holzschuhe. Es war schon fast November, und wir froren entsetzlich. Und Jelinek, die doch so klein war, ergatterte einen wahrhaft überdimensionalen schwarzen Kittel. Sie sah so lustig aus, und wir mußten lachen, trotz allem.

Danach verteilte man uns auf die Baracken, in denen wir schlafen sollten. Für den Moment waren wir den Gaskammern entkommen. Die Baracken hier waren riesig, noch größer als die in Płaszów. Wir hatten jeder eine Strohmatratze und eine dünne Decke, aber wir legten uns in Kleidern schlafen, niemandem fiel es ein, sich für die Nacht auszuziehen. Wenn es beim Appell geregnet hat, haben wir uns in den nassen Kleidern schlafen gelegt. Es ist ein Wunder, daß sich keiner von uns eine Lungenentzündung einfing.

In Auschwitz traf ich auch meine Tante Balka, die Schwester meines Vaters. Sie hatte gehört, daß ein Transport aus Płaszów angekommen war, und kam in unsere Baracke, um zu sehen, ob wir dabei waren. Sie hat uns gefunden, und rate mal, was sie uns mitgebracht hat. Einen Löffel! Jetzt mußten wir die Suppe, die sie an uns verteilten, nicht mehr trinken oder hinunterschlürfen, denn davon hatte ich gleich am ersten Tag furchtbare Magenkrämpfe bekommen. Von dem Moment an, als ich die Suppe endlich wie ein menschliches Wesen mit einem Löffel essen durfte, hörten die Krämpfe schlagartig auf. Ich habe Balka nie wiedergesehen. Sie ist wohl in die Gaskammern gekommen.

Als wir das nächste Mal zu den Duschen gebracht wurden, hat Jelinek ihre Sachen auf der Fensterbank liegenlassen, und sie sind von Zigeunern gestohlen worden. Jetzt hatte sie nichts mehr anzuziehen. Irgend jemand hatte Erbarmen und gab ihr erst einmal ein Handtuch, das sie sich umhängen konnte. Gegenüber war eine Männerbaracke, und da ist sie zum Zaun gegangen und hat um etwas zu Anziehen gebeten. Es dauerte nur ein paar Minuten, da kam sie schon mit einer reichen Ausbeute zurück. Sie haben ihr ein Paar lange, ausgebeulte Hosen über den Zaun geworfen, eine große Jacke und zwei Paar Unterhosen. Sie sah aus wie ein Clown mit den Beulen überall. Die langen Unterhosen hat sie an uns weitergegeben, ich bekam die weißen und Helunia die rosafarbenen. Jetzt hatten wir endlich etwas, was wir unter den kurzen schwarzen Mänteln anziehen konnten. Wir waren das witzigste Dreiergrüppchen, das man sich vorstellen kann. Wir haben uns ausgeschüttet vor Lachen, der ganzen Tragödie zum Trotz. Auch die anderen mußten immer lachen, wenn sie uns drei in dieser Montur haben vorbeimarschieren sehen.

Um fünf Uhr morgens war Appell, wo wir gezählt wurden. Manchmal ließen sie uns bis zu drei Stunden im strömenden Regen stehen, danach fing die Arbeit an. Wir haben Steine geschleppt, von einer Ecke des Lagers in die andere. In Płaszów hatten wir in beheizten Baracken gearbeitet und durften dabei sitzen, in Auschwitz wurde nur unter freiem Himmel gearbeitet. Von fünf Uhr morgens bis in den späten Nachmittag hinein waren wir draußen. Essen gab's nur einmal am Tag, einen Napf Suppe und ein Stückchen Brot, davon konnte niemand satt werden, und wir hungerten entsetzlich.

Eine Freundin von uns, die auch aus Krakau kam, lief in einem wunderbaren Anzug aus Wolle und schönen schwarzen Stiefeln herum. Die Kälte hat ihr nichts anhaben können. Wir wußten nicht, wo sie all das her hatte und welchen Preis sie dafür hatte zahlen müssen. Mir gegenüber hat sie sich aber sehr anständig gezeigt. Eines Tages bekam ich beim morgendlichen Appell plötzlich schrecklichen Durchfall. Ich konnte nicht mehr an mich halten, es floß einfach heraus, aber ich durfte ja nicht aus der Reihe treten. Das ist mein Ende, schoß es mir durch den Kopf. Danach bekam ich hohes Fieber und war richtig krank. Helunia wollte nicht, daß ich ins Krankenhaus ging, denn Kranke kamen häufig sofort in die Gaskammern. So bat sie unsere Freundin um Hilfe, und sie kam und brachte mir Tabletten und ein zweite Decke, in die sie mich sorgsam einhüllte, und ein Glas Milch. Wir fanden nie heraus, wie sie an die Sachen herangekommen ist. Ich will sie nicht richten. Ich würde so etwas vielleicht nicht tun, nur um bestimmte Sonderrechte zu genießen, aber wenn sie auf diese Weise anderen Menschen hat helfen können ... Mir hat sie jedenfalls sehr geholfen.

Zu Kriegsbeginn, als wir noch nicht in den Lagern waren, hatten wir Churchill im Radio sprechen hören, und so war uns von vornherein bewußt, daß dieser Krieg nicht nur ein paar Monate dauern würde. Doch wir hatten alle gehofft, damals und auch später noch, daß der Westen irgend etwas unternehmen würde. Wir waren so verzweifelt, als nichts geschah.

AK: Hätten sie eurer Meinung nach die Lager bombardieren sollen?

NK: Ja, sicher, wir beteten dafür, daß endlich die Bomber kämen. »Wo sind sie nur alle?« fragten wir uns. »Wo sind die USA? Wo ist Rußland? Wo ist England?« Und manchmal beteten wir dafür, daß wir eines Nachts einschlafen und nie mehr aufwachen würden, denn man hat uns gedemütigt, geschlagen, gefoltert, sie haben uns verhungern lassen, und wir sind Zeugen solch unsäglichen Elends geworden. Ich träume heute noch davon. Erst vor ein paar Tagen bin ich wieder aus diesem Alptraum hochgeschreckt. Als ich wieder einschlief, habe ich wieder das gleiche geträumt: Sie kommen, um mich zu verhaften, ich renne um mein Leben und verstecke mich irgendwo und habe so grauenhafte Angst, daß sie mich finden.

Wir waren nicht lang in Auschwitz, denn im Jahr 1944 rückte die Front immer näher, und man sprach schon davon, daß Auschwitz aufgelöst werden sollte. Eines Tages gab es wieder einen Appell, wo man uns mitteilte, daß sie uns unsere Nummern in die Arme tätowieren wollten. Als wir das hörten, hatten wir endlich die Gewißheit, daß sie uns nicht vergasen wollten, sondern uns nur in ein anderes Lager verlegen würden. So waren die Tätowierungen für uns ein Anlaß zur Freude, obwohl es weh tat, denn sie benutzten eine Art Stift dafür. Wenn du genau hinschaust, siehst du, daß sie aus vielen, vielen kleinen Punkten besteht. Bei jedem Punkt wurde die Haut eingeritzt. Danach war alles hochrot und entzündet. Aber es machte uns nichts aus. Meine Nummer ist A27404, glaube ich – ich hab es schon wieder vergessen, weil ich nie dorthin schaue. [Sie sieht nach.] Stimmt.

Wir haben die Gaskammern nie zu Gesicht bekommen. Sie lagen etwa eine halbe, vielleicht auch eine Meile entfernt. Wir rochen sie, es roch nach verbrannter Haut, und wir sahen die Schornsteine rauchen. Aus unseren Baracken hat dort niemand gearbeitet. Es war ein völlig abgeschlossener Bereich, doch wir waren uns jederzeit bewußt, daß sie da waren. Auschwitz war ein sehr großes Lager, mehrere hunderttausend Menschen waren hier untergebracht. Wir hörten von Transporten aus Holland und Frankreich, die ohne Umwege in den Gaskammern endeten. Frau Alexandrovicz wurde von uns getrennt. Sie hat nicht überlebt. Doch wir fünf sind zusammengeblieben. Als wir uns für die Tätowierungen aufstellen mußten, klammerten wir uns aneinander, Hände und Arme verschlungen, wir waren ein einziges Knäuel. Wir würden nicht zulassen, daß sie uns trennen, wo immer die Reise auch hinging, wir würden zusammenbleiben, das hatten wir uns immer wieder eingeschärft. Doch sie machten sich gar nicht erst die Mühe, uns auseinanderzureißen. Sie trieben uns auf die Viehwaggons, und dann fuhren wir in irgendein kleines Nest im Sudetenland [Sudetendeutschland gehörte zur Tschechoslowakei, die von den Deutschen besetzt war], in ein viel kleineres Lager mit nur dreihundert Frauen. Es hieß Lichtewerden und lag in der Nähe von Jägerndorf. Die Zugfahrt dauerte ein paar Stunden, und wir fünf waren beisammen. Es war der 23. Dezember 1944.

Auch hier gab es den Stacheldrahtzaun, doch die Baracken waren viel kleiner. Um fünf Uhr morgens standen wir auf, dann verteilten sie eine schwarze Brühe, die sie Kaffee nannten, dazu gab's ein winziges Stück Brot, und nach dem Morgenappell führten sie uns in die Weberei, eine Fabrik, die außerhalb des Lagers im Dorf lag. Wir arbeiteten an großen Maschinen. Eines Tages bekam ich den Befehl, Säcke herbeizuschleppen. Sie waren mit Flachs gefüllt, aus dem Seile und Watte hergestellt wurden, und sie waren riesig, etwa so groß wie dieses Zimmer. Ich weigerte mich. »Nein, das werde ich nicht tun«, sagte ich zu ihnen. Das schaffe ich nie, habe ich gedacht, und wenn sie mich erschießen. Doch wir spürten auch, daß unser Leben hier nicht so unmittelbar bedroht war wie in Płaszów und Auschwitz. Morgens zogen wir aus dem Lager, und es gab nur einen Kommandanten und eine Handvoll Soldaten – in der Fabrik waren gar keine. Jeden Tag hörten wir die neuesten Meldungen über den Kriegsverlauf, denn in der Fabrik arbeiteten auch deutsche und tschechische Männer und die Frauen aus dem Dorf. Es waren auch Kommunisten dabei. Sie hörten Radio und erzählten uns, was vor sich ging.

In der Fabrik hatten wir so kleine Fransenbesen, mit denen der Staub von den Maschinen gefegt wurde. Eines Tages fiel mir der Besen beim Abstauben aus der Hand und verschwand in der Maschine. Als ich versuchte, ihn wieder herauszufischen, steckte meine Hand plötzlich fest und ich bekam die spitzen Nadeln in die Finger. Sie mußten die Maschine ausschalten. Sofort stand mein Vorarbeiter, ein furchterregender Deutscher, der sich einen dieser breiten

Schnurrbärte stehen ließ, an meinem Platz. »Was haben Sie da getan?« herrschte er mich an, auf deutsch. Ich war außer mir vor Wut, und mein Magen knurrte, und da verlor ich die Nerven und wurde richtig biestig. »Wie lange arbeiten Sie schon an dieser Maschine?« fragte ich ihn. »25 Jahre.« »Und ich spiele seit 25 Jahren Klavier. Wenn Sie nach zwei Wochen so spielen wie ich, dann werde ich wohl nach zwei Wochen die Maschine genausogut bedienen können wie Sie«, platzte es aus mir heraus. Nach diesem Vorfall behandelte er mich mit Respekt. Alles, was wir im Lager zu essen bekamen, wie diese Suppe aus Kartoffelschalen, war ungesalzen und schmeckte scheußlich, wir bekamen es kaum hinunter. Am nächsten Tag kam er zu mir. »Haben Sie eine Flasche?« fragte er. »Wieso fragen Sie mich das, Sie wissen doch, daß wir nichts besitzen, ich habe keine Flasche.« Dann kam er am nächsten Tag wieder und brachte mir ein kleines Fläschchen mit rotem Salz – selbst die Deutschen hatten damals kein weißes Salz. Er ist mir gegenüber nie wieder ausfallend geworden.

Der Hunger war schlimm für mich. Abends bekamen wir unsere Brotration, die aus gerade mal 100, 150 Gramm bestand, und das mußte bis zum nächsten Abend reichen. Jelinek schnitt ihre Ration in viele winzige Stückchen, damit sie über den Tag kam. Abends lag sie neben uns auf ihrer Pritsche und gab vor zu schlafen, doch alle zehn, fünfzehn Minuten hörten wir sie murmeln: »Es geht nicht. Ich muß jetzt essen. Ich kann einfach nicht bis morgen warten.« Und dann hat sie alles auf einmal verschlungen und den ganzen nächsten Tag hungern müssen, bis abends die neuen Rationen verteilt wurden und das ganze wieder von vorn losging. Eine der Frauen in den Baracken war eine Diebin und hat anderen ihre Ration gestohlen, und so schliefen wir immer auf unserem Brot – falls wir noch etwas übrig hatten. Die meisten von uns haben alles auf einmal gegessen.

Es war kalt, draußen fiel schon der Schnee. Strümpfe hatten wir nicht, doch ich besaß einen Mantel. An Sonntagen mußten wir uns immer vor dem Hauptsturmführer, der für das ganze Lager verantwortlich war, in einer Reihe aufstellen. Dann kam er mit einem Stock und hat uns geschlagen, immer sonntags. Er hat unsere Kleidung inspiziert und peinlich genau überprüft, ob sich auf den schwarzen Kleidungsstücken aus Auschwitz womöglich ein wenig Staub von den Webmaschinen verirrt hatte. Fand er nur das kleinste Staubkorn, schlug er zu. Cesia und mich hat es oft erwischt.

Wir wußten mittlerweile, daß die Deutschen dabei waren, den Krieg zu verlieren. Die Meldungen über den Kriegsverlauf gaben uns Mut und Hoffnung und die Kraft, durchzuhalten, obwohl wir entsetzlich unter dem Hunger litten. Ich bin mehrmals an meiner Maschine eingeschlafen, ich hatte einfach keine Kraft mehr und war schon schrecklich abgemagert. Helunia hat den Hunger besser verkraftet als ich. Das Ende des Kriegs rückte näher, daran glaubte ich von Tag zu Tag mehr, und das war mein Glück, denn sonst hätte ich wohl nicht überlebt. Ich war schon zu geschwächt.

Am *Seder*-Abend hat Helunia ein Stückchen Pappe genommen und den Seder-Tisch aufgemalt. Es fehlte nichts auf ihrer Zeichnung, *Charosät*, die Bitterkräuter, Eier, alles war da, und so feierten wir den Seder-Abend, natürlich ohne einen Happen zu essen. Wir sangen und freuten uns. »Ach, diese *knejdl*«, haben wir einander vorgeschwärmt, »wie köstlich sie schmecken.« Wir stellten uns vor, von den feinsten Leckerbissen zu kosten, wir waren so glücklich, und wir waren so hungrig.

Es war alles schon schlimm genug, und wir wollten uns die Zeit nicht noch schwerer machen. Also scherzten wir und sangen – Recia hatte eine wunderschöne Stimme, und sie hat uns jeden Abend vorgesungen, einen kleinen Liederabend veranstaltet, Helunia sagte Gedichte auf und dachte sich kleine Verse aus, die sie uns vortrug. Der Frühling lag in der Luft, unsere Hoffnung wuchs, wir hörten, was um uns herum geschah – jeden Tag gab es neue Meldungen im Radio, und sie wurden von Maschine zu Maschine, von Arbeiter zu Arbeiter weitergegeben.

Manchmal brachte Helunia aus der Küche eine rohe Kartoffel mit, und wir stürzten uns darauf und freuten uns wie die Schneekönige. Irgendwo Essen aufzutreiben hieß damals »organisieren«. Hela konnte das am besten von uns allen, sie flunkerte ein bißchen und tat so, als könne sie in die Zukunft sehen, und bekam ihren Lohn in Nahrungsmitteln. Ich dagegen hatte nicht das geringste Talent zum Organisieren. Eines Tages kam sie in die Fabrik und steckte mir ein kleines Stück Brot zu, das mit Senf bestrichen war. »Wo zum Teufel hast du das her?« fragte ich. »Frag nicht, iß«, sagte sie nur. Es zerging mir auf der Zunge, als wäre es die köstlichste Schokoladentorte der Welt. Ich träumte von Rühreiern aus sechs ganzen Eiern, einem dicken Laib Brot mit Butter und einem ganzen Pfund Kartoffeln. Heute kann man darüber lachen.

Zwei Wochen vor Kriegsende standen wir wieder einmal mit unseren Näpfen für die Suppe an, als eine große Frau hinter mir in der Reihe mich nach vorn schubste und mir mit ihren spitzen Holzpantinen in die Hacke trat. Es hat gemein weh getan. Am nächsten Morgen ging es mir ziemlich schlecht. Wir holten die jüdische Ärztin. »Ins Krankenlager kann ich dich nicht verlegen, dazu bist du nicht krank genug«, sagte sie. Ich schleppte mich zur Arbeit, doch als ich an der Maschine stand, verlor ich das Bewußtsein. Ich mußte den ganzen Tag dort sitzen bleiben, bis wir abends alle zurückgingen. Ich fühlte mich so elend. Später brachten sie mich dann ins Krankenlager, wo sie feststellten, daß ich hohes Fieber hatte, an die 40 Grad. Das Bein war bös entzündet. »Mach dir keine Sorgen«, versuchte ich Helunia zu beruhigen, »ich muß sicher nicht mehr zurück in die Fabrik. Du wirst sehen, der Krieg ist bald vorbei.« Sie schaute mich an, als hätte ich schon Fieberphantasien. Ich hatte seit zwei, drei Tagen keinen Bissen gegessen, und meine Schwester und meine Freundinnen hatten Angst, daß ich ihnen unter den Fingern wegsterben könnte. »Was würdest du gern essen?« hat Helunia mich gefragt. »Ich kann nichts essen«, schüttelte ich den Kopf, doch als sie fragte, ob ich nicht Appetit hätte auf ein Zuckerei – das war rohes Eigelb, mit Zucker geschlagen, und es schmeckt einfach köstlich –, stimmte ich sofort zu. »Zuckerei? Na klar!« Es war natürlich reinstes Wunschdenken, niemand hätte damals solch ausgefallene Köstlichkeiten beschaffen können. Abends besuchte mich Helunia noch einmal – sie sah so lustig aus, hatte sich die Haare auf kleine Papierstreifen gewickelt, denn damals legten wir schon wieder Wert auf unser Aussehen –, und sie hielt eine Tasse in der Hand. »Hier«, lächelte sie, »da ist dein Zuckerei.« Ich traute meinen Augen kaum, aber ich fragte nicht lange und löffelte es bis auf den letzten süßen Tropfen genußvoll aus. Erst danach wollte ich wissen, wie sie es geschafft hatte, da ranzukommen. »Jelinek hat ein Messer genommen und die ganze Nacht an ihrer Goldkrone herumgeprokelt. Stückchen für Stückchen hat sie sich vorgearbeitet, und dann ist sie tatsächlich herausgefallen. Sie hat sie verkauft, an eine Deutsche oder war's eine polnische Katholikin, auf jeden Fall hat sie zwei Eier und den Zucker dafür gekriegt.« Das war die Geschichte mit dem Zuckerei.

Ich erholte mich langsam und gewann meine Kraft zurück. Sie besuchten mich jeden Tag und berichteten mir, was es neues gab. Die Meldungen wurden immer besser. In der Ferne hörten wir schon die Schüsse – die Front war nicht mehr weit weg. Dann kamen die ersten Luftangriffe. Es war unglaublich, wie feige die Deutschen waren, das hättest du sehen müssen. Bei den unbewaffneten Frauen, die sich nicht wehren konnten, spielten sie sich als große Helden auf, doch kaum erblickte der Hauptsturmführer, der uns immer geschlagen hatte, ein Flugzeug, das nicht deutsch war, brach ihm der Schweiß auf der Stirn aus. Es war wirklich ein komischer Anblick. Am 6. Mai riefen sie uns zum Appell auf den großen Platz, der inmitten der Baracken lag, und dort verkündeten sie uns: »Wir sind verdammt. Wir müssen euch mitteilen, daß der Krieg verloren ist und ihr nun frei seid. Ihr könnt gehen, wohin ihr wollt.« Schauder liefen uns die Rücken hinunter, wir waren wie gelähmt und brachen in Tränen aus. »Wir sind frei, wir können gehen – doch wo sollen wir hin?« Niemand wußte eine Antwort. Die Deutschen sind alle geflohen.

3

So wie man anderen Kindern Märchen erzählte, erzählte man uns vom Holocaust. Was bei ihnen Kobolde, Monster und böse Hexen waren, waren bei uns die Nazis. Und während die Helden und Heldinnen in ihren Geschichten das ist mir erst heute bewußt aus Schlössern und dunklen Verliesen flüchteten, entkamen die wenigen, an die ich mich erinnern kann, aus Ghettos, Konzentrationslagern und Zwangsarbeitslagern. Das soll nicht heißen, daß bei uns zu Hause kein Platz für andere Geschichten gewesen wäre, natürlich hatten wir auch unseren Noddy [englische Comicfigur; Anm. d. Übers.], Hans Christian Andersen, La Fontaine, Hänsel und Gretel und die ganze übrige Kinderliteratur – an die ich mich jedoch kaum erinnern kann – und darüber hinaus all die zauberhaften Geschichten, die mein Vater sich ausdachte. Doch das Böse in den erdachten Geschichten konnte es mit dem, was meine Eltern am eigenen Leib erlebt hatten und was sie uns und unseren Gästen immer wieder erzählen mußten, nicht aufnehmen.

Wie geht ein Kind damit um, wenn es hört, daß seine Eltern eine derart grausame Vergangenheit haben? Was kann es mit diesem Wissen anfangen? Wie kann es die Geschichte so verarbeiten, daß sie halbwegs erträglich bleibt? Vielleicht macht es eine ganz andere daraus. Erfindet seinen eigenen Mythos, indem es den Sprachduktus und die Erzählstrukturen übernimmt, die ihm aus anderen Geschichten bekannt sind.

Ich habe die Kriegserinnerungen meiner Mutter so abgewandelt, daß ich sie erzählen konnte. Auch in anderen Familien werden Lebenserinnerungen zu einer Geschichte verarbeitet. Im besten Fall überschneiden sich die Berichte der Familienmitglieder, aber häufig wird darum gewetteifert, wessen Geschichte sich auf lange Sicht durchsetzen wird. Ich für meinen Teil habe die Kriegserinnerungen meiner Mutter benutzt, um andere zu fesseln und den Ausdruck des Entsetzens in ihre Augen zu zaubern, ich schlachtete ihre Geschichte aus und ließ nur die spannenden Höhepunkte bestehen. Und so wurde ich – natürlich nur in den Augen der anderen – zu einer Art Märtyrerin. Indem ich anderen berichtete, was meiner Mutter im Holocaust widerfahren war, sicherte ich mir eine Art stellvertretendes Mitgefühl. Doch es hinterließ immer einen bitteren Nachgeschmack.

Indem ich sie wieder und wieder meinen Freunden erzählte, erhielt die Geschichte meiner Mutter irgendwann fast mythischen Charakter. Es war, als begänne sie plötzlich aus sich selbst heraus zu leben, ganz losgelöst von den Dingen, die sich tatsächlich ereignet hatten. Merkwürdigerweise konnte ich mich auch nur an die Begebenheiten erinnern, die in meiner eigenen Version vorkamen, alles andere war mir nicht mehr präsent. Bis zu dem Tag, an dem ich mich hinsetzte, um die Tonbandaufnahmen für dieses Buch niederzuschreiben, kannte ich nur die Kurzversion, und wenn jemand genauer nachfragte oder sie in den historischen Kontext bringen wollte, wußte ich plötzlich nicht mehr, was ich antworten sollte. Dann überkam mich immer das schreckliche Gefühl, daß diese Geschichte vielleicht gar nicht der Wahrheit entsprach. Die Gewißheit, daß sie sich tatsächlich zugetragen hatte, bezog ich wohl eher aus dem ständigen Nacherzählen als aus der Rückbesinnung auf die tatsächlichen Ereignisse.

Das mag daran liegen, daß ich all das ja nicht selbst erlebt hatte und daß ich als Erwachsene immer noch die Version im Kopf hatte, die man mir als kleines Kind erzählt hatte.

Es ist bezeichnend, daß ich, nachdem ich mir mit Anfang, Mitte Dreißig doch soviel Mühe mit den Tonbandinterviews gegeben hatte, bei denen ich das Was, Wann, Warum und Wie-war-das-für-dich so peinlich genau festhielt, schnell wieder zu meiner vertrauten, weniger genauen Version zurückkehrte, wie ich sie all die Jahre erzählt hatte. Sicher lag das einerseits daran, daß sie genau das Quantum an Information enthielt, das ich noch ertragen konnte. Und sie war mir natürlich auch lieb geworden, denn sie ließ sich so wunderbar erzählen. Vielleicht wußte ich auch, daß die ganze Wahrheit der Version, die wir so gern anderen auftischten, gar nicht zuträglich war.

Die Geschichte über die Kriegserlebnisse meiner Mutter, so wie sie in unserer Familie erzählt wurde, enthielt nur einen Teil der Wahrheit. Wir schlossen alles aus, was schwer zu ertragen war, jegliche Anzeichen von Verwundbarkeit oder auch von Schmerz, wenn er nicht sofort in Bahnen gelenkt wurde. Hilflosigkeit und Kummer kamen einfach nicht vor. Meine Mutter hat sich niemals als hoffnungslos beschrieben, möglicherweise hat sie dieses Gefühl nie zugelassen, und es ist schon zu bewundern, wie vehement sie sich weigerte, sich als Opfer zu betrachten.

Statt dessen beschrieb sie – und wir entsprechend – den Horror jener Zeit so, als sei nun alles vorbei, als hätte er bis auf die unverkennbaren Folgen des Krieges keinerlei Konsequenzen für unser jetziges Leben. Es war, als ob wir glaubten, auf diese Weise der traurigen Wahrheit – daß jene, die durch diese Hölle gegangen sind, ein Leben lang weiterzahlen – nicht ins Auge schauen zu müssen. Und die Ausgelassenheit und Unverwüstbarkeit, die meine Mutter ausstrahlte, schienen uns recht zu geben. Das Leben, das sie sich nach dem Krieg aufgebaut hatte, war unser vermeintliches Happy-End.

In den Geschichten, die wir erzählten, war meine Mutter

die strahlende Siegerin, was wir hervorhoben, war ihr heldenhaftes Verhalten und die Tatsache, daß sie überlebt hatte. Durch das Erzählen machten wir den Holocaust erträglich, wir wandten dramaturgische Mittel an, um ihr Trauma zu mildern.

Bei all den Tagungen und Vorträgen über Holocaust-Überlebende und ihre Familien, die ich in den letzten Jahren besucht habe, habe ich mich jedesmal darüber geärgert, daß alle dem Gespräch so viel Bedeutung beimessen, so, als sei das psychische Gleichgewicht von Eltern und Kindern einzig und allein davon abhängig, ob die Eltern mit ihren Kindern über ihre Erlebnisse gesprochen haben. Aber Reden allein reicht doch nicht, auf das Wie kommt es an.

Was es für uns nicht gerade leichter gemacht hat war die Historizität des Holocaust, die Tatsache, daß es in unserem Jahrhundert, und wohl auch davor, kaum eine geschichtliche Periode gegeben hat, die so gut dokumentiert ist wie diese Zeit. Wenn vielleicht noch nicht in dem Ausmaß wie heute, war der Holocaust schon Anfang der Sechziger durch all die Wochenschauen, Fotos und Artikel in Büchern und Zeitschriften tief im öffentlichen Bewußtsein verankert. Für uns allerdings war er auch Biographie. Er hatte das Leben meiner Eltern geformt, war Teil ihres Selbstverständnisses und eng verwoben mit unserer Familiengeschichte. Was wir zu Hause auch diskutierten, der Holocaust war ausgesprochen oder unausgesprochen Teil des Gespächs. Er war Maßstab und Warnung zugleich. Bei uns war er nicht das Fremde, nicht die objektive Wirklichkeit, wie er anderswo empfunden wurde. Er hat unsere gesamte Gefühlswelt bestimmt, und die war oft sehr heftig und manchmal unberechenbar. Der Holocaust war die große Tragödie des 20. Jahrhunderts, für uns war er fester Bestandteil unseres Alltags. Diese Vermischung hat dazu geführt, daß uns die gewöhnlichen Rangeleien zwischen Jugendlichen und ihren Eltern immer ungeheuerlich vorkamen. Wir haben dann gleich gedacht, wir sind die bösesten und gehässigsten Kinder der Welt.

Als ich P zum ersten Mal traf, habe ich meinen Eltern nichts davon erzählt. Daß ich einen attraktiven, interessanten Mann kennengelernt hatte würde sie kaum interessieren, das wußte ich genau, sie würden sich nur darüber aufregen, daß er kein Jude war. Ich war schon 27, aber ich fühlte mich wie eine Verräterin oder wie jemand, der zum ersten Mal im Leben eine Bank überfällt. Ich war überglücklich, fühlte mich aber zugleich schuldig. Mein ungutes Gefühl wurde noch verstärkt durch die Tatsache, daß P zwar geschieden, aber jetzt wieder frei war, ganz im Gegensatz zu seinen Vorgängern. Die meisten meiner Affären waren verheiratet gewesen, so daß ich mich nie mit dem Gedanken hatte auseinandersetzen müssen, vielleicht einmal zu Hause auszuziehen.

Nach unserer ersten Begegnung war ich zwei Tage lang unausstehlich, und mir war übel vor Aufregung. Aber es spielte noch etwas anderes hinein. Meine Schwester und ich hatten immer gewußt, daß unseren Eltern vor unserer Geburt Furchtbares widerfahren war und daß unsere Aufgabe darin bestand, etwas an ihnen wiedergutzumachen und sie zu stützen, auch wenn dies niemals offen ausgesprochen wurde. Und jetzt entzog sich die eine Tochter plötzlich ihrer Pflicht und wollte auf eigenen Füßen stehen. Ich war sicher, daß es schrecklichen Ärger geben würde.

Und genauso war es auch, als ich meinen Eltern drei Monate später von P erzählte. Meine Mutter hat gleich das Schlimmste angenommen; in ihren Augen hatte er so viele Mängel, daß man sie kaum zählen konnte. Sie behauptete tatsächlich, ich sei dabei, das zu tun, was Hitler nicht geschafft hatte – die Juden auszurotten. Ihre Reaktion bestätigte nur mein Gefühl, mit meiner Beziehung unsere Familie zu schänden.

Plötzlich gärte ein tiefer Konflikt, sowohl in mir als auch zwischen mir und meinen Eltern. Ich fühlte mich schmerzlich hin- und hergerissen. Auf der einen Seite standen meine Eltern, die ich doch unbedingt stützen mußte, auf der anderen Seite die Aussicht auf eine Nähe und Intimität, wie ich sie bislang noch nie kennengelernt hatte.

Meine Mutter brachte mich zur Weißglut. Sie hüllte sich entweder in vorwurfsvolles Schweigen, oder es hagelte Moralpredigten und spitze Bemerkungen. Sie ließ kein gutes Haar an P. Und dann erzählten meine Eltern mir immer wieder die kleine Geschichte – ich bin mir nicht sicher, ob sie nicht frei erfunden ist – von einem nichtjüdischen Ehemann, der nichts dagegen hat, daß seine Frau die Kinder im jüdischen Glauben erzieht, bis eins der Kinder schwer krank wird und der Mann natürlich nichts Besseres zu tun hat, als das Kind aus dem Bett zu reißen und es vom nächstbesten Priester taufen zu lassen. Wenn es ans Eingemachte geht, so schärften sie uns ein, kannst du ihnen nicht vertrauen.

Und gleichzeitig war da P, so charmant, nett und voller Humor. Ich spürte einfach, daß man ihm vertrauen konnte.

Ich habe immer wieder versucht, diese gegensätzlichen Sichtweisen zu vereinen, aber dann reagierten meine Hände, ein untrügliches Anzeichen dafür, daß ich meine Situation buchstäblich nicht mehr in der Hand hatte, der Körper scheint solche Wortspiele zu lieben. Auf der linken Handfläche erschienen plötzlich kleine flüssigkeitsgefüllte Körnchen unter der Haut, und der Juckreiz war unerträglich. Ich habe die Nägel meiner rechten Hand tief ins Fleisch gegraben und so lange gekratzt, bis Blut kam. Aber damit nicht genug, habe ich so lange weitergemacht, bis die gesamte Handfläche tiefrot und blutig war. Erst dann spürte ich ein wenig Erleichterung, obwohl – oder vielleicht gerade weil – ich jetzt überall offene Wunden hatte. In der nächsten Sekunde meldete sich mein schlechtes Gewissen.

Immer wieder bekam ich solche Anfälle, und schließlich war die gesamte Handfläche von schwärenden gelbgrünen Eiterpusteln übersät. Auch die rechte Hand entzündete sich. Sie waren wie Stigmata, die ich mir selbst beigebracht hatte. Jeder konnte sie sehen, und ich habe mich entsetzlich geschämt. In der Öffentlichkeit habe ich meine Hände versteckt, Feiern und gesellige Abende wurden mir zu einem Greuel. Und wenn ich doch gehen mußte, habe ich immer die Hand benutzt, die noch einigermaßen gesund war, auch wenn es tolpatschig und unnatürlich aussah. Später hatte ich einen Verband, und wenn mich die Leute danach fragten, habe ich mir irgend etwas ausgedacht. Wieso maßen sie sich auch an zu fragen? Muß man denn über jedes kleine Pflaster öffentlich Rechenschaft ablegen?

P und meine Eltern haben mich häufiger auf das Thema angesprochen, aber ich wollte nichts davon wissen. Ich gab ihnen die stereotype Antwort – genau wie es Alkoholiker oder Drogenabhängige auch tun –, daß ich das Ganze sicher bald im Griff hätte. Nach langen Monaten der Qual kam schließlich der krönende Höhepunkt. Ich war bei einer Tagung, und plötzlich wurde der Wunsch, meine Hände vor den anderen zu verbergen, übermächtig. Es war so schlimm, daß ich nicht mehr bleiben konnte. Ich bin nach Hause gefahren, und dort konnte ich die Tränen nicht mehr zurückhalten. Zum ersten Mal dachte ich darüber nach, daß vielleicht nicht alles meine Schuld war und ich mir tatsächlich Hilfe von außen suchen könnte.

Ich ging zu dem Hautarzt, zu dem meine Eltern mir schon mehrmals geraten hatten. Er hat sich meine Hände angesehen und war ziemlich entsetzt. Er wollte nichts davon hören, daß ich vielleicht selbst daran schuld war, und behandelte die Geschichte wie irgendeinen mechanischen Defekt, dem leicht Abhilfe zu verschaffen sei. Meinen Einwand, daß die Sache möglicherweise auch psychische Ursachen hätte, nahm er einfach nicht ernst. »Wieso sollte denn eine so hübsche, junge Frau wie Sie Streß haben?« sagte er mit einem Achselzucken.

Er gab mir allerlei Wundermittel und lindernde Salben mit, die ich zu Hause auftragen sollte. Sie haben tatsächlich geholfen, und bald waren meine Hände wieder makellos. Ich mußte sie zweimal täglich in einer violetten Flüssigkeit baden, danach eine dicke Schicht fettige Salbe auftragen und weiße Baumwollhandschuhe überstülpen. Ich habe mir nicht mal mehr die Haare waschen können. P hat das getan, ganz liebevoll und ohne sich zu beklagen.

Mit der Zeit wurden meine Eltern P gegenüber etwas freundlicher, denn sie konnten nicht übersehen, daß er ernsthaftes Interesse an mir hatte und sich für jüdische Kultur sehr aufgeschlossen zeigte. Irgendwann wurde er in die Familie aufgenommen und zu jeder Familienfeier eingeladen. Zu Weihnachten hat meine Mutter ihm sogar eine *Jarmelke* geschenkt. Wir beschlossen zusammenzuziehen und richteten uns eine Wohnung ein.

Aber das Ekzem kam wieder. Diesmal konnte ich es nicht darauf schieben, daß ich mit meinen Eltern im Streit lag. Die Kratzanfälle und die Entzündung waren noch schlimmer als beim ersten Mal. Wieder versuchte ich, meine Hände vor allen zu verbergen, und es hat lange gedauert, bis ich mich aufraffen konnte, zum Arzt zu gehen. Doch er schaffte es zum zweiten Mal, mich mit seinen Mittelchen von allen Symptomen zu befreien.

Abgesehen von der Sache mit meinen Händen genoß ich das Zusammenleben mit P, obwohl es mich auch vor neue Probleme stellte. Bislang hatte ich meine Verlustängste in Schach gehalten, indem ich einfach niemanden an mich heranließ – wenn niemand da ist, kann man ihn auch nicht verlieren. Aber jetzt gab es einen Menschen in meinem Leben, und ich hatte schreckliche Angst, daß er wieder verschwinden würde. Wenn P einmal nicht pünktlich auf die Minute nach Hause kam, war ich sofort in hellster Aufregung und bin nervös im Zimmer auf und ab gewandert. Vor meinem inneren Auge spielten sich die schlimmsten Katastrophen ab. Wenn das Telefon klingelte, stürzte ich dran, und in dieser einen Sekunde, die dazwischen lag, sah ich ihn schon irgendwo tot daliegen – genauso wie es mir all die Jahre mit meinen Eltern ergangen war. Ich handelte meine Verlustängste sozusagen schon im Vorfeld ab, indem ich bei jeder Gelegenheit damit rechnete, daß P nicht wiederkommen würde. Vielleicht habe ich geglaubt, diese vorweggenommene Trauer könne mich vor dem Ernstfall bewahren oder sie würde mir später irgendwann angerechnet, wenn es dann tatsächlich einmal soweit war. Da ich fürchtete, ich würde es nicht überleben, einen Menschen zu verlieren – denn in meiner Welt hatte ich ja nur den tragischen, unnatürlichen Tod kennengelernt –, trauerte ich im voraus, in der Hoffnung, auf diese Weise die Härte im Ernstfall mildern zu können.

Meine Eltern dazu zu bringen, P als einen der Unsrigen zu akzeptieren, war vergleichsweise gar nicht so schwierig gewesen. Ich selbst tat mich viel schwerer damit. Trotz der äußeren Veränderungen in meinem Leben hatte sich wenig an meinen inneren Nöten getan. All die Probleme, die mich in der Jugend so bedrängt hatten, waren noch da. Ich fühlte mich nach wie vor von allem ausgeschlossen und menschlich unzulänglich. Ich durfte nichts für mich haben, nicht dazugehören, das war meine tiefste Überzeugung, und jetzt, wo sich das Glück wider Erwarten in mein Leben geschlichen hatte, konnte ich es offenbar nicht annehmen. Hatte ich ein paar schöne Stunden erlebt, wartete ich sofort auf den unweigerlichen Vergeltungsschlag. Wenn er nicht von außen kam, machte ich mir selbst das Leben schwer. Und als meine Eltern ihre Abwehr schon längst aufgegeben hatten, saß ich immer noch da und starrte P an, wenn er las oder vor dem Fernseher saß. In solchen Momenten habe ich genau gespürt, daß er unerreichbar war für mich: Ich durfte ihn nicht haben.

Tatsächlich habe ich sofort ein schlechtes Gewissen bekommen, wenn ich mir einmal etwas gegönnt habe. P staunte immer über mein Talent, mit stoischer Geduld die unangenehmsten Situationen zu ertragen. Wenn er nach Hause kam, saß ich oft in meinem eiskalten Zimmer oder direkt unter einer hellen Lampe, so daß ich ständig blinzeln mußte. Ich konnte auch stundenlang am Fußende unseres Betts thronen – auf die Idee, mich gemütlich anzulehnen, wäre ich erst gar nicht gekommen. Ich war unerbittlich mit mir selbst und zog offenbar eine gewisse Befriedigung daraus, hart zu mir zu sein; Unbehagen schien mir fast eine Art Vergnügen zu bereiten. P dagegen ging liebevoll und spielerisch mit sich um und gab seinen körperlichen Bedürfnissen nach, wo immer er konnte.

Als sei ich mit meinem Full-time-Job nicht schon vollständig ausgelastet, beschloß ich zu dieser Zeit, auch noch meinen Doktor zu machen – ein Entschluß, der dafür sorgte, daß ich zwei Jahre lang ständig bis an meine Grenzen gehen mußte. Als die Arbeit fast beendet war, sind wir im Sommer für einen Monat nach Italien gefahren, aber auch da konnte ich mich nicht so richtig entspannen. Erst abends, nach ein paar Gläschen Wein, hat sich meine Anspannung ein wenig gelegt. Sonst wurde ich in diesen vier Wochen nur von Angstgefühlen geplagt, die mich besonders in den frühen Morgenstunden überfielen. Ich bekam auch wieder dieses Gefühl, aus meinem Körper herauszutreten, das ich noch aus der Schulzeit kannte. Daß all das gerade jetzt auftreten mußte, schien mir so unpassend, so ungerechtfertigt, daß ich mir selbst eine Strafpredigt gehalten habe. »Wie kannst du dich schlecht fühlen, du bist doch im Urlaub!« schimpfte ich mit mir – ein schwaches, doch sicher nicht beabsichtigtes Echo des Satzes »Wie kannst du dich schlecht fühlen, du warst doch nicht im Konzentrationslager«.

Als wir in London zurück waren, schloß ich endlich die Dissertation ab. Ich war fest davon überzeugt, daß sich mein Leben jetzt endlich zum Guten wenden würde. Aber zwei Ereignisse wußten dies zu verhindern. Das erste war ein erneuter Konflikt mit meinen Eltern. Er wurde von Tag zu Tag schlimmer, und diesmal gab es keinen offensichtlichen Grund. Von außen gesehen verlief mein Leben normaler als je zuvor, ich lebte wie die meisten meiner Altersgenossen. Ich war Mitte Dreißig, hatte einen Partner, der von meiner Familie akzeptiert wurde – allerdings rief ich immer noch, genau wie meine Schwester, einmal am Tag bei meinen Eltern an –, meine Arbeit und meine Freunde. Doch jetzt war ich es, die sich bei jeder Gelegenheit pubertäre Auseinandersetzungen mit meinen Eltern lieferte. Beim kleinsten Anlaß bin ich wie eine Rakete in die Luft gegangen. Ich tobte, ich kochte vor Wut, und danach habe ich jedesmal zerknirscht um Verzeihung gebeten. Solche Szenen wiederholten sich fast jeden Tag. Ich war diejenige, die damit anfing, ich war reizbar und streitlustig wie ein Kampfhahn. Ich provozierte Auseinandersetzungen, in der fehlgeleiteten Hoffnung, sie auf diese Weise endlich gewinnen zu können.

Das zweite Hindernis auf meinem Weg ins Paradies wurde wieder einmal von meinem Körper, diesem eloquenten persönlichen Fürsprecher, hervorgerufen. Seine Proteste schlugen sich wie immer auf meiner Haut nieder. Diesmal fing es mit ein paar ziemlich harmlosen trockenen Stellen in der Armbeuge an. Ich habe sofort brutal zurückgeschlagen. Das Gift hatte sich offenbar aus meinen Händen den

Arm hoch gefressen, wo die Angriffsfläche viel größer war, und so begann ich, meinen Körper zu attackieren. Das Paradies was für mich einfach nicht zu haben.

Eines Tages, nachdem ich mich wieder einmal am Telefon mit meiner Mutter gestritten hatte, habe ich mir einen Termin bei einer Psychotherapeutin geben lassen. Für mich war das ein riesiger Schritt, schließlich verletzte ich damit eine der grundlegendsten Regeln meiner Kultur. Auf eigenen Füßen zu stehen wurde bei meinen Eltern und ihren Freunden ganz groß geschrieben. Sich außerhalb Hilfe zu suchen war für sie nichts weiter als das Eingeständnis, daß man versagt hatte. Ich kannte viele Leute, die in Therapie waren; in Nord-London, wo ich damals wohnte, war eigentlich jeder, den ich kannte, entweder selbst Analytiker oder gerade in Behandlung. In meiner Phantasie jedoch hieß das, vor das große Strafgericht zu treten. Ich sah mich schon auf der Couch liegen, irgendwo hinter mir im Sessel den garstigen, gestrengen alten Herrn, der natürlich nur darauf aus war, meine schwärzesten Seiten ans Licht zu zerren.

Die Wirklichkeit war ganz anders, und die ersten Wochen bedeuteten die reinste Offenbarung für mich. Es war mir nie in den Sinn nie gekommen, daß zwei unterschiedliche Perspektiven nebeneinander existieren könnten – die meiner Eltern und meine eigene –, und vor allem, daß es völlig legitim war, eine eigene zu haben. Daß es vielleicht oder sogar notwendigerweise gewisse Grenzen gab, die andere nicht übertreten durften, Bereiche, die mir ganz allein gehörten, wäre mir nie im Traum eingefallen. Woher hätte ich denn wissen sollen, daß ich ein Recht auf meine Privatsphäre hatte? Das Wort privat hatte bei mir immer den negativen Beigeschmack von heimlich gehabt, denn in meinen Augen waren meine Eltern und ich doch eins, wir waren eine Zelle, ein Atom. Und nun kam jemand daher und sprach davon, daß Spaltung möglich wäre!

Aber während dieser Entdeckungen wurde das Kratzen wieder schlimmer. Ich tat es heimlich zu Hause, und es wurde immer mehr zu einem beschämenden, fast erotischen Erlebnis für mich. Ich habe verzweifelt versucht, den Juckreiz unter Kontrolle zu bekommen, aber er war stärker als ich. Herzklopfend machte ich mich dann daran, mich wütend zu kratzen und meine Haut so lange zu bearbeiten, bis endlich die ersten Blutstropfen kamen und der Teppich mit Hunderten winziger Hautfetzen übersät war. In ihrer Gewalttätigkeit erinnerten mich diese Momente an die Duschszene in »Psycho«. Wenn sie vorbei waren, fühlte ich mich tatsächlich wie ein Mörderin, die im Affekt gehandelt hat und sich nun an nichts mehr erinnern kann. Doch ich hatte immer noch keine Ahnung, wen ich da zu töten versuchte.

Bald waren es nicht mehr nur meine Arme, die ich malträtierte, und die Anfälle der Selbstverstümmelung überfielen mich jetzt jeden Tag. Das Gleichgewicht, das ich einmal gefunden zu haben glaubte – so wackelig und illusorisch es auch gewesen sein mochte –, war jetzt völlig gestört. So sehr ich mich auch bemühte, meine körperliche und seelische Gesundheit wiederherzustellen, es war vergeblich.

Die Therapeutin sprach davon, daß ich meine Wut gegen mich selbst richtete und schlug mir vor, sie auf sie zu projizieren. Ich sollte sie sogar kratzen, natürlich auf symbolischer Ebene. Vom Kopf her war mir sehr wohl bewußt, daß es so etwas wie Übertragung gibt, aber ich konnte in meinen Gefühlen für sie einfach keine Wut entdecken, nicht einmal im Kratzen selbst. Ich hatte einfach keine Vorstellung davon, wie sich offen geäußerte Wut anfühlt, das war ein Geschmack, den ich in meinem Leben nie wissentlich auf der Zunge gehabt hatte.

Von dieser Zeit an ging es bergab, ich fühlte mich nur noch unwohl in meiner Haut. Mein Körper war zu einem juckenden Etwas geworden, das ständig nach Aufmerksamkeit schrie. Ich wollte mich meiner Haut entledigen, wäre zu gern aus ihr herausgeschlüpft wie aus einem gestärkten Kleid, das man einfach stehen läßt, um mich dann irgendwo zu verkriechen. Die Therapeutin erklärte mir, Haut symbolisiere die Grenze zwischen Ich und Nicht-Ich, aber für mich hätte diese Grenze nie existiert. Und jetzt sei ich dabei, das bißchen Trennungslinie, das vielleicht noch vorhanden sei, buchstäblich wegzukratzen. Und tatsächlich war meine Haut jetzt offenbar nicht mehr in der Lage, das, was nach innen gehörte, auch dort zu halten. Ich bemühte mich sehr, der Welt eine heile, makellose Fassade zu präsentieren, doch mein Körper machte einfach nicht mehr mit. Und nachts träumte ich davon, wie ich Tapeten von der Wand riß und die letzten Fetzen herunterkratzte, bis endlich unter all den Schichten der rissige, unebene Putz zutage trat.

Die Wut auf meine Eltern, die ich jahrzehntelang so gut hatte verbergen können, kam immer mehr an die Oberfläche. Es war ein schrecklich mühsamer, mörderischer Prozeß. Die trockenen Stellen weiteten sich jetzt auch auf meinen Oberkörper aus, wo sie jeder sehen konnte. Sie waren schon bis zum Hals vorgedrungen, und manchmal waren sogar meine Lider und die zarte Haut unter den Augen gerötet und schuppig und mußten natürlich wütend abgescheuert werden. Wenn mein unbewußtes Ich auf diese Weise versuchte, mich auf Mißstände aufmerksam zu machen, so wählte es leider eine Sprache, die mein bewußtes Ich nicht verstand, geschweige denn sprechen konnte. Statt dessen setzte ich meine ganze Energie daran zu verbergen, was mit mir vor sich ging. Ich tat so, als sei alles völlig normal, auch wenn ich mitten im Winter dunkle Sonnenbrillen trug und lange Ärmel an den heißesten Sommertagen. Ich habe mich damals immer bis zum Kinn in Schals gehüllt, damit bloß niemand meinen Hals zu Gesicht bekam.

Manchmal war er so wundgescheuert, daß ich kaum den Kopf bewegen konnte. Ich muß ausgesehen haben, als hätte ich Angst, der Kopf könnte mir abfallen.

Ich wußte, daß diese Akte der Selbstverstümmelung etwas abgrundtief Sündhaftes waren, aber das hinderte mich nicht daran, jeden Tag mit fast wissenschaftlichem Interesse die Wundflüssigkeit zu untersuchen und den Schorf mit Wonne abzupuhlen. Irgendwie schien es ja passend, daß mein Äußeres nun so rauh und schuppig aussah, wie ich mich innerlich seit Jahren fühlte. Und doch war ich mir zu dieser Zeit mehr als bewußt, daß ich unbedingt verhindern mußte, daß irgend etwas von diesen bösen Dingen nach außen hin sichtbar wurde. Auf den Gedanken, vielleicht meine Arbeit oder mein gesellschaftliches Leben ein wenig einzuschränken, kam ich leider nicht. Ganz im Gegenteil, es nahm noch größere Ausmaße an als früher. Eine Zeitlang habe ich wöchentlich drei feste Kolumnen geschrieben und nebenbei noch als Freie für meine Zeitung und für Fernsehen und Rundfunk gearbeitet. All das natürlich zwischen den Kratzanfällen und obwohl ich meist schrecklich niedergeschlagen war. Ich habe in der Zeit sogar noch einen Journalistenpreis gewonnen für einen Artikel, den ich im Jahr zwei des Elends geschrieben hatte; ich bin als zweitbeste geehrt worden. Auf der Feier bin ich mit einer zentimeterdicken Schickt Make-up im Gesicht erschienen, um die tiefroten fleckigen Stellen unter meinen Augen zu kaschieren. Eine Pause kam für mich nicht in Frage, meine Devise hieß: Augen zu und durch.

Aber eine Veränderung gab es doch: Die Dinge, die mich bislang am Leben erhalten hatten, befriedigten mich nicht mehr so wie früher. Kurz nachdem ich die Therapie begonnen hatte, habe ich die Nachricht erhalten, daß meine Magisterarbeit ausgezeichnet worden war. Früher hätte mich das mit Stolz erfüllt und zu neuen Leistungen angespornt, jetzt berührte es mich kaum noch. Mein Leben drehte sich nur noch um meine Symptome, ich wollte, daß sie endlich verschwanden. Es war, als hätte ich am Klavier das Pedal getreten und die Tastatur ausgehebelt. Alles war aus den Fugen geraten.

Zum Glück kam ich nicht noch einmal auf den Gedanken, zum Hautarzt zu gehen. Sicher wäre es ihm wieder gelungen, die Symptome für ein paar Jahre zu unterdrükken, aber damit war das Problem ja nicht aus der Welt geschafft. Ich wußte, daß sie irgendwann wieder auftauchen würden und daß ich den Ursachen beikommen mußte. So bin ich statt dessen zu einem Homöopathen gegangen. Und noch eins wurde mir klar: Abgesehen von den Symptomen konnte ich jetzt nicht mehr so ohne weiteres zu meinem alten Ich zurückkehren, es wäre diesen drängenden, sich widerstreitenden neuen Gefühle in mir einfach nicht gewachsen gewesen. Hinter all dieser erdrückenden Verzweiflung tauchte jedoch manchmal ein kleiner Hoffnungsschimmer auf. Vielleicht, so dachte ich, sind das alles Zeichen dafür, daß du langsam im Begriff bist zu genesen.

Meine engsten Freunde wußten, was ich durchmachte, aber bei meiner Arbeit sagte ich nichts. Und wenn ich jemanden kennenlernte, der mir sehr offen begegnete, sprach ich nur ganz allgemein von einem seelischen Tief, das ich gerade durchmachte. Doch eines Tages habe ich auf einer Party einer Kollegin ein wenig mehr von mir erzählt. »Weißt du, daß du die ganze Zeit gelächelt hast?« fragte sie schließlich völlig verblüfft. »So etwas habe ich ja noch nie erlebt. Du redest über solch eine Krise und lächelst dabei!« Damit hatte sie den Nagel auf den Kopf getroffen, genau das war natürlich Teil meines Problems.

Im Zuge meiner Suche nach einer schnellen Lösung habe ich mich damals unter anderem bei einem Bioenergetik-Wochenende angemeldet. Bislang hatte ich all diese Selbsterfahrungstherapien gemieden, denn sie machten mir angst. Außerdem sprach mich die klassische Psychotherapie, bei der ich nur meiner Therapeutin gegenüber saß, einfach mehr an. Ich konnte mir nicht vorstellen, auf Kissen einzuschlagen, wie es in der Gestaltungstherapie üblich ist, oder mit zehn anderen Neurotikern in einem Kreis zu sitzen und Urschreie auszustoßen. Ich fand das peinlich und grotesk und außerdem schrecklich stillos.

Als die Therapeutin am ersten Morgen fragte, ob jemand Lust hätte, mit ihr eine spezielle Übung vorzuführen, überraschte ich mich selbst, als ich mich freiwillig meldete. Die Übung schien ganz einfach, doch ich mußte sie so oft ausführen, daß irgendwann die Muskeln anfingen zu schmerzen. Schon nach kurzer Zeit bin ich unvermittelt in Tränen ausgebrochen. Alles Böse schien aus mir herauszubrechen, ich konnte einfach nicht mehr aufhören zu schluchzen. Die anderen müssen gedacht haben, ich sei ein alter Therapie-Hase, schon jahrelang darin geübt, meine innersten Gefühle preiszugeben, und ich muß gestehen, daß ich ein kleines bißchen stolz auf mich war. Aber dieses Erlebnis, so befreiend es auch war, führte leider dazu, daß ich jetzt noch mehr daran glaubte, ich könnte an einem Tag geheilt werden. In den Hollywoodfilmen klappte das doch auch, da gab es immer wieder Szenen, in denen ein verdrängtes Trauma durch einen einzigen therapeutischen Aha-Effekt gelöst wurde. Wenn es in Hitchcocks »Ich kämpfe um dich« funktioniert hatte, warum dann nicht bei mir? Aber es sollte nicht sein.

Meine Eltern beobachteten meine Entwicklung mit Sorge, doch ihre Art, damit umzugehen, hieß, sie einfach nicht zu beachten. Eines Tages hatten wir uns im tschechischen Club in Hampstead zum Mittagessen verabredet. Ich kam schon mit düsterer Miene an, denn ich hatte mich wieder einmal gekratzt. Die vielen Lagen Schal konnten meinen blutigen Hals kaum verbergen, meine Arme waren steif und mit

Eiterpusteln übersät. Meine Eltern taten wie üblich so, als sei nichts geschehen, und machten sogar während des Essens Witze, was nur dazu beitrug, meine Wut noch zu verstärken. Ich wollte, daß sie meine Qualen endlich zur Kenntnis nahmen.

Doch ich sehnte mich nach etwas, was sie gar nicht leisten konnten. Wir waren so wenig voneinander getrennt, unsere Beziehung so symbiotisch, daß jeder die Gefühle des anderen, sei es Lust oder Leid, bis ins kleinste teilte. Meine Verzweiflung anzuerkennen hätte ja bedeutet, daß sie sie auf gewisse Weise selbst hätten durchmachen müssen, und das, wo sie doch weiß Gott genug mit sich selbst zu kämpfen hatten.

Ich kann mich auch noch gut daran erinnern, wie es war, als meine Schwester vor ein paar Jahren im Krankenhaus gelegen hat. Sie war in der vierundzwanzigsten Woche schwanger und hatte eine Fehlgeburt. Sie hat danach kaum über ihre eigenen Gefühle gesprochen, ihre Sorge galt nur der Frage, wie sie es meinen Eltern beibringen sollte und wie traurig *sie* wohl über diese Nachricht wären.

Ich glaube, ich habe damals eine gewisse Befriedigung daraus gezogen, daß es mir so schlecht ging, auch wenn ich dies niemals vor mir selbst zugegeben hätte. Kinder müssen sich ja immer mit ihren Eltern messen, doch bei uns stimmte dies nur begrenzt. In einem hatte meine Mutter uns immer etwas voraus: Gemessen an dem, was sie in ihrem Leben an Leid hatte ertragen müssen, war alles, was wir je mitgemacht hatten, nichtig, ihre Erfahrungen waren einfach nicht aufzubieten. Jetzt hatte ich einen Kummer, der mir ganz allein gehörte, und ich wollte unbedingt, daß sie ihn anerkannten und mich darin ernst nahmen.

Als ich schon Jahre des Kratzens hinter mir hatte, stellte mir eine meiner engsten Freundinnen eine interessante Frage. Sie wollte wissen, ob mir schon einmal aufgefallen sei, daß die Stelle, die ich stets am wütendsten bearbeitete, sich genau dort befand, wo meine Mutter ihre Nummer eintätowiert hatte. Es war sogar am gleichen Arm. Ich fiel aus allen Wolken, das war mir tatsächlich noch nie aufgefallen. Andererseits konnte ich mir kaum vorstellen, daß das Unbewußte eine derart platte Symbolik wählt. So etwas kennt man doch nur aus billigen Fernsehfilmen. Sollte das heißen, daß ich meine Sorgen nur dann ernst nehmen konnte, wenn ich sie historisch untermauerte und sie mit dem Leid meiner Mutter in Verbindung brachte? Ich finde diese These auch heute noch ziemlich fragwürdig.

Doch es gab ein Ereignis, das vielleicht dafür gesprochen hätte. Jahre später, als meine Tochter schon den Kindergarten besuchte und meine Arme längst abgeheilt waren, hatte eine ihrer kleinen Freundinnen ihrer Mutter ein Abziehbild geschenkt. Als wir am nächsten Tag gemeinsam die Kinder abholten, zog die Mutter ihren Ärmel hoch und zeigte mir lachend das kleine Tattoo, das sie sich in die Armbeuge gepappt hatte. Mir blieb vor Schreck die Luft weg, so entsetzt war ich. Ich konnte einfach nicht begreifen, daß jemand diese Stelle für unverfänglich halten konnte. Wie konnte man bloß auf die Idee kommen, sich zum Vergnügen tätowieren zu lassen – auch wenn es gerade mal ein paar Tage hielt und nur ein harmloser Kinderspaß war?

In der Therapie lernte ich zu dieser Zeit, daß die unterschiedlichsten Gefühle und Gemütszustände ihre Berechtigung haben, eine Aussage, die meine Ängste jedoch ins Unermeßliche steigerte. Sie überfielen mich vor allem frühmorgens, wenn meine Schutzmechanismen noch im tiefen Schlummer lagen. Es war ein existentielles Gefühl des Ausgeliefertseins, das ich sofort wegzukratzen versuchte.

Ich bin damals kaum noch aus dem Bett gekommen und habe das Haus nur selten verlassen. Meine Qualen wurden immer schlimmer. Ich bemühte mich mit aller Macht, das Kratzen unter Kontrolle zu bekommen, doch es stand jetzt offenbar für den widerspenstigen Teil in mir, für die Seiten, die aufbegehrten. Sie ließen sich einfach nicht länger zum Schweigen bringen. Zur gleichen Zeit erschien mein Versuch, meine Eltern aus dem Bereich zu verbannen, in dem sie nicht länger sein durften, wie ein gewaltiger Akt der Aggression, für den ich mit Sicherheit bestraft werden würde. Ich bestand nur noch aus Wut und war trotzdem panisch darauf bedacht, sie vor dieser Wut zu schützen. Ich hatte ein schlechtes Gewissen, daß es mir so schlecht ging, und das machte es natürlich nur noch schlimmer.

Zwei Bilder geisterten zu dieser Zeit in meinem Kopf herum. Auf dem einen sah ich mich als eine Art Gelee, der noch nicht fest geworden war. Wenn man die Form abnahm, floß ich zu allen Seiten davon. Es gab einen unbeugsamen Teil in mir, den unnachgiebigen Tyrannen, der mich in Schach hielt, den Nazi in mir – das war die Form. Ohne diesen Teil fühlte ich mich haltlos, wie die zerfließende Masse. Das andere Bild zeigte mich in einem großen dunklen Faß, an dessen Seiten ich mich verzweifelt festklammerte, um nicht zu ertrinken.

Die Therapeutin erklärte mir, das, was ich gerade durchmachte, sei eine Art Überlebenskampf. Ich war fast dankbar für ihre Interpretation, denn ich hatte tatsächlich das Gefühl, daß es in dieser Krise um meine Fähigkeit zu überleben ging. Daß sie dies einfach so anerkannte, ohne es negativ zu bewerten oder sich darüber lustig zu machen, war schon erstaunlich genug. Ich war doch nicht im Konzentrationslager, wie konnte ich also um mein Überleben kämpfen? Ich spürte, daß mich endlich einmal jemand ernst nahm. Aber das änderte nichts daran, daß ich solche Gedanken noch immer blasphemisch fand, schließlich war mein Leben ja nicht wirklich bedroht, zumindest nicht äußerlich, während meine Mutter so oft in echter Lebensgefahr geschwebt hatte.

Ich wurde immer lethargischer. Meine Haltung, die noch nie besonders gut gewesen war, verschlechterte sich. Ich habe ständig die Schultern eingezogen, als wollte ich rund werden wie ein Ball und wegrollen. Am liebsten hätte ich gar nichts mehr gespürt, so gräßlich waren all diese neuen Gefühle für mich. Ich hatte mich in den letzten Winkel zurückgezogen.

Ich entdeckte, wieviel Verzweiflung in mir lag, und jetzt verstand ich auch allmählich, warum ich früher diese übertriebene Ausgelassenheit an den Tag gelegt hatte – es war eine Art Schutzmechanismus gegen meine Ängste und Depressionen gewesen.

Meine Eltern und ich waren immer noch wie Hund und Katze. Mein Vater tat all meine Bemühungen, mich selbst besser verstehen zu lernen, verächtlich als philosophisches Geschwafel ab, und meine Mutter wollte nicht wahrhaben, daß meine Probleme vielleicht mit ihrem Leben in Verbindung standen. Wenn ich sie einmal darauf angesprochen habe, fühlte sie sich gleich persönlich angegriffen. »Ich habe den Krieg überlebt und brauchte schließlich auch nicht zum Psychiater«, sagte sie dann, was mich furchtbar aufbrachte.

Doch manchmal, ganz selten nur, begann ich eine andere Seite an meiner Mutter zu entdecken. Für mich war es ihre erwachsene Seite, und sie war so abgrundtief traurig, daß ich mir bald ihre spröde, spöttische Art zurückwünschte. Lieber wollte ich mich mit ihr streiten, auch wenn ich darunter leiden mochte.

Mir war auch aufgefallen, was für eine redselige Familie wir waren. Wir legten soviel Wert auf Worte und Aktivitäten, Schweigen schien uns ein unerträglich leerer Zustand zu sein.

Und dann hatte ich manchmal diese verblüffenden, trunkenen Momente, in denen ich einen Blick in die Zukunft erhaschte. Dort war ich eine ganz neue Frau, die nicht nur anders fühlte, sondern auch ihr Verhalten geändert hatte. Ich sehnte mich so sehr danach, mich nicht mehr an allen anderen zu orientieren, sondern mich einfach so zu geben, wie ich es für richtig hielt. Ich habe mir sogar ausgemalt, wie es wäre, einmal grob zu werden.

In meinen Beziehungen zu anderen wurde ich schon ein wenig mutiger. Süchtig nach Harmonie, hatte ich bislang nie gewagt, Kritik zu üben. Wenn jemand eine dumme Bemerkung machte, habe ich mich sofort auf seine Seite geschlagen, und wenn es mir noch so peinlich war – offene Ablehnung kam für mich einfach nicht in Frage. Ich hatte etwa sechs Monate Therapie hinter mir, als wir uns eines Tages zu einer Arbeitsbesprechung trafen. Wir planten damals eine neue Fernsehserie, und ich wurde als Beraterin hinzugezogen. In dem Gremium saß auch eine Regisseurin, die für ihre unausgegorenen Kommentare bekannt war und sich, wie nicht anders zu erwarten, wieder einmal ziemlich unbeliebt machte. Diesmal sprang ich nicht an ihre Seite, ich ließ sie einfach weiterreden. Niemand im Raum hatte etwas gemerkt, wie sollten sie auch. Ich kam mir merkwürdig vor und hatte auch ein bißchen Angst, aber ich hielt durch und sagte nichts. Später habe ich mich im stillen zu meiner Entscheidung beglückwünscht. Es war ein großer Schritt für mich, ein ganz neues, erfrischendes Gefühl.

Ein Jahr später war ich mit ein paar jungen Leuten, die ich nur flüchtig aus dem Urlaub kannte, zu einer Dinnerparty eingeladen. Ich sah sofort, daß einer der Gäste auch Jude war. Als der Abend schon weit fortgeschritten war, äußerte sich ein Gast ziemlich abfällig über die schmuddeligen Menschen, die er Samstagsmorgens in Golders Green auf der Straße träfe. Ich sah zu dem anderen Juden hinüber, und unsere Blicke kreuzten sich für einen Moment. Ein paar Sekunden lang herrschte ein peinliches Schweigen im Raum – die Gastgeber wußten, daß Juden unter den Gästen waren –, danach nahmen die Leute ihre Unterhaltungen wieder auf. Ich spürte mein Herz klopfen und wußte, ich mußte etwas sagen. So wandte ich mich direkt an den Mann und fragte, wie er das denn gemeint habe, und bevor er auch nur zu einer Antwort ansetzen konnte, eröffnete ich ihm, daß ich Jüdin sei und daß seine Bemerkung mich unangenehm berührt hätte.

Ich kann mich kaum noch erinnern, wie er sich aus der Affäre gezogen hat, für mich war entscheidend, daß ich jemandem offen meine Meinung gesagt hatte. Als Alkohol und Hasch später am Abend ihre Wirkung taten, wurde ich plötzlich von Panik überwältigt. Mein Magen rebellierte, und ich schaute mich verzweifelt nach jemandem um, der mir aus dieser peinlichen Situation heraushelfen könnte, aber ich fand niemanden. Dieser bescheidene kleine Beweis, daß ich Mut zeigen konnte, hatte mich offenbar völlig aus der Fassung gebracht.

Leider gingen diese Veränderungen nur sehr langsam vor sich, überschattet von einem Ereignis, das mich völlig aus der Bahn warf: P und ich hatten uns getrennt, augenscheinlich weil er eine Affäre hatte.

In Wahrheit, da war ich fest überzeugt, verließ er mich, weil er das, was er sah, nachdem ich ihn einmal an mich herangelassen hatte, einfach nicht ertragen konnte. In meiner Phantasie sah ich ihn entsetzt wegrennen: »Es hat mir gereicht, was ich gesehen habe«, hörte ich ihn schreien, wie eine jener Gestalten in den Ralph-Bateman-Comics. Doch sicher ist unsere Beziehung nicht an zuviel Nähe gescheitert, eher war das Gegenteil der Fall. Ich war so gefangen in meinem eigenen Kummer, daß er einfach keinen Zugang mehr zu mir gefunden hatte.

Nach der Trennung ging es mir schlechter als je zuvor. Es war, als hätte man mir ein lebenswichtiges Organ herausgerissen, an dessen Stelle nun ein riesiges Loch klaffte. Meine

Eltern verziehen ihm nicht, daß er mir Kummer bereitet hatte, und erwähnten seinen Namen nicht mehr. Ich konnte mich mit dieser symbolischen Vernichtung nicht anfreunden, zum ersten Mal in meinem Leben erkundete ich den Schmerz in all seinen Schattierungen. Ich trauerte wie eine arabische Witwe.

Josef Karpf:
Nach Kriegsende habe ich weiterhin für das Finanzministerium in Warschau gearbeitet, viele Stunden täglich. 1946 hörte ich von Freunden, daß mein Bruder Mundek, der damals in Krakau lebte, dort sehr nette Freunde hätte. Ich hatte meinen Bruder ja seit der Zeit in Lublin nicht mehr gesehen, und so fuhr ich ihn eines Tages besuchen. In Krakau stellte man mir Natalia vor. Ich habe mich natürlich sofort in sie verliebt. Ich sah nur eine sehr attraktive Frau vor mir stehen, was sie durchgemacht hatte, wußte ich nicht, man erzählte mir nur, daß man ihren Mann getötet hatte und sie in den Lagern gewesen war. Erst später erfuhr ich, daß sie Musikerin war, und da war es schon zu spät!

Ich kann mich noch genau daran erinnern, wie wir uns zum ersten Mal getroffen haben. Wir hatten uns in einem Café verabredet, doch dann sind wir uns vorher auf der Straße begegnet. Ihre Kleider waren ärmlich, aber sie sah trotzdem blendend aus. In dem Moment dachte ich bei mir, *die* willst du heiraten. Ich war schon 46, betrachtete mich aber nicht als alt – ich hatte Rußland überlebt, da konnte ich nicht alt sein. Zwei Wochen später bin ich noch einmal hingefahren, und bei unserem dritten Treffen haben wir uns verlobt. Im März bin in ihr Konzert gegangen. Sie spielte Tschaikowskis Klavierkonzert. Es waren so viele Leute da, die ich kannte, und Natalia hatte einen riesigen Erfolg. Es war wirklich ein wunderbarer Abend.

Nach dem Krieg fühlte ich mich wie neugeboren, für mich

war es der Beginn eines ganz neuen Lebens. Wieder einmal wollte ich nur vergessen. Ich war froh, daß meine Eltern den Krieg nicht mehr hatten erleben müssen, denn es gab kaum noch jemanden, den ich schon vor Kriegsbeginn gekannt hatte, die meisten von ihnen lebten nicht mehr. Allein aus meiner Familie sind 120 Menschen umgebracht worden, meine Onkel und Tanten, Cousins und die Kinder.

Schon 1946 wußte jedermann in Polen, daß die Russen das Land beherrschen würden, obwohl offiziell kaum darüber gesprochen wurde und die Regierung nur wenig links war. Ich wollte fort aus Polen, allerdings in Europa bleiben. Mein Ziel war London.

Am 7. April haben wir geheiratet. Jetzt war ich nicht mehr allein, Natalia kam zu mir nach Warschau. Sie kam mit leeren Händen, sie hatte ja nichts mehr. Ich wollte gerne Kinder haben und wußte, daß Natalias Kinderwunsch noch größer war als meiner. So ging es damals vielen, die den Krieg überlebt hatten. Fast alle wollten Kinder, kaum daß sie sich irgendwo ein bißchen heimisch fühlten. Natalia kochte für uns auf der einzigen kleinen Kochplatte, die wir hatten, und sie saß oft am Klavier und spielte.

Ich wurde tatsächlich nach London versetzt. Im April 1947 verließen wir Polen. Wir waren glücklich, daß wir gehen durften, und hofften, daß es für immer wäre.

Natalia Karpf:

An dem Tag, bevor die Deutschen flohen, wollte uns der Hauptsturmführer auf den Hügel treiben und uns alle erschießen. Wir wußten nichts davon, erst später hat uns ein Mann aus dem Dorf davon erzählt. Doch der Bürgermeister dieses winzigen Dörfchens war ein anständiger Mann. »Das erlaube ich nicht«, hat er zu dem Hauptsturmführer gesagt, »ich bin für das Dorf verantwortlich, und die Front ist schon nah. Wenn den Frauen etwas zustößt, machen sie mich dafür verantwortlich.« So rettete er uns das Leben.

Als die Deutschen weg waren, haben wir abwechselnd Wache gehalten, um zu sehen, ob sie zurückkehrten oder ob die Russen und Engländer kämen. Dann steckte man uns, daß irgendwo in der Nähe ein ganzer Zug voller Lebensmittel stünde. Jelinek hat sich mit ein paar Frauen auf den Weg gemacht, und sie kamen mit Eimern voller Fleisch und anderen Lebensmitteln zurück. Die Deutschen hatten uns ja nichts dagelassen, sodaß wir ohne diesen Glücksfall einfach verhungert wären.

Der Hunger war quälend, aber wir haben an dem Essen nur gepickt, hatten zu große Angst, daß wir krank werden könnten. Manche Frauen haben Durchfall bekommen und sind daran gestorben. Kein Wunder, so ausgehungert und dehydriert wie wir waren. Wir wußten, wie gefährlich es ist, wenn man sich in diesem Zustand den Bauch voll schlägt.

Am 8. Mai 1945, es war fünf Uhr morgens, kam ein blonder Offizier auf einem Schimmel ins Lager geritten. Er trug eine rote Uniformjacke und hatte die russische Fahne bei sich. Wir waren noch etwa dreihundert Frauen. Er hat geweint, als er uns zu Gesicht bekam. Dies war das erste Lager in seinem Gebiet, in dem noch jemand lebte, in den anderen Lagern hatte man alle umgebracht. Dann kamen sie mit zwei Lastwagen, vollbepackt mit Kleidern, Pelzen und Lebensmitteln. »Eßt nicht soviel, sonst werdet ihr krank«, warnten wir die anderen Frauen, aber sie haben nicht auf uns hören wollen.

An diesem Tag habe ich Recia erzählt, daß ich vor dem Krieg Pianistin gewesen war und sehr gut gespielt hätte. »Laß uns doch mal ins Dorf gehen«, schlug ich ihr vor. »Irgendwo steht sicher ein Klavier, dann spiele ich dir etwas vor.« Als wir ins Dorf kamen, war alles wie ausgestorben, keine Menschenseele zu sehen, und die Haustüren standen offen. Die Deutschen waren alle geflohen. Keiner hatte sich die Mühe gemacht abzusperren. Wir sind in ein Haus gegangen, in dem vorher ein Arzt seine Praxis gehabt hatte. Wir haben auch ein Klavier gefunden, unten, im Erdgeschoß, aber ich konnte nicht mehr richtig spielen, meine Finger waren viel zu steif. So habe ich nur ein bißchen herumgeklimpert. Recia hat sicher gedacht, arme Seele, hat sie mir doch weismachen wollen, daß sie Pianistin ist! Ich war ganz verzweifelt, daß mir nichts mehr gelingen wollte. Währenddessen waren russische Offiziere ins Haus gekommen und hatten mich spielen gehört. »Heute nacht geben wir hier ein großes Abendessen«, sagten sie auf russisch zu uns. »Ihr seid herzlich eingeladen. Wir sitzen ein wenig zusammen, es gibt zu essen und zu trinken, und du kannst Klavier spielen.« Wir versprachen zu kommen.

Abends kamen wir wieder. Sie waren gerade dabei, den Tisch im Erdgeschoß zu decken. Sie legten ein feines weißes Tischtuch auf die Tafel und trugen Mengen von Essen und Wodka auf. Ich hatte immer noch meinen schwarzen Kittel aus Auschwitz an. Der Offizier, der neben mir am Tisch saß, machte mir Komplimente, wie hübsch ich sei. *Nebbich*, ich und hübsch, furchtbar sah ich aus, so abgemagert und bleich, wie ich damals war. Helunia saß zwischen ihm und einem anderen Offizier. Jedesmal, wenn sie uns Wodka einschenkten, sprangen sie auf und riefen: »Na Zdorove!« und »Stalin!«. Sie merkten gar nicht, daß wir den Wodka auf den Boden schütteten. Ich trank kein einziges Schlückchen, ich wußte, das hätte mein Ende bedeutet. Sicher wäre mir furchtbar übel geworden, und ich hätte nicht mehr gewußt, was mit mir geschah. Um acht Uhr abends erzählten sie uns, daß der Krieg vorbei wäre. Doch die Ausgangssperre war ja noch nicht aufgehoben, und wir erklärten ihnen, daß wir um zehn im Lager zurück sein müßten. An meiner anderen Seite saß ein junger, äußerst gutaussehender Offizier, außerdem war noch ein General, ein Jude, da, denn die Russen hatten hier in der Arztvilla, dem stattlichsten Haus im Dorf, ihr Hauptquartier eingerichtet.

Ich spielte ihnen ein wenig vor, und sie sangen dazu. Helunia und ich aßen wie die Vögelchen, wir hatten Angst, wir würden das gute Essen nicht vertragen. Der Offizier fragte, ob ich verheiratet sei, und ich sagte ja, doch ich hätte von meinem Mann seit Kriegsbeginn nichts mehr gehört. »Er lebt sicher nicht mehr. Du kannst doch mit mir nach Rußland kommen«, meinte er. Ich mußte lachen. »Wir müssen jetzt zurück«, erinnerte ich ihn. »Jetzt?« fragte er. »Es ist schon halb elf, elf, wir können jetzt nicht zurückgehen. Ihr müßt wohl hier schlafen.« Dann brachte er uns hoch in eins der Zimmer. Ich flüsterte Helunia zu, sie solle den Schlüssel an sich nehmen, damit sie nicht von außen absperren konnten. Aus den anderen Zimmer hörten wir Schreie von anderen Frauen, doch die beiden jungen Offiziere waren anständig. »Geht schlafen«, sagten sie zu uns. »Nein, nein, wir bleiben hier sitzen, wir werden wach bleiben.« – »Ihr wollt nicht schlafen? Macht, was ihr wollt. Wir legen uns jedenfalls hin.« Sie legten sich aufs Ohr, und wir hielten derweil Wache. Als wir um fünf Uhr früh den Hahn krähen hörten, haben wir sie wachgerüttelt. »Wacht auf, jetzt könnt ihr uns ins Lager zurückbringen.« Helunia hat auf dem Weg den Schlüssel ins Gras geworfen.

Als wir im Lager zurückwaren, berichteten uns die Frauen, welch großes Glück wir gehabt hätten, daß wir in der Nacht nicht dagewesen waren. Es muß schrecklich gewesen sein. Russische Soldaten waren ins Lager gekommen, alle betrunken, hatten die Frauen belästigt und sie quer durch die Baracken über die Pritschen gejagt. Recia erzählte uns, wie die Frauen geschrien hatten. Es muß entsetzliche Szenen gegeben haben. Später verteilten die Russen Gewehre an uns. Wir sollten jeden Deutschen erschießen, den wir zu

Gesicht bekämen, aber wir haben uns geweigert. »Wir haben nicht vor, das gleiche zu tun, was die Deutschen mit uns gemacht haben.«

Am nächsten Tag beschlossen wir fünf, das Lager zu verlassen. Gemeinsam würden wir uns vielleicht durchschlagen können. Wir hatten nichts als das, was wir auf dem Leibe trugen, unsere Kittel aus Auschwitz. Unterwegs fuhren offene russische Lastwagen an uns vorbei, und wir haben sie gebeten, uns in den nächsten Ort mitzunehmen. Freudenthal hieß er. Ich schlug den anderen vor, uns zuallererst nach einer Drogerie umzuschauen und Kohletabletten zu beschaffen, für den Fall, daß wir vom Essen Durchfall bekämen. Wir fanden ein Drogeriegeschäft, das von außen vergittert war. Aber es gelang uns, das Gitter zur Seite zu drücken, und in einem der Regale entdeckten wir Päckchen mit Kohle. Wie alle anderen wirkte auch dieses Städtchen wie eine Geisterstadt. Alles lag verlassen da, und auf den Straßen war keine Menschenseele zu sehen. Dann stießen wir auf eine Wohnung, die nicht verschlossen war. Die Speisekammer war eine Schatztruhe, bis obenhin vollgepackt mit Lebensmitteln, das reinste Paradies! Auf den Regalen stapelten sich die Einmachgläser mit eingelegten Pilzen, Reis und Terrinen mit eingekochtem Fleisch. »Nicht so viel«, sagte ich zu den anderen, »und schlingt nicht alles herunter!« Aber als die Nacht hereinbrach, bekamen wir Angst, daß die russischen Soldaten kommen könnten. Sie waren unberechenbar, hatten ja schon Gott weiß wie lange keine Frauen gehabt. Wir konnten uns bildlich ausmalen, was passieren würde, wenn sie uns hier finden würden, fünf hübsche junge Frauen, also haben wir wieder abwechselnd Wache gehalten. Da wir keine Schlüssel hatten, um zuzusperren, schoben wir einen Schrank vor die Tür. Es war der 9. Mai.

Am nächsten Tag ließen wir uns wieder ein Stück nach

Osten, Richtung Krakau mitnehmen. Wir kamen nach Bohumin an der Grenze. Jelinek stammte aus dieser Ecke. Gegen Mittag fuhren wir in dem offenen russischen Lastwagen in die Stadt und sahen schon von weitem die russischen Soldaten auf dem Platz. Plötzlich sprang Jelinek auf und winkte aufgeregt jemandem zu. Wir dachten, sie hätte den Verstand verloren, doch dann kam ein junger, hübscher Offizier – er war Oberst – auf uns zugelaufen und schloß sie freudig in die Arme. Es war ihr Cousin, ein Tscheche. Er hatte Freunde in der Stadt und brachte uns bei einer netten tschechischen Familie unter, wo wir sogar kochen durften. Er hat uns einen Sack Mehl geschenkt, da Brot kaum zu bekommen war, und uns für drei Tage die Unterkunft bezahlt, so daß wir uns erst einmal ein wenig ausruhen konnten. Jelinek hat er noch 1000 Zloty zugesteckt, was heute vielleicht 2 bis 3 Pfund entsprechen dürfte.

Sie hat in der Stadt Freunde wiedergetroffen und Neuigkeiten von ihrem Mann Dolek und ihrem ältesten Sohn Jerzy erfahren. Eines Tages waren wir für ein paar Stunden weg, und als wir wiederkamen, lag sie auf dem Bett und schluchzte verzweifelt in die Kissen. Sie hatte gehört, daß man Jerzy verschleppt hatte. Sie haben auch ihn umgebracht. Vierzehn Jahre war er alt.

Einige Frauen sind in die Wohnungen gegangen und haben ganze Koffer voller Kleider herausgeholt. Ich wollte keine Kleider von den Deutschen. »Warum nicht? Das gehört alles dir«, sagten sie. »Vorher haben sie sie dir weggenommen.« – »Ich will sie nicht«, beharrte ich. Auch Hela hat keine Kleider genommen. Was ich mitgenommen habe? Ein kleines Säckchen Zucker, sonst nichts. Außerdem habe ich meinen schwarzen Kittel aus Auschwitz ausgezogen und es gegen das Kleid einer Fünfzehnjährigen eingetauscht. Dürr wie ich war, paßte es mir wie angegossen.

Wir waren so glücklich damals, ich kann dir das heute

kaum noch vermitteln. Und langsam kehrten auch unsere Kräfte zurück. Nur Jelinek war noch immer untröstlich in ihrem Kummer. Wir kamen dann nach Katowice, und plötzlich, wir trauten unseren Augen kaum, standen wir vor einer Patisserie, wo es Torten gab, echte Sahnetorten! Wir blieben wie angewurzelt stehen und konnten uns nicht losreißen von dem Anblick. »Kommt endlich weiter«, drängte ich, »wir können sie uns sowieso nicht leisten, wir haben kein Geld.« Irgendwann gingen wir schließlich weiter. Wir waren auf dem Weg zum Bahnhof, wo wir uns erkundigen wollten, ob von hier aus ein Zug nach Krakau fuhr. Helunia und Jelinek stießen mich an. »Wartet mal eben. Wir sind gleich wieder zurück«, und weg waren sie. Recia, Cesia und ich blieben stehen und warteten, und da kamen sie aus der Patisserie marschiert und hielten fünf Sahnetörtchen in der Hand! 500 Zloty hatten sie dafür bezahlt von den 1000, die wir hatten. »Wir konnten einfach nicht widerstehen«, sprudelte es aus ihnen heraus, »es war unmöglich, das konnten wir uns doch nicht entgehen lassen.« Und so aßen wir die Törtchen, sie zergingen auf der Zunge, so köstlich schmeckten sie. Doch jetzt konnten wir zusehen, wie wir nach Krakau kommen würden, denn mit 500 Zloty kam man nicht weit.

Hier enden die Aufnahmen. Wir haben erst neunzehn Monate später weitergemacht, und ich hatte – merkwürdigerweise – fast alles vergessen, was mir meine Mutter bis dato erzählt hatte. Also mußten wir gezwungenermaßen vieles wiederholen, bevor wir endlich den Faden wieder aufnehmen konnten.

Auf dem Bahnhof herrschte ein völliges Chaos. Es gäbe keine Züge nach Krakau, hieß es zunächst, aber dann kam das Gerücht auf, daß ein Güterzug erwartet wurde, der auf dem Weg nach Krakau sei. Die anderen schauten sich ein wenig um und fragten schließlich einen Bahnwärter, ob er uns für 500 Zloty im Dienstabteil mitfahren lassen würde. Er war einverstanden, doch die Reise dauerte die ganze Nacht, obwohl man sonst in eineinhalb Stunden da ist. Unterwegs trafen wir andere Juden, und sie wollten wissen, wohin wir fuhren. »Nach Krakau«, antworteten wir. »Ihr seid wohl verrückt«, sagten sie, »ihr wollt nach Polen zurück, zu diesen Antisemiten? Warum geht ihr nicht woanders hin?« »Wo sollen wir denn hin? Vielleicht zurück nach Deutschland? Dahin können wir nicht mehr.« – »Dies ist aber jetzt russisches Gebiet, da könnt ihr doch bleiben. Oder ihr fahrt in den amerikanischen Sektor Deutschlands«, schlugen sie vor. Viele sind damals nach Schweden gegangen. Das Rote Kreuz hat ihnen geholfen, dorthin zu gelangen, und sie sind nie wieder nach Polen zurückgekehrt, denn sie hatten es gut getroffen. Aber wir wollten unsere Leute wiederfinden, unsere Familien, deshalb sind wir zurückgegangen. Daß mein Vater nicht mehr lebte, wußte ich, aber ich hoffte ja, daß mein Bruder und mein Mann noch am Leben waren.

Als wir in Krakau ankamen, sind wir erst einmal im Bahnhof geblieben, haben uns gesetzt und waren ratlos. »Wohin sollen wir denn jetzt? Was sollen wir tun?« Wir hatten nicht die leiseste Ahnung, wo wir hingehen könnten und wo wir anfangen sollten zu suchen. Ich hatte keinen Koffer, keinen Pfennig Geld, das einzige, was ich bei mir trug, war das Säckchen Zucker aus Bohumin. Zum ersten Mal machten wir uns Gedanken über Geld, in den Lagern hatten wir jahrelang keinen einzigen Gedanken daran verschwendet! Dann haben wir auf dem Bahnhof andere Juden wiedergetroffen, die wir von früher kannten. Sie waren hier, weil sie nach ihren Angehörigen suchten und darauf hofften, daß sie vielleicht mit dem Zug ankommen würden. Es war der 15. Mai, sieben Tage nach Kriegsende, und so fanden sich alle, die den Krieg überlebt hatten, auf dem Bahnhof ein, um ihre Leute ausfindig zu machen. »Wie seid ihr bloß auf den Gedanken gekommen, nach Krakau zurückzugehen?« fragten sie immer wieder. »Aber jetzt, wo ihr da seid – es gibt hier eine Anlaufstelle für Juden. Sie haben Listen ausgehängt, da sind alle aufgeführt, die noch leben und schon hier sind.« »Cesia und ich gehen jetzt zu diesem Büro«, schlug Helunia vor. »Und ihr bleibt hier und wartet auf uns.« Sie kamen erst Stunden später zurück. Cesia hatte herausgefunden, daß ihre Schwester Lusia, ihre Schwägerin Dziunia und deren neunjähriger Sohn noch am Leben waren. Er ist drei Wochen nach Kriegsende an Meningitis gestorben, kannst du dir das vorstellen? Auch Jelineks Schwägerin lebte offenbar noch hier in Krakau, und sie hatte eine Wohnung. So machten wir uns auf den Weg zu ihr. Jelinek bekam ein Bett für sich allein, und Helunia und ich schliefen in einem. Recia ging mit Cesia zu ihrer Schwester.

Krakau war immer noch wunderschön. Nicht ein einziges Haus war zerstört, es gab keine Bombenkrater, nichts. Trotzdem fühlte es sich ganz seltsam an, wieder hier zu sein. Man ging durch die alten Straßen wie durch eine fremde Stadt. Es sah alles völlig anders aus. Vor dem Krieg hatten hier 65 000 Juden gelebt, Krakau hatte damals eine Viertelmillion Einwohner. Wenn wir in die Stadt gingen, hatten wir überall bekannte Gesichter getroffen. Und jetzt traf man keinen mehr. Keinen.

Ich habe mich immer gefragt, warum du und nicht die anderen? Wie kann es sein, daß du überlebt hast?

Ich fand heraus, daß die Wohnung meiner Schwiegermutter bewohnt war. So habe ich dann den neuen Mietern einen Besuch abgestattet und ihnen erklärt, daß wir die alten Besitzer seien und nicht wüßten, wo wir hin sollten. Sie müßten uns wenigstens ein Zimmer überlassen. Das haben sie auch getan, doch dann fragten wir uns, wo wir schlafen sollten. Betten gab es nicht, und so haben wir die Nächte auf dem Fußboden verbracht. Es hat im ganzen Haus keine heile Fensterscheibe mehr gegeben. Jelinek hat dann herausbekommen, daß Dolek aus Warschau zurück war, wo er im Krieg einen Unterschlupf gefunden hatte. Er lebte jetzt wohl wieder in ihrer alten Villa in Zakopane. Aber sie hörte auch, daß er Jerzy zum Zigarettenholen geschickt hatte – ein Pole hatte ihn denunziert – und daß der Junge deshalb nie wiedergekommen war. Sie hat ihm nicht verzeihen können, daß er überlebt hat und das Kind nicht.

AK: Oder daß sie überlebt hat und das Kind nicht.

NK: So ging sie zurück nach Zakopane. Die anderen Mieter sind aus unserer Wohnung ausgezogen. Ein paar der Möbel meiner Schwiegereltern waren noch da, doch wir hatten keinen einzigen Stuhl. Irgendwann hieß es, daß in einem anderen Stadtteil Krakaus Stühle zu haben seien, und da haben wir jede einen Stuhl auf die Schulter genommen und ihn quer durch die ganze Stadt nach Hause getragen!

Damals hatte ich immer das Gefühl, jemand habe mir auf den Kopf geschlagen, so dumpf und gefühllos bin ich durch die Gegend gelaufen. Später, wenn du anfängst darüber nachzudenken, daß deine engsten und liebsten Menschen auf so furchtbare Weise umgebracht wurden, ganze Familien, Hunderte von Menschen aus einer einzigen Familie – ich kann bis heute nicht ... Wenn ich nur daran denke, was mein armer Vater hat durchmachen müssen, bevor er starb, und die anderen aus meiner Familie, mein Bruder ... Wenigstens ist meine Mutter eines natürlichen Todes gestorben. Sie war zwar sehr jung, doch sie wurde zumindest nicht gefoltert. Kannst du dir vorstellen, wie dein eigener Vater in die Gaskammer gestoßen wird oder wie sie ihn foltern? Ich weiß nicht, wie man darüber je hinwegkommen soll. Ich war so deprimiert, besonders weil ich mich so einsam fühlte damals, das war wohl der Hauptgrund. Helunia hat in Krakau ihren späteren Mann wiedergetroffen und ist dann mit ihm nach Breslau gegangen. Ich war sehr traurig, daß wir uns trennen mußten. Es hat mir sicher sehr geholfen zu überleben, daß ich mit meiner Schwester zusammen war und nicht alles allein durchstehen mußte. Aber sie war so glücklich, daß sie ihn wieder hatte. Es wäre besser gewesen, sie hätten sich nie getroffen, vielleicht würde sie dann noch leben, denn wir wären ja zusammen nach England gegangen, wenn sie bei mir geblieben wäre. Vielleicht hätte sie dann nicht diese schreckliche Krankheit [Krebs] bekommen, die wahrscheinlich in dem Moment begann, als sie vom Einkaufen nach Hause kam und ihren Mann auf dem Fußboden liegen sah. 36 Jahre war er alt, es war ein Herzanfall, 1947, ein Jahr nachdem sie geheiratet hatten.

Im Lager hatten wir kein Geld gebraucht. Ja, natürlich haben wir irgendwann eine Art Lagermentalität entwickelt. Im Juli bin ich nach Zakopane gegangen, um dort in einem Waisenhaus Kinder zu betreuen, deren Eltern vermißt wurden oder im Krieg ums Leben gekommen waren. Recia kam dann hinterher. Es hat mir wirklich Spaß gemacht, mit den Kindern und mit Recia zu arbeiten. Jelinek und Dolek wohnten nicht weit von uns, und sie sahen zu, daß es uns gutging. Sie haben uns sehr geholfen. Mir ging es jeden Tag besser, ich nahm zu und fing auch wieder an zu spielen, denn sie hatten dort ein Klavier. Ich wagte mich an das Klavierkonzert von Tschaikowski, das, das ich bis dahin noch nie gespielt hatte, ich dachte mir, das erfordert Stärke, ich werde ihnen zeigen, daß sie mich nicht kleingekriegt haben. Sie werden schon sehen, ich bin stärker als vorher. Irgendwann im September oder Oktober kam der Direktor des polnischen Joint, einer internationalen jüdischen Organisation, ins Zimmer, als ich gerade spielte. »Was tun Sie eigentlich hier?« fragte er mich. »Ich helfe hier aus«, erklärte ich, »ich habe kein Geld, und zu Hause kein Klavier, außerdem weiß ich nicht so recht, was ich jetzt nach dem Krieg mit mir anfangen soll.« – »Sie werden doch nicht so verrückt sein und sich in diesem Nest vergraben, wenn Sie so wunderbar spielen können«, sagte er. »Gehen Sie zurück nach Krakau, ich zahle Ihnen ein Stipendium von 2500 Zloty im Monat, damit werden Sie über die Runden kommen.« Im Oktober habe ich Zakopane verlassen und bin nach Krakau zurückgekehrt.

Helunia hatte damals in einem ausgebombten Haus in Breslau einen Blüthner-Flügel gefunden und ihn für mich gerettet. Sie beauftragte ein paar Männer, ihn aus dem Haus zu tragen, und ließ ihn nach Krakau transportieren. Ich kann mich noch daran erinnern, wie er ihnen herunterfiel, als sie ihn in die Wohnung trugen. Jetzt konnte ich zu Hause üben. Ich habe dann Kontakt aufgenommen zu einem meiner früheren Lehrer. Er verschaffte mir einen Job an der Musikakademie, der noch einmal 2500 Zloty im Monat einbrachte, so daß ich zusammen mit dem Stipendium einigermaßen hätte leben können. Doch schon ein paar Monate später ist der arme Mann von Joint bei einem Flugzeugunglück ums Leben gekommen, und so habe ich nie Geld von ihnen gesehen. Zum Glück hatte ich zu der Zeit schon angefangen, Klavierunterricht zu geben, so daß das Geld ausreichte.

Ich hatte fast sechs Jahre lang nicht gespielt. Im Oktober 1945 fing ich wieder an zu üben, und stell dir vor, schon am 17. März 1946 habe ich mit den Krakauer Philharmonikern Tschaikowskis Klavierkonzert gespielt. Es war mein erstes Engagement nach dem Krieg. Wir spielten in einem großen Konzertsaal, in dem zweitausend Menschen Platz hatten, und das Konzert war ausverkauft. Ich war zum Vorspielen bei ihnen gewesen, und sie hatten mich vom Fleck weg engagiert. Natürlich hatte ich für den Abend nichts anzuziehen, aber dann habe ich über Cesia und Lusia eine Frau kennengelernt, die mir ein umwerfendes blaues Abendkleid geliehen hat. Und sechs Wochen später, am 3. Mai, habe ich Chopins Klavierkonzert Nr. 1 gespielt. Beide Konzerte wurden vom polnischen Radio ausgestrahlt. Recia war noch immer in Zakopane und hat es sich im Radio angehört. Es war lustig, erst vor ein paar Monaten hatte ich ihr erzählt, daß ich Pianistin war, wovon sie mir ja kein Wort geglaubt hatte, und jetzt hörte sie mich plötzlich im Radio Tschaikowskis Klavierkonzert spielen. Sie war begeistert.

Ich spielte völlig anders als vor dem Krieg, mit viel mehr Kraft, eher wie ein Mann, und ich hatte auch kein bißchen Lampenfieber, denn ich konnte das alles nicht mehr ernst nehmen. Erst später haben sich meine Nerven wieder gemeldet! Wenn deine Gefühle dich überwältigen, spielst du einfach ganz anders. Ich weiß noch, wie ich als Siebzehnjährige einmal mit einem Orchester gespielt habe. Nach dem Konzert ist eine deutsche Frau zu mir gekommen. Sie war sehr nett und verstand wirklich etwas von Musik »Sie sind eine außergewöhnlich gute Pianistin«, hat sie zu mir gesagt, »und sehr talentiert. Aber glauben Sie mir, Sie müssen noch die Liebe kennenlernen, wirkliche Gefühle, dann werden Sie die Menschen erst recht begeistern!« Ich habe ihre Worte mein Lebtag nicht vergessen.

Als ich aus Zakopane zurückkam, fühlte ich mich schrecklich einsam. Ich wohnte ganz allein in einer Dreizimmerwohnung. Die einzige Familie, die mir geblieben war, waren Lusia und Cesia, und ich besuchte sie jeden zweiten Abend. Abends war ich oft in Tränen aufgelöst. Ich betete zu Gott, daß er mir meinen Mann wiederbringen sollte. Ich wußte damals noch nicht, daß er bereits tot war. Mitte Januar 1946 bin ich zu einer Hellseherin gegangen, die mir aus der Hand gelesen hat. Ringe trug ich ja nicht, die Deutschen hatten sie mir abgenommen, und man konnte meinen Händen immer noch ansehen, daß ich im Krieg gewesen war. »Sie sind Künstlerin«, sagte sie. »Sie werden ins Ausland gehen und haben eine große Karriere vor sich. Ich sehe, daß Sie verheiratet sind, aber Sie sollten Ihren Mann vergessen. Er ist durch eine Bombe ums Leben gekommen.« Zwei Wochen später rief sein Cousin an und hat mir das gleiche erzählt. »Aber Sie werden bald einen sehr kultivierten, lieben Mann kennenlernen. Sie werden heiraten und gemeinsam ins Ausland gehen und zwei Kinder bekommen.«

Lusia und Cesia merkten schnell, wie einsam ich war. Eines Tages erzählten sie mir, ein Freund von ihnen sei mit einem gewissen Josef Karpf befreundet, der als Diplomat nach Kanada gehen wolle und Heiratspläne habe. Sie wollten ihn mir unbedingt vorstellen. »Ihr seid wohl verrückt«, wehrte ich ab, »wollt ihr euch jetzt als Ehestifter versuchen?« Doch schließlich gab ich nach. Sein Bruder schrieb ihm, daß er nach Krakau kommen solle, um mich zu treffen. Er schrieb zurück: »Ich habe jetzt 46 Jahre lang gewartet, also wird es wohl noch eine Woche Zeit haben. Nächste Woche kann ich nicht, ich komme in vierzehn Tagen.« Ich ließ mir ein Paar Schuhe anfertigen – es war das erste neue Paar nach dem Krieg – und einen Mantel nähen. Er war braun und hatte einen Rotfuchskragen. Dazu ein blaues Kleid und einen Hut mit einer Feder. Ich fand die Idee amüsant, jemandem offiziell vorgestellt zu werden.

Am 2. Februar führte mich Lusias Mann zu dem Café, wo wir uns zum Tee verabredet hatten. Wir haben sie schon von weitem gesehen, seinen Bruder und Josef. Er trug einen Mantel mit Pelzaufschlag und einen grünen Hut, war hochgewachsen und schlank und wirkte sehr elegant und kultiviert. Er war Staatsrat im Finanzministerium in Warschau. Ich war ein wenig verlegen. Wir trafen uns auf der Straße und gingen dann für ein, zwei Stunden ins Café. Ich redete, er blieb still und hörte mir zu. Dann fragte er, ob er mich nach Hause begleiten dürfe, was ja nur fünf Minuten entfernt war. Und bevor wir uns verabschiedeten, sagte er: »Darf ich Sie heute abend zum Essen einladen? Wenn sie Lust haben, könnten wir später noch tanzen gehen.« Ich war einverstanden, und so trafen wir uns abends wieder. Es war ein Samstag – er kam immer freitags mit dem Nachtzug nach Krakau und nahm sonntags den Nachtzug zurück nach Warschau. Er wählte den Wein, und da dachte ich, das ist ein Mann von Welt, noch nie bin ich mit solch einem Mann ausgegangen! Er hat mich nach Hause gebracht und wollte mich zum Abschied küssen, aber ich ließ es nicht zu. Er wollte mich gleich am nächsten Tag wiedertreffen, und das haben wir auch getan.

Am Freitag, dem 15. Februar, habe ich im Radio gespielt, und Josef übersandte mir einen wunderschönen Blumenkorb mit einem Kärtchen, in dem er mir für das großartige Konzert dankte – das er nie gehört hatte, weil er zu der Zeit im Zug saß! Als wir uns am nächsten Tag wiedersahen, sagte er zu mir: »Ich bin mir meiner sicher. Wollen Sie mich heiraten, Natalia?« – »Ich bin noch nicht soweit«, antwortete ich ihm. Zu meinem Geburtstag am 27. Februar schickte er mir wieder solch einen phantastischen Blumenkorb, und jetzt freute ich mich richtig darauf, ihn wiederzusehen.

Ich habe ihm erzählt, daß ich mich auf unser Treffen gefreut hätte. Später kam er, um mich abzuholen, und ich spielte ihm ein wenig vor. Dann fragte er: »Haben Sie einmal eine gewisse Gisela Rieser gekannt?« Ich berichtete ihm, daß sie meine erste Klavierlehrerin gewesen war und mich als Viereinhalbjährige unterrichtet hatte. Damals fand ich sie alt, doch sie muß zu der Zeit gerade einmal Anfang Dreißig gewesen sein. »Das war meine Schwägerin, Natalia«, sagte er. »Sie war mit meinem Bruder Milek verheiratet.«

In dem Moment fiel mir wieder ein, daß sie als verheiratete Frau Karpf hieß und daß ich ihren Mann sogar einmal kennengelernt hatte. Ich erzählte ihm, daß ich die beiden in ihrer Drogerie am anderen Weichselufer besucht hatte. Sie waren beide in Płaszów ums Leben gekommen, noch bevor ich dort war, berichtete er, und sie hätte sich sicher gefreut, mich als Schwägerin zu bekommen, wäre sie noch am Leben gewesen. Außerdem sei ihm mein Name nicht unbekannt. Er hätte Unterlagen über mich in seinem Safe liegen von einem Heiratsvermittler, der ihm die Bekanntschaft einer jungen Dame aus gutem Hause angepriesen hätte, einer gewissen Natalia Weissmann. Er hätte sogar ein Treffen arrangieren wollen. Und ich wußte nichts davon! Doch damals hätte er nicht gewollt.

»Muß ich Sie immer noch Pani (Frau) Hubler nennen, oder darf ich jetzt ti (du) sagen?« fragte er. »Das überlasse ich ganz Ihnen«, gab ich zur Antwort. Und er nahm das als Einverständnis, daß ich ihn heiraten wollte – so hatte ich das natürlich nicht gemeint. Als wir bei seinem Bruder ankamen, hat er vor versammelter Mannschaft verkündet: »Ihr könnt uns gratulieren, wir haben uns verlobt.« Ich war perplex und völlig durcheinander, als hätte man mich vor den Kopf geschlagen, aber ich sagte kein Wort.

Am Tag zuvor hatte mich eine Freundin besucht. Ich war gerade aus der Musikakademie zurück und habe ihr den Blumenkorb und das Kärtchen gezeigt. Als sie den Absender las, war sie ganz aus dem Häuschen. »Meine Güte, du hast wirklich mehr Masel (Glück) als Verstand. Du hast ja keine Ahnung, wer dieser Josef Karpf ist und was für ein Mann er bislang gewesen ist! Vor dem Krieg war kein Mädchen gut genug für ihn, er war furchtbar wählerisch. Er kommt aus einer wunderbaren Familie. So einen Mann kannst du mit der Lupe suchen, er ist die Freundlichkeit in Person!« Da bin ich natürlich nachdenklich geworden.

An jenem Abend sind wir alle zusammen ausgegangen, um zu feiern, aber mir war mulmig zumute. Ich dachte nur, so viele Jahre hast du ohne Mann gelebt, und jetzt sollst du wieder kochen und Socken stopfen. Wir hatten gerade einmal fünf Tage miteinander verbracht, und nun waren wir schon verlobt. Aber für uns war ziemlich schnell klar, daß wir nicht länger warten wollten. »Wir sind schließlich keine Kinder mehr«, hat Josef gesagt, »du warst schon einmal verheiratet, und ich bin auch schon 46.« Und so beschlossen wir, schon in einem Monat zu heiraten.

Am nächsten Tag ging es mir nicht gut. Ich hatte Fieber. Er kam mit einer Flasche Champagner und einer riesigen Pralinenschachtel unter dem Arm. Dann ist er noch einmal losgegangen, um mir Medikamente zu besorgen. Ich war überglücklich. Ich fühlte mich so beschützt.

AK: Am Tag zuvor hast du ja noch geglaubt, du müßtest dich um ihn kümmern. Vielleicht hast du da schon eine Ahnung gehabt, daß es vielleicht auch ganz anders kommen könnte.

NK: Ganz genau. Und er hat sich um mich gekümmert und mich beschützt, sein Leben lang.

An dieser Stelle hatte ich keinen Platz mehr auf den Kassetten. Im Oktober 1995 haben wir den Faden wiederaufgenommen.

NK: Ich besaß ja keinen Pfennig, und so hat er mir Geld gegeben, damit ich mir ein Hochzeitskleid schneidern lassen konnte. Ich habe es im besten Salon Krakaus in Auftrag gegeben. Es war ein sehr hübsches graues Kostüm mit Bluse, dazu ein schicker Damenhut und noch ein paar kleine Accessoires. Wir haben am 7. April 1946 geheiratet. Die Tante meines ersten Mannes – die damals bei mir wohnte, weil sie sonst niemanden mehr hatte – hat die Feier bei mir zu Hause vorbereitet. Sie hat tagelang am Herd gestanden und gekocht. Wir hatten all unsere Freunde und die ganze Familie eingeladen, es waren bestimmt dreißig, vierzig Personen. Wir haben getanzt und getrunken und stundenlang gegessen, bis in den späten Abend hinein. Ich war so glücklich und in Hochstimmung, obwohl ich zu der Zeit noch nicht verliebt war – das kam erst später, es wurde immer schöner, je länger ich mit ihm zusammen war –, aber ich mochte ihn sehr. Ich fühlte mich wie im siebten Himmel, unfaßbar, daß so etwas noch einmal geschehen konnte. Für mich war es eine sehr aufregende Zeit, beruflich hatte ich plötzlich wieder Erfolg, ich bekam wunderbare Kritiken. Mein Leben hatte sich um hundertachtzig Grad gewendet. Nach dem Krieg entwickelte sich alles so schnell in eine andere Richtung, daß ich bald verdrängte, was ich im Krieg erlebt hatte. Ich hatte ein neues Leben begonnen.

Am Tag nach der Hochzeit fuhren wir nach Zakopane. Hier erinnerte nichts mehr an meine ersten Flitterwochen, denn damals war tiefster Winter gewesen, und jetzt lag der Frühling in der Luft. Ich war mehr als glücklich, daß ich mit solch einem Mann hier sein durfte. Ich fühlte mich so wohl mit ihm, obwohl wir uns doch erst seit sechs Wochen kannten und gerade mal fünf Tage gemeinsam verbracht hatten!

Nach den Flitterwochen bin ich zu ihm nach Warschau gezogen, in den Vorort Praga. Er wohnte in einem kleinen Zimmerchen bei einer Familie mit Kindern. Die Wohnung lag im vierten Stock. Tagsüber hatten wir kein Wasser, nur nachts. Warschau sah furchtbar aus, es war völlig ausgebombt. Nur in Praga standen vereinzelt noch ein paar Häuserblocks. Wir schliefen auf einem Sofa, das so schmal war, daß wir uns nur gemeinsam drehen konnten! Ungestörte Nachtruhe kannten wir nicht, aber wir wußten ja, daß all das nur vorübergehend war. Wir hofften darauf, daß man Josef ins Ausland versetzen würde. Ich hatte sogar ein Klavier in diesem winzigen Zimmerchen, und so habe ich manchmal seine Kollegen aus dem Finanzminsterium eingeladen und auf dem Herd unserer Vermieterin für sie gekocht und Kuchen gebacken. Danach durften sie sich wünschen, was sie hören wollten, und ich habe für sie gespielt. Manchmal sang ich auch für sie. »Ich möchte sofort ein Kind«, habe ich damals zu Josef gesagt. Und dann wurde ich tatsächlich schwanger. Ich war überglücklich, und Josef ganz aus dem Häuschen.

Josef wurde dann zur polnischen Botschaft nach London berufen. Ich verspürte nur Erleichterung, daß wir Polen verlassen duften, denn nach dem Krieg hatte ich mich hier nicht mehr wohl gefühlt. Als wir 1946 von dem Pogrom in Kielce hörten, waren wir außer uns vor Abscheu und Wut. Drei Millionen Juden hatten in Polen gelebt, und so wenige waren zurückgekehrt! Unsere Empörung kannte keine Grenzen. Daß so etwas geschehen konnte! Und in Kielce lebten zu der Zeit gerade mal hundert, hundertfünfzig Juden! Ich wollte weg von alledem. Wären wir nicht nach England gekommen, hätten wir uns sicherlich entschlossen, nach Israel auszuwandern so wie sein Bruder später. Wir waren uns einig, daß wir nicht zurückkehren würden, jetzt wo Josef einmal ins Ausland berufen worden war. Ich war überhaupt nicht traurig, daß ich Polen verlassen mußte, nur der Gedanke, meine Schwester zurückzulassen, quälte mich. Aber wir haben gehofft, daß sie später nachkommen könnte. Überall hörte man damals, daß Juden das Land verlassen wollten. Viele waren schon aufgebrochen. Ich war schwanger und wollte mein Kind nicht hier in Polen zur Welt bringen, wo ein so krasser Antisemitismus herrschte und wo wir so viel Schlimmes hatten durchmachen müssen.

Und so machten wir uns auf den Weg nach England.

4

Die Trennung von P bestätigte meine innerste Überzeugung, daß ich kein Glück verdient hatte. Irgendwann im Juni erreichte meine Verfassung ihren Tiefpunkt. Es war ein Samstag, die Sonne lachte vom Himmel, und die Welt um mich herum sprühte vor Leben. Alle hatten etwas vor und verbrachten schöne Stunden mit ihren Freunden. Sie mochten einander und hatten offenbar keine Probleme mit Nähe, nur bei mir klappte das nicht. Wenn ich andere Pärchen auf der Straße traf, versuchte ich in ihren Gesichtern zu lesen, als könnte ich so erkennen, was sie zusammenhielt.

Ich bin kaum noch nach draußen gegangen. Ich war schrecklich unsicher und fühlte mich den Blicken der anderen ausgesetzt wie ein Schauspieler im hellen Scheinwerferlicht, der am liebsten im Erdboden versinken würde. Ich wollte nur noch für mich sein. Stundenlang habe ich mit halb heruntergelassenen Jalousien in meinem Zimmer gehockt. Das Leben schien an mir vorbeigezogen zu sein. Ich saß wie ein Häufchen Elend auf meiner Bettkante und war völlig versunken in meine Trauer.

Da klingelte das Telefon. Eine Bekannte war dran. Sie wollte mit mir auf eine Party gehen und erkundigte sich, ob alles in Ordnung sei und ob sie mich abholen sollte. Nach Reden war mir weiß Gott nicht zumute. Ich wußte genau, daß ich meinen höflichen, gutgelaunten Ton keine dreißig Sekunden durchhalten würde. »Ja, mir geht's gut«, brachte ich heraus, und dann schaffte ich es, sie abzuwimmeln. Jetzt wartete ich nur noch darauf, daß es endlich Abend wurde.

Ich habe damals sehr unter meiner Einsamkeit gelitten,

aber irgendwie paßte sie auch zu mir. Ich hatte meine Eltern immer um ihr Leiden beneidet. Der Gedanke, daß dies so war, war so erschreckend, daß ich es nie im Leben zugegeben hätte. Es ging mir keinesfalls darum, den Horror, den sie im Krieg erlebt hatten, zu schmälern. Ich hielt mich auch nicht für eine Masochistin, die Schmerzen geradezu suchte. Aber wenn es uns einmal schlecht ging, mußten wir sofort an die furchtbaren Erlebnisse meiner Eltern denken. Und dann kamen wir uns klein und lächerlich vor. Diesem Krieg, so dramatisch, monströs und bedeutungsvoll er war, hielt einfach nichts stand. Unsere Erfahrungen waren läppische Wehwehchen, gemessen an ihrem Elend.

Ich beneidete sie natürlich auch deshalb, weil wir nie ihr Leid mit ihnen haben teilen können. Wir standen außerhalb. All das war passiert, lange bevor wir geboren wurden. Weder traf uns irgendeine Schuld, noch konnten wir die Vergangenheit ungeschehen machen, sosehr wir uns auch danach sehnten. Manchmal habe ich mir gewünscht, gewaltsam in ihre verschlossene Welt des Schmerzes einzudringen. Ich hatte mich mein ganzes Leben lang um Solidarität bemüht, mir nie erlaubt, mehr Vergnügen, Spaß oder Erfolg zu haben als meine Eltern und doch mußte ich sie ja am Leben erhalten und ihnen die Fassade einer erfolgreichen, glücklichen Frau präsentieren – kein Wunder, daß ich verwirrt war. Ich fühlte mich wie in einem perversen Staffellauf. Man hatte mir das Unglück in die Hand gedrückt, und ich hatte es freudestrahlend entgegengenommen.

Dies war sicher mit ein Grund, warum ich oft so hart zu mir war. Warum ich oft stundenlang unbequem auf der Bettkante gehockt habe und mir mein schlechtes Gewissen jeden Feierabend vergällt hat. Warum P mir so unerreichbar schien. Und warum ich, wie mein Vater mir bestätigt hat, immer den Weg des größten Widerstandes gegangen bin. Ich verdiente es nicht, daß man es mir leicht machte.

Ich wollte lieber kämpfen. Der Gedanke, daß ich selbst einmal Glück haben und etwas ganz für mich haben könnte, machte mir zu viel angst. Ich blieb lieber am Rande sitzen, möglichst weit weg vom Geschehen, und betrachtete das Leben von dieser sicheren Warte aus, denn dadurch fühlte ich mich meiner Mutter verbunden. Mich hineinzustürzen hätte bedeutet, sie im Stich zu lassen. Und die größte Ironie war wohl, daß meine Mutter doch eine so lebenslustige Frau war. Sie hätte für diese krankhafte Selbstverleugnung nur Entsetzen übrig gehabt.

Aber jetzt kam es mir so vor, als hätte ich ihr durch meine Krankheit und den Verlust von P einen winzigen Teil ihres Leids entrissen und es zu meinem eigenen gemacht, ihn sozusagen verpflanzt.

Endlich durfte ich mich auch einmal als Opfer fühlen; endlich hatte ich etwas gefunden, was ihren Maßstäben würdig war – das beste, was mir eingefallen war. Nach meinem kurzen Flirt mit dem Glück war ich wieder zurück im Kreis der Habenichtse und Pechvögel, neidisch die häusliche Idylle anderer beobachtend, ihre Beziehungen und vor allem ihre Kinder. Ich fühlte mich genauso ausgeschlossen wie damals als Teenager, nur daß ich mich diesmal nicht mehr mit Arbeit über diesen Zustand hinwegtrösten konnte. Erfolge halfen mir nicht mehr.

Und doch schlichen sich jetzt manchmal Momente der Einsicht in mein Elend. Mir wurde klar, wieviel ich selbst dazu beigetragen hatte, daß die Beziehung mit P gescheitert war. Eines Tages machte ich plötzlich die Feststellung, daß ich immer zwei Gefühle verwechselt hatte: einem anderen nah zu sein und mit ihm zu verschmelzen, wobei ich jede Form der Abgrenzung als Bedrohung ansah. Ich hatte einfach das Beziehungsmuster, das ich von mir und meinen Eltern her kannte, auf P und mich übertragen. Zwei getrennte Menschen waren zu einer Person verschmolzen.

Natürlich gehören immer zwei dazu, P hat das schließlich mit sich machen lassen. Aber das ist eine andere Geschichte, seine Geschichte.

Meine Haut hatte sich kurzfristig erholt, dann wurde es wieder schlimmer. Mit meinen Eltern lag ich immer noch ständig im Streit. Ich haßte meine Mutter aus allen nur erdenklichen Gründen, die nichts mit dem Holocaust zu tun hatten. Und wenn ich mir dann schuldig vorkam, habe ich sie nur noch mehr gehaßt.

Doch in all dieser Verwirrung entstand auch eine neue Freundschaft. Ich lernte eine Amerikanerin kennen, die selbst gerade eine schwierige Zeit durchgemacht hatte. Zum ersten Mal in meinem Leben habe ich einem anderen Menschen erlaubt, an meinem Kummer teilzuhaben. Es war ein sehr befreiendes Erlebnis. Und langsam, aber sicher, wie so oft nach einer Trennung, kehrte das Leben zu mir zurück.

Ganz unabhängig davon tauchte auch P wieder auf. Eines Tages rief er mich an, und wir nahmen den Kontakt zögerlich wieder auf. Im Laufe unserer Treffen wurde mir vielleicht zum ersten Mal bewußt, wie groß mein Drang gewesen war, ihn zu beschützen. Manchmal hätte ich ihn am liebsten auf die Größe eines Spielzeugsoldaten zusammengeschrumpft, ihn sorgsam in Watte gehüllt, um ihn dann sicher in der Hosentasche zu verstauen. Schrecklich, wie sehr dies an meine Gefühle zu meinen Eltern erinnerte. Aber gleichzeitig – und dies lag natürlich im Widerstreit mit meinem Beschützerinstinkt – hatte ich jetzt auch heftige Wutanfälle. Das war ganz neu für mich. P hat all das mit einer erstaunlichen Gelassenheit über sich ergehen lassen.

Einmal waren wir auf dem Weg zu einem Pub in Maida Vale und haben uns im Auto gestritten; es hatte nichts mit unserer Trennung zu tun. Danach war ich immer noch wütend, aber diesmal habe ich meine Wut nicht sofort heruntergeschluckt. Ich wollte einfach mal das Experiment wagen, sie langsam abebben zu lassen. Im Pub saßen wir uns schweigend gegenüber. Ich war erschrocken über mich selbst. Worauf hatte ich mich da eingelassen? Von Zeit zu Zeit horchte ich gespannt in mich hinein. Irgendwann merkte ich, daß die Wut verraucht war, ganz von selbst. Wir haben es beide überlebt.

Wir lernten damals auch, uns zu streiten. Wir waren ungemein stolz auf unsere wachsende Fähigkeit, abweichende Meinungen und Unterschiede zu akzeptieren – wenn auch noch befangen – und uns gegenüber dem anderen zu behaupten. Wir kamen uns wieder näher, aber diesmal blieben wir eigene Persönlichkeiten.

Meine Eltern waren nicht so leicht umzustimmen. Für sie war P einmal mehr die Persona non grata schlechthin, und sie schlossen ihn von allen Familienfeiern aus. Ich kann mich noch gut daran erinnern, wie er mich Weihnachten einmal von meiner Schwester abgeholt hat. Ich war mit meiner Familie bei meiner Schwester zu Besuch gewesen, und wir wollten zusammen zu seiner Mutter fahren. Als er kam, haben sie ihn einfach ignoriert. Er stand einsam und allein im Dunkeln, ganz am Ende der Garageneinfahrt, eine Gestalt im Nebel, wie aus einem viktorianischen Krimi entsprungen.

Mit der Zeit wurde ich auch energischer. Ich gab mich nicht mehr so leicht damit zufrieden, das Chamäleon zu spielen. Wenn meine Freunde und ich uns über Restaurants oder Bücher unterhielten, habe ich mich immer häufiger getraut, offen meine Meinung zu sagen, auch wenn alle etwas anderes dachten. Und dann, bei einer Soziologentagung im Jahr 1985, habe ich sogar in aller Öffentlichkeit Stellung bezogen. Ich war über mich selbst erschrocken.

Die Tagung fand einmal im Jahr statt und war schon seit mehreren Jahren regelmäßig auf Jom Kippur gefallen. Ich hatte deshalb oft nicht teilnehmen können; anderen Juden ging es genauso, auch denen, die sich wie ich nur an die wichtigsten jüdischen Gesetze halten. Dieses Mal fiel sie auf ein anderes Datum, und ich ging hin. Ich hatte mir vorgenommen, das Thema auf den Tisch zu bringen. Als die Hauptversammlung sich ihrem Ende neigte und der Tagesordnungspunkt »Verschiedenes« aufgerufen wurde, habe ich mich gemeldet. Ich begann ziemlich leise. »Niemand käme auf die Idee, die Tagung zu Weihnachten abzuhalten«, so argumentierte ich. »Ich möchte Sie deshalb bitten, sie in Zukunft nicht mehr auf den heiligsten aller jüdischen Feiertage zu legen.«

Die Vorsitzende schien ein wenig in Verlegenheit und versuchte sich herauszureden. Die Daten für die nächsten Jahre stünden schon fest, sagte sie, doch ich solle ihr eine Liste geben, auf der vermerkt sei, auf welche Tage Jom Kippur in den darauffolgenden Jahren fiele. Dann wolle sie sehen, was zu machen sei. Versprechen könne sie nichts. Sie äußerte auch kein einziges Wort des Bedauerns, daß einige aus diesem Grund nicht hatten teilnehmen können.

Ich habe mich nicht abspeisen lassen. Irgend etwas in mir beharrte auf seiner Meinung, und diesmal ließ ich mich seltsamerweise nicht einschüchtern. Man müsse sich ernsthaft darum bemühen, daß so etwas in Zukunft nicht mehr geschehe, insistierte ich. »Vielleicht können die Verantwortlichen bei der nächsten Terminplanung selbst nachschauen, auf welches Datum Jom Kippur in dem entsprechenden Jahr fällt. Ich sage ihnen gerne, wo sie nachschlagen können. Sie schauen ja auch nach, wann die Weihnachtstage sind und welche Veranstaltungen zu der Zeit an der Uni stattfinden. So schwierig kann das doch nicht sein.«

Mittlerweile wurde es unruhig im Saal, und die Leute reckten die Hälse, um zu sehen, wer da so penetrant auf seiner Position beharrte. Ich war selbst erstaunt und ein wenig entsetzt über meine Beharrlichkeit. Eigentlich reichte es jetzt, ich hatte mein Ziel erreicht. Aber offensichtlich ging es nicht nur darum. Daß ich nach Jahrzehnten des Schweigens vor anderen offen meine Meinung sagte war sehr gewagt. Aber dieser Moment hatte auch etwas Berauschendes. Es war eine überwältigende Erfahrung, mich selbst ganz ruhig auf Anerkennung pochen zu hören.

Bildete ich mir das nur rein, oder schrumpften die Juden, die ich im Publikum erkannte, ein paar Zentimeter in ihren Stühlen? Wandten sie sich nicht, soweit wie eben noch annehmbar, pikiert von mir ab? Abgesehen von einem jüdischen Soziologen, der mich von ganzem Herzen unterstützte, spürte ich jetzt nur noch Ablehnung, sah nur noch abgewandte Köpfe im Publikum. Mein Herz pochte laut, aber ihre Verlegenheit hat mich eher noch angespornt. Die Vorsitzende murmelte dann nur noch ein paar Worte von »Kompromiß finden«, woraufhin die Versammlung aufgehoben wurde.

Für mich war die Sache damit noch nicht zu Ende. Anschließend kamen mehrere Kollegen auf mich zu. Eine jüdische Frau, der meine Vorstellung sichtlich peinlich war, meinte, sie verstünde nicht, was all die Aufregung solle. Jom Kippur bedeute ihr nichts. Außerdem hätte man mit derselben Gleichgültigkeit reagiert, wäre es um ein nichtjüdisches Thema gegangen. Meine Reaktion und die Tatsache, daß es um unser Jüdischsein ging, hatten sie geradezu aufgeregt.

Eine meiner Freundinnen sagte, es täte ihr leid, daß sie mich nicht offen unterstützt hätte. »Mein Vater ist auch Jude«, gestand sie mir, »vielleicht bin ich deshalb bei diesem Thema so empfindlich. Ich hätte das selbst nie gedacht.« Die Vorsitzende stieß zu unserm Grüppchen. Sie entschuldigte sich und meinte, sie wolle meinen Vorschlag bei der nächsten Sitzung einbringen. Gleich schaltete sich ein anderer Soziologe ins Gespräch ein. Sein Fachgebiet waren Gesellschaftsanalysen und kulturell bedingte Weltanschauungen. »Wenn wir Juden solche Zugeständnisse machen, müßten wir ja allen anderen Religionsgemeinschaften das gleiche Recht einräumen. Da kommen wir ja nie zum Ende.« Ja, sicherlich. Wieviele Tage im Jahr würden dadurch wohl ausfallen? Ein Dutzend vielleicht?

Schließlich trat eine Frau, die ich nur ganz flüchtig kannte, an mich heran und bedankte sich für meine Offenheit – es war wohl das erste Mal in meinem Leben, daß sich jemand bei mir für meine Beherztheit bedanken konnte. »Wir wurden immer dazu angehalten, unseren Mund zu halten«, sagte sie mit einem kaum hörbaren deutschen Akzent. Erst Jahre später, als sie schon tot war und ich zu einer Gedenkfeier zu ihren Ehren geladen war, erfuhr ich, daß sie in der Nazizeit aus Deutschland geflüchtet und mit dem »Kindertransport« nach England gekommen war.

Ich habe bei dieser Tagung zum ersten Mal selbst einen Vortrag gehalten. Auch das hat sicher dazu beigetragen, daß ich den Mut fand zu sprechen. Der Vortrag war einem Kapitel des Buches entnommen, an dem ich gerade schrieb, und es war das erste Mal, daß ich meine Arbeit anderen Kollegen präsentierte. Ich war schrecklich nervös, aber später haben mich alle beglückwünscht. Es ist ein wunderbares Gefühl, wenn man merkt, daß man auch von Kollegen geschätzt wird. Ich fühlte mich auf einmal wie eine der ihren. Ob mein Auftreten bei der Versammlung wohl auf dieses neue Gefühl gegenseitiger Akzeptanz zurückzuführen war? Oder wollte ich mich ganz im Gegenteil schnell wieder zur Außenseiterin machen, schnell zurück in die Rolle, die mir so vertraut war? Wie dem auch sei, diesmal hatte ich gleich zwei Erfolge zu verbuchen, und ich verließ die Tagung in gehobener Stimmung.

Leider hat die Freude über meine kleinen Errungenschaften nicht lange angehalten. Zu Hause war plötzlich die Angst wieder da. Ich floh in meine Traumwelt, in der ich alles hatte, was ich mir wünschte. Vielleicht konnte ich wirklich mein Buch schreiben und mit P in ein eigenes Haus ziehen, vielleicht sogar ein Kind bekommen? Die Vorstellung von soviel Glück auf einmal war zuviel für mich und katapultierte mich schnell wieder in den Zustand der Hilflosigkeit. Wochenlang lag ich fast ununterbrochen im Bett und kratzte mich.

In diesem Sommer hat mich eine Freundin aus Frankreich besucht, eine sehr charmante Frau, die vor kurzem ihre Doktorarbeit geschrieben hatte. Ihr Thema überschnitt sich in vielen Bereichen mit meinem Buch, darüber hatten wir uns auch kennengelernt. Wir hatten teilweise dieselben Quellen benutzt und Material ausgetauscht. Sie erzählte mir, daß sie jetzt an einem Aufsatz arbeite, in dem sie die Doktorarbeit thematisch vertiefe. Ganz zufällig hatte ich das gleiche Thema auch für mein Buch recherchiert. Ich hatte einen dicken Ordner angelegt, in dem ich Ideen und verschiedene Notizen zu dem Thema sammelte, dazu Material aus unterschiedlichen, zum Teil ganz ungewöhnlichen Quellen. Bis ich soweit wäre, mich ans Schreiben zu setzen, würde allerdings mindestens noch ein Jahr vergehen. Sie sprach lange über ihre Arbeit, und da habe ich ihr ganz spontan angeboten, sie könne sich mein Material doch einmal anschauen. Sie solle sich einfach alles kopieren, was sie bräuchte.

Ich bereute das Angebot noch in derselben Sekunde. Und sofort meldete sich mein schlechtes Gewissen. Sie war immer so großzügig zu mir gewesen und hätte sicher keinen Moment gezögert, mir das gleiche Angebot zu machen. Außerdem veröffentlichte sie ja in Frankreich und schrieb für ein ganz anderes Publikum. Sie würde das Material sicher anders interpretieren als ich. So habe ich mir die ganze Nacht ins Gewissen geredet. Und doch wurde ich das quälende Gefühl nicht los, daß ich etwas Entscheidendes einfach aus der Hand gegeben hatte. Es hatte mir soviel Spaß gemacht, mein Material zusammenzustellen. Und nun wollte ich es jemand anderem geben, bevor ich selbst irgend etwas davon gehabt hatte?

Es war gar nicht so sehr die Angst, sie könne meine Ideen stehlen – schließlich hatte ich ihr ja aus freien Stücken den Ordner angeboten. Ich habe mich eher über mich geärgert, daß ich mich mal wieder nicht hatte beherrschen können und dem Drang erlegen war, alles zu teilen. Ich war aufgebracht über meinen fast pathologischen Zwang, nichts Gutes für mich allein behalten zu können.

Bis in die frühen Morgenstunden habe ich mit der Situation gekämpft. Ich wälzte mich schlaflos im Bett und überlegte, was ich bloß machen sollte. Irgendwann, als es draußen schon dämmerte, kam mir die rettende Idee. Ich würde ihr einfach sagen, daß ich meine Meinung geändert hatte. Sie könne den Ordner gerne einsehen, aber erst, wenn ich meine eigenen Kapitel zu dem Thema geschrieben hätte. Das kannst du ihr unmöglich sagen, dachte ich im ersten Moment erschrocken, aber im Laufe der Zeit verlor die Vorstellung an Schrecken. Vielleicht war ich eine geizige Ziege, unkollegial und voller Konkurrenzdenken, aber genauso fühlte ich nun einmal.

Am Morgen habe ich es ihr gesagt. Sie blieb ganz gelassen, meine plötzliche Meinungsänderung schien ihr wenig auszumachen. Mir fiel ein Stein vom Herzen. Dieser Vorfall hat mir bewußt gemacht, wie oft ich mich in den vergangenen Jahren selbst beraubt hatte. Kein Wunder, daß ich ständig in Selbstmitleid verfloß, weil mein Leben so arm und leer war. Schöne Dinge blieben nie bei mir, egal ob es schöne Erlebnisse oder einfach Besitztümer waren. Kaum hielt ich ein Päckchen in der Hand, dessen Inhalt mir lieb und teuer war, habe ich es gleich entsetzt von mir gestoßen, als hätte mir jemand einen brennenden Feuerwerkskörper zugeworfen. Und danach jammerte ich laut, daß man mich beraubt hätte. Aber vielleicht war dieses Päckchen gar nicht so explosiv. Vielleicht konnte ich es tatsächlich einfach einmal behalten, es auspacken und das Geschenk darin an mich nehmen. Dieser Gedanke schien mir absolut revolutionär zu sein.

Bald wirkte sich diese neue Einsicht auch auf meine Beziehungen, besonders die zu Frauen aus. In den letzten zehn Jahren hatte ich eine ganze Schar bedürftiger Frauen um mich versammelt. Sie waren durchweg intelligent, witzig und großzügig, aber sie hingen an mir wie die Kletten. Es schmeichelte mir, daß sie mich brauchten, es tat gut, die starke, über alles informierte Freundin zu sein. Wir haben oft stundenlange Telefongespräche geführt und uns die intimsten Dinge erzählt. Aber jetzt verlor die Nähe, die ich so großzügig an alle verteilte, zunehmend ihren Reiz. Ich fühlte mich bereits wie eine überarbeitete Sozialarbeiterin, die keinen Moment Ruhe vor ihren Klienten hat. Ich rieb mich in einer uneingeschränkten Solidarität zu ihnen auf und mußte gleichzeitig ihren Ärger und die Enttäuschung abwehren, wenn ich meine Versprechen nicht einhalten konnte. Mit der Zeit wurde mir immer klarer, welches Muster dahintersteckte. Wenn ich mich mit einer Frau anfreundete, gab ich ihr zu verstehen, daß ich immer Zeit für sie hätte und meine Zuneigung unbegrenzt sei. Kam sie irgendwann auf mein Angebot zurück und forderte genau das ein, was ich ihr so großzügig versprochen hatte, wurde ich plötzlich wütend. Sie wollte mich aussaugen und mir alle Energien rauben. Und dann hatte ich zwei Strategien: Entweder unterwarf ich mich zähneknirschend, oder ich fand irgendwelche Wege, mich aus der Affäre zu ziehen und gar nichts geben zu müssen. Kein Wunder, daß meine Freundinnen dann enttäuscht waren. Sie fühlten sich betrogen. Ich hatte ihnen einen Schuldschein in die Hand gedrückt, und kaum wollten sie ihn einlösen, entpuppte er sich als wertlos! Ich weigerte mich zu geben, was ich erst gar nicht hätte versprechen sollen, und dafür haßten sie mich. Ich mußte dringend lernen, Grenzen zu ziehen.

Im Jahr 1986 haben sich all meine Freundschaften grundlegend geändert, und das innerhalb ziemlich kurzer Zeit. Mit einigen Freundinnen brach ich völlig, denn ich wußte, sie waren nicht bereit, neue Wege mit mir zu gehen. Andere verschwanden einfach aus meinem Leben, weil sie die Hoffnung aufgegeben hatten, jemals zu bekommen, was ich ihnen versprochen hatte. Und mit denen, die übrig blieben, mußte ich unsere Freundschaft neu definieren, damit sie mehr im Einklang mit meinen Gefühlen stand. Ich habe damals sogar mein Helfersyndrom ein wenig eindämmen können. Ich fühlte mich nicht mehr ständig verpflichtet, mich um andere zu kümmern, und nahm mir fest vor, nicht einen Jota mehr zu versprechen, als ich tatsächlich zu geben bereit war. Ich fand, daß mir dies immer besser gelang. Mein Freundeskreis war zwar sehr geschrumpft, aber dafür waren die Beziehungen harmonischer, mehr der Realität angepaßt und vor allem viel befriedigender für mich.

Auch die Beziehung zu meinen Eltern änderte sich. Wir sind damals wieder mehr aufeinander zugegangen. Sie hatten sich ja immer gegen den Gedanken gewehrt, daß meine Schwierigkeiten zum Teil mit ihren Erfahrungen in Verbindung stehen könnten. Ihre Kinder symbolisierten für sie den Neuanfang in ihrem Leben. Von dieser Idee hatten sie sich nie trennen können, und die Vorstellung, daß irgend etwas aus ihrer schlimmen Vergangenheit in unser Leben hatte durchsickern können, war ihnen nach wie vor unerträglich. Aber als ich eines Tages erwähnte, daß eine Schulfreundin meiner Schwester unser Haus als traurig beschrieben hatte, nickte meine Mutter still. Ich war völlig überrascht und mußte erst einmal nachfragen, ob ich ihr Nicken richtig interpretiert hatte. Und tatsächlich. Ich war so glücklich über dieses erste kleine Zugeständnis.

Vielleicht spürte sie auch, daß meine Wut ein wenig verebbt war; jedenfalls hatte ich aufgehört, sie permanent anzugreifen. Zumindest gingen wir nicht mehr bei jeder Gelegenheit die Wände hoch. Auch in der Therapie drehte sich nicht mehr alles um meine Eltern, ich konnte mich endlich mehr auf mich selbst konzentrieren. Hätte ich bloß vorher gewußt, worauf ich mich da eingelassen hatte! P blieb allerdings von allem ausgeschlossen. Meine Eltern hatten noch immer kein Wort über ihn verloren, obwohl sie wußten, daß wir wieder zusammen waren. Doch dann – vielleicht drei Jahre, nachdem P und ich uns getrennt hatten – rief meine Mutter eines Tages an und erklärte ohne Vorwarnung, sie wisse, wie schwer mein Vater und sie es uns beiden gemacht hätten. Es täte ihr leid. Ich fiel aus allen Wolken. Hatte ich recht gehört, hatte sie tatsächlich gesagt, daß es ihr leid tat? Vor lauter Schreck wäre mir fast herausgerutscht, sie brauche sich nicht zu entschuldigen. Zum Glück beherrschte ich mich im letzten Moment und nahm ihre Entschuldigung an. Aber das war noch nicht alles. Sie wollte sich offenbar wirklich mit mir aussöhnen. Wenn ich P für den Richtigen hielt, müßten sie ihn einfach akzeptieren, sagte sie versöhnlich. Ob wir nicht in der nächsten Woche zum Tee kommen wollten?

Ich haßte mich dafür, daß ich so dankbar war, aber gleichzeitig wollte ich mich für ihr großzügiges Versöhnungsangebot erkenntlich zeigen. Später fand ich heraus, daß meine Schwester jahrelang diskret daraufhin gearbeitet hatte. Auch meine Mutter war nicht ganz unschuldig an dieser plötzlichen Kehrtwendung. Sie hatte immer wieder ein gutes Wort für uns eingelegt. Bei so viel sanftem Druck mußte mein Vater ja irgendwann weich werden. Also ging ich los und kaufte mir einen dieser Mäntel aus falschem Pelz – das dickste und kugeligste Exemplar, das ich finden konnte. Ich wußte, daß er meine Eltern mindestens ebenso wärmen würde wie mich selbst.

Der verabredete Tag kam, und P und ich trafen bei meinen Eltern ein, beide ein wenig nervös. Ich trug den besagten Mantel. Er stieß bei meinen Eltern auf größere Begeisterung als mein geliebter Lebensgefährte, um den es ja eigentlich ging. Alle schienen erleichtert, daß sie den Mantel hatten, über den sie sich auslassen konnten. Ich fand, daß sich die Investition schon für diese eine Gelegenheit mehr als gelohnt hatte. P und ich hatten die Situation vorher durchgespielt und alle möglichen Varianten bedacht. Nur auf eins waren wir nicht gekommen, und genau das trat jetzt ein. Von meinen Eltern kam nichts, niente, zilch über die vergangenen drei Jahre. Statt dessen blieben sie eisern höflich und machten freundliche Konversation. Das Ganze war ein wenig enervierend und erinnerte mich an die Geschichte von Dorian Gray. Sie taten so, als könnte man diese Jahre einfach aus dem Kalender streichen. Nun ja, zumindest war die Beziehung wiederhergestellt, und das Leben konnte weitergehen.

Irgendwann während dieser Zeit geschah noch etwas. Verglichen mit all dem anderen war es kaum der Rede wert, eine so mikroskopisch kleine Veränderung in dem Verhältnis zwischen meiner Mutter und mir, daß sie niemandem außer uns auffiel. Ich brachte sie dazu, mich anders zu umarmen. Eines Tages hat sie mich in den Arm genommen und wollte gerade wieder loslassen, wie ich es ja so gut von ihr kannte, da habe ich sie einfach festgehalten und die Umarmung hinausgezögert. Lachend gab sie nach, wie sie es von nun an immer tat, und als ich dieses süße, ein wenig befangene Kichern hörte, sah ich plötzlich Eigenschaften an ihr, die mir bislang nie aufgefallen waren. Ich spürte, wie unsicher sie war. Ich wußte auf einmal, daß sie sich Mühe gab und gerne verstehen wollte, was ich durchgestanden hatte. Ich habe diese Umarmung, die endlich einmal kein abruptes Ende hatte, sehr genossen. Und ich spürte grenzenlose Dankbarkeit, daß meine Eltern lange genug gelebt hatten, um das Ende meiner Krise noch mitzubekommen. Was hätte ich bloß gemacht, wenn sie vorher gestorben wären, in der Zeit, als ich gegen sie Krieg geführt habe? Sicher hätte ich nur noch mehr geglaubt, meine Wut könnte töten.

Andere Veränderungen waren auffälliger. Ich habe damals aufgehört, jeden Tag zu Hause anzurufen. Irgendwann habe ich wohl das Vertrauen entwickelt, daß meine Eltern auch ohne mich überleben könnten, und meinen Eltern ging es wohl auch so. Ich lernte, meine Mitmenschen in Ruhe zu lassen. Ich mußte nicht mehr jeden Friseur und jeden Verkäufer mit meiner Freundlichkeit überschütten. Und plötzlich, nach fünf Jahren, begann meine Haut zu heilen. Es lag nicht etwa daran, daß ich weniger kratzte. Der Heilungsprozeß hat ganz von allein eingesetzt. Ich war überzeugt, daß diese Veränderung von innen kam und daß ich einen wichtigen Konflikt für mich gelöst hatte. Schon nach sechs Wochen hat es überhaupt nicht mehr gejuckt. Meine Haut war völlig abgeheilt. Es blieben nicht einmal Narben zurück.

Andere Dinge ließen sich nicht ändern. Ich gestattete mir zwar den kühnen Gedanken, daß das Überleben meiner Eltern nicht unbedingt von meiner Nähe abhing, aber in diesen Wochen wuchs meine Gewißheit, daß mein Vater bald sterben würde; er war jetzt 86. Bis zum Alter von 85 Jahren war er kräftig und voller Elan gewesen. Er hielt sich fit, ging immer tapfer zu Fuß, als wolle er seine Energie damit in Schwung halten. Mit 86 hat er immer noch nichts von einem Stock wissen wollen, aber er fühlte sich nicht mehr so stark. Er hat es nicht ertragen können, daß sich die ersten Zeichen von Altersschwäche bemerkbar machten. Darüber ist er nicht hinweggekommen und wurde verzagt. Der Mann, der immer gesagt hatte: »Deprimiert, was soll das sein«, verzweifelte nun selbst an dem schleichenden Alterungsprozeß. Dagegen war er machtlos. Wann immer wir uns getroffen haben, suchte ich nach Anzeichen des nahendes Todes.

1986, zum vierzigsten Hochzeitstag meiner Eltern, haben meine Schwester und ich für die ganze Familie eine Reise nach Paris organisiert. Freunde meiner Eltern wollten dort eine Feier für sie ausrichten. Es waren alles polnische Juden, Überlebende wie sie, und sie gehörten zu dem festen Kreis einer kleinen jüdischen Gemeinde in Paris. Wie sie dort zusammensaßen, schienen sie alle gemeinsam dem Krieg ein Schnippchen geschlagen zu haben: Da war der hübsche Tulek, der, angestiftet von seinem Onkel Mundek, meine Eltern miteinander bekannt gemacht hatte. Er überlebte den Krieg, indem er sich als polnischer Adliger ausgab. Cesia war da, die mit meiner Mutter in Płaszów und Auschwitz gewesen war. Ihre Schwester Lusia mit ihrer Schwägerin Dziunia, die den Krieg gemeinsam in einem sicheren Unterschlupf verbracht hatten. Und natürlich all ihre Kinder. Es war das erste Mal seit sechzehn Jahren, daß wir mit der ganzen Familie im Ausland waren. Mir kam das Ganze ein wenig unwirklich vor. Ich habe mich gefühlt wie eine Erwachsene, die noch einmal Kind spielt, gefangen irgendwo zwischen Kindheit und Erwachsenenalter. Zum Jubiläumsessen trafen wir uns alle in einem Restaurant im Quartier Latin. Dann gingen die Lichter aus, und die Torte wurde hereingetragen. Als ich meine Mutter lächeln sah, so dankbar über die vierzig Jahre gemeinsamen Lebens, meinen Vater ungläubig – und ein bißchen gleichgültig –, hätte ich am liebsten die Zeit angehalten. Ich wollte nicht, daß dieser

Moment endete. Wieder mußte ich daran denken, daß der Lebenswille meines Vaters schwächer werden könnte. Ich habe mir so sehnlich gewünscht, ihm neues Leben einflößen zu können. Meine Schwester war da viel unbeschwerter als ich, sie hat meinen Vater für unverwüstlich gehalten. Wieder einmal war ein glückliches Ereignis von meiner Angst überschattet.

Die drei Worte was wäre wenn haben damals mein ganzes Verhalten bestimmt. Ich habe selten bewußt darüber nachgedacht, aber im Unterbewußtsein beschäftigte mich immer wieder die hypothetische Frage: Hätte ich überlebt, wenn ich im Krieg gewesen wäre? Sie war nicht zu beantworten, und doch schien sich mein ganzes Leben um dieses Gedankenspiel zu drehen. Aus diesem Grund habe ich mich sowohl unermüdlich zu Höchstleistungen getrieben, als ob meine Lebenssicherheit davon abhinge, mit wieviel Energie ich all meine Aufgaben anging. Das war selbst beim Einkaufen so. Ich habe so lange gekramt, bis ich das allerschönste Päckchen gefunden hatte, alles andere war mir nicht gut genug. Und bei meiner Arbeit war ich erst zufrieden, wenn ich mich wieder einmal selbst übertroffen hatte.

Aber jetzt fing ich manchmal an, nachdenklich zu werden. Warum mußte ich mich eigentlich ständig antreiben? Dann fiel mir ein, was wir von unseren Eltern gelernt hatten. Bei uns zu Hause hat jeder Aspekt unseres Lebens eine tiefe Bedeutung gehabt, für Muße, Zufall oder Improvisation gab es bei uns keinen Platz. Ich bin immer neidisch gewesen auf die Leute, die nach der Uni erst einmal für ein paar Monate in der Weltgeschichte herumgereist sind. Ich wußte, ich hätte mir so etwas nie erlauben können, dazu waren wir einfach zu zielstrebig, wurde jeder Moment zu intensiv gelebt. Unsere spielerische Ader ist nie ausgebildet worden.

Ich habe immer Angst gehabt, Risiken einzugehen. Die

Gefahr war einfach zu groß, daß etwas Schlimmes passierte. Ich hatte ja keine Vorstellung davon, daß ein Unglück irgendwann vorbeigeht, daß es nicht von Dauer ist. In meiner Angst, daß das Gute nicht unbegrenzt zur Verfügung stünde, verschrieb ich mich mit Haut und Haaren dem Kampf gegen das Unglück.

1987 habe ich ein Interview mit Marion Milner geführt. Sie ist eine der bekanntesten Psychoanalytikerinnen Englands, und ihr Tagebuch war gerade neu erschienen. Sie hatte es fünfzig Jahre zuvor geschrieben, noch bevor sie sich zur Analytikerin ausbilden ließ. In dem Buch beschreibt sie eine bestimmte Art zu schauen, ein unbestimmtes In-die-Gegend-Blicken. Man konzentriert sich dabei auf nichts Bestimmtes und beurteilt nicht. Sie spricht von einer Form der allumfassenden Wahrnehmung, die mit unserer einstudierten, rein vom Kopf gesteuerten Sichtweise nur wenig zu tun hat. Diese Idee weckte sofort mein Interesse. Ich wußte genau, wovon sie sprach. Ich hatte das selbst schon manchmal erlebt. Ich wußte, wie es ist, wenn die Welt draußen, sagen wir zum Beispiel ein Park, plötzlich als Gesamtbild erscheint, einfach da ist, ohne daß der Kopf es wie üblich in alle möglichen Informationen zerlegt, Haltepunkte sucht – bin ich hier auch sicher, wo kann ich mir Hilfe suchen, wenn etwas passiert? –, die bestätigen, daß man da ist. Nach so einem Moment fühlte ich mich jedesmal ruhiger und stärker. Und dann fiel mir auf, wie wenig ich in der Lage war, mit der äußeren Welt zu kommunizieren, wie aufdringlich meine innere Welt und meine Gedanken waren. Ich erinnerte mich in diesem Zusammenhang an ein Erlebnis in Oxford. Ich weiß noch, ich war in Eile und hastete die Straße entlang, und als ich irgendwann hochschaute und die ruhige Welt über den Dächern erblickte, war ich völlig verblüfft. Unglaublich, daß neben all dieser lauten Geschäftigkeit, neben meinen eigenen sprudelnden Gedanken und dem Leben in Augenhöhe tatsächlich noch etwas anderes existierte! Aber ich habe mir diesen weitschweifenden Blick nur selten erlaubt. Meist war ich zu sehr damit beschäftigt, Leistung zu erbringen, sicherzustellen, daß ich genug getan hatte und meine eigenen hohen Ansprüchen befriedigte.

Und doch hatte sich etwas verändert: Ich kam meiner Mutter wieder näher. Ich spürte eine wachsende Zärtlichkeit für sie. Ich hatte sie seit jeher geliebt, aber das war mir nicht immer bewußt gewesen. Meine Eltern hatten dauernd so viel Liebe von uns gefordert, daß das Gefühl, daß wir von uns aus gegeben haben, nicht immer sichtbar war. Was ich jetzt für sie fühlte, war anders als vorher, viel spontaner, und es gefiel mir sehr.

Irgendwann zu dieser Zeit ist P wieder bei mir eingezogen, und auch das war ganz anders als beim letzten Mal. Ich weiß nicht, ob es daran lag, daß in diesem Februar außergewöhnlich oft die Sonne schien oder ob eine gewisse *Trompe-l'œil* der Gefühle am Werk war? Auf jeden Fall schien die ganze Wohnung zu strahlen. Diesmal wußte ich, daß ich ihn mir gönnen durfte. Kurze Zeit später sind wir nach Jugoslawien gefahren. Und dort konnte ich mir zum ersten Mal in meinem Leben eingestehen – aufrichtig und ohne Angst, daß mir gleich wieder alles genommen wird –, daß ich glücklich war. Es kam ganz plötzlich über mich, als wir am Strand entlang spazierten, auf dem Weg zu einer winzigen Höhlenbar, wo sie für 40 Pence einen ganzen Becher Hochprozentiges einschenkten. Und später, auf dem Nachhauseweg, als ich nicht mehr ganz nüchtern war, kam es wieder, stärker noch als vorher.

Mein Buch stand kurz vor seiner Vollendung. Wir haben damals unsere Wohnung umgebaut, und die Handwerker waren in jedem Zimmer. Ich brachte den Computer zu meinen Eltern und fuhr jeden Tag nach Langland Gardens hinaus, um dort zu arbeiten. Wenn ich spätabends fertig war, bin ich manchmal noch kurz zu meinem Vater gegangen. Für mich war es eine quälende Zeit. Ich hätte ihm so gern geholfen, aber gab nichts, was ich hätte tun können, nichts. Er lag in seinem Bett, und ich stellte mir wohl zum hundertsten Mal vor, daß er schon tot wäre. Ich glaube, ich wollte mich auf die Probe stellen. Jedesmal hatte ich Angst, daß ich seinen Tod nicht überstehen würde und ihm würde folgen wollen. Ich fühlte mich untrennbar mit ihm verbunden, wie durch eine verkehrte Nabelschnur an ihn gefesselt. In solchen Momenten wußte ich, daß es um meine eigene Lebenskraft ging, nicht um seine.

Es ist mir nicht leicht gefallen, abends aus dem Haus zu gehen, denn ich ließ sie ja allein zurück. Aber irgendwie war ich auch erleichtert. Ich wanderte zügig durch die dunklen Straßen, ließ mit jedem Schritt ihre Welt ein Stückchen hinter mir und näherte mich meiner eigenen. Dort warteten Leitern, Putz und Farbeimer auf mich und jeden Tag eine neue Entscheidung, die keinen Aufschub duldete.

Eines Tages nahm ich meinen Vater mit zum jüdischen Filmfestival, wo wir uns einen Dokumentarfilm über Polens Vorkriegsjuden anschauten. Die Bilder von all den jüdischen Gemeinden, die heute wie vom Erdboden verschluckt sind, machten mich sehr traurig. Ich sehnte mich nach dieser untergegangenen Welt. Diese fröhlichen jungen Frauen waren mir äußerlich so ähnlich, ich war völlig überrascht. Ich mußte daran denken, daß ich jetzt dort wäre und leben würde wie sie, wenn es den Krieg nicht gegeben hätte. Die Vorstellung, dazuzugehören und eine der ihren zu sein, hat mich die ganze Zeit nicht mehr losgelassen. Der Film weckte in meinem Vater viele Erinnerungen. Er sprach ja gern von früher, aber ich fand seine Geschichten oft schrecklich unsentimental. Er erzählte lebhaft von seinen Freunden und seiner Familie, und ich habe mir auch das Gut, auf dem er aufgewachsen ist, bildlich vorstellen können. Manchmal sind ihm Tränen in die Augen gestiegen, vor allem, wenn es um seinen Vater ging oder seinen heißgeliebten Cousin und Namensvetter, der von den Nazis umgebracht wurde. Doch obwohl er uns unbedingt die Vergangenheit nahebringen wollte, wirkte seine Art zu erzählen irgendwie distanziert. Bei meiner Mutter war das genauso. Ich hatte das bizarre Gefühl, sentimentaler zu sein als sie selbst. Ich war mir schmerzlich bewußt, daß ihr Leben in zwei Hälften geteilt war, aber sie hatten sich offenbar damit abgefunden und fühlten sich in ihrem zweiten Leben ganz zu Hause. Nur ich klammerte mich an die andere Welt. Ich kam nicht darüber hinweg, daß sie nicht mehr da war. Das Ganze war mir ein bißchen peinlich. Es kam mir übertrieben vor, schließlich war ich doch in England geboren. Ich hatte auch immer den Verdacht, daß meine Schwester mich ein bißchen heuchlerisch fand. Erst viel später habe ich erfahren, daß diese Sehnsucht für Kinder von Überlebenden und Flüchtlingen typisch ist. Vielleicht konnten sich meine Eltern nicht den Luxus erlauben zurückzublikken. Vielleicht hatten sie die Vergangenheit abschütteln müssen, um zu überleben. Diese Erfahrung hatte ich ja nie machen müssen. Oder sie waren einfach so unverwüstlich und anpassungsfähig, daß sie sich in ihrem zweiten Leben genügend Wurzeln geschaffen hatten. Vielleicht trauerte ich auch an ihrer Stelle.

Wie dem auch sei, auf jeden Fall verstand ich sie mittlerweile ein wenig besser. Bei unseren politischen Auseinandersetzungen hielt ich mich jetzt immer sehr zurück. Meistens sah ich zu, daß das Thema erst gar nicht aufkam. Ich fand es zwar immer noch schwer zu verstehen, daß sie nicht das geringste Verständnis für Menschen in ähnlich schwierigen Lagen aufbrachten. Sie hatten doch den Krieg mitgemacht! Alles, was nach Machtlosigkeit aussah, schien ihnen suspekt zu sein. Statt dessen klammerten sie sich an ihre eiserne Philosophie der Selbstgenügsamkeit. Aber eines Tages sah ich ihr Verhalten plötzlich in einem anderen Licht. Man hatte ihnen damals alles genommen. Sie wurden zutiefst gedemütigt und haben so viel Grausames erlebt. Sie mußten all ihre Willenskraft aufbieten, um sich wieder hochzurappeln und eine neue Existenz aufzubauen. Es wundert nicht, daß sie solch ein Elend nicht noch einmal anschauen wollten. Sie hätten es nicht ertragen, ein zweites Mal in diese Tiefen hinabzusteigen. Als mir das klar geworden war, konnte ich ihre Haltung nicht mehr verurteilen, ich begriff plötzlich die Logik, die dahinter steckte. Und als ich diese neue Erkenntnis meiner Mutter erzählte, um zu sehen, ob ich richtig lag, hat sie nur schweigend genickt.

Zu dieser Zeit geschah etwas, das ich mir bis vor kurzem nicht hatte vorstellen können: Ich begann zu laufen. Eigentlich war das nichts Weltbewegendes. Die meisten Leute, die sich wenig bewegen und bei der Arbeit sitzen müssen, entdecken irgendwann, daß ihnen etwas fehlt. Früher oder später merken alle, daß sie ein bißchen steif in den Knochen werden – man ist eben nicht mehr zwanzig. In der Grundschule war ich, wie die meisten meiner Mitschüler, eine Sportskanone gewesen. Auch danach habe ich noch viel Sport getrieben. Aber als die Schule dann vorbei war, habe ich die Sache nicht einfach schleifen lassen. Das unterschied mich von den anderen. Ich bin bewußt träge geworden. Bewegung wurde mir unheimlich, sie raubte mir meine mühsam aufgebaute Stabilität, während körperliche Ruhe mir Sicherheit gab – im Sitzen war ich lebensfähig. Dazu kam, daß man nicht laufen kann, wenn man unter Depressionen leidet. Ich zumindest nicht. Der in den Medien strapazierte Gedanke, Sport hätte den Effekt, die Stimmung zu heben, ist in meinen Augen völliger Humbug. Man muß relativ ausgeglichen sein, finde ich, um sich überhaupt zum Laufen aufraffen zu können. Damals wurde mir bewußt, wie sehr mein Leben von Depressionen, oft geäußert als Lebensangst, beeinträchtigt war.

Ich habe damals auch deshalb keinen Sport treiben können, weil in meinem Körper ein furchtbarer Krieg wütete. Seine Schlachten wurden vor allem auf meiner Haut ausgetragen. Meine Haltung hat sich in den Jahren des Kratzens extrem verschlechtert. Ich bin ständig mit hochgezogenen Schultern und rundem Rücken herumgelaufen, um meinen Solarplexus zu schützen. Es mochte mir nicht gelingen, mich völlig von der Welt zurückzuziehen, aber ich tat mein Bestes, um unsichtbar zu werden. Gerade zu stehen war ein Ding der Unmöglichkeit. Manchmal gelang es mir für ein paar Sekunden, aber dann bin ich sofort in panische Angst verfallen, jemand könne vorbeikommen und mir den Kopf abschlagen. Ein gerader Rücken und eine stolze Haltung standen für Furchtlosigkeit, und dieser Zustand war mir mehr als fremd.

Das Laufen bescherte mir auch die Erkenntnis, daß ich nicht nur aus Kopf bestand. So viele Jahre hatte ich meine ganze Persönlichkeit in den Kopf verbannt, und mein Hals hatte wie eine Zugbrücke den Energiefluß zwischen Kopf und Rumpf verhindert. Jetzt spürte ich, daß es da noch mehr gab, daß auch der Abschnitt meines Körpers vom Hals abwärts, den ich bislang nur als Anhängsel betrachtet hatte, als gefügigen Diener meines Intellekts, Teil meiner selbst war. Laufen, Schwimmen, überhaupt jede Art körperlicher Betätigung gab mir die Möglichkeit, mich wieder mit meinem Körper zu verbünden und den Krieg ruhen zu lassen.

Ich hatte ein striktes Trainingsprogramm und machte jeden Tag eisern meine Übungen, auch wenn ich oft erst gegen Mitternacht die Zeit dazu fand. Durch die Bewegung lernte ich viele neue Empfindungen kennen. Ich fühlte mich jetzt manchmal wieder der Welt zugehörig und viel offener für alles, was um mich herum geschah. Ich konnte endlich wieder frei atmen, ohne die Angst, daß ein lebenswichtiges inneres Organ plötzlich ausfallen könnte.

Das Laufen war nur ein Teil einer allgemeinen Entwicklung. Ich war grundsätzlich eher bereit, Gutes anzunehmen und mir etwas zu gönnen. Ich schaffte es, mein Buch zu beenden, und es wurde umgehend veröffentlicht. Auch die Wohnung wurde fertig. Jetzt hatten wir doppelt soviel Platz, und P und ich dachten nun ernsthaft an ein Kind. Noch vor drei Jahren hätten mich diese Dinge überwältigt und mir eine Heidenangst gemacht. Und auf einmal war all dies Schöne in mein Leben getreten oder zumindest geplant. Die Beziehung zu meinen Eltern hatte sich von Grund auf verändert. Es war keine Wut mehr in mir zurückgeblieben, die bei jedem Streit neu hätte aufflammen können. Sicherlich zankten wir uns noch, und manchmal ging es so heiß her wie früher, aber danach war der Streit ausgestanden und mein Zorn verraucht.

Und was hat das alles mit dem Holocaust zu tun? Für fast all meine Probleme hätte man viel alltäglichere, weniger sensationelle Erklärungen finden können. Die Trennung von den Eltern ist für niemanden leicht. Jede picklige Jugendliche kommt irgendwann in die Phase, wo sie sich unter ihren Altersgenossen und in ihrem Körper nicht mehr wohl fühlt. Jeder halbwegs sensible Mensch kennt Momente, in denen Gefühl und Verhalten nicht übereinstimmen und man nicht so handeln kann, wie man gerne möchte. Man muß nicht unbedingt Kind von Überlebenden des Holocaust sein, nicht einmal jüdisch, um sich von allem ausgeschlossen zu fühlen, ein ungelöster Ödipuskomplex reicht schon aus. Und soviel ich auch spekulieren mag – sie ist nicht zu beantworten, und doch geht mir diese verflixte Frage seit Jahren im Kopf herum –, ich werde niemals wissen, ob und inwiefern meine Eltern anders gewesen wären, hätte es den Holocaust nie gegeben.

Aber dann habe ich angefangen, ein wenig in der internationalen psychoanalytischen Literatur zu stöbern. Ich interessierte mich vor allem für die Frage, welche Folgen der Zweite Weltkrieg auf die sogenannte zweite Generation gehabt hat. Ich stieß auf unzählige Parallelen zu meinem eigenen Konflikt. Offenbar treten bei allen Kindern von Überlebenden gewisse, immer wiederkehrende Verhaltensweisen auf, ganz gleich auf welchem Kontinent sie leben. Den Holocaust für seine psychischen Probleme verantwortlich zu machen hatte auf der einen Seite natürlich etwas Verdächtiges. Es roch einfach danach, daß man sich als etwas Besonderes herausstellen wollte – es sah ganz danach aus, als ob ich versuchte, eine gewöhnliche Neurose durch die Geschichte meiner Eltern aufzublasen. Manche Leute sind tatsächlich regelrecht böse geworden, wenn ich das Thema angeschnitten habe. Ich hätte es ja gut mit meiner Familiengeschichte, damit könnte ich meine psychischen Konflikte wunderbar rechtfertigen. Sie hätten nichts dergleichen, könnten ihre Probleme nicht in einen anerkannten Kontext stellen, bei ihnen wären es leider nur ihre ganz persönlichen Neurosen. Die Gesellschaft schaut nicht lange zu, wenn jemand psychische Probleme hat, sondern versieht sie schnell mit den üblichen Etiketten. Und doch – was passiert denn, wenn Menschen kurz nach so einem massiven sozialen, gesellschaftlichen und seelischen Trauma Kinder bekommen? Liegt es nicht auf der Hand, daß sich ihre Geschichte auch auf ihre Eigenschaft als Eltern auswirken wird? Die Folgen für die nächste Generation werden natürlich erst nach ein paar Jahrzehnten sichtbar. Der Zusammenhang mit dem, was damals passiert ist, ist deshalb leider häufig übersehen worden.

Ich fand heraus, daß viele der Schwierigkeiten, mit denen

ich als Jugendliche und auch heute noch zu kämpfen hatte, meine eigenen waren. Meine Schwester hat zum Beispiel ganz andere Probleme gehabt als ich. Außerdem gibt es sicherlich ebenso viele unterschiedliche Familienkonstellationen bei Überlebenden, wie es Überlebende gibt. In anderen Familien treten ähnliche Schwierigkeiten auf, etwa dort, wo ein Elternteil alkohol- oder drogenabhängig ist. Und manches von dem, was ich durchgemacht habe, hing nicht nur damit zusammen, daß meine Eltern Überlebende waren, sondern wohl eher mit dem Umstand, daß wir als Juden in England lebten. Der Schriftsteller Howard Jacobson hat sich einmal halb im Spaß und halb ernst über eine spezifisch jüdische Form der Neurose ausgelassen, die auf eine hohe Erwartungshaltung, kombiniert mit mangelndem Selbstbewußtsein zurückzuführen sei. Und wenn man den *Jewish Chronicle* aufschlägt und in der Kolumne »Persönliches« nachschaut, entdeckt man sofort, daß die Themen Idealisierung der Familie und Trennung dort einen ganz großen Raum einnehmen.

Viele unserer Probleme mochten ähnlich gelagert sein wie in anderen Familien, aber sie haben sich bei uns viel krasser geäußert, und die üblichen Hilfsangebote kamen für mich häufig nicht in Frage. Meine Angst, ausgelöscht zu werden, hatte nichts mit dem zu tun, was andere Mädchen meines Alters erlebten, und konnte auch sicher nicht mit meinen eigenen Erfahrungen erklärt werden. Doch auch hier trat eine Veränderung ein. Es fiel mir auf, als ich eine Ferienanlage auf einer griechischen Insel besuchte, die auf alternative Heilmethoden spezialisiert war. Ich sollte dort für eine Frauenzeitschrift einen Artikel über die Insel schreiben. Eines Abends saß ich an der Bar, als draußen eine Frau vorbeilief, die ich unbedingt sprechen wollte. Ich sprang auf und lief hinter ihr her, da fiel mir auf, daß ich meine Tasche offen auf der Theke hatte liegen lassen. Ich habe mich nicht weiter darum gekümmert und bin einfach weitergelaufen. Vor Dieben brauchte man hier keine Angst zu haben, denn in dieser Anlage standen die Türen immer offen, und es war noch nie etwas weggekommen. Dennoch war es für mich ein gigantischer Schritt, mich von etwas zu trennen, das mir gehörte, und einfach darauf zu vertrauen, daß wir schon wieder zueinander finden würden. Wir haben uns wiedergefunden.

Dann passierte noch etwas Unvorhergesehenes. Es betraf eine Frau aus Österreich. P und ich hatten uns oft heftig darüber gestritten, daß ich Deutschen und Österreichern so feindlich gegenüberstand. Er argumentierte immer ganz logisch, daß man die junge Generation nicht für die Untaten ihrer Eltern verantwortlich machen könne. Ich dagegen akzeptierte nur diejenigen, die das Verhalten ihrer Eltern offen verurteilten – sie mußten mir immer erst beweisen, daß sie politisch korrekt waren. In diesem Punkt war meine Mutter liberaler als ich. Auf ihren Tourneen durch Europa hat sie sich immer wieder darauf gefreut, auch die DDR besuchen zu können. Manchmal allerdings, wenn wir in Italien im Urlaub waren und sie am Nachbartisch einen Deutschen gewissen Alters entdeckte, wurde sie nervös. »Ich bin mir ganz sicher, daß ich diesen Mann kenne«, hieß es dann oft. Meine feindliche Haltung Deutschen gegenüber kam ja nicht von ungefähr, und ich fand sie auch verständlich. Und doch lag darin eine müde Opferhaltung, eine gewisse anmaßende Heiligkeit. Ich fühlte mich irgendwie berechtigt, es der jungen Generation von heute mit gleicher Münze heimzuzahlen. Ich habe lange an diesem Verhalten festgehalten, aber ich konnte es irgendwann kaum noch vor mir selbst rechtfertigen.

Ich erinnere mich noch gut an mein Erlebnis mit einer jungen Frau aus Deutschland, die ich passenderweise in einem Selbstverteidigungskurs kennengelernt hatte. Zu Anfang fand ich sie ganz nett, aber dann fand sie heraus, daß ich Jüdin war. Von dem Moment an hat sie mich mit ihren Sympathiebekundungen überschüttet und ständig meine Nähe gesucht. Eines Tages fragte sie, ob sie mich besuchen dürfe. Unser Treffen war ein einziges Fiasko und endete in einem Riesenkrach. Ich habe sie – sie war gerade mal zwanzig – in einer flammenden Rede für die Nazis und den Krieg verantwortlich gemacht. Mir ging es danach besser, aber sie war natürlich am Boden zerstört und völlig aufgelöst, als sie nach Hause ging; sie hat dann eine gemeinsame Freundin angerufen und sich bei ihr ausgeweint. Jahre später habe ich mir große Vorwürfe gemacht, wie ich sie so hatte zusammenstauchen können, statt mit ihr zu sprechen und herauszufinden, wie es für sie war, als junge Frau Anfang der Achtziger in Deutschland zu leben. Als noch ein paar Jahre ins Land gezogen waren, fühlte ich mich nicht mehr so schuldig. Dieser Vorfall zeigte einfach, wo ich zu jener Zeit gestanden hatte. Außerdem war es ja nicht nur meine Schuld gewesen, so wurde mir klar. Kaum daß sie wußte, daß ich Jüdin war, hatte sie sich regelrecht auf mich gestürzt. Ich habe mich furchtbar unwohl dabei gefühlt wie ein Vorzeigeobjekt, als wäre ich nichts weiter als ein seltenes Exemplar einer verschwindenden Art. Daß sie ihrerseits einfach von mir fasziniert war, welch große Anziehungskraft damals von mir hatte ausgehen müssen auf diese junge Deutsche, die, wie sie selbst zugegeben hatte, noch nie eine Jüdin kennengelernt hatte, habe ich mir damals einfach nicht vorstellen können. Sicher hätte sie mich zu gern einmal berührt, um sich zu vergewissern, daß ich wirklich da war. Vielleicht hatte sie gehofft, auf symbolischer Ebene an mir etwas wiedergutmachen zu können oder von mir bestraft und niedergemacht zu werden. Und ich hatte prompt all ihre Erwartungen erfüllt.

Als ich die Österreicherin kennenlernte, fand ich es selbst

nicht mehr ganz ehrlich, meine eigene sadistische Ader mit der Kriegsschuld der Deutschen zu rechtfertigen. Ich war unter Deutschen und Österreichern immer noch sehr befangen und mußte manchmal gegen aufkommende Paranoia ankämpfen. Doch bei ihr war es anders. Wir sind uns erstaunlicherweise ein bißchen nähergekommen.

Zu dieser Zeit hatte ich gerade angefangen, Alexandertechnik zu erlernen, eine Methode, um die Körperhaltung zu verbessern. Sie beruht auf der Idee, daß sich die Veränderungen im Körper irgendwann einfach von selbst einstellen, ohne etwas zu erzwingen. Wie bitte, ich sollte meinen Körper nicht treiben und triezen, nichts fordern oder erzwingen, einfach nur geschehen lassen und darauf vertrauen, daß sich alles von selbst zum Guten wendete? Für mich war dies ein sehr fremdes Konzept und stand völlig im Gegensatz zu meiner sonst so forschen Art.

Damals erhielt ich auch den Auftrag für dieses Buch und fuhr zusammen mit P nach Israel zur ersten Internationalen Konferenz der Kinder von Holocaust-Überlebenden. Der Empfang, der am ersten Abend im Ramada-Renaissance-Hotel in Jerusalem gegeben wurde, war ein äußerst kurioses Ereignis. Man schlenderte mit dem Glas in der Hand in der überfüllten luxuriösen Hotelhalle herum, nippte an seinem Wein und fragte einmal nicht danach, was die anderen von Beruf waren. »Wo waren Ihre Eltern?« hieß es in diesem illustren Kreis, und über die Kanapées hinweg rief man sich die Namen der verschiedenen Konzentrationslager zu. Merkwürdig, sich einmal so normal, als eine unter vielen zu fühlen. Ich war mir nicht sicher, ob ich das Gefühl mochte.

Ich war auch in *Yad Vashem*, der Holocaust-Gedenkstätte in Jerusalem, und habe dort die Archive besucht, die aus allen Nähten platzen; die Nazis hatten ja so geflissentlich und peinlich genau über alles Buch geführt. Ich wollte sehen, ob ich etwas über meine Familie herausfinden konnte. Von einigen hatte sich jede Spur verloren. Vor allem mein Großvater mütterlicherseits, Isidor Weissman, interessierte mich und mein Onkel Natan. Auf den Mikrofiches entdeckte ich einen Isidor Weissman, einen zweiten und noch einen – ich wußte gar nicht, daß der Name so häufig war –, aber bei keinem von ihnen stimmten Geburtsdatum und Ort mit dem meines Großvaters überein. Es hat mich schockiert, all diese Namen hier versammelt zu sehen. Sie hatten gar nichts Eigenes mehr, wie sie dort in den Listen standen, vereint zu einer Masse, reduziert auf einen Aspekt: jüdisch zu sein.

Ich war völlig verblüfft, als ich den Namen meiner Mutter auf einem Microfiche fand. Alles war fein säuberlich dokumentiert, wann sie in welchem Konzentrationslager angekommen war und wann sie es wieder verlassen hatte. Diese Beweisstücke haben ihrer Geschichte noch mehr Authentizität verliehen.

An einem Tag der Konferenz haben wir uns alle an der Gedenkstätte *Yad Vashem* versammelt, um für die Opfer des Holocaust zu beten. Ich konnte meine Tränen nicht zurückhalten, aber mir war nicht ganz wohl dabei. Ich schluchzte so heftig, als sei ich persönlich betroffen, und das stimmte doch gar nicht. Damals schien es mir, als hätte ich das Wichtigste nicht erlebt, als fehle mir das zentrale Erlebnis meines Lebens und als sei dort, in meinem Herzen, eine große Leere.

Ich hatte mir vorgenommen, wie alle anderen auch, die Klagemauer in Jerusalem zu besuchen und, wie es dort üblich ist, ein Zettelchen mit meinen Wünschen für die Zukunft in eine der Mauerspalten zu legen. Ich versuchte damals gerade, schwanger zu werden. Aber noch bevor ich dazu kam, an die Mauer zu fahren, merkte ich, daß ich schon schwanger war. Ich war genauso alt wie meine Mutter, als sie mich empfing, und es war etwa sieben Jahre her, daß ich damit begonnen hatte, meine Probleme in die Hand zu nehmen. Als ich meine Mutter irgendwann einweihte, sagte sie, daß ich vielleicht erst einen eigenen Krieg hätte durchmachen müssen, bevor ich ein Kind bekommen konnte. Ich glaube, mir stockte vor Schreck der Atem.

JOSEF KARPF:
Mein erster Eindruck von London war eher enttäuschend. Wir waren übermüdet und kamen in diesem kleinen, schäbigen Hotel an. Ich sprach nur sehr wenig Englisch, Natalia noch weniger. Eve war schon auf der Welt und machte uns viel Freude. Und dann begannen die Rückschläge. Ich war Staatsrat beim polnischen Finanzministerium, das der polnischen Botschaft angegliedert war, und mußte regelmäßig nach Polen berichten, wie sich die finanzielle Lage hier gestaltete. Bis 1950 war ich an der Botschaft, dann legte ich mein Amt nieder, weil sie mich nach Polen zurückrufen wollten und ich auf keinen Fall dorthin wollte. Sie wußten genau, daß ich nicht zurückgehen würde. Der Mann, der die Abberufung bearbeitete, kam zu mir. »Wissen Sie, ich trage diese Papiere nun schon geraume Zeit mit mir herum«, sagte er, »sie wollen Sie für sechs Monate abberufen, aber ich weiß ja, daß Sie in Rußland waren und bestimmt nicht zurückgehen werden, oder?« Außerdem hatte man aus Polen gehört, daß dort wieder ein schlimmer Antisemitismus herrschte.

So habe ich mein Amt niedergelegt und um politisches Asyl gebeten. Die Engländer waren sehr entgegenkommend, es machte fast den Eindruck, als hätten sie auf mich gewartet! Sie wußten alles über meine Zeit bei der Botschaft und in Polen, mehr als ich je vermutet hätte. Ich hatte ein Gespräch mit zwei Männern vom britischen Geheimdienst und erzählte den beiden alles, was ich wußte. »Gewiß werden wir Ihnen Asyl gewähren«, hieß es. »Und falls

Sie die englische Staatsbürgerschaft annehmen wollen, werden Ihnen die drei Jahre, die Sie bei der Botschaft waren, angerechnet. Sie müssen fünf Jahre in England gelebt haben, bevor Sie die Staatsbürgerschaft bekommen.« Es war der einzige Fall, in dem ein Diplomat um Asyl gebeten hat.

Zwei Jahre später habe ich mich um die englische Staatsbürgerschaft beworben.

Im Januar 1951 hatte ich in Israel im Außenministerium zu tun. Ich habe damals ernsthaft darüber nachgedacht, nach Israel auszuwandern, aber was ich dort zu sehen bekam, gefiel mir gar nicht, diese schlimmen Kämpfe dort. 1947 hätten wir nicht nach Israel gehen können. Zu dieser Zeit war es unmöglich, dort einzuwandern. Alle, die damals nach Israel wollten, mußten versuchen, illegal einzureisen.

Ich war fünfzig, hatte keine Arbeit mehr und zwei Kinder zu versorgen, aber am meisten belastete mich, daß ich hier keinen richtigen Freund hatte. Es war wirklich keine angenehme Zeit, glaub mir! Ich machte mir große Sorgen, wie es weitergehen sollte. Nach einem Jahr bin ich mit einem Freund Natalias ins Geschäftsleben eingestiegen.

Hier enden die Interviews mit meinem Vater.

NATALIA KARPF:

1947 kamen wir nach England. Wir waren mit dem Zug über Prag gefahren, wo wir uns mit Jelinek auf dem Bahnsteig getroffen hatten, dann über Paris. Dort haben wir Recia, Cesia, Lusia und Dziunia wiedergesehen, die damals schon dort lebten. Wir reisten mit dreizehn Koffern, denn man hatte uns erzählt, daß in England alles rationiert war und nicht einmal Geschirrtücher zu haben waren, geschweige denn Töpfe oder Pfannen. Also haben wir alles mitgeschleppt, Pfannen und Töpfe und Gott weiß was alles. Natürlich stellte sich heraus, daß es halb so schlimm war, sicher waren die Lebensmittel rationiert, aber sonst weiter nichts. Später verschickte Josefs Bruder einen großen Teil unserer Möbel nach England, ein großes Sofa, einen riesigen Geschirrschrank mit Anrichte, einen Tisch, Josefs Schreibtisch und den Blüthner-Flügel, den Hela aus dem ausgebombten Haus gerettet hatte. Den Tisch habe ich heute noch.

Als wir hier in London ankamen, fand ich mich erst gar nicht zurecht. So eine riesige Stadt! Freunde hatte ich auch kaum, obwohl ich mich bald mit zwei Frauen aus Polen angefreundet habe. Wir mieteten uns ein Zimmerchen in Marylebone. Ich sprach ganz schlecht Englisch, aber Josef hat darauf bestanden, daß ich englische Zeitungsartikel las. Er konnte ja ein bißchen sprechen. Später sind wir in eine Wohnung in Swiss Cottage gezogen, wo wir das Badezimmer mit anderen teilen mußten. Wir wußten, daß dort viele jüdische Flüchtlinge und Emigranten untergekommen waren, Josefs Tante wohnte auch dort. Sie war schon vor dem Krieg hergezogen.

Ich war sehr ängstlich während der Schwangerschaft, weil ich doch vorher die Totgeburt gehabt hatte, und habe eine polnische Ärztin aufgesucht, die man mir empfohlen hatte. Als sie mitbekam, daß mein Mann in der Botschaft arbeitete, sagte sie, ich müsse nach Polen zurück und mein Kind dort zur Welt bringen, weil mich kein Krankenhaus in London aufnehmen würde. Nach dem Krieg mußte man sich neun Monate im voraus anmelden, wenn man ein Kind bekam und ein Krankenhausbett haben wollte. Ich war völlig verzweifelt. Meine Freundin legte dann ein gutes Wort für mich ein. Danach hat sich die Ärztin mir gegenüber ganz anders verhalten und mir erst einen Platz in einer vorgeburtlichen Klinik und später in einem Krankenhaus verschafft.

Ich lag mit sieben anderen Frauen in einem ganz normalen Krankenzimmer, als die Fruchtblase platzte. Ich konnte es kaum erwarten, von der Station in den Kreissaal zu kommen. Aber die Schwester war sehr ausländerfeindlich, und als ich nach ihr rief, nannte sie mich ungezogen – ich war erst seit vier Monaten in England und wußte gar nicht, was ungezogen bedeutete; die anderen Frauen haben mich später aufgeklärt. Sie hat mich nicht gehen lassen. Ich mußte in dieser Lache Fruchtwasser in dem pitschnassen Bett liegen bleiben. Du kannst dir vorstellen, wie aufgebracht ich war.

Dann kam Eve zur Welt – ich konnte es kaum glauben. Als sie in meinen Armen lag, habe ich vor Freude geweint. Wir nannten sie nach meiner Mutter. Ich finde es heute noch schade, daß ich sie nicht Eva genannt habe, aber man hat mir eingeredet, Eve sei besser, weil es mehr wie ein englischer Name klinge.

Der Anfang war schrecklich. Ich hatte solche Angst, daß ihr etwas geschehen könnte, daß ich mein Kind verlieren würde. Eineinhalb Jahre hatte ich mit dieser Angst zu kämpfen. Sie war ein sehr lebhaftes Kind. Ich weiß noch, wie sie in ihrem Kinderwagen lag und zu allen Leuten »Hallo« gesagt hat, und da war sie erst ein Jahr alt! Josef war so glücklich, er hat seine Tochter angebetet. Aber als sie dann anfing zu laufen, fürchteten wir ständig, sie könnte fallen und sich etwas tun. Ich habe auch nie den Kinderwagen draußen stehen lassen, habe ihn überall mit hineingenommen, obwohl es damals üblich war, die Kinderwagen vor den Geschäften stehen zu lassen. Ich konnte das nie.

Gleich nach der Geburt habe ich wieder angefangen zu spielen, und schon ein Jahr später, 1948, ein Konzert in der Wigmore Hall gegeben. Das war mein erstes Konzert in England, vorher hatte ich nur einmal in der polnischen Botschaft gespielt.

Nicht eine der jüdischen Organisationen in England bot

uns ihre Hilfe an, uns ist auch nie zu Ohren gekommen, daß irgendeine dieser Gruppen jemandem geholfen hätte – dafür waren allein unsere Freunde zuständig. Wenn wir in England andere Holocaust-Überlebende getroffen haben, ging es nur um den Krieg – irgendwie kamen wir immer wieder auf das Thema zurück, das ist auch heute noch so –, um die Lager, wie es in diesem gewesen war und in jenem. Wir können einfach nicht vergessen. Seit Kriegsende reden wir und reden, und das wird wohl auch so bleiben. Wir hätten gerne unsere Erfahrungen mit anderen Menschen geteilt, aber manche wollten nichts davon hören, und wenn wir mit Engländern zusammen waren, haben wir das Thema gemieden. Einmal war ich bei einer Freundin eingeladen, die einen Empfang für den Geiger Mischa Elman ausgerichtet hatte. Als eine Frau unter den Gästen die Nummer auf meinem Arm entdeckte, nahm sie mich beiseite und fragte: »Was ist das dort auf Ihrem Arm? Ihre Telefonnummer?« Als sie meine Antwort hörte: »Ja, das ist die Telefonnummer von Auschwitz«, schien sie der Ohnmacht nahe. »Oh mein Gott, das tut mir so leid«, rief sie aus, »ich habe noch nie so eine Tätowierung gesehen. Ich wußte nicht, daß es so etwas gegeben hat.« Ich glaube nicht, daß die Leute hier wirklich von den Lagern gewußt haben, und wenn ihnen etwas darüber zu Ohren gekommen war, haben sie es einfach nicht geglaubt. Die Leute hatten viele Jahre lang überhaupt kein Interesse an diesem Thema, das hat sich erst vor kurzer Zeit geändert. Erst seit ein paar Jahren spricht man über den Holocaust, wird soviel darüber geschrieben und veröffentlicht. Das war lange Zeit einfach nicht so.

AK: Also war es eher wie eine Privatsache zwischen dir und den anderen Überlebenden?

NK: Ganz genau.

AK: Und um dich herum ging das Leben weiter, als sei nichts geschehen?

NK: Ja.

AK: Das muß doch furchtbar schwer für dich gewesen sein.

NK: Natürlich, es war sehr schwer. Ich hatte Schwierigkeiten mit der Sprache, niemand hat uns in dieser besonderen Situation unterstützt, wir hatten kaum Geld, uns waren nur wenige Freunde geblieben. Alles hatte ich verloren, die ganze Familie, meine Sachen, alles, was ich je besessen habe …

AK: … das Land, in dem du geboren bist, deine Muttersprache. Und dann kamst du in ein fremdes Land, und die Leute wollten nicht hören, was du erlebt hast?

NK: Nein. Aber Josef hat immer wieder nach meinen Kriegserlebnissen gefragt, hat sich für alles interessiert. Er hat mich sehr dafür bewundert, daß ich mich nicht habe brechen lassen. Er konnte sich nicht vorstellen, wie man soviel Leid durchmachen kann, ohne dabei zugrunde zu gehen. Er wußte genau, daß es mir helfen würde, darüber zu sprechen. Und es hat mir wirklich geholfen. Er hat mir auch seine Geschichten erzählt.

AK: Du hättest leicht verrückt werden können in so einer Situation.

NK: Ja, das stimmt. Nur, ich war so glücklich, daß ich eine Familie hatte und ein Kind. Ich bin völlig darin aufgegangen und natürlich auch in meiner Karriere, die damals wieder Aufschwung bekam. Vor dem Krieg in Berlin hatte ich eine große Karriere vor mir, dann starb meine Mutter, und ich mußte nach Polen zurück. Danach kam der Krieg, und als er vorbei war, habe ich in Polen wieder ganz klein angefangen. Und dann ein drittes Mal in einem fremden Land, ohne fremde Hilfe, allein auf mich gestellt. Es war ja nicht wie heute, wo es all diese Talentwettbewerbe gibt. Wenn man heute begabt ist, nimmt man einfach an so einem Wettbewerb teil, und wenn man gewinnt, ist man fein raus und die Karriere gesichert, mit all den Sponsoren, die es heute gibt. Vor 48 oder 49 Jahren war es sehr, sehr schwer, sich einen Namen zu machen.

AK: Ist denn etwas von deinem Schmerz und der Trauer in deine Musik eingegangen?

NK: Ja.

AK: Dein Leben war ja regelrecht in zwei Hälften geteilt. Gab es überhaupt eine Verbindung zwischen den beiden?

NK: Nur meine Musik hat eine Brücke geschlagen – sonst nichts. Ich habe wieder ganz von vorn angefangen, wie nach einer Wiedergeburt. Alles, was vorher gewesen war, war einfach spurlos aus meinem Leben verschwunden. Aber 1949 bin ich noch einmal nach Polen gefahren, weil Helunia mir schrieb, daß sie Manias sterbliche Überreste, die auf dem katholischen Friedhof in Warschau lagen, hatte exhumieren lassen – die Arme, sie ist sicher durch die Hölle gegangen, sie hat daneben gestanden, als man Manias Leiche exhumierte. Sie wollte sie auf dem jüdischen Friedhof in Krakau beisetzen lassen, das hatte sich Mania doch so sehr gewünscht. Geld hatte Helunia nicht, aber da war noch das Motorrad von ihrem zweiten Mann, das hat sie verkauft und die Beerdigung davon bezahlt. Also bin ich im Juli 1949 für zwei, drei Wochen nach Polen gefahren. Ich fuhr allein, denn wir standen auf der schwarzen Liste der Botschaft, galten als antikommunistisch, und ich hatte Angst zu fahren, aber ich hatte Helunia versprochen, daß ich kommen wollte. Als der Grabstein aufgestellt wurde, waren nur wir beide da und ein Rabbiner, der die Gebete sprach. Es war so traurig.

Ich habe mich die ganze Zeit in Polen sehr unwohl gefühlt. Ich bin wirklich nur gefahren, weil ich bei der Beisetzung dabei sein wollte und weil ich Hela wiedersehen wollte. Ich hatte ihr ein Visum für London besorgt, aber sie wollte den Hund ihres Mannes nicht allein zurücklassen. Sie trauerte um ihren zweiten Mann, trug zwei Jahre lang einen schwarzen Schleier, obwohl er sie geschlagen hatte. Er war ein Kriegsopfer. Er war Doktor der Volkswirtschaft und sprach sieben Sprachen, aber er ist nie darüber hinweggekommen, daß seine ganze Familie ausradiert wurde. Er hat angefangen zu trinken und wurde dann gewalttätig.

Ich habe damals in Polen zwei Konzerte fürs Radio gegeben und mir und Helunia von meiner Gage einen Kurzurlaub an der Ostsee spendiert. Wir haben im Grand Hotel von Sopot gewohnt. Als ich aus Polen ausreiste, wußte ich, daß ich nie wiederkommen würde. Ich war so erleichtert, als ich wieder englischen Boden betreten durfte. Josef hat mich am Flughafen abgeholt, und ich habe zu ihm gesagt: »Küß diese Erde, du kannst froh sein, daß du hier bist und nicht dort.«

Als ich aus Polen zurück war, bin ich sofort wieder schwanger geworden. Ich war überglücklich, daß ich wieder ein Mädchen bekam. Mit sechs Wochen hast du dein Ekzem bekommen. Du hast dich nur gekratzt, warst ein einziges Juckpaket. Nachts mußten wir dir Fäustlinge anziehen, und du hast jede Nacht bis drei Uhr durchgeschrien. Es ist furchtbar, wenn man sein Kind so leiden sieht und nichts tun kann. Wir sind von Arzt zu Arzt gegangen, aber keiner konnte dir helfen. Das erste Jahr war schrecklich hart, wir sind durch die Hölle gegangen, bis du eins wurdest, aber Josef war solch ein Engel, hat sich fast immer um dich gekümmert. Wir waren mit den Nerven ziemlich am Ende, und manchmal konnte ich nicht anders und habe dich und Eve angeschrien. Nach deinem ersten Geburtstag wurde es besser.

Am 16. August 1950 kam Josef mit diesem Brief nach Hause. Er sollte Ende des Monats ins Finanzministerium nach Warschau abberufen werden. Sie boten ihm eine sehr gutbezahlte Stellung. Wir hätten viel mehr gehabt als hier in England; es wäre Vergütungsklasse 4 gewesen, und der Präsident wird nach Klasse 1 bezahlt. Er kam nach Hause und zeigte mir den Brief. »Liebling, ich gehe nicht zurück nach Polen«, habe ich zu ihm gesagt. »Meine Kinder sind beide in England geboren, und ich will nicht zurück zu den Kommunisten. Ich weiß, es wird hart werden, denn wir haben ja kein Geld.« Wir hatten gerade mal 200 Pfund. Er ist dann zurück zur Botschaft gefahren und hat ihnen seine Entscheidung mitgeteilt: »Es tut mir leid, aber ich werde nicht nach Polen gehen. Ich werde um Asyl bitten.«

Er hat um politisches Asyl gebeten und wurde vom britischen Geheimdienst befragt. Sie waren sehr nett zu uns, haben uns Asyl gewährt. Aber dann wurde er arbeitslos. Wo er auch hinkam, überall hat er nur zu hören bekommen, daß er zu alt sei. Er war ja schon fünfzig. Bald steckten wir finanziell in großen Schwierigkeiten, und an Hilfe für die Kinder und im Haushalt war nicht zu denken. Das Geld war schrecklich knapp. Wenn ich hörte, daß sie irgendwo etwas für einen Penny billiger verkauften, habe ich dich in den Kinderwagen gepackt, Eve saß obendrauf in diesem kleinen Sitz, und mich auf den Weg gemacht, auch wenn das Geschäft eine ganze Meile weg war. Hauptsache, ich konnte Geld sparen. Und wenn wir einmal ins Kino wollten, haben Josef und ich getrennt gehen müssen, denn einen Babysitter konnten wir uns nicht leisten. Es war eine sehr harte Zeit, aber wir waren so glücklich, daß wir zwei Kinder hatten, und ich bin in meiner Musik aufgegangen. Wenn ich unglücklich war, habe ich mich ans Klavier gesetzt und gespielt, und dann waren alle Sorgen vergessen. Die Musik hat mich fortgetragen.

AK: Wieder einmal hat dir die Musik geholfen.

NK: Ja. Josef hat ein Jahr lang keine Arbeit gefunden, und ich konnte nur spielen, weil er zu Hause war und mir geholfen hat. Er war sehr deprimiert in diesem Jahr, und so faßte er den Entschluß, nach Israel zu fahren und seine Cousins zu besuchen. Einer von ihnen hat dort beim Finanzministerium gearbeitet und ihm vorgeschlagen, dort eine Stelle anzunehmen. Josef reizte die Vorstellung sehr, aber mich nicht, denn das Leben in Israel war sehr beschwerlich. Wir hätten wieder von vorn anfangen müssen, zum dritten Mal nach dem Krieg, und Künstler hatten es dort wirklich nicht leicht.

Außerdem wollte ich nicht mehr nur unter Juden leben. Ich war ja nur einmal ausschließlich mit Juden zusammengewesen, im Krieg in den Konzentrationslagern, und dort hatte es so viele unangenehme Typen gegeben. Jeder kämpfte nur ums eigene Überleben, und es kamen fast nur die Leute durch, die sich über alles hinwegsetzten und sich keinen Deut um andere kümmerten. Ich wollte nicht mehr nur mit Juden zusammensein, ich habe es vorgezogen, unter Menschen unterschiedlichster Herkunft zu leben – andere Hautfarben, andere Religionen, andere Rassen. Als ich einige Zeit später selbst einmal in Israel war, habe ich gedacht, vielleicht wäre es hier doch besser gewesen. Ich hatte später so viele Freunde dort. Josefs Familie lebte auch in Israel, wir wären dort viel mehr eingebunden gewesen. In England waren wir ja doch ein wenig isoliert, haben uns jahrelang ein bißchen wie Fremde gefühlt, wie Außenseiter, das war kein angenehmes Gefühl; heute ist das ganz anders, schließlich habe ich hier mehr Zeit verbracht als in jedem anderen Land. Und die Stadt war so groß. Mit diesen langen Entfernungen bin ich am Anfang nicht so gut zurechtgekommen.

Aber 1951 habe ich bei der BBC vorgespielt, und von da an habe ich all die Jahre immer wieder fürs Radio Musik gemacht. Es waren mehr als hundert Übertragungen. Ich habe mit allen BBC-Orchestern gespielt. Alles war dabei, Solokonzerte und Konzerte mit Orchesterbegleitung. Ich war in der Wigmore Hall und der Albert Hall, habe bei den Proms gespielt und später dann so oft in der Queen Elizabeth Hall, in der Schweiz bin ich aufgetreten und in Frankreich. In den Fünfzigern habe ich zwei jüdische Frauen gefunden, die mit mir Kammermusik gemacht haben.

Josef ist dann in einer Siebdruckfirma eingestiegen, aber er ist nie glücklich geworden damit. Er war auch Mitherausgeber einer jüdische Zeitung, und später hat er bei der Bank ein Darlehen aufgenommen und Grundstücke aufgekauft. Er haßte es, Vermieter zu sein, er hätte so gerne gemalt, doch es blieb ihm ja nichts anderes übrig.

Im September 1954 wartete ich schon wochenlang auf einen Brief von Hela und machte mir große Sorgen. Dann kam plötzlich ein Telegramm aus Israel. Ich traute mich gar nicht, es aufzumachen, aber schließlich habe ich mir doch ein Herz gefaßt. Es war unglaublich! Es kam von Hela, sie hatte nur drei Worte geschrieben: »Ich bin hier.« In den fünfziger Jahren durfte ja niemand aus Polen ausreisen, doch man hatte sie über die DDR hinausgeschmuggelt und von dort aus nach Israel gebracht. Sie trat dort auf, sie sang, hat Ballettstunden gegeben und Gedichte geschrieben. Und im Frühjahr 1955, es kam ganz plötzlich, hat sie sich auf einmal nicht wohl gefühlt. Sie ist zum Arzt gegangen, und man sagte ihr, daß mit ihrem Darm etwas nicht stimme. Eine Freundin rief mich an und berichtete, Hela ginge es sehr schlecht und sie solle im Juli operiert werden. Wir hatten kein Geld zu der Zeit, waren immer noch so knapp bei Kasse. »Wenn ich Geld hätte, würde ich nach Israel fliegen. Ich wäre so gern bei ihr, wenn sie operiert wird«, sagte ich zu Josef. Er hat kein Wort gesagt, aber am nächsten Tag stand er vor mir und sagte: »Hier ist dein Paß mit dem Visum für Israel und das Flugticket.« – »Wie hast du denn das geschafft«, fragte ich perplex. Er hatte sich an die Fluggesellschaft El Al gewandt und darum gebeten, das Ticket in Raten zahlen zu dürfen.

Also flog ich hin. Sie lag im Krankenhaus Hadassah. Die Operation dauerte fünf Stunden. Der Professor, der sie operierte, hatte sich in sie verliebt und sah aus wie ein gebrochener Mann, als er zu uns herauskam. »Sie hat es überlebt, erst einmal, aber wir wissen nicht, für wie lange«, teilte er uns mit. Hela hatte einen ausgeprägten Lebenswillen – sie wußte nicht, daß sie Krebs hatte –, und schon zwei Wochen später lief sie im Krankenhaus herum, heiterte die anderen Patienten auf, gab kleine Vorstellungen und half sogar den Schwestern bei der Krankenpflege. Ich bin fünf Wochen bei ihr geblieben, und schließlich schien es ihr wirklich ein wenig besser zu gehen.

Als ich wieder in England zurück war, habe ich versucht, ein Visum für sie zu bekommen, aber da war nichts zu machen. Sie kam aus Israel, deshalb wollten sie sie nicht einreisen lassen. Damals durften israelische Staatsbürger nicht einmal zu Besuch nach England kommen. Man wußte zwar, daß sie eine Holocaust-Überlebende war, aber das änderte nichts daran. Wieder rief mich ein Freund aus Israel an. Wie der Professor die Lage einschätze, habe sie nur noch drei Monate zu leben. Dann wurde ich beim Innenministerium vorstellig, und dort hatte ich endlich Glück, sie willigten ein, ihr ein Drei-Monats-Visum auszustellen. Im Februar 1956 flog sie via Paris nach London. Ich wollte sie am Flughafen abholen.

Das Flugzeug kam an, alle Leute stiegen aus, nur von Hela war nichts zu sehen. Ich war außer mir vor Sorge. Plötzlich trat ein Beamter der Einwanderungsbehörde in die Halle. »Ist hier eine Natalia Karpf?« fragte er. Ich sagte ja, und er bat mich, mitzukommen. »Ihre Schwester ist eingetroffen.« Er führte mich zu ihr, doch da sie ja kein Englisch sprach, nur die nötigsten Worte, wandte er sich an mich und fragte in ihrem Beisein: »Wie lange hat sie noch?« Ich antwortete ganz ruhig. »Drei Monate.« Sie bekam das Visum. Es war auf drei Monate oder vielleicht auch ein bißchen länger ausgestellt, und später, als sie schon tot war, bekamen wir Post. Ihr Visum sei abgelaufen, warum sie sich nicht beim Innenministerium gemeldet hätte. »Sie braucht Ihr Visum jetzt nicht mehr, sie liegt hier begraben«, habe ich ihnen geschrieben.

Es war eine Tragödie, so ein Verlust für mich, ein furchtbarer Verlust – und sie war noch so jung, eine so schöne Frau. Ich wurde ängstlicher, als meine Schwester gestorben war, denn sie war die letzte aus meiner Familie gewesen. Auf meiner Seite der Familie lebte niemand mehr. Jetzt hatte ich nur noch meinen Mann und meine beiden Töchter. Als ihr klein wart, hatte ich immer Angst, euch auch noch zu verlieren. Ich habe alles getan, euch zu beschützen. Man ist so schrecklich hilflos, kann nur tatenlos zusehen, wenn die Menschen einfach so aus deinem Leben verschwinden – furchtbar. Lange Zeit war ich verzweifelt, untröstlich. Aber es hat mir sehr geholfen, Kinder zu haben. Ich hatte ja immer etwas zu tun, einkaufen, kochen und alles, was jeden Tag so anfällt, und dann meine Engagements, das hat mir schon geholfen. Aber es war sehr hart.

AK: Als wir klein waren, war unser Zuhause sicher oft von Trauer überschattet.

NK: Ja, das stimmt. Aber es gab auch viele glückliche Zeiten. Ende der Fünfziger hat mich eines Tages eine bekannte polnische Pianistin hier zu Hause besucht. Sie war auf dem Weg nach Dresden, sollte dort mit den Dresdener Philharmonikern spielen, und ich fragte sie, wer denn der Dirigent sei. »Professor Heinz Bongartz«, gab sie zur Antwort. »Nein!« rief ich. »Das ist der Mann, der 1929 mein Konzert mit den Berliner Philharmonikern dirigiert hatte und mit dem ich später noch mehrmals in Deutschland gespielt hatte. Sie müssen ihn auf jeden Fall herzlich von mir grüßen!« Ich wußte, daß er kein Nazi war. Also hat sie ihm erzählt, daß ich noch lebte und jetzt in England wohnte. Er hat wohl überall nach mir geforscht und versucht, mich nach dem Krieg, als ich schon weg war, in Polen ausfindig zu machen, aber er hat nichts über mich herausfinden können. Dann schrieb er mir einen Brief. »Was die Deutschen Ihnen angetan haben, kann ich nicht wiedergutmachen. Aber Sie kennen mich, Sie wissen, wer ich bin, Sie würden mir eine riesige Freude machen, wenn Sie hierher kämen und Tschaikowskis Klavierkonzert mit mir spielen würden.«

Ich wußte nicht, was ich tun sollte, war hin- und hergerissen, denn ich wollte nicht nach Deutschland, ganz besonders nicht in die DDR. Andererseits hätte ich liebend gern das Grab meiner Mutter in Ost-Berlin besucht. Ich war ja das einzige ihrer drei Kinder, das noch lebte. Wir wußten auch gar nicht, ob es politisch sicher war, in die DDR zu reisen, ob ich mich nicht in Gefahr brachte. Josef hat sich dann beim Außenministerium für mich erkundigt. »Ja, sie sollte ruhig fahren«, bekam er zur Antwort. »Was Politiker kaputtmachen, wird von Künstlern wieder aufgebaut.« Jetzt stand mein Entschluß fest, ich würde fahren.

Ich mußte den Zug nehmen, denn es war neblig, und sie haben mich am Bahnhof mit Blumen empfangen. Ich fühlte mich ziemlich unwohl in Deutschland, ich kannte ja auch nur die Bongartz' dort. Das erste Konzert war ausverkauft, und am nächsten Tag spielte ich noch einmal dasselbe Programm. »Sie kam, spielte und siegte«, schrieben die Kritiker. Diese Konzerttour war ein ganz großer Erfolg und zog unzählige Engagements nach sich. Jedesmal, wenn ich nach Deutschland zurückkam, waren die Konzerte schon ein paar Tage vorher ausverkauft. Die Leute haben mich bekniet, ihnen Karten zu besorgen. Die Blumen, die ich überreicht bekam, pflegte ich immer ans Grab meiner Mutter zu bringen. Insgesamt bin ich, laß mich nachdenken, wohl neun Mal nach Deutschland gereist. Aber ich habe meine Kinder schrecklich vermißt und die Stimme meines Mannes, die für mich wie Musik war. So habe ich jeden zweiten Tag zu Hause angerufen und die Tage gezählt, bis ich wieder zurück konnte.

AK: Hast du dich nicht bei deinen Konzerten umgeschaut und manchmal gedacht, dieser Mann dort im Publikum könnte Grunow sein oder einer der anderen …?

NK: … natürlich, sobald ich einen Deutschen gewissen Alters sah, war das so. Einmal traf ich ein Pärchen, es war in Flims in der Schweiz, vielleicht vor fünfzehn Jahren. Er hatte graue Haare, und als ich im Hotel mitbekam, daß sie Deutsch sprachen, habe ich zu ihnen gesagt: »Wenn ich einen deutschen Mann Ihres Alters treffe, stehe ich jedesmal vor der Frage, ob er nicht meinen Vater umgebracht hat.« – »Ach, ich habe Glück gehabt«, antwortete er, »ich mußte nicht an die Front, bin zu Hause geblieben. Ich mußte in die Fabrik. Ich war Ingenieur von Beruf.« Das kann man glauben oder auch nicht. Es war ein nettes Pärchen.

Der jungen Generation habe ich jedoch keinen Vorwurf gemacht. Es waren immer noch Nazis darunter, aber die meisten haben sich mit ihren Eltern und Großeltern auseinandergesetzt, und ich mache ihnen keinen Vorwurf.

Wenn ich mir das Photo von meinem Vater anschaue, muß ich jedesmal darüber nachdenken, was er wohl Schreckliches durchgemacht hat, bevor sie ihn umbrachten – ob sie ihn verbrannt haben, vergast oder wer weiß, was ihnen noch eingefallen ist … Wie kann man mit diesem Wissen weiterleben, mit dem Wissen, was diese Menschen haben leiden müssen? Diese Frage beschäftigt mich immer mehr.

Als ihr beide noch ganz klein wart, habe ich euch nichts vom Krieg erzählt, ich wollte euch nicht aufregen. Wenn kleine Kinder sich anhören müssen, wie jemand getötet oder erschossen wird, bekommen sie nur Angst. Erst als ihr fünf oder sechs wurdet, habe ich euch davon erzählt. Einige meiner Freunde haben ihren Kindern gar nichts gesagt. Sie haben gedacht, sie könnten sie beschützen. Aber ich habe nie gewollt, daß meine Kinder auf diese Weise beschützt werden. Ich wollte, daß ihr die Wahrheit erfahrt. Mir hat es geholfen, und euch wahrscheinlich auch, hoffe ich, auf gewisse Art. Was meinst du?

AK: Ich habe da ganz gemischte Gefühle.

NK: Hätte ich es euch lieber nicht erzählen sollen?

AK: Doch. Aber ob man es erzählt oder es bleiben läßt, es gibt einfach keine gute Art, damit umzugehen.

NK: Da hast du recht.

AK: Ich glaube, wenn man es den Kinder nicht erzählt, merken sie irgendwann, daß man ihnen etwas verheimlicht hat.

Der Gedanke, daß man ihnen etwas Wichtiges vorenthält, ist schrecklich. Und gleichzeitig übernehmen Kinder Verantwortung für alle möglichen Dinge. Ich glaube, daß ich irgendwie das Gefühl hatte, für den Krieg verantwortlich zu sein, daß ich irgendwie daran schuld war, weil ich böse war ...

NK: 1948 oder 1949, ich weiß es nicht mehr genau, sorgte ich dafür, daß Jelinek als Au-pair nach London kommen konnte. Sie bekam eine Pension von den Deutschen, wie wir alle. Mitte der Fünfziger ist sie in eine Wohnung gezogen, die gleich bei uns um die Ecke lag. Wir haben uns oft gesehen, ich war sehr glücklich, sie in der Nähe zu haben. Recia ist 1952 nach London gezogen. Wir drei haben uns oft getroffen. Als Hela kam, waren wir vier wieder beisammen, und wir haben mit Cesia, die ja in Paris lebte, regelmäßig Kontakt gehalten.

Jelinek hat nie die Hoffnung verloren, daß eins ihrer Kinder noch am Leben war und irgendwann zurückkommen würde. Ich habe nicht die leiseste Ahnung, wie der Bruch zwischen uns zustande kam. Sie starb 1983, und ein paar Jahre vorher hat sie Josef plötzlich vorgeworfen, er habe ihr einen falschen Ratschlag gegeben, und von diesem Moment an hat sie nicht mehr mit uns geredet. Ich habe sehr darunter gelitten, daß sie nichts mehr mit uns zu tun haben wollte, schließlich hatten wir den Krieg zusammen überstanden und auch die Zeit danach. Wir haben immer alles gemeinsam erlebt. Dann starb sie, und ich war untröstlich, daß wir uns nicht ausgesöhnt hatten. Ich dachte, ich werde verrückt. Warum? Warum war sie plötzlich so? Und warum hatte ich sie nicht gezwungen, ihre Meinung zu ändern? Aber ich hatte immer Angst, daß sie, wenn ich zu ihr ginge und mit ihr redete, das gesundheitlich nicht überstehen würde. Ich bin so oft mit meinem Enkel an ihrer Wohnung vorbeigegangen, und immer habe ich gedacht, jetzt gehst du rein und sprichst mit ihr, fragst sie, warum sie uns nicht sehen will. Aber ich hatte Angst. Ich verdränge den Gedanken, daß sie tot ist, ich komme einfach nicht darüber hinweg, es schmerzt zu sehr. Sie war so stur. Und verwirrt, so daß sie auf einem Kissen geschlafen hat, in das sie die Zahnspange ihres jüngeren Sohnes und andere Dinge eingenäht hatte. Und am 14. Mai, dem Jahrestag der Selektion [der Kinder, bei dem auch ihr zehnjähriger Sohn Wojtuk in Płaszów von ihr gerissen wurde], hat sie immer gefastet.

AK: Vielleicht war es für sie einfach zu viel, daß du einen Enkel hattest.

NK: Das glaube ich auch.

AK: Ich weiß noch, wie ich sie angefleht habe, doch wieder mit dir zu reden – aber sie wollte nicht.

NK: Ich selbst habe so oft geträumt, daß die Nazis mir meine Kinder nehmen. Ich hatte ja bis nach Kriegsende keine eigenen, aber wir haben so schreckliche Szenen gesehen, wo Kindern etwas angetan wurde, wo sie einfach erschossen wurden. Ich konnte das nicht vergessen, es hat mich immer verfolgt. Und einen Traum habe ich heute noch – Josef hatte den gleichen Traum: Wir fahren mit dem Zug irgendwohin, steigen aus, aber wir kennen den Weg nicht. Wir finden die Straße nicht wieder, das Haus ist weg, nichts ist mehr da, alles völlig fremd, und dann finden wir den Ausgang nicht mehr.

Nach dem Krieg habe ich nur deshalb wieder anfangen können, weil ich meinen Mann hatte. Er hat mich immer beschützt, war so liebevoll, ein wunderbarer Mann. Ich weiß noch, als du nach Oxford gingst, das war ein furchtbarer

Tag für mich. Wir haben dich hingefahren, und als wir wieder zu Hause waren, bin ich in dein Zimmer gegangen und habe geweint, als wäre jemand gestorben. Und Josef war so süß, er sagte zu mir: »Komm, laß uns heute abend nicht zu Hause bleiben, ich lade dich zum Essen ein.«

Es ist schwierig zu begreifen, daß es im Krieg so viel Erniedrigung, so viel Grausamkeit hat geben können, zu begreifen, daß so etwas möglich ist. Manchmal überrascht es mich nicht, wenn sie sagen, das kann ja gar nicht passiert sein, unmöglich, das ist nicht wahr. Es ist wirklich schwer zu verstehen, wie es hat passieren können. Aber es ist wahr. Es ist geschehen.

AK: Und es ist wichtig, daß die Menschen davon erfahren.

NK: Unbedingt. Und zwar jeder, jeder einzelne Mensch, denn es passiert ja wieder. Als wir aus den Lagern kamen, haben wir gedacht, nein, unsere Pässe brauchen wir nicht mehr, so etwas passiert nicht noch mal, wir waren uns ganz sicher. Was für eine Enttäuschung, daß in der Welt wieder so viele Holocausts geschehen, wie in Ruanda und Jugoslawien – es läßt mir die Haare zu Berge stehen. Ich kann es nicht ertragen, die Bilder aus Bosnien zu sehen, es macht mich so wütend. Diese ethnischen Säuberungen, wie verzweifelt die Flüchtlinge sind, diese Tränen, wenn sie ihr Zuhause verlassen müssen mit ihrem Bündel in der Hand – das ist genau dasselbe wie damals im Krieg mit den Juden. Ich sehe die gleichen Bilder wie damals und kann nicht glauben, daß die Geschichte sich wiederholt.

5

Es ist schwer, über Holocaust-Überlebende zu sprechen, ohne in einen ehrfurchtsvollen Ton zu verfallen und ihre leidvollen Erlebnisse zu einer Art Heiligtum zu stilisieren. Man beurteilt sie anders und setzt extrem hohe Maßstäbe an ihr Verhalten, als hätte diese entmenschlichende Erfahrung sie irgendwie geadelt und als hätten sie zusammen mit ihren weltlichen Gütern auch ihre Weltlichkeit verloren. Über Primo Levi hat man oft gesagt, es sei ihm ja kaum anzumerken, daß er den Holocaust erlebt hat. Manche glaubten sogar – oder wollten es gern glauben –, daß seine Erlebnisse ihn zu einem besseren Menschen gemacht hätten. Solche Bemerkungen haben mich immer geärgert und ihn sicherlich genauso. Als sein Selbstmord bekannt wurde, schien alle Welt überrascht.

Niemand sieht, wie viele Teile Überlebende in sich betäubt und abgespalten halten. Ihr Autismus, der bei allen zwangsläufig auftritt, bleibt unsichtbar. Irgendwann wurde mir bewußt, daß mein Gefühl, kein Mensch wie die anderen zu sein, das mich als Kind und Jugendliche so oft gequält hatte, genau damit zusammenhing, mit dieser Unmenge an verdrängten Gefühlen. Ich war P so dankbar, er hat immer gespürt, wieviel Lebendiges in mir schlummerte.

Es gibt ein ganz besonders aussagekräftiges Photo von meiner Mutter aus den fünfziger Jahren, das bei uns im Flur an der Wand hängt, in einer Reihe mit anderen Familienphotos. P und ich nennen diese Ecke halb ernst, halb im Scherz unsere Ahnengalerie. Irgendwann habe ich die wenigen Photos, die mir geblieben waren, aufgehängt, obwohl mir ein bißchen komisch dabei war. Ich wollte eine Familiengeschichte aufzeigen, aber sie kommt mir immer noch unwirklich vor. Ich denke oft, eigentlich haben diese Menschen gar nichts mit dir zu tun. Sie bleiben ihrer eigenen Zeit und Kultur verhaftet und verweigern stur jegliche Beziehung zu meinem Leben. Das Photo ist bei uns im Wohnzimmer aufgenommen worden und zeigt meine Mutter in einem dieser trägerlosen Abendkleider aus Satin; solche Kleider hatte sie viele, sie trug sie immer zu ihren Konzerten. Sie rafft den Rock in einer koketten Geste, als wolle sie einen Knicks machen. Es sieht aus, als wolle sie sagen: »Schaut her, wie hübsch«, aber der traurige Ausdruck in ihrem Gesicht straft sie Lügen und scheint vielmehr zu sagen: »Na und, was soll ich jetzt damit?« Solch ein Gefühl wäre bei uns zu Hause kaum offen ausgesprochen worden.

1988, auf der ersten Internationalen Konferenz der Kinder von Holocaust-Überlebenden in Jerusalem habe ich viele Nachkommen von britischen Überlebenden kennengelernt. Das war eigentlich nicht so ungewöhnlich. Viele Freunde meiner Eltern waren ja in Auschwitz gewesen, und so war ich als Kind ständig mit Vertretern der zweiten Generation zusammen, obwohl wir uns damals natürlich nicht so nannten. Doch hier in Jerusalem traf ich zum ersten Mal Menschen, die nichts mit meinen Eltern zu tun hatten.

Wir haben uns damals vorgenommen, uns regelmäßig zu einem Gruppengespräch zu treffen. Die ersten Treffen fanden 1989 in London statt. Ich kann nicht behaupten, daß ich mich zu Anfang nur wohl gefühlt hätte. Zum Teil lag das sicher daran, daß ich in der Gruppe nur eine unter vielen war. Hier konnte ich mit der Vergangenheit meiner Mutter nicht auftrumpfen, die anderen hatten genauso schauerliche Geschichten zu erzählen. Außerdem fühlte ich mich den anderen überlegen. Viele von ihnen fingen erst gerade an, sich mit der Frage auseinanderzusetzen, wie die Geschichte ihrer Eltern ihr eigenes Leben geprägt hat – Probleme, mit denen ich mich doch schon seit Jahren beschäftigte, in der Therapie und auch für mich allein. Wenn ich schon nichts Besonderes war, war ich ihnen zumindest einen Schritt voraus.

Die ersten Krisen kamen schnell. Unser Hauptproblem war wohl, daß wir als Gruppe schwer mit Verlust umgehen konnten – kein Wunder, in unserem eigenen Leben gelang uns das ja kaum. Wenn jemand aus der Gruppe austrat, konnten wir uns nicht einfach die Frage stellen, warum er oder sie gegangen war und was das für die Gruppe bedeutete. Wir sind dann nur noch näher und enger zusammengerückt.

Für mich trat in diesem Kreis sofort wieder das Problem auf, daß ich die anderen beschützen wollte. Es war mir nur zu bekannt. Wieder wollte ich alle in Schutz nehmen, die kritisiert oder angegriffen wurden, was natürlich dazu beitrug, daß Konflikte nicht offen ausgetragen wurden und wieder kein Platz blieb für meine weniger freundlichen Gefühle. Aber dann sind sie doch aus mir herausgebrochen. In der Gruppe waren nämlich auch Mitglieder, die als Kind den Holocaust mitgemacht hatten – sie waren selbst Überlebende, nicht nur ihre Eltern. In ihrer Gegenwart habe ich immer Hemmungen gehabt, offen über meine oft nicht gerade positiven Gefühle Überlebenden gegenüber zu sprechen. Manchmal dachte ich, es ist fast so, als säßest du mit deinen Eltern in einer Gruppe. Irgendwann habe ich mir ein Herz gefaßt und meine Schwierigkeiten mit dieser Situation angesprochen.

Dennoch wuchsen wir als Gruppe zusammen, und ich identifizierte mich immer mehr mit den anderen Mitgliedern. Trotz all unserer Unterschiede hatten wir vieles gemeinsam. Wenn jemand von seinen Erlebnissen erzählte, wußten wir oft genau, was er meinte, und erkannten uns darin wieder. Wir haben auch viel gelacht bei unseren Treffen. Vor allem verband uns die Tatsache, daß wir uns tatsächlich als Kinder von Holocaust-Überlebenden definierten. Sicher, dieser Umstand prägte nicht unser ganzes Leben – das Trauma unserer Eltern hatte uns gezeichnet, aber es gab natürlich auch andere Einflüsse. Eins wußten wir jedoch alle: Wir hatten uns eingestanden, daß es bestimmte historische und psychologische Einflüsse auf unser Leben gab. Sonst hätten wir uns wohl kaum zu dieser Gruppe zusammengefunden. Das unterschied uns von anderen Kindern von Überlebenden, die sich selbst niemals in solchen Zusammenhängen verstanden.

Eines Tages sprachen wir in der Gruppe darüber, was das Wort Schwäche für unsere Eltern im Krieg bedeutet haben mochte, in einer Zeit, in der nur Stärke gefragt war und Verletzbarkeit sicher fatale Folgen hatte. Überlebende ohne Kontakt zu Menschen in ähnlicher Situation reagieren in Krisen oft nur mit Wut, auch dann, wenn eigentlich Trauer oder Angst angezeigt wären. In diesem Gespräch wurde uns bewußt, daß wir gelernt hatten, auf Schwäche ebenfalls nur mit Verachtung oder Angst zu reagieren, auch wenn sie für uns heute gar nicht mehr so lebensbedrohend war.

Das Wort »Opfer« ist heute völlig stigmatisiert und tausendfach mißbraucht worden. Offenbar können wir die Vorstellung nicht akzeptieren, daß man sich tatsächlich einmal in einer Situation befinden kann, in der man hilflos ist. Lieber werfen wir den Opfern vor, sie hätten sich selbst in diese Lage gebracht. Aber die Menschen, die durch den Holocaust ums Leben gekommen sind, *waren* Opfer. Wie Levi immer wieder hervorhebt, waren fast alle Opfer des Holocausts vollkommen machtlos und konnten an ihrer Situation nicht das geringste ändern. Sicher kursieren sowohl unter den Opfern als auch unter Überlebenden immer wieder die Geschichten, wie sich die Eltern in schwierigen Lagen zu helfen gewußt und wieviel Mut sie aufgebracht hatten – wieviel Glück die einen hatten, wieviel Pech die anderen. Aber wir müssen uns strengstens gegen die Heroisierung und Idealisierung von Überlebenden verwehren, denn das ist nichts weiter als eine zweite Entwürdigung, ein erneuter Versuch, sich nicht damit auseinandersetzen zu müssen, daß alle Opfer des Holocaust ihrer Lage hilflos gegenüberstanden. Schon der Begriff »Opfer« stellt den Glauben an die unbegrenzte Macht des eigenen Willens in Frage, der ja in unserer Familie so tief ausgeprägt war.

Wir sollten auch nicht alles davon abhängig machen, ob Überlebende offen über ihre Erlebnisse sprechen oder nicht. Reden allein ist kein Allheilmittel. Für uns Kinder von Überlebenden, deren Eltern über ihre Vergangenheit gesprochen haben, wurden ihre Erlebnisse irgendwann zu Geschichten, die über die Jahre hinweg wieder und wieder erzählt wurden. Wohl hundertmal haben wir gehört, wie sie es geschafft haben zu überleben, wie sie mit knapper Not dem Tode entronnen sind; immer wieder ging es um das Wie, wurden Theorien aufgestellt, warum gerade sie lebend herausgekommen waren. Und wir hörten von denen, die es nicht geschafft hatten. Unsere Eltern waren Zeitzeugen: Da sich niemand fand, der sich dieser Aufgabe hätte annehmen wollen, bezeugten sie vor ihren Kindern, was sie erlebt hatten. Sie mußten darüber reden, und sie wollten unbedingt, daß die Menschen erfuhren, was geschehen war. Und wie sie es erzählten, so eindringlich und mitreißend und immer wieder von neuem, verwandelten sich die Geschichten für uns irgendwann in Mythen und Fabeln. Wir kannten sie auswendig, konnten ihnen bald sogar die Einsätze geben und sie darauf aufmerksam machen, wenn sie etwas ausgelassen hatten. Die Eltern vertrauten ihre Geschichten den Kindern zur sicheren Aufbewahrung an.

Wen überrascht es, daß manche von uns sich danach sehnten, sich die Erzählungen anzueignen, als seien sie unsere eigenen? Ich habe immer das Gefühl gehabt, daß sich mein Leben um ein Ereignis dreht, das ich nie selbst erlebt habe. Es gibt ein Fernsehspiel über Theresienstadt, in dem die Lagerinsassen am Schluß in den Zug nach Auschwitz gepfercht werden. Als ich diese Szene sah, habe ich regelrecht gegen den Wunsch ankämpfen müssen, mich ihnen anzuschließen. Ich hätte mich liebend gern neben sie ins Bild gesetzt, um endlich die Sehnsucht nach etwas zu stillen, das immer wie eine drohende düstere Wolke über mir geschwebt hat. Ich habe diese Ereignisse nie als längst vergangene Geschichte begreifen können.

Die anderen Mitglieder der Gruppe haben mich mit ihren Einsichten überrascht. Oft trafen sie den Nagel auf den Kopf. Als ich im fünften Monat schwanger war, wurde ich nach Paris gerufen, weil ich dort eine Reihe von Vorträgen halten sollte. Dummerweise hatte ich mich einverstanden erklärt, vor einer großen Gruppe eine Rede zu halten, zu der auch Mitterands wissenschaftlicher Berater eingeladen war. Ich wurde von Tag zu Tag nervöser bei dem Gedanken. Ob ich das schaffen würde? Es war das letzte Mal, daß P und ich ohne Kind nach Paris reisen würden, doch ich konnte mich nicht darüber freuen, mir war nur noch flau im Magen. Der Gedanke an diese vertrackte Rede hat mich – wie so viele andere Ereignisse und Situationen – bis in den Schlaf verfolgt. Als ich eines Tages mit einer Frau aus der Gruppe an der Straßenecke stand und wir noch ein wenig plauderten, sagte sie plötzlich: »Alle Leute hätten vor einer solchen Herausforderung Angst, aber für uns wird so etwas gleich zu einer Frage über Leben und Tod. Für uns geht es dabei ums Überleben.« Ihre Worte trafen mich bis ins Mark, und es fiel mir wie Schuppen von den Augen. Genau das war's, was ich immer wieder erlebte, diese Ausbrüche von Panik und Angst, die alles andere in mir ausgelöscht haben.

Ich verfiel mit schönster Regelmäßigkeit in diesen Zustand. Wann immer ich unter Druck geriet – sei es, daß ich mit mehreren Arbeiten unter Termindruck stand oder daß verschiedene Dinge dringend erledigt werden mußten –, übernahm die Angst das Ruder, und mein normales Leben war so lange auf Eis gelegt, bis die Arbeit endlich erledigt war. Danach fühlte ich mich jedesmal ungemein erleichtert. Ich freute mich diebisch, daß ich den Pflichten entronnen war, und kehrte zu meinem normalen Leben zurück, bis das Ganze wieder von vorn begann. Es war ein ewiger Kreislauf: Das Schlechte machte dem Guten Platz, gefolgt von einer Phase extremer Anspannung. Die Zeiten, in denen es mir gutging, blieben kurz, ich konnte sie einfach nicht festhalten. Mein Leben war von Zwängen und dem Gedanken an Flucht bestimmt – eine neue Katastrophe lauerte ja schon hinter der nächsten Ecke. Ich hatte offenbar das zwanghafte Bedürfnis, mich einzusperren und danach wieder freizulassen, hatte mir im Innern ein eigenes Konzentrationslager geschaffen, in dem ich zwei Rollen gleichzeitig spielte: die des Aufsehers und die der Insassin. Ich war wie besessen davon, den Akt des Überlebens immer wieder in meinem eigenen Leben nachzuspielen.

Ich bemühte mich natürlich, etwas dagegen zu tun. Ich habe zum Beispiel Listen geführt, die mir helfen sollten, meinen Tag zu strukturieren. An ihnen ließ sich auch mein Angstpegel gut ablesen. Ich habe über jede Sekunde des Tages Buch geführt und alles, was zu tun war, peinlich genau eingetragen. P machte sich manchmal darüber lustig und witzelte, ganz oben müsse erst einmal A wie Atmen stehen. Jeder noch so winzige Teil meines Lebens war festgehalten, eingefangen, kontrolliert. Meine Gestapo war die Zeit.

Natürlich dauerte es nicht lange, bis mir die Liste zur Qual wurde: Wie in einem Science-fiction-Film verwandelte sich die Liste, die mir helfen sollte, mein Leben zu kontrollieren, in ein strafendes Instrument, das *mich* kontrollierte. Morgens wurde ich schon ganz nervös, wenn ich las, was es an diesem Tag alles zu erledigen gab. Mein Körper verspannte sich – mein Atem wurde flach, die Schultern gekrümmt, der Nacken steif und starr wie ein Schraubstock, all diese körperlichen Tricks, mit denen ich mich in jemanden verwandelte, der nur noch Druck und Zwang auf sich selbst ausüben kann. Um so, wie meine Therapeutin mir erklärte, wieder an den Ort in mir zurückzukehren, an dem ich mich am sichersten fühlte, dieses Refugium, in dem es mir einfach nur schlecht ging. Irgendwann blieb mir nichts anderes übrig, als meine eigene Liste zu sabotieren – allerdings nur, um dann sofort eine neue zu schreiben.

In dem 1993 in Australien gedrehten Film »Angst!«, in dem es um drei Komiker geht, die alle drei Kinder von Holocaust-Überlebenden sind, sagt eine der Darstellerinnen, sie müsse sich ständig daran erinnern, daß sie ja nie selbst in einem Konzentrationslager gewesen wäre. Sie könne nichts dagegen tun, wann immer sie ängstlich oder wütend sei, verfalle sie unweigerlich in diese Art zu denken. An P konnte ich immer wunderbar ablesen, wie sich andere, »normale« Menschen in schwierigen Situationen verhalten. Sicher, er hatte auch seine Krisen und seine inneren Kämpfe, aber für ihn ging es dabei nicht um Leben und Tod. Er freute sich über Erfolge, aber sie waren für ihn nicht so existentiell wichtig wie für mich, und er hat sich auch von Mißerfolgen nicht völlig aus der Bahn werfen lassen. Offenbar konnte er sich damit abfinden, daß es Gutes und Böses gibt und manche Dinge einfach geschehen, ohne daß wir sie kontrollieren können. Er war nicht ständig diesem quälenden Zwang ausgesetzt, sich zu versichern, daß das Leben irgendwie weiterging.

Trotz all dieser Schwierigkeiten bekam mir die Schwangerschaft gut, ich blühte regelrecht auf. Und sie brachte mich meinen Eltern noch ein Stückchen näher. Am Tag vor der Fruchtwasseruntersuchung kam meine Mutter und brachte mir eine schöne weite Strickjacke mit, rot war sie, die sie eigentlich für sich selbst gestrickt hatte. Ich verliebte mich sofort in das Stück und zog es am nächsten Tag an. Man konnte sich wunderbar hineinkuscheln, sie war wie eine hellrote Plazenta, die mir Kraft gab und mich nährte, so wie ich meinem Kind Kraft gab. Ich glaube, es war seit Jahren das erste Geschenk, das ich von meiner Mutter annahm.

Körperlich ging es mir blendend, und ich war freudig erregt, endlich in den Club der »Normalen« aufgenommen zu werden – jetzt mußte ich nie wieder Frauen mit Kindern neidisch hinterherschauen. Aber die Schwangerschaft war von Ängsten überschattet. War ich überhaupt fähig, mich auf ein Baby einzulassen und all die Anforderungen zu erfüllen, die es an mich stellte? Würde ich damit umgehen können, daß es restlos abhängig war von mir? Fast alle Schwangeren kennen diese Sorgen, in unserer hochtechnisierten Medizin werden sie allerdings heruntergespielt oder einfach ignoriert. Aber ich stellte mir bald die bange Frage, ob meine düsteren Gedanken nicht dem Kind schaden würden. Ich achtete auf meine Ernährung und hielt mich fit. In diesen Punkten gab ich mir so viel Mühe, doch diese Panikattacken würden sicher wieder alles zunichte machen und sich auf das Kind übertragen. Ich habe damals viel Zuspruch und Trost gebraucht. Ständig mußte man mir versichern, daß meine Ängste dem Kind nicht schaden würden. Und dann dachte ich darüber nach, wie ich dem Kind je ein Gefühl der Sicherheit würde vermitteln können. Für mich selbst war Sicherheit doch fast ein Fremdwort. Auch wenn meine Eltern damals das Beste für mich gewollt hatten, Sicherheit hatten sie mir wohl kaum vermitteln können, als ich ein Baby war – so nahm ich zumindest an.

Drei Wochen mußten wir auf die Ergebnisse der Fruchtwasseruntersuchung warten. Mir kam die Zeit endlos vor und ich malte mir sage und schreibe über dreißig Behinderungen aus, die schließlich zum Tod führen würden. Dann kam der ersehnte Tag, und das Ergebnis war negativ. P und ich beschlossen, das freudige Ereignis zu feiern, und fuhren für ein paar Tage nach Wales. Auf der Fahrt dorthin erlaubte ich mir zum ersten Mal den Gedanken, daß das Kind gesund war und in meinem Bauch heranwuchs. Ich würde es nicht durch eine Fehlgeburt oder Abtreibung aufgrund der Frühdiagnose verlieren. Und im nächsten Moment dachte ich plötzlich, warum mußt du das Kind in England zur Welt bringen, warum gerade hier, in diesem Land, in dem du nur zufällig gelandet bist und niemand aus deiner Familie gelebt hat? In dieser Sekunde wurde mir schmerzlich bewußt, daß mir hier jegliche Tradition fehlte. Ich hatte noch nicht einmal ein Willkommensgeschenk für mein Kind – ich besaß keinen silbernen Löffel, keinen Spitzenschal meiner Großmutter, nichts. Ich wußte nicht einmal genau, ob Juden überhaupt solche Geschenke machen – vielleicht war das ja eher bei Taufen so üblich. Aber die Tatsache, daß ich mit leeren Händen dastand, machte mir noch einmal den Bruch in unserer Familiengeschichte deutlich, und ich wurde plötzlich sehr traurig. Als wir nach Tenby kamen, haben wir in einem Restaurant gegessen, das liebevoll mit alten Möbelstücken ausgestattet war. Unter all den alten Schätzen war auch ein antiker Kinderhochstuhl. Ich habe mich sofort in ihn verliebt. Genau so einen willst du haben, schoß es mir durch den Kopf. Es hat mich nicht mehr losgelassen. Ich habe P stundenlang durch die Antiquitätengeschäfte der Stadt geschleppt, bis mir irgendwann der Gedanke kam, wie pathetisch diese Geste sein würde. Es ist ja, als wolltest du dir ein Wappen oder irgendein Erbstück kaufen, dachte ich. Schließlich kannst du echte Familiengeschichte nicht herbeiwünschen oder einfach aus dem Hut zaubern. Keins der Erbstücke aus unserer Familie hatte den Krieg überlebt. Wir hatten noch Glück gehabt, im Unterschied zu vielen anderen Familien von Überlebenden besaßen wir immerhin noch Photos aus der Zeit vor dem Krieg. Ich wunderte mich über mich selbst, daß ich diesen Verlust auf einmal so deutlich spürte – schließlich waren wir mit dem Wissen aufgewachsen, daß in unserer Familie alles verlorengegangen war.

Wenn ich mir heute meine Tochter anschaue, die jetzt sechs Jahre alt ist, sehe ich so viel aus unserer Familie in ihr, daß es gar keine äußere Bestätigung braucht. Ob ich ihr nun ein Erbstück bieten konnte oder nicht, sie hat auf jeden Fall vieles aus der Kultur meiner Eltern in sich aufgenommen. Sie liebt es, zu Klezmer-Musik zu tanzen, aber genauso gern schaut sie sich die Power Rangers im Fernsehen an. Das ist wohl eine Art Osmose durch die Generationen hindurch. Kinder nehmen ganz automatisch Dinge von den älteren Generationen an, ohne daß man viel dazu tun müßte. Mißtrauisch wie ich nun einmal bin, helfe ich diesem Prozeß allerdings gern ein wenig nach.

Der Geburtstermin war der 1. September 1989 – fünfzig Jahre nach dem Einfall der Nazis in Polen. Eine meiner besten Freundinnen behauptete mit größter Selbstverständlichkeit, das Kind käme entweder genau an diesem Tag zur Welt oder aber am 3. September – fünfzig Jahre nach Beginn des Zweiten Weltkriegs. Kein Kind, das in einer Familie wie der unsrigen geboren würde, könnte sich der Symbolik dieser Daten entziehen, sagte sie im Brustton der Überzeugung. B kam prompt am 3. September zur Welt.

Die ersten Wochen waren die reinste Zerreißprobe, stellten alle lieben Gewohnheiten und alles, was meinem Leben Halt gab, auf den Kopf. Statt dessen war da nur dunkle Unordnung, ein primitives, erschreckendes Chaos. Der Bruch zwischen Gut und Böse war Fleisch geworden, meine Brustwarzen so rissig und wund, daß eine tiefe Furche entstand, die sie in zwei Hälften teilte. Selbst der Stillberaterin im Krankenhaus, die ja in ihrer Praxis schon vieles gesehen hatte, war so etwas noch nicht untergekommen. Natürlich gab es auch einen physiologischen Grund dafür – die Hebammen hatten mich völlig falsch beraten –, aber es hatte sicher auch damit zu tun, daß ich kein bißchen Vertrauen in meine Fähigkeiten als Mutter gehabt habe. Wenn B Milch erbrach, fanden sich jedesmal Spuren von meinem Blut darin. Ich sah in ihnen das Böse, das ich ihr mitgegeben hatte. Ich konnte das Wort »Milch« nicht einmal aussprechen und habe jedesmal automatisch »Blut« gesagt. Danach war ich entsetzt – wie konnte ich nur? B hat ohne Unterbrechung geschrien, weil sie ständig Hunger hatte, und so habe ich ihr immer wieder die Brust gegeben. Es hat so weh getan, daß ich jedesmal zusammenzuckte. B spürte natürlich meinen Widerstand und trank immer nur wenig. Zu Anfang hat sie nur abgenommen. Irgendwie schien alles schief zu gehen.

Die Erfahrung, Mutter zu werden, war in diesen ersten Monaten für mich gleichbedeutend mit völliger Selbstaufgabe. Jetzt hatte ich doch gerade erst ein Selbst gewonnen, so rudimentär es auch sein mochte, und schon sollte ich alles wieder hergeben? Auf gewisser Ebene schien dieses Kind an die Stelle meiner Mutter zu treten. Ich wußte, ich mußte alles hergeben, damit dieses Wesen überlebte. Wenn ich darüber nachdachte, wie meine Mutter damals uns bekommen hatte, sah ich ihre Erfahrungen plötzlich in einem ganz anderen Licht. Ich hatte ja schon unter ganz gewöhnlichen Umständen solche Schwierigkeiten, mein Kind zu versorgen, wie hatte sie das bloß schaffen können? Wo sie doch gerade erst dem Konzentrationslager entronnen war, und dann in einem fremden Land, ohne die Sprache zu beherrschen, ohne Freunde, Verbindungen, ohne Geld, unglaublich! Am liebsten hätte ich meine Therapeutin gebeten, mir einen Teil des Honorars zurückzuerstatten.

Als B drei Wochen alt war, hat man mich im Krankenhaus überredet, die Stillmahlzeiten langsam durch die Flasche zu ersetzen. Aber ich war fest entschlossen, diese Konkurrenz aus Gummi zu besiegen. Einen Monat später habe ich damit angefangen, ihr fast jede Stunde die Brust zu geben, um die Milchproduktion anzuregen. Nach sechs Wochen eiserner Disziplin gewann ich langsam an Selbstvertrauen und B an Gewicht. Ich war selig. Die Fläschchen habe ich gleich in den Müll geworfen. Als B fast drei Monate alt war, sind auch meine Brustwarzen endlich vollständig verheilt. Ich habe sie dann bis zum Alter von fast zwei Jahren gestillt.

Erst als B drei Jahre war und ein kleines süßes Pummelchen, habe ich gemerkt, daß ich mich unwillentlich zu einer dieser jüdischen Mütter entwickelt hatte, die immer darauf bedacht sind, daß ihr Kind ordentlich ißt. »Nun iß doch, Kind« – diese Worte hatte ich nie zu ihr gesagt, höchstens einmal im Scherz, um mein eigenes Verhalten zu beschreiben. Aber in diesen ersten Monaten waren die wöchentlichen Termine im Krankenhaus extrem wichtig für mich. Ich war jedesmal stolz, wenn sie wieder ein paar Gramm zugenommen hatte. Die Untersuchungen gaben mir einfach die Gewißheit, daß sie überleben würde. B war eine gute Esserin – Essen machte ihr sichtlich Freude, sie probierte alles, was wir ihr vorsetzten –, und wir hatten uns angewöhnt, sie zu füttern, bis sie pappsatt war. Eines Tages, als sie drei war, dachte ich darüber nach, wie es mir gehen würde, wenn sie nur durchschnittliches Gewicht hätte oder sogar weniger als das wie ich als Kind. Und sofort war die Angst da. Ich wußte, das würde ich nicht ertragen, ich würde mir schreckliche Sorgen machen, sie zu verlieren. Offenbar glaubte ich immer noch, daß ihr Leben an einem äußerst dünnen Faden hing. Ich merkte, daß ich immer versucht hatte, sie mit Essen am Leben zu erhalten.

Danach wurde ich ein wenig lockerer, und Bs Gewicht hat sich schließlich ganz allein auf ein natürliches Maß eingependelt. Sie war ein eher kräftiges Kind, aber nicht dick. Doch das Thema Essen blieb für mich extrem belastet. Ich war immer noch überzeugt, ihr mit Nahrung auch in anderer Hinsicht Gutes tun zu können. P und ich waren ungemein stolz darauf, daß sie als Baby nicht einmal ein gekauftes Gläschen bekommen hat – als hätte ein kleiner Löffel Heinz-Möhrenbrei sie gleich vergiftet. Sie ißt heute immer noch gern gesund, auch internationale Gerichte mag sie gern. Ich brauche wohl kaum zu erwähnen, daß eine ordentliche Portion Hamburger und Pommes natürlich durch nichts zu schlagen ist.

Unsere Bemühungen, ihre Geschmacksknospen nicht zu verderben, hatten einerseits damit zu tun, daß wir sie gesund ernähren wollten, und es hat uns viel Spaß gemacht, ihr die Freude am Essen nahezubringen. Aber ich glaube, vorrangig war unser Wunsch, daß es ihr an nichts fehlen sollte. Wir wollten das Beste für sie, alles hatte perfekt zu sein. Wenn es ihr mal nicht gutging, war ich sofort in tiefster Sorge und habe sie mit Argusaugen überwacht. Ob sich meine Schwierigkeiten nicht doch auf sie übertragen hatten? Das ging lange Zeit so, bis ich gemerkt habe, daß mir dieses Verhalten ziemlich bekannt vorkam. Dieses Bestreben, meine Tochter unbedingt vor meinen Problemen schützen zu wollen, klang doch ganz nach meiner Mutter, die immer gedacht hatte, sie könnte ihre Kinder vor den eigenen Erlebnissen abschirmen.

Fünf Jahre später, als B gerade ein halbes Jahr in der Schule war, wurde sie plötzlich wieder zur Bettnässerin. Ich war entsetzt, denn dies war ja das klassische Anzeichen für Trennungsängste. Zum Glück gab uns der Schularzt einen guten

Tip und stellte ein Trainingsprogramm für sie auf, so daß das Problem bald vergessen war. In den letzten Tagen hatte ich eine Art Tagtraum, in dem sich B wütend vor mir aufbaute. »Alle anderen dürfen Trennungsängste haben«, hat sie mit mir geschimpft, »warum ich nicht?« Und da wurde mir klar, daß ich immer so sehr darauf gepocht hatte, sie solle anders sein als ich, daß ich ihr nicht einmal ein ganz normales Ablösungsproblem zugestehen konnte.

Doch vielleicht war sie gesünder, als ich dachte. Im Alter von zweieinhalb hat sie einmal einen furchtbaren Wutanfall bekommen und mit einem Holzschuh nach mir geworfen. Mir wurde schwarz vor Augen, und ich fürchtete schon, als erste Frau, die von ihrer zweijährigen Tochter mit einem Schuh erschlagen wurde in die Statistiken über Muttermorde einzugehen. Ich habe mit meiner Therapeutin darüber gesprochen, aber sie machte mir Mut und interpretierte das Problem ganz anders. Ich hätte gelernt, meine eigenen sadistischen Seiten zu akzeptieren, und deshalb sei nun auch meine Tochter in der Lage, ihre Wut zu zeigen; seit meine Tochter auf der Welt war, wußte ich plötzlich, was Wut war, sie war wie ein Geysir in mir ausgebrochen.

Und dann, vielleicht ein paar Wochen später, hat sie zu P gesagt: »Immer wollen alle, daß ich lieb bin. Ich will aber lieber böse sein. Ein Glück, daß ich das zu Hause darf.« Dieser Satz hat das Eis gebrochen. Für mich war das der klassische Beweis dafür, daß sie vollkommen gesund reagierte. Sie war nicht ich. Ehrlich gesagt, fand ich, daß sie mit ihren zwei Jahren ihre Gefühle viel selbstverständlicher ausdrükken konnte als ich noch mit dreißig Jahren. Auf jeden Fall kannte sie ein viel breiteres Spektrum an Empfindungen und lebte diese Gefühle auch aus. Einmal platzte mir allerdings der Kragen. Sie war ungefähr sechs, und wir gerieten ziemlich heftig aneinander, weil sie partout nicht so wollte wie ich und meine Laune zudem nicht gerade die beste war.

Sie beschwerte sich, ich hätte ihre Gefühle verletzt, und da fuhr ich sie an: »Leider hast du ein bißchen zu viele Gefühle, meine liebe Tochter!« Zuerst war ich über mich selbst erschrocken. Es wurmte mich, so etwas nun gerade aus meinem Munde zu hören, aber dann kam mir der Gedanke, daß ich mich eigentlich beglückwünschen durfte. Meine Reaktion bewies ja, daß auch ich mich weiterentwickelt hatte und mich nicht mehr pausenlos verpflichtet fühlte, zu kompensieren, was ich als Kind nicht gehabt hatte.

Ich ertappte mich allerdings oft dabei, daß ich in vielem genauso reagierte wie meine Mutter. Wenn B einmal hinfiel, sagte sie sofort: »Nichts passiert, Mama.« Ich habe sie dann darauf angesprochen, woraufhin sie mir erklärte: »Aber du machst dir doch immer gleich Sorgen.« Als sie klein war, habe ich oft Dinge von ihr erwartet, die gar nicht ihrem Alter entsprachen. Es kam mir offenbar nicht in den Sinn, daß Kinder keine kleinen Erwachsenen sind, daß sie sich gar nicht so verhalten können und dies auch gar nicht gesund wäre. Vielleicht lag das daran, daß ich selbst nicht wirklich habe Kind sein dürfen. Mir fiel zum Beispiel auf, daß ich sie immer dazu anhielt, auf ihre Spielsachen achtzugeben. Ich hatte es gerne, wenn alles schön sortiert und weggepackt war – ehrlich gesagt –, wenn sie nicht benutzt wurden. Ich bin als Kind immer so sorgsam mit meinen Sachen umgegangen, daß sie extrem lange gehalten haben, viel länger als bei anderen Kindern. P und ich sahen es zwar nicht ein, Unsummen für Spielsachen auszugeben, aber ich war immer glücklich, wenn ich wußte, sie hat alles, und die Sachen liegen heil, und sicher und ordentlich gestapelt im Schrank. Manchmal waren mir meine ständigen Ermahnungen selbst ein bißchen unheimlich. Eines Tages wies mich die Therapeutin sanft darauf hin, daß Spielsachen dazu da sind, benutzt zu werden, und daß sie sogar mal kaputtgehen dürfen. Kinder könnten nicht richtig spielen, wenn man sich so übertriebene Sorgen macht. Von diesem Tag an habe ich mich zurückgehalten, und heute sagt B ganz selbstverständlich: »Das ist meins, ich kann damit tun, was ich will.« Ihre unbekümmerte Art macht mich stolz und ein bißchen neidisch zugleich.

Meine Eltern waren von Anfang an völlig vernarrt in das Kind. Für sie war es ein Wunder, daß sie die Geburt ihrer Enkelin überhaupt erleben durften, nachdem sie so oft um ein Haar dem Tod entronnen waren. Außerdem hatte mich meine Mutter ziemlich spät bekommen, und auch ich war ja nicht gerade jung, als B auf die Welt kam. Sie haben zweimal in der Woche auf B aufgepaßt, wenn ich zu meiner Therapie ging. B war etwa drei, als ich sie eines Nachmittags abholen wollte und zu meinem Entsetzen feststellen mußte, daß der Fernseher lief. Ich habe mit meiner Mutter darüber gesprochen, daß mir das nicht recht sei. Eine Woche darauf war ich wieder da. Ich schloß die Haustür auf und hörte gerade noch, wie jemand schnell den Fernseher ausschaltete. Wenn es einen Gott oder eine Göttin gibt, so hat er oder sie es faustdick hinter den Ohren und macht sich einen diebischen Spaß daraus, uns hinters Licht zu führen und uns die eigenen Schandtaten heimzuzahlen. Damals, als meine Schwester und ich bei uns zu Hause reumütig das Antennenkabel haben verschwinden lassen, wäre uns im Traum nicht eingefallen, daß meine Eltern es uns eines Tages mit gleicher Münze heimzahlen könnten.

Als B dreieinhalb war, war sie einmal allein mit meiner Mutter, und da hat sie sich nach der Tätowierung auf ihrem Arm erkundigt. Mutter erklärte ihr: »Es hat einen Krieg gegeben, und da gab es Böse und Gute. Die Bösen waren die Deutschen, und sie haben mir die Tätowierung gemacht, aber es hat auch ein paar gute Deutsche gegeben.« – »Oh je«, hat B daraufhin geseufzt, und danach war das Thema für sie erledigt. In der Nacht schlief sie sehr unruhig. Vier Tage später hat sie meine Mutter gebeten, ihr noch einmal die Tätowierung zu zeigen. »So was will ich nicht haben«, meinte sie, »und deine puste ich jetzt weg.« Wir fanden es richtig, daß meine Mutter auf ihre Frage geantwortet hatte, aber wir haben sie gebeten, möglichst nicht vom Krieg zu erzählen, wenn B dabei war. Das wollten wir ihr lieber selbst erklären, auf unsere Art, und zwar dann, wenn es uns richtig schien. Aber uns war selbst nicht ganz klar, wie wir es erzählen sollten, ohne auch in ihr das Gefühl zu erwecken, verfolgt zu sein, und ohne Juden als ewige Opfer darzustellen. Ich kann nicht behaupten, daß ich mich auf diese Aufgabe gefreut hätte.

Mit Bs Geburt heilte die Beziehung zwischen meinen Eltern, P und mir endgültig aus, und ich kann sogar genau sagen, wann dies für alle sichtbar wurde. Es war an Weihnachten 1989, als wir uns alle im Haus meiner Schwester getroffen haben. B war nicht ganz vier Monate alt. Ich war glücklich, und meine Eltern zeigten sich beeindruckt, wie begeistert P mir dabei half, das Kind zu versorgen. Er hatte seine volle Stelle gegen einen Halbtagsjob eingetauscht. Außerdem hatte er Stunden damit zugebracht, nachts, wenn er dran war, auf B aufzupassen, und sie gerade schlief, die Aufnahmen, die mein Vater damals von den vielen BBC-Konzerten meiner Mutter gemacht hatte, von Tonband auf Kassetten zu überspielen. An diesem Abend hat er meiner Mutter eine große Kiste mit den Bändern überreicht, und dazu je ein Päckchen Kopien für meine Schwester und mich. Sie war gerührt und sagte, für diese Sisyphusarbeit müßte man ihn zum Ritter schlagen. P ist ja nicht gerade auf den Mund gefallen. »Keine Ursache, der bin ich schon«, meinte er gleichmütig, »Lady Bs Ritter der schlaflosen Nächte.« Die ganze Runde lachte. Man hat ihnen angesehen, wie erleichtert sie waren, daß so etwas wieder möglich war. Von diesem Moment an war die Vergangenheit vergessen, und alle haben ihn wieder mit offenen Armen in die Familie aufgenommen. Meine Mutter hat sogar ihren Bridge-Freundinnen erzählt, wie schlecht sie einst über ihn gedacht hat. Keine größere Ehre kann eine jüdische Mutter dem Partner ihrer Tochter erweisen, als vor ihren Bridge-Gefährtinnen mit ihm zu prahlen.

Meine Familie hat den *Seder*-Abend immer groß gefeiert. Einer der besten Freunde meiner Eltern, Rafael Scharf, den alle Felek nannten, sagte später, es sei eine beinah ökumenische Institution gewesen. Es waren immer auch nichtjüdische Freunde da und andere Überlebende, die kaum gläubig waren. Felek und mein Vater waren für den religiösen Teil zuständig. Feleks Spezialität war eine wundersam verkürzte Lesung, die er auf seine ganz eigene, häufig komische Art gestaltete. Wenn er seine spitzen Nebenbemerkungen fallen ließ, konnten wir uns oft kaum halten vor lachen. Das Schöne war, daß wir so schnell zum kulinarischen Teil des Abends übergehen konnten.

Seder, die Geschichte der Flucht und des Überlebens, feiert den Auszug der Juden aus Ägypten und hat natürlich für Holocaust-Überlebende eine ganz besondere Bedeutung. Doch immer wenn die Geschichte an die Stelle kam, in der alle dazu aufgerufen werden, sich vorzustellen, persönlich bei dem Auszug dabeizusein, wurde mir mulmig. Diese betonte Vermischung von denen, die tatsächlich dabei waren, und ihrer Nachkommenschaft hatte zuviel schmerzlichen Bezug zu meinem eigenen Leben.

Als meine Eltern älter wurden und meine Schwester mehr und mehr das Interesse verlor, feierten wir nur noch im kleinen Kreis, wir drei und meine Eltern. Ab und zu kam vielleicht noch ein Freund vorbei. Aber 1992 beschloß meine Mutter, Seder noch einmal ganz groß zu feiern, ganz so wie früher. Sie wollte, daß B das Fest in all seiner Pracht kennenlernte, nur noch ein einziges Mal. Ich war so sicher, daß es wirklich das einzige Mal bliebe, daß ich in mein Tagebuch »Der letzte Seder-Abend« schrieb.

Noch einmal versammelten wir uns im Salon meiner Eltern um den festlich gedeckten Tisch. Noch einmal gelang es Felek, die Gebete auf seine ulkige Art verkürzt vorzutragen. Diesmal wurde es zu einem besonderen bedeutungsvollen Fest.

Es war Tradition, daß Felek nach dem Festmahl und den Gebeten irgendein Thema zur Sprache brachte, über das dann lebhaft diskutiert wurde. Einmal stellte er die Frage, ob die Krematorien in Auschwitz, die langsam verfielen, wieder restauriert werden sollten, ein andermal sprachen wir über Primo Levi – hier habe ich seinen Namen zum ersten Mal gehört. An diesem Abend erzählte Felek eine Geschichte, die uns alle in ihren Bann schlug. Er war damals in Krakau auf dasselbe hebräische Gymnasium gegangen wie meine Mutter, und sie hatten beide bei einem besonders belesenen Lehrer Unterricht gehabt. Er hieß Benzion Rappaport. Felek war damals, als er etwa dreizehn war, jeden Morgen zu spät zur Schule gekommen, weil er zu Hause erst noch die Tefillin anlegte, um die Morgengebete zu verrichten. Seine Mutter wußte sich mit dem Jungen nicht mehr zu helfen und fragte den Lehrer um Rat. Und so hat Rappaport Felek damals ins Gewissen geredet. Er hat die Worte seines Lehrers nie wieder vergessen. Der Unterricht, erklärte er ihm, sei auch eine Form des Gebets, und ein Schuljunge müsse deshalb die Morgengebete etwas kürzer gestalten. Statt dessen solle er sich jeden Morgen die Frage stellen: »Ma chovato be'olamo?« – »Was sind deine Pflichten auf dieser Welt?« Von diesem Tag an hat Felek nie wieder die Tefillin angelegt. Diese erste Unterweisung in weltlicher Ethik muß ihn so beeindruckt haben, daß er der Liturgie für immer den Rücken kehrte und sich von nun an mit Begeisterung den allgemein moralischen Fragen des

Judaismus zugewandt hat. Wer weiß, vielleicht verdanken wir ihm sogar unsere kurzweiligen Seder-Abende!

Aber diese Geschichte hat noch ein Nachspiel. Im Juni 1945 ist Felek in Warschau. Er hat den Krieg in London verbracht, ist jetzt Sergeant der britischen Armee und nach Polen zurückgekommen, um seine Mutter abzuholen, die wie durch ein Wunder den Krieg in Polen überlebt hat. Im Foyer des Hotels Polonia, einem der wenigen Gebäude, das den Krieg überdauerte hat – sogar das Dach ist heil geblieben – und jetzt die Britische Botschaft beherbergt, herrscht geschäftiges Treiben. Felek entdeckt in der Menge einen alten Schulfreund, der gerade aus Palästina zurückgekommen ist, weil er nach Überlebenden suchen will. Sie fallen sich in die Arme, tauschen aufgeregt Neuigkeiten über gemeinsame Freunde aus, als plötzlich ein polnischer Bauer auf sie zutritt. Er hat sie schon eine Weile beobachtet. »Seid ihr Juden?« fragt er. »Ja, sind wir«, geben die beiden zur Antwort, woraufhin er einen Stapel Papiere aus seiner Brusttasche zieht und sie ihnen in die Hand drückt. Es sind Seiten aus einem Schreibheft, eng mit hebräischer Schrift beschrieben. Die Tinte ist schon ein wenig verblaßt. Dazu ein Stück Papier, auf dem auf polnisch die Worte stehen: »Edler Finder! Dies ist die Arbeit eines ganzen Lebens. Sorge dafür, daß sie in gute Hände kommt.«

Sie schauen sich das hebräische Manuskript an und können nicht glauben, was sie da sehen, denn es ist das Werk Benzion Rappaports. Er hat es aus dem Zug geworfen, der ihn ins Todeslager nach Belzec trug. Der Mann, der hier vor ihnen steht, hat es irgendwo auf einem Feld gefunden. Er hat die polnischen Zeilen entziffert und das Manuskript jahrelang in einem sicheren Versteck verwahrt. Als der Krieg vorbei ist, fährt er nach Warschau und schaut sich dort nach Juden um, um seinen Fund weiterzugeben. Im Polen des Jahres 1945 sind Juden gar nicht mehr leicht zu finden, aber im überfüllten Foyer des Hotels Polonia entdeckt er zwei Männer, die ganz danach aussehen. Sein Gefühl trügt ihn nicht, und wie das Schicksal es will, sind die beiden auch noch Schüler dieses Benzion Rappaport gewesen.

Felek und sein Freund haben dafür gesorgt, daß Benzions Buch – eine Aufsatzsammlung über die glanzvollen Höhepunkte deutscher Philosophie, Hegel, Kant und Schopenhauer, dazu seine eigenen Theorien zu Religion und Ethik, mit dem Titel »Natur und Geist« – in Israel veröffentlicht wurde.

Und wie es so kommen kann, war dies nicht der letzte große Seder-Abend bei meinen Eltern in Langland Gardens. Im nächsten Jahr haben wir noch einmal alle zusammen gefeiert. Für meinen Vater war dieser Tag allerdings die reinste Tortur. Er war am Abend zuvor gefallen, hatte sich am Rücken verletzt und sehnte sich nur nach seinem Bett. Außerdem hörte er zu der Zeit schon so schlecht, daß er an den Unterhaltungen nicht mehr teilnehmen konnte. Und er saß nicht mehr, wie all die Jahre zuvor, an seinem Stammplatz am Kopf des Tisches – für uns das sichtbarste Zeichen, daß nichts mehr so war wie früher. In diesem Jahr hat er zum ersten und letzten Mal am anderen Ende des Tisches gesessen, wo sonst meine Mutter ihren Platz gehabt hatte.

6

Tod bedeutet Trennung, wenn auch die letzte, die wir erleben, und so wundert es mich nicht, daß mein Vater sich soviel Zeit damit ließ. Er hat es nicht anders gekannt, und wir haben ihn nicht anders gelassen.

1992 vermehrten sich die Anzeichen von Altersschwäche, und sein Gehör hatte sich extrem verschlechtert. Es blieben ihm nur zwanzig Prozent seines Hörvermögens. Meine Mutter hat fast jedes Hörgerat ausprobiert, das zu der Zeit auf dem Markt war, aber keins konnte ihm helfen – Morbus Meniere, die Krankheit, die er sich seinerzeit in den Zwangsarbeitslagern in Rußland zugezogen hatte, hatte sich endgültig seines Körpers bemächtigt.

14. September 1992
Mein Vater schaut mich mit einem flehenden Blick an wie ein Hund, der aus seinem Elend befreit werden will. Ich küsse ihn und schaue zur Seite. Ein paar Wochen später ist er zeitweilig verwirrt. Er kann sich nicht mehr erinnern, wann der Holocaust begann und wann er zu Ende ging, obwohl ihm diese Daten, als er jünger war, in seine Seele eingebrannt zu sein schienen. Ich soll ihm auf die Sprünge helfen. Als ich es ihm sage, will er nicht glauben, daß die Zeit so kurz war.

17. Mai 1993
Heute hat er nicht mehr gewußt, wofür Schlafanzüge da sind und warum wir uns tagsüber andere Sachen anziehen. Ich habe ein paar Mal versucht, es ihm zu erklären, aber als er es beim zweiten Mal nicht verstanden hat, sind wir uns

einig, daß es unwichtig ist. Später ist er noch einmal darauf zurückgekommen. »Es ist schwer, wenn man alt wird«, sagt er, »man kann es ja nicht aufhalten. Und man kann nichts dagegen tun, daß die Menschen um einen herum darunter leiden.« Ich halte sein langes, dünn gewordenes Handgelenk in der Hand und muß die Tränen zurückhalten. Die Vorstellung, daß er immer weniger wird, wie er dort liegt, ein alter Mann, freundlich lächelnd, der seinen Lebenswillen aufgegeben hat und immer mehr verblaßt, ist schrecklich grotesk. Ich wünsche mir so sehr diesen aufbrausenden alten Streithahn zurück, unter dem ich früher so gelitten habe. Ich bin jedesmal erleichtert, wenn er aus seiner Verwirrung wieder auftaucht, und möchte am liebsten so tun, als hätte es sie nie gegeben.

Er war kurz unten, und als er nachher wieder ins Bett gegangen ist, habe ich mir seine Füße angeschaut. Ich bin so froh, daß meine fast genauso aussehen. Ich habe seine Füße.

Die meiste Zeit ist er jetzt bei Verstand, aber er liegt fast nur noch im Bett. Jetzt, mit 93, hat er offenbar akzeptiert, daß er ein alter Mann ist, aber ich will mir das nicht eingestehen, will es nicht zulassen. Er beklagt sich nicht einmal mehr, stellt keine Vergleiche mehr an mit dem Leben, das er früher geführt hat. Es ist kein erschwertes Leben, es ist das Vorspiel zum Tod. Als ich heute in seinem Zimmer gesessen habe – es ist unser altes Kinderzimmer –, habe ich zum ersten Mal gespürt, daß er sterben wird. Und jetzt weiß ich auch, was der Ausdruck »schweren Herzens« bedeutet. Früher habe ich immer gedacht, es ist eine Metapher, aber jetzt wird mir klar, daß es ein ganz treffender physiologischer Begriff ist. Ich habe wohl gehofft, daß uns solch ein Leid erspart bleibt, weil unsere Familie schon soviel Schweres durchgemacht hat. Ich habe immer geglaubt, meine Eltern sind unbesiegbar, weil sie doch den Krieg überlebt haben. Andere Leute mochten sterben, aber wir nicht.

30. Juni 1993
Ich war mit P im Royal Court zur ersten Vorstellung von David Mamets »Oleanna«, weil ich für die BBC darüber berichten sollte. Wir hatten ausgemacht, daß wir B zu meinen Eltern bringen. Sie sollte dort Abendbrot essen und auch dort schlafen. Als wir hinkamen, hat Iwonna, die junge Frau aus Polen, die jetzt bei ihnen lebt, die Tür aufgemacht. Im Eßzimmer war es unnatürlich still, irgend etwas fehlte. »Wo sind denn meine Eltern?« habe ich Iwonna gefragt und war plötzlich schrecklich besorgt. »Dein Vater ist gefallen«, sagte sie. Das war der Anfang.

Mein Vater hat sich bis jetzt immer allein geduscht und angezogen, hat sogar bei der langen Treppe keine Hilfe gebraucht. An diesem Tag ist er unten, auf den letzten Stufen, hingefallen, und es sah ganz danach aus, daß er sich die Hüfte gebrochen hat. Meine Mutter hat ihn ins Krankenhaus gefahren. Ich habe den ganzen Abend vom Theater aus telefoniert, mit Iwonna, mit dem Krankenhaus und mit meiner Schwester. Am nächsten Tag haben sie ihn operiert, um die Hüfte zu nageln, und noch einen Tag später hatte er einen leichten Schlaganfall. Er hat sich ziemlich gut davon erholt, aber er hat ständig Schmerzen und geht unerbittlich mit sich selbst ins Gericht. Er meint, er hätte es nie »zulassen dürfen«, daß es soweit kommt. Er hätte gar nicht erst so lange leben dürfen.

30. August 1993
Seitdem mein Vater hingefallen ist und im Krankenhaus liegt, verschließt meine Mutter nicht länger die Augen vor der Möglichkeit, daß er sterben könnte. Ich glaube, mir war es lieber, als sie es noch geleugnet hat. Ich habe ihn im Krankenhaus besucht, und wir haben uns darüber unterhalten, ob meine Mutter das Haus verkaufen soll oder nicht. Meine Schwester drängt sie dazu. Mein Vater findet solch

einen Schritt überstürzt, wie er selbst gesagt hat, und ich bin so froh, daß er sich wieder ein bißchen als der alte Despot gezeigt hat. Ich sitze die ganze Zeit in einer völlig unnatürlichen Haltung auf dem Bett und halte seine Hände fest umklammert. Wir haben uns lange unterhalten. Als ich gehe, fühle ich mich leer und ausgelaugt, als hätte ich all meine Kraft in ihn hineingepumpt.

Mein Vater ist in ein anderes Krankenhaus verlegt worden. Da es ihm augenscheinlich besser geht, fahren wir in den Urlaub. Meine Mutter hat uns immer wieder gedrängt, doch zu fahren. Als wir zurück sind, überrascht uns meine Mutter mit der Neuigkeit, daß er im Krankenhaus ein zweites Mal gefallen sei. Die andere Hüfte sei auch gebrochen, und er hätte noch einmal operiert werden müssen, um erneut einen Nagel eingesetzt zu bekommen. Vor dem zweiten Fall war er wohl schon wieder aufgestanden und hatte auch ein paar Schritte gemacht. Jetzt hat er bei jeder Bewegung unerträgliche Schmerzen, aber sie lassen ihm keine Ruhe und bestehen darauf, daß er aufsteht und läuft. Keiner will ihn einfach aufgeben und ihn wieder ins Bett lassen. Das macht ihn fuchsig.

15. September 1993

B, P und ich sind nach Langland Gardens rausgefahren, um mit meiner Mutter *Rosch Ha'schana* zu feiern, das erste Mal ohne meinen Vater. Es ist ganz anders als sonst, wir haben das Gefühl, nur zu spielen. Zuerst können wir das Buch nicht finden, danach nicht die richtigen Gebete. Ich bin ständig über den hebräischen Text gestolpert und schließlich so verwirrt, daß ich mir die englische Version rausgesucht habe. Aber auf englisch hat es irgendwie falsch geklungen, dieser blumige, überladene Text ist so fremd. Die jüdischen Rituale sind für mich untrennbar mit meinen Eltern verbunden. Es gehören so viele Dinge dazu, um die ich mich nie habe kümmern müssen – das haben immer meine Eltern für mich übernommen. Jetzt werde ich das alles selbst tun müssen. Vielleicht hilft es mir, daß ich B habe.

30. September 1993

Ich habe meinen Vater im Krankenhaus besucht. Er hat diese Woche kaum gesprochen. Der behandelnde Arzt ist auch da. Mein Vater hat abgenommen, und sie glauben, daß er Krebs hat, haben ihn aber bislang nicht lokalisieren können. Sie sollen nicht länger danach suchen, haben wir ihnen gesagt. Der Arzt meint, er hätte vielleicht noch zwei oder drei Monate zu leben.

In dieser Woche scheint Vater oft ganz weit weg. Er, der sonst so aufmerksam und einfühlsam war und alles so genau wissen wollte, sieht jetzt oft so aus, als sei er nicht da. Ich kann diese Abwesenheit kaum ertragen. Und manchmal sieht er so unschuldig aus, verstört und suchend, gar nicht wie ein Familienoberhaupt. Er wirkt so verletzlich – es ist schrecklich. Worte treten in den Hintergrund, er mag sich nicht mehr gern unterhalten. Das liegt sicher daran, daß er zeitweise verwirrt ist, und natürlich auch an dem Schlaganfall. Außerdem möchte er manchmal, glaube ich, niemandem zur Last fallen. Dafür sprechen jetzt seine Augen um so mehr. Sie sind riesig, blaßblau, ein wenig verschleiert und traurig, was zum Teil sicherlich am Star liegt. Man sieht so genau, was er fühlt, daß es einem richtig angst macht. Es liegt ein großer Vorwurf in ihnen.

8. Oktober 1993

Ich bin mit B in die Synagoge gegangen, um mit ihr *Simchat Thora* zu feiern, und als ich all diese weißhaarigen Männer in *Jarmelke* und *Tallit* sehe und die fröhlichen Lieder höre, muß ich weinen. Meine Freundin ist auch dabei und sagt, sie ginge in die Synagoge, weil es sie an ihren Vater erinnere, als er alt war, und weil sie sich dort mit ihm verbunden fühle.

9. Oktober 1993
Wir haben meinen Vater nach Hause geholt, nach Langland Gardens. Meine Mutter hat dafür gesorgt, daß Jósek, ein junger Mann aus Polen, regelmäßig zu uns kommt. Er soll die Pflege übernehmen. Vater ist so glücklich, wieder zu Hause zu sein, und hat sich offenbar gut erholt. Er ist ganz klar und sehr lieb zu uns. Wir haben uns über den Unterbau des Hauses unterhalten, als er plötzlich zu mir sagt: »Was immer auch geschieht, ich liebe dich.« Ich bin in Tränen ausgebrochen.

Als Kind habe ich immer solche Angst gehabt, weil ich jeden Moment damit gerechnet habe, daß meine Eltern sterben könnten, und jetzt, dreißig Jahre später, ist es soweit, hier in meinem alten Zimmer, und das Drama ist plötzlich ganz alltäglich. Wenn ich in den Urlaub gefahren bin, hat er mich jedesmal mit diesem besonderen Blick angeschaut. Ob ich dich wohl je wiedersehe, hieß das. Und nun muß ich mich tatsächlich damit auseinandersetzen, daß er für immer von uns geht. Ich bin so froh, daß ich meinen Spleen, all die Wut und den Haß auf ihn habe ausleben können, als er noch wohlauf war. Jetzt steht nichts mehr zwischen uns.

So oft habe ich mir seinen Tod vorgestellt, so oft davor Angst gehabt, daß ich ihn schon hundertmal auf dem Friedhof gesehen habe – es gibt in der gesamten westlichen Hemisphäre sicher keinen Mann, der so häufig in Gedanken zu Grabe getragen worden ist. Und jetzt, wo es soweit ist, bin ich nur noch traurig, daß ich seinen Tod so oft vorweggenommen habe. Es sind verlorene Tage gewesen, und ich bin wütend und verbittert, denn damals war er noch am Leben. Ich hätte sie besser nutzen und einfach leben sollen.

Mein Vater nähert sich dem Tod ganz langsam, Schritt für Schritt. Es ist, als wolle er sich davonstehlen, als hätte er Angst, ertappt zu werden und könne jederzeit aufgehalten und zurückgerufen werden.

Heute habe ich ihn besucht. Er schläft gerade und antwortet nicht, als ich ihn anspreche. Ich küsse ihn hundertmal, streichle seine Hand, und sein Atem geht schneller. Ich weiß, er spürt es.

Ich wünsche mir, daß alle Väter sterben, damit ich nicht allein dastehe und nicht von seinem Tod verfolgt werde.

In meinen Phantasien ist mein Vater jedesmal zurückgekommen, wenn er gestorben war. Ob es diesmal Aufschub geben wird?

Wenn er stirbt, wird alles Leben aus mir herausfließen, denke ich, ich werde erschlaffen wie eine Stoffpuppe. All die Jahre habe ich nur dafür gekämpft, daß meine Eltern überleben, und jetzt, wo tatsächlich einer von ihnen geht ... Ich möchte alles Leben an mich reißen, so viel, wie ich fassen kann, bevor er uns verläßt. Ich habe das Gefühl, mit ihm zu sterben. Sein Tod war die Grenze, auf die ich hingearbeitet habe.

19. Oktober 1993

Der Arzt hat meinen Vater auf Morphium gesetzt, und ich habe ständig Schmerzen ums Herz herum. In dieser Kultur gehört es sich nicht, so tief um seinen Vater zu trauen, das darf man nur, wenn der Partner stirbt oder ein Kind. Um andere trauert man nur kurz. Aber dies war ja auch nie wirklich meine Kultur gewesen. Seine eingefallenen Wangen sind wie ein kleines Nest, in das mein Mund genau hineinpaßt. Ich würde gern eine seiner altersfleckigen Hände mitnehmen, um ein Andenken an ihn zu haben. Vielleicht werde ich nicht mehr so ängstlich sein, wenn mein Vater tot ist, denn dann ist das Schlimmste ja schon passiert. Vielleicht stehe ich dann nicht mehr so unter dem Zwang, alles kontrollieren zu müssen, und kann ruhiger abwarten, was das Leben mir bringt. Meine Schwester sagt ständig Sätze wie »Das Leben muß weitergehen«, als würde sie befürchten, es könnte enden, und als wäre Trauer nicht ein Teil von ihm. Ich rufe mir immer wieder ins Gedächtnis, daß ich meinen Vater eigentlich schon vor einiger Zeit verloren habe, als er sich aus dem Leben zurückgezogen hat, und daß er immer bei mir sein wird, wie die Leute immer so schön sagen.

Aber ob ich dann noch weiß, wie er riecht? Mein Vater war immer ein begeisterter Schnüffler. Wenn er uns begrüßte, hat er immer ein bißchen an uns gerochen. Diese Schnüffel-Küsse waren ganz typisch für ihn. Er hat uns eben mit Haut und Haaren in sich aufnehmen wollen. Als er letzte Woche diese Gewohnheit plötzlich ablegte, war meine Mutter ganz verzweifelt. Ich habe ihn noch einmal dabei ertappt, vielleicht nicht ganz so wie sonst, aber immerhin. Ich war heilfroh.

Meine Mutter sagt zu mir, ich müsse stark sein. Sie schafft das. Sie weint nur, wenn sie allein ist.

Am nächsten Tag habe ich seine Hand gehalten und Trauben für ihn gepellt. Meine Mutter und ich haben uns darüber unterhalten, was wir mit meinen alten Büchern machen sollen, sie stehen alle noch in seinem Zimmer im Regal. Wir haben geredet, als wäre er schon nicht mehr da.

22. Oktober 1993

Der Mann der besten Freundin meiner Mutter – mit der sie in Auschwitz war – ist gestorben. Ich war auf der Beerdigung, habe ständig dagegen angekämpft, laut zu schluchzen. Ich habe ein schlechtes Gewissen, daß ich nur zum Teil um ihn weine, der Rest ist für meinen Vater. Wieder einmal eine Generalprobe für den Ernstfall.

Sonntag morgen, 5 Uhr. Ich wache auf, von Angst gequält, denke: »Das muß aufhören – wie kann es sein, daß Vater stirbt?« Am nächsten Tag habe ich nachts in der Küche gesessen, als alle schon längst im Bett waren, und darüber nachgedacht, daß jetzt die letzte, intensivste Trauerphase anfängt. Das scheint meine Zeit zu sein, spät in der Nacht kann ich am besten trauern.

31. Oktober 1993
Mein Vater ist aufgewühlt wie so oft in diesen Tagen. Ich sitze an seinem Bett und versuche, ihn zu beruhigen. »Co szukasz?« – »Was suchst du?« fragt er mich plötzlich. »Nichts«, antworte ich ihm. »Ich auch nicht«, sagt er.

1. November 1993
Wenn ich früher Angst hatte, meine Eltern könnten sterben, habe ich immer geglaubt, das Leben sei eine ganz flüchtige Erscheinung, während der Tod alles beherrscht und hinter jeder Ecke auf uns lauert. Doch wenn ich mir jetzt meinen Vater anschaue, sehe ich, daß es nicht so leicht ist zu sterben.

Nachts schreit er manchmal und stöhnt ganz laut. Für meine Mutter ist diese Zeit besonders schlimm. Mir ist klar geworden, daß ich nichts gegen seine Qualen tun kann und daß ich auch meine Mutter nicht vor seinem Tod bewahren kann.

Am späten Nachmittag fängt er plötzlich an zu keuchen. Er bekommt kaum noch Luft. Seine Hände zittern, und sein Herzschlag geht sehr schnell. Mutter und ich haben an seinem Bett gesessen. Wir sind uns beide sicher, daß es soweit ist. Ich rufe P an, daß er kommt und B abholt. Später hat er sich wieder beruhigt. Ich wünsche mir so sehr, daß er in Frieden stirbt, aber wie kann er das, wo er es doch nicht einmal geschafft hat, in Frieden zu leben? Er hat sich immer so schwer damit getan, loszulassen. Sein verfluchter Lebenswille ist immer noch zu stark.

3. November 1993
Es geht Vater besser. Eine Freundin meiner Eltern, Hanka, war zu Besuch da, und er hat sie erkannt. Und gleich möchte ich wieder glauben, daß er niemals sterben wird. Ich weiß, daß ich mich selbst belüge, aber ich brauche diese kleine Erholung.

5. November 1993
Der Arzt war da und sagte, das Zittern käme vom Fieber. Es wäre ein Grippevirus, der derzeit die Runde macht. Ich bin in die Nachtapotheke gefahren und habe ihm Paracetamol geholt.

13. November 1993
B ist krank. Sie hat Fieber. Sie schwitzt viel und redet im Schlaf. Und dann hat sie plötzlich kerzengerade im Bett gestanden. »Wir wollen sterben«, sagt sie, »noch ein bißchen mehr sterben.«

»Ich sterbe«, hat mein Vater zu meiner Mutter gesagt, ganz entschieden und ein bißchen überrascht, als wollte er sagen: »Jetzt ist es soweit.« Ein paar Tage später hat er nach Markus gerufen, seinem Vater.

17. November 1993
»Deine Hände sind kalt«, hat Vater zu mir gesagt. Da ist mir wieder eingefallen, was ein Freund von uns bei der Beerdigung seiner Frau gesagt hat, nämlich daß ein Mensch nicht auf einmal stirbt, sondern in Etappen. Vater sorgt sich immer noch um uns, das hat er sich bis zum Schluß bewahrt. Ich kann mir nicht vorstellen, daß ich nie wieder zu hören bekomme: Wie geht es dir, hast du auch genug gegessen,

genug Schlaf bekommen? Gibt es da nicht eine Redewendung über den menschlichen Reifeprozeß, so etwas wie: Am Ende sehnt man sich nach dem, wogegen man sein Lebtag gekämpft hat? Nie wieder wird er nach meiner Arbeit fragen, obwohl die Zeit längst vorbei ist, daß ich vorrangig für ihn geschrieben habe, und er schon lange nichts mehr von mir gelesen hat. Im Juni hat er versucht, mein Interview mit Edward Said zu lesen, doch er hat es weggelegt und zum ersten Mal gesagt, daß er es zu anstrengend findet.

24. November 1993
Ob ich wohl erleichtert bin, mich vielleicht sogar freier fühle, wenn er tot ist? Manchen Leuten scheint es so zu gehen, ich habe das schon oft gehört. Aber ich glaube, ich habe es geschafft, mich schon zu seinen Lebzeiten von einigen seiner tyrannischen Seiten zu befreien. Das einzige, von dem mich sein Tod befreien wird, ist meine Angst, daß er sterben könnte. Davor wird er dann sicher sein.

25. November 1993
Irgendwann in der letzten Woche hat meine Mutter das Bett umgestellt, damit wir leichter an ihn herankommen. Da er sich nicht mehr bewegen kann und wir keine Angst mehr haben müssen, daß er herausfällt, hat sie es von der Wand mitten in den Raum geschoben. Es steht jetzt nur noch mit dem Kopfende an der Wand. Ich finde es furchtbar, es sieht so losgerissen und schutzlos aus, wie eine Totenbahre, die darauf wartet, daß man sie abholt. So kann man nur einen Menschen hinlegen, der sich überhaupt nicht mehr bewegen kann. Es macht mir wieder einmal bewußt, daß er weniger geworden ist. Ich habe Angst gehabt, daß er sich nicht mehr zurechtfindet, aber offenbar hat er gar kein Raumgefühl mehr. Es ist, als ob jeder seiner Sinne, jeder Teil seiner Persönlichkeit nach und nach verschwin-

den. Ich habe immer geglaubt, der Tod tritt ganz plötzlich ein. Aber dies hier ist ganz eindeutig ein Prozeß: Langsam, Stück für Stück, wird ihm jeden Tag ein kleiner Teil seines Lebens entrissen. Dies hier ist genauso mühsam wie der Weg, Mensch zu werden, ein exaktes Spiegelbild. Ich habe mir den Übergang vom Leben zum Tod immer als einen gewaltigen Sprung vorgestellt, und jetzt sehe ich, daß er in winzigen Schritten vor sich geht.

Ich weiß nicht, was ich mir wünschen soll, und die Leute um mich herum wissen nicht, was sie mir wünschen sollen. Ich fühle mich nur getröstet, wenn ich mit Menschen zusammen bin, die erkennen, daß man in dieser Lage nicht so einfach Wünsche äußern kann.

Ich finde es völlig befremdlich, daß mein Vater daliegt und stirbt und wir machtlos zusehen müssen. All die Jahre gab es immer so viel, was wir tun konnten, und jetzt bleibt nichts als Warten. Wir drei leben in einer Blase der Intensität, gemeinsam mit Jósek, der sich so rührend um ihn gekümmert hat. Er hat ihn gewaschen, gedreht, gefüttert und seine Hand gehalten. Aber jetzt, wo deutlich wird, daß man nicht mehr viel für ihn tun kann und er ganz sicher bald sterben wird, dreht Jósek langsam ein wenig durch. Er hat plötzlich akute psychosomatische Symptome bekommen, bohrende Kopfschmerzen und Herzklopfen. Meine Mutter hat ihn zum Arzt geschickt, aber der konnte nichts finden. Wenn wir drei unten am Wohnzimmertisch sitzen und Jósek oben bei meinem Vater Wache hält, ahmt meine Mutter ihn manchmal nach, hält sich den Kopf und krümmt sich vor Schmerzen. Das sind die einzigen Momente, in denen wir noch lachen können. Jóseks Vater ist gestorben, als er fünf war, und ich glaube, daß er jetzt noch einmal die Panik von damals durchlebt, als er den Tod seines Vaters nicht hat verhindern können. Sich so liebevoll um meinen Vater zu kümmern war für ihn sicher eine Möglichkeit, etwas zu geben, was er gerne seinem Vater gegeben hätte. Nun kommt er nicht damit zurecht, daß auf einmal alles vorbei sein soll. Er verwechselt seinen Vater mit meinem – oder vielleicht interpretiere ich das nur in ihn hinein. Meine Mutter und meine Schwester finden meine Theorie aus der Luft gegriffen, aber wir haben uns geeinigt, daß es besser ist, wenn Jósek nach Polen zurückgeht, um seinet- und auch um unsretwillen. Er hat kein gutes Gefühl dabei, sagt er, aber er wirkt trotzdem erleichtert. Wir haben ihm versichert, daß er alles Menschenmögliche gegeben hat, mehr als jeder andere in solch einer Situation, und daß jetzt nichts mehr zu tun sei.

Alle außer mir scheinen die Tatsache zu akzeptieren, daß mein Vater stirbt. »Hoffentlich dauert es nicht mehr so lange«, sagen die Leute immer wieder zu mir. Ich kann das nicht so sehen. Ich will natürlich auf keinen Fall, daß er leiden muß, aber ich bin in meinem Schmerz gefangen und giere nach dem kleinsten Hauch Leben und jedem bißchen Liebe, das ich noch aus ihm herauspressen kann. Ich genieße jeden Moment, in dem er seine Umgebung wahrnimmt. Meine Schwester und meine Mutter können seinen reduzierten Zustand offenbar schwerer ertragen. Ich fühle mich ihm nicht weniger verbunden als vorher. Vielleicht liegt es ja daran, daß ich eine so enge körperliche Beziehung zu ihm hatte, als ich als Baby das Ekzem bekommen habe und er mich immer getragen und gebadet hat. Oder es ist einfach nur ein ungelöster Ödipuskomplex.

Die Verlustangst, die mich zeit meines Lebens nicht aus ihren Fängen gelassen hat, ist aus dem Bedürfnis erwachsen, alles kontrollieren zu wollen. Jetzt, wo er stirbt, muß ich nach und nach die Kontrolle aufgeben. Ich kann diesen Prozeß vielleicht nicht aufhalten, aber ich begreife langsam, daß ich irgendwann werde loslassen können. Es wird mich nicht mein Lebtag verfolgen. In der Zeitung lese ich ständig Artikel über Kinder, die ermordet wurden, will mich daran erinnern, daß der Tod meines Vaters etwas Normales ist. Jetzt, wo der Ernstfall eingetreten ist, habe ich kaum noch Phantasien übers Sterben. Ich muß lernen, zuzulassen, daß er geht und ich lebe. Das habe ich jetzt verstanden.

Sein Körper ist ausgezehrt, da ist nichts mehr übrig, das man herauspressen könnte.

26. November 1993

Mein Vater hat Lungenentzündung. Er wird ganz sicher dieses Wochenende sterben. Zum millionsten Mal versuche ich mir vorzustellen, wie es ist, wenn er tot ist, wie ich dann zu den Leuten sagen werde: »Mein Vater ist gerade gestorben.« Ob es wohl jemals so sein wird, daß diese Worte nicht mehr für die schlimmste Katastrophe in meinem Leben stehen? Ob ich sie wohl jemals ganz selbstverständlich werde aussprechen können? Aber ich bin schon wieder dabei, den Prozeß überspringen zu wollen. Er ist noch nicht einmal unter der Erde, und schon male ich mir aus, wie es sein wird, wenn mich sein Tod nicht mehr überwältigt. Vielleicht will ich mir selbst einreden, daß dieser Tag kommen wird.

Mein Vater hat heute zum letzten Mal etwas gegessen.

Eine alte Freundin meiner Eltern, die auch in Auschwitz war und ihren Mann schon vor Jahren verloren hat, hat zu mir gesagt: »Du bist ja noch jung. Am schlimmsten ist es für die Ehefrau.« Ich war sehr aufgebracht über diese, wie ich finde, herabwürdigende Bemerkung und habe mich entschieden dagegen verwehrt.

27. November 1993

P sagt: »Dein Vater hat all die Jahre um sein Überleben kämpfen müssen. Jetzt kann er nicht mehr anders. Deswegen kann er nicht loslassen.«

28. November 1993
Gestern hat er das Bewußtsein verloren. Ich war völlig schockiert, ihn so zu sehen – er sah fast aus, als wäre er schon tot. Er hat den ganzen Tag nicht einen Tropfen getrunken und ist irgendwie schon ganz weit weg. Er kann nicht einmal mehr den Arm heben, so geschwächt ist er, obwohl er es immer wieder versucht hat. Bei jeder Bewegung verzieht er das Gesicht. Mein starker, lebenskräftiger Vater ist nur noch ein Schatten seiner selbst. Doch als mein Neffe zu Besuch kam, der Arzt ist, fand er seinen Puls noch ziemlich kräftig und den Kreislauf stabil. Seine Hand war warm, und er hat meine Hand fest gedrückt. Meine Mutter, meine Schwester und ich haben abwechselnd an seinem Bett gesessen, ihn geküßt und gestreichelt. Wir weinen, reden, lachen, tauschen Erinnerungen aus – mehr Liebe kann man einem Sterbenden nicht mit auf den Weg geben. Der Tod ist jetzt unausweichlich und steht direkt bevor.

Manchmal ertrage ich es nicht, meine Mutter anzuschauen. Sie sieht so verloren und traurig aus. Keine von uns kann so richtig glauben, was hier geschieht – wir sitzen zusammen, wir essen und machen sogar Scherze, und mein Vater liegt oben und stirbt. Meist ist meine Angst nicht so schlimm, wie ich sie mir vorgestellt habe, obwohl ab und zu immer noch Panik in mir hochsteigt. Er riecht immer noch so gut, auch jetzt noch, wo es bald vorbei ist.

29. November 1993
Ich habe mich heute nicht getraut, anzurufen und zu fragen, ob er die Nacht überlebt hat. P mußte das machen. Er hat.

Die Bezirksschwester war da, hat ihn ausgezogen und ihm frische Sachen angezogen. Es ist seit Monaten das erste Mal, daß ich ihn nackt sehe, und ich bin furchtbar erschrokken, als ich sehe, wie dünn er ist, wie die Hüftknochen hervorstehen und die Haut überall Falten schlägt. Er sieht aus wie ein Überlebender aus Auschwitz. Es ist so seltsam, als hätte ihn das Konzentrationslager jetzt doch noch eingeholt. Ich kann es auch kaum ertragen, ihm ins Gesicht zu schauen, denn es ist schon vom Tod gezeichnet. Als der Arzt kommt, wundert er sich über seine Kraft, sein starkes Herz, daß die Nieren noch so gut arbeiten, er immer noch schlukken kann und der Puls noch so kräftig ist. Ich frohlocke und sonne mich für einige Moment in seinem Durchhaltevermögen, als hätte er irgendeine große Tat vollbracht, lasse mich für kurze Zeit von den Worten des Arztes trösten, so wie früher, als meine Mutter uns stolz berichtete, wie sehr die Ärzte sein Herz und seinen Blutdruck gelobt hätten. Doch dann schaue ich in sein Gesicht, das von Qualen gezeichnet ist, und die tröstlichen Gedanken verschwinden ins Nichts: Es erinnert so sehr an die Gesichter der hungernden Menschen in Äthiopien, daß ich fast die Fliege vermisse, die sich auf sein Gesicht setzt. Vielleicht kann ich ihn jetzt endlich gehen lassen.

30. November 1993/1. Dezember 1993
Es ist so offensichtlich, daß der Körper meines Vaters seine Schuldigkeit getan hat, und dennoch scheint er zu glauben, Sterben sei etwas Selbstsüchtiges oder bestenfalls völlig belanglos. B und ich schreiben eine Liste von allen Leuten, die ich noch werde küssen können, wenn Vater tot ist.

Am Abend, als B schläft und P bei seinem Chor ist, ruft meine Schwester an. Es ginge Vater zunehmend schlechter, er würde sicher heute nacht sterben. Da sie so etwas im Gegensatz zu mir noch nie gesagt hat, glaube ich ihr sofort. Ich mache den Abwasch, räume die Wohnung auf, packe meine Tasche, alles in hektischer Aufregung – jetzt ist es also soweit. Ich rufe meine Mutter an, sage Bescheid, daß ich komme, schreibe einen Zettel, den P am nächsten Morgen B vorlesen soll – daß ich bei meinen Eltern geschlafen hätte –, damit sie keine Angst bekommt, ich könnte auch gestorben sein. Später wird mir klar, daß ich damit wohl eher mich beruhigen wollte. P kommt um elf nach Hause, und wir geben uns die Klinke in die Hand.

Vater atmet schwer, bekommt offensichtlich kaum Luft. Ich setzte mich an sein Bett, gebe ihm einen Kuß und spreche mit ihm. Sein Mund steht offen, ich glaube, er möchte ihn gern schließen, aber das kann er nicht, denn er ringt um Atem. Vater stirbt so, wie er gelebt hat: im Kampf. Ich warte auf jeden Atemzug, halte selbst die Luft an, bis ich ihn atmen höre. Es ist mir, als könnte jeder Atemzug sein letzter sein, und doch begrüße ich jeden einzelnen als Zeichen, daß noch Leben in ihm ist. Ich werde schrecklich müde. Gegen halb zwei kommt meine Mutter ins Zimmer. Ich soll endlich schlafen gehen, sagt sie. Ich erschrecke, als sie aus dem Zimmer geht. Sie schwankt und hält sich am Türpfosten fest, und ich weiß nicht, soll ich bleiben oder zu ihr gehen. Ich bleibe. Bald bin ich so erschöpft, daß mir fast die Augen zufallen, aber mein Vater atmet immer noch. Ich würde gerne zu ihm ins Bett kriechen, dann könnte ich schlafen und er könnte sterben, aber da ist nicht genug Platz im Bett. Plötzlich mache ich mir Sorgen, was wäre, wenn er die Nacht überlebt und ich am nächsten Tag zu schwach bin, um bei ihm zu sein. Ich stelle mir vor, wie er mich anfleht, endlich ein bißchen zu schlafen, und so schleppe ich mich um vier auf das Sofa in seinem Zimmer und falle in einen leichten Schlummer. Im Halbschlaf merke ich, wie meine Mutter eine halbe Stunde später ins Zimmer kommt und mich zudeckt. Er lebt also noch. Kurz nach fünf wache ich auf, springe sofort an sein Bett, um seine Hand zu fühlen – sie ist kalt. Ich eile an die andere Seite und halte die Hand vor seinen Mund – er atmet nicht mehr. Er ist gestorben. Als ich schlief.

Józek kommt ins Zimmer, er ist noch nicht gefahren.

»Koniec«, sage ich zu ihm – »Es ist vorbei.« Er kniet sich vors Bett, gibt meinem Vater einen Kuß auf die Stirn und fängt an zu weinen. Bald kommt meine Mutter ins Zimmer.

Danach sitzen wir zusammen bei meiner Mutter auf dem Bett. »Er hatte ein starkes Herz«, sagt sie, »und ein großes.« Um sechs rufe ich meine Schwester an.

Meine Mutter erzählt mir, daß jüdische Männer mit ihrem *Tallit* begraben werden, und sie geht zu seinem Schreibtisch und holt ihn aus der Schublade.

Ich kann es nicht fassen, daß ich tatsächlich geschlafen habe, als er starb, fühle mich irgendwie betrogen. Ich wäre so gern dagewesen und hätte außerdem zu gern gewußt, ob ich es ausgehalten hätte. Nun werde ich es nie erfahren. Mir war wohl aufgefallen, daß seine Hände irgendwann in den frühen Morgenstunden kälter wurden, aber ich habe diese Anzeichen nicht mit seinem Tod in Verbindung gebracht. So absurd es klingt, aber ich habe all die Beschreibungen von der Todeskälte immer für Metaphern gehalten. Wenn ich gewußt hätte, daß die Körpertemperatur wirklich abnimmt, wäre ich aufgeblieben. Doch wer weiß, ob ich nicht verrückt geworden wäre, hätte ich diesen Moment bewußt miterlebt.

Ich rufe P an, und er sagt, wir beide hätten eine so tiefe Verbindung gehabt, daß er nur gehen konnte, als ich schlief. Der Gedanke tröstet mich. Meine Therapeutin hat später gesagt, daß ich gern an seiner Stelle gestorben wäre und daß sie meine Obsession, nicht dabeigewesen zu sein, für ödipal hielte, was mich nicht verwundert. Komischerweise fühlte ich mich auch dadurch getröstet. Außerdem, so sagt mir eine Freundin, sei Sterben etwas ganz Intimes. Und dann, ein paar Tage später, als ich immer noch ständig daran denken muß, daß er tot war, als ich aus meinem Schlaf erwachte, kommt mir der Gedanke, daß ich nicht etwa bei ihm gesessen habe, damit er nicht allein sterben mußte. Ich habe bei ihm gesessen, weil ich immer noch geglaubt habe, daß ich ihn am Leben erhalten kann. Ich konnte es nicht.

P ruft an, ganz aufgeregt, weil B – die jetzt vier ist – verkündet hat, daß sie unbedingt kommen will, um meinem Vater auf Wiedersehen zu sagen. Ich lasse sie mir geben und versuche sie zu überreden, einfach die Augen zuzumachen und ihm in Gedanken Küsse auf die Wange zu hauchen. Aber sie läßt sich nicht beirren und besteht darauf, ihn zu sehen und ihm nach der Beerdigung Küsse zu schicken. Sie ist sich ihrer Sache so sicher, daß wir schließlich nachgeben. Mittags nach dem Kindergarten kommt sie und stürmt sofort nach oben. Meine Schwester steht gerade am Bett, und ich nehme B auf den Arm. Sie schaut ihn sich eine ganze Weile an, beschließt, daß sie ihn jetzt nicht küssen will, und wandert ganz zufrieden wieder nach unten.

An diesem Tag kehre ich immer wieder an sein Bett zurück zu seinem kalten Körper, der mehr und mehr die Zeichen des Todes annimmt, doch alles, was ich dort suche, ist jetzt nicht mehr da.

Die beste Freundin meiner Mutter, auch eine Überlebende, ihr Mann ist vor sechs Wochen gestorben, kommt zu Besuch. Sie fallen sich in die Arme und weinen gemeinsam, um sich selbst, für einander, und ich denke, auch für die vielen Toten in ihrer Vergangenheit. Der Tod muß ihnen sehr vertraut sein. Jemand aus meiner Gruppe sagt, daß der Tod für Überlebende etwas besonders Machtvolles hat, weil sie und ihre Familien Leben und Tod besonders intensiv erleben.

Die Leute vom Beerdigungsinstitut sind da. Meine Mutter geht still in sein Zimmer und holt seinen *Tallit*. Als sie weg sind, kehre ich in sein Zimmer zurück und schnüffele an dem Stapel frischgewaschener Schlafanzüge. Sie riechen immer noch nach ihm.

2. Dezember 1993
Ich erzähle B, daß ihr Großvater ein wunderbarer Vater war. »Ist er jetzt doch auch«, sagt sie, »auch wenn er tot ist.« Ich spreche mit ihr darüber, daß er sterben wollte, und da sagt sie: »Er wollte bestimmt ein Jahr mal seine Ruhe haben.«

Ich kann mich noch daran erinnern, daß mir meine Mutter, als ich Schulkind war, erzählt hat, daß orthodoxe Juden nur in Strümpfen gehen, wenn ein Elternteil gestorben ist. Wenn die Eltern noch leben, trügen sie nie welche. Danach hatte ich immer Angst, ihren Tod heraufzubeschwören, und habe, wann immer es ging, die Strümpfe ausgezogen. Manchmal bin ich den ganzen Weg zur Schule barfuß in meinen Schuhen gelaufen. Ich habe natürlich niemandem verraten, warum, es wäre mir viel zu peinlich gewesen, wenn sie meinen Aberglauben entdeckt hätte. Außerdem hätte ich ja keinem erklären können, warum ich mir gerade diesen merkwürdigen Brauch herausgepickt habe, wo ich doch sonst alle Gepflogenheiten des orthodoxen Glaubens außer acht ließ. Heute ist mir irgendwann aufgefallen, daß ich Strumpfhosen trage, und da muß ich plötzlich weinen.

Ich beschwere mich bei P, daß er so wenig Gefühle zeigt. Er sagt, er sei in einer völlig anderen Kultur aufgewachsen, in der man nur ganz selten seinen Tränen freien Lauf läßt. Er hätte noch nie eine so überwältigende, schreckliche Trauer zu Gesicht bekommen. Er weiß nicht, wie er damit umgehen, wie er darauf reagieren soll. Ich sage ihm, es reicht, wenn er mich einfach nur in den Arm nimmt.

3. Dezember 1993
Bin verzweifelt und untröstlich.

5. Dezember 1993
Vaters Beerdigung. Am Morgen zünde ich zum ersten Mal eine Jahrzeit-(Gedenk)-Kerze an. So oft habe ich meinen

Eltern dabei zugesehen, wie sie die Kerzen am Todestag ihrer Eltern angezündet haben. Für mich ist es eins dieser Rituale erwachsenen Lebens, und ich habe mir unzählige Male ausgemalt, wie es wäre, wenn ich dies selbst tun würde. Ich gehe mit einem ganzen Stapel Photos von meinem Vater rüber nach Langland Gardens und hänge sie dort an eine Pinnwand; diese Idee habe ich von P, der dies bei der Beerdigung seiner Mutter getan hat. So können sich die Gäste nach der Beerdigung Bilder anschauen. Es macht mich ganz glücklich, die Photos aufzuhängen, auf denen Vater als junger, kräftiger Mann zu sehen ist. Und dann sind da noch ein paar wunderschöne Bilder von meinen Eltern, als sie frisch verheiratet waren. Mutter trägt darauf einen breitkrempigen Hut und sieht aus wie Greta Garbo. Leider habe ich nichts aus der Zeit vor 1930, das ist alles im Krieg zerstört worden. Am deutlichsten verändert hat Vater sich in der Zeit zwischen 1938 und 1946: Im Krieg sind seine Wangen hohl geworden, und er wirkt frühzeitig gealtert und ernst, was schon nach dem Tod seines Vaters zu sehen ist. Merkwürdigerweise sieht er mit siebzig aus wie das blühende Leben, obwohl ich gerade zu dieser Zeit die schlimmsten Ängste um ihn ausgestanden habe.

Die erste Überraschung bei der Beerdigung ist der Ort, an dem sie stattfindet. Ich war schon mehrmals im Krematorium von Golders Green gewesen und hatte immer gedacht, hier wirst du später einmal deine Eltern beerdigen. Ich wußte ja nicht, daß dort nur die Einäscherungen stattfinden. Aber Einäscherung stand ja nie zur Debatte, und so haben wir uns alle in der winzigen Synagoge, die direkt gegenüberliegt, versammelt. Mir fällt ein Stein vom Herzen, es ist zum Glück ganz anders, als ich es mir vorgestellt habe.

Sein Sarg ist auf einem dieser altmodischen Wagen mit großen Rädern aufgebahrt. Auf dem Sarg liegt ein mit Blumen geschmücktes Tuch. Ich spüre, wie erleichtert ich bin, daß er zurück ist. Nach seinem Tod ist er von der Chewra Kaddischa [»Heilige Gemeinschaft«, Beerdigungs-Brüderschaft; Anm. d. Übers.] auf die Bestattung vorbereitet worden. Das Waschen und Ankleiden der Leiche gilt als Mizwa (religiöses Gebot) und als eine ehrenvolle Aufgabe, aber ich bin ein bißchen unruhig gewesen, weil ich nicht genau wußte, wo er war. Jetzt wird er uns zurückgegeben.

Den Gottesdienst hält Dr. Louis Jacobs, ein sehr bekannter Rabbiner und Gelehrter, dessen Talmud-Lesungen mein Vater so gern und mit solcher Begeisterung besucht hatte. Ich hatte ihn gebeten, auch auf die schlimmen Zeiten seines Lebens einzugehen. Er hält sich an meine Bitte, spricht aber auch darüber, daß mein Vater, wie so viele polnische Juden seiner Generation, sich sowohl in der künstlerisch-intellektuellen als auch in der ganz praxisnahen Welt zu Hause fühlte.

B ist die ganze Zeit über zappelig und aufgeregt. Ich bin nur damit beschäftigt, sie zu beruhigen. Ich selbst spüre nicht viel. Nach der Feier weine ich zwar ein wenig an der Schulter einer Freundin, aber ich merke, ich bin vor allem erleichtert, daß die Beerdigung nicht zu der gefürchteten Feuerprobe geworden ist. Meine Trauer ist eher etwas Privates.

Mein Vater hat immer behauptet, fast all seine Freunde seien schon gestorben, er sei der letzte von allen. »Ich habe das Gefühl, im Wartesaal zu sitzen und den Zug verpaßt zu haben«, klingt es mir noch in den Ohren. Er hat auch immer wieder erklärt: »Es ist eine schlechte Angewohnheit von mir, daß ich noch lebe.« Aber jetzt sind mehr als hundert Leute zu der Beerdigung gekommen, und es ist so voll, daß alle stehen müssen. Um die achtzig kommen später mit raus nach Langland Gardens, und bei den Gebeten am Abend sind immer noch vierzig Gäste da. Als ich sehe, daß so viele Menschen ihm noch einmal ihre Liebe und Ehre bekunden, wird mir richtig warm ums Herz, und ich sehe ihn regelrecht dastehen, kopfschüttelnd und ungläubig. »Cos takiego«, würde er sagen – »Na, damit hätte ich ja nie gerechnet…« –, erstaunt und glücklich zugleich.

Eins wird mir an diesem Tag besonders schmerzlich bewußt: Mit meinem Vater stirbt für mich auch ein bestimmter Teil polnisch-jüdischer Kultur. Gerade in seiner Person war diese Welt für mich lebendig geworden. Ich spüre eine tiefe Sehnsucht nach jiddischem Leben und allem, was dazu gehört, nach dieser Welt, wie sie meine Eltern vor dem Krieg haben erleben dürfen. Meine Mutter spricht heute ganz unsentimental und abgeklärt über die Menschen, die sie verloren hat – ihren Großvater, ihre Eltern, ihren Bruder und beide Schwestern, ihre Kinderfrau und ihre beste Freundin. »Natürlich halte ich ihr Andenken in Ehren«, sagt sie, »aber für mich ist das Vergangenheit. Man kann nicht immer daran denken, sonst wird man verrückt. Ich muß doch für die Zukunft leben.« Nur so hat sie überleben können. Doch was mich wirklich aufregt, ist, daß meine Neffen heute nicht mehr wissen, wer Nusia, die Schwester meines Vaters, war. Ich finde den Gedanken unerträglich, daß die Zeit alles auslöschen soll, und nehme mir vor, einen Stammbaum zu zeichnen.

Elf Monate später, als der Grabstein fertig ist, entdecken wir, daß sie statt Josef »Joseph« eingemeißelt haben. Ich bin empört. Wie konnten sie seinen Namen einfach anglisieren und somit jeden Hinweis auf seine kulturelle Herkunft auslöschen? Es regt mich so auf, daß ich mich bereit erkläre, einen Teil der Kosten zu übernehmen, damit die Inschrift geändert werden kann.

6. Dezember 1993
Ich fühle mich ganz seltsam, bin völlig durcheinander. So wie es aussieht, verläuft mein Leben wieder in den alten,

ausgetretenen Bahnen. Wie können wir weitermachen, als sei nichts geschehen? Der Gedanke macht mich buchstäblich krank, und so spreche ich wieder mit allen über den Tod.

Meine Schwester und ich haben uns zeit unseres Lebens darüber Gedanken gemacht, wie meine Mutter es verkraften würde, wenn mein Vater einmal stirbt; die Therapeutin sagte nur, daß wir unsere eigenen Ängste auf sie übertragen würden. Natürlich ist sie verzweifelt, aber wir müssen uns keinen Moment Sorgen machen, daß sie mit der Situation nicht fertig wird. Sie hat es schon so oft überstanden, einen ihrer Liebsten zu verlieren, daß sie mit Verlusten ganz anders umgehen kann als wir. Das ist mir in den letzten Tagen klar geworden. Und sie sieht auch die Unterschiede. Die anderen waren ja noch ganz jung und sind grausam aus dem Leben gerissen worden, das ist etwas ganz anderes, als nach siebenundvierzigjähriger Ehe ihren Mann zu verlieren, der ja bereit war zu sterben. Sie betont immer wieder diese 47 Jahre. Ich weiß, warum sie soviel Trost daraus zieht. Sie erlebt zum ersten Mal, daß jemand aus ihrer Familie eines natürlichen Todes stirbt, ganz normal an Altersschwäche.

1. Januar 1994
Der Dezember war sehr hart für mich. Trotzdem habe ich immer gedacht, daß ich mich nur schwer von dem Jahr 1993 verabschieden könnte, hatte wohl Angst, meinen Vater hinter mir zu lassen. Dem war aber nicht so. Ich habe ganz spontan seinen Bruder in Jerusalem angerufen und fühle mich wieder sehr mit ihm verbunden.

11. Januar 1994
Zu Besuch in Langland Gardens. Das Haus riecht nicht mehr nach Vater. B sagt: »Hier riecht's nach Nata« – aber nicht

mehr nach Opa, hätte ich fast gesagt – ich konnte es mir gerade noch verkneifen. Ich glaube, daß sie es deshalb gesagt hat – sie hat es auch gemerkt.

7. Juni 1994
»Der Tod meines Vaters« – das ist eigentlich ein Oxymoron. Wie können die Worte »Tod« und »mein Vater« friedlich nebeneinander im selben Satz stehen? Früher habe ich ihn immer als Houdini beschrieben: So wie er sich immer aus allen Notlagen hat befreien können und die schlimmsten Krankheiten überstanden hat, ist es ja kein Wunder, daß ich ihn für unsterblich hielt. Aber in seinen letzten beiden Lebensjahren ist mir irgendwann aufgefallen, daß ich mich nicht mehr daran erinnern konnte, wie er aussah, als er noch nicht so dünn und gebeugt war. Ich hatte das völlig vergessen. »Keine Angst, das kommt wieder, wenn er tot ist«, hat mein Schwager behauptet. Ja, ja, das sagen sie alle, habe ich insgeheim gedacht, aber er hat recht behalten. Seit seinem Tod kommen all diese Bilder plötzlich wieder.

Meine Mutter wird böse, wenn ich vor ihr um Vater weine. Sie verfällt entweder in ein eisernes Schweigen, oder sie schimpft mit mir. »Hör auf«, sagt sie, »du darfst nicht weinen.« Aber ich muß es doch. Ich weiß jetzt, wie es ist, wenn man einen geliebten Menschen verliert, auch wenn er sterben wollte. Und damals haben sie Freunde und Familie ganz jung verloren, sogar ihre Kinder. Es ist mir völlig schleierhaft, wie sie das überlebt haben.

Ich erinnere mich daran, wie ich das zweite Kapitel des Buches geschrieben habe. Heute scheint es mir absurd, daß ich damals geglaubt habe, ich könnte es meinem Vater nicht zumuten. Wieviel Angst habe ich gehabt, es würde ihn umbringen, wenn er das liest. Er hat es nie gelesen, und das hat seinen Tod auch nicht verhindern können.

In unserem Sommerurlaub habe ich mehr Muße, mich

der Trauer hinzugeben, und ich spüre, wie gut mir das tut. Aber ich sorge mich auf einmal um meine Gesundheit und habe schreckliche Angst, daß auch P sterben könnte. Er weiß natürlich, woher meine Ängste rühren, aber es irritiert ihn. Im Urlaub bin ich zufällig auf einen Gedichtband der amerikanischen Lyrikerin Sharon Olds gestoßen, in dem sie über den Tod ihres alkoholkranken Vaters schreibt. Hier hat jemand den Tod des Vaters genauso intensiv empfunden wie ich, das lese ich in ihren Worten, und ich bin dankbar dafür. Ihre Lyrik bestätigt mir etwas, was ich schon seit langem weiß: Die Probleme, die ich hatte, meinen Vater sterben zu lassen, sind nicht nur auf meine spezifische Geschichte als Tochter von Überlebenden zurückzuführen. Für die meisten Menschen ist der Tod eines Elternteils eine schmerzhafte und symbolische Erfahrung. Bei mir war es deshalb besonders schlimm, weil ich schon vorher so große Schwierigkeiten hatte, mich von meinen Eltern zu lösen, es war eine ganz logische Entwicklung. Auch andere Menschen machen solche Erfahrungen, aber bei uns Kindern von Überlebenden treten sie besonders häufig auf und sind vielleicht besonders tiefgreifend.

1995
Ich habe mich im letzten Jahr sehr verändert. Die Angst vor dem Tod meines Vaters hat jetzt dem Wissen Platz gemacht, daß meine Mutter – und P und ich und sogar B – irgendwann sterben werden. Es beruhigt mich sogar zu wissen, daß es auch für mich eines Tages soweit sein wird, denn es zeigt mir, daß mein Vater nicht allein dasteht, daß er nicht speziell ausgewählt wurde zu sterben. Und zum ersten Mal dämmert mir die Bedeutung des Ausdrucks »natürlicher Tod«: Tod ist für mich nicht mehr notwendigerweise etwas Unnatürliches.

7

Jahre war es her, seit ich die ersten zaghaften Schritte in der Therapie gemacht hatte, und so langsam wurden Erfolge sichtbar. Ich lächelte nicht mehr bei jeder Gelegenheit und lernte Fahrrad fahren. Ich freundete mich mit einer Frau aus Deutschland an, die immer mal wieder zu Besuch kam und mir richtig ans Herz wuchs. Ich konnte jetzt sogar manchmal die kleinen Überraschungen des Lebens hinnehmen und witterte nicht immer gleich eine Katastrophe, sobald sich in meinem Leben etwas änderte. Sicher, es gab immer noch Zeiten, in denen ich niedergeschlagen war, aber das hieß noch lange nicht, daß die ganze Welt zusammenbrach. Ich gestand mir auch ein, daß ich lange Phasen meines Lebens, als Kind und auch als Erwachsene, unter Depressionen gelitten hatte. Depressiv, was soll das sein? Eben depressiv, nicht mehr und nicht weniger.

Andere Veränderungen waren nicht so sichtbar, trotzdem merkte ich, daß sich im Vergleich zu früher einiges getan hatte. Ich traute mir einfach mehr zu, auch auf intellektueller Ebene, und fing plötzlich an, meine Überzeugungen und die anderer Leute zu hinterfragen. Früher war es mir immer nur um möglichst exakte Ergebnisse gegangen, jetzt wagte ich manchmal, zu spekulieren und eigene Thesen aufstellen. Mir fiel ein, daß meine Lehrer in der Schule eigentlich immer nur eins an mir auszusetzen hatten – abgesehen davon, daß ich nicht gerade eine Hockey-Kanone war und leider ständig zu spät zum Unterricht kam, oft bis zu vierzig Mal in einem Halbjahr –, nämlich daß ich manchmal ein wenig oberflächlich wäre. Damals hatte ich mir den Kopf zerbrochen, was meine Lehrer damit meinten, doch im nachhinein machte es Sinn. Wenn ich auf emotionaler Ebene schon so starr und unbeweglich gewesen war, lag es auf der Hand, daß dies auch meine intellektuelle Entwicklung beeinflußt hatte. Schließlich ist der Intellekt kein abstraktes, losgelöstes Gebilde, das mit unseren Gefühlen und der Seele nichts zu tun hat.

Trotz all meiner Fortschritte gab es immer noch viele Momente, in denen ich verzweifelt und mutlos war und wieder in meine alten Verhaltensmuster zurückfiel. Ich weiß noch, daß ich mich zu dieser Zeit bei einer jüdischen Stiftung, die Forschungsstipendien vergibt, um ein Stipendium für mein Buch beworben habe. Man bat mich zu einem Gespräch, bei dem ich mein Projekt vorstellen sollte. Im Laufe der Unterhaltung fragte eins der Kommissionsmitglieder in ziemlich barschem Ton, warum ich glauben würde, daß sich jemand für die Kinder von Holocaust-Überlebenden interessieren sollte. Es gäbe so viele andere Probleme, die derzeit im Licht der Öffentlichkeit stünden. Ich solle doch nur einmal an die Opfer der Flutkatastrophe in Bangladesch denken. Ich war wie vor den Kopf geschlagen, damit hatte er mich getroffen. Ich stotterte einige Worte der Zustimmung und war plötzlich völlig unfähig, mein Projekt zu verteidigen – die Opfer der Flutkatastrophe hatten ja weiß Gott viel dringendere Probleme. Erst später ist mir klar geworden, daß er sicher eine scharfe Gegenbemerkung erwartet hatte, und genau die hätte er auch bekommen sollen. Es darf bei solchen Dingen keine Hierarchie geben, oder sollte es zumindest nicht, doch wie in so vielen anderen Familien von Überlebenden hatte ich als Kind schon früh gelernt, daß es Dinge gab, die wichtiger waren als andere. Ich konnte ihm nicht antworten, weil er, vielleicht mit anderen Worten, genau das ausdrückte, was ich so früh schon verinnerlicht hatte.

Im Februar 1994 kam der Film »Schindlers Liste« von

Steven Spielberg in London in die Kinos. Er spielt im Płaszów, dem Konzentrationslager, in dem auch meine Mutter interniert gewesen war. Ich wollte mit meiner Mutter in eine Nachmittagsvorstellung gehen. An diesem Tag war der Verkehr in der Stadt fast zusammengebrochen, denn es fiel ein dichter, eiskalter Schnee. Ich war nervös. Der Film war noch nicht ganz raus, und schon lobten ihn alle in den höchsten Tönen. Ich hatte schon so oft gehört, wie realitätsnah er sei, daß ich beinah das Gefühl bekam, nach Płaszów selbst und nicht nur in einen Film zu gehen. Ich hoffte, daß ich es überstehen würde. Meine Mutter saß neben mir, und als der Film lief, flüsterte sie mir immer wieder zu, wie authentisch alles sei, so daß ich bald der Vorstellung verfiel, eine Wochenschau zu sehen. Ich mußte mir immer wieder sagen, daß es ja nur ein Film war, wenn auch, laut den Kommentaren meiner Mutter, ein sehr wahrheitsgetreuer.

Da waren sie – die Villa, in der sie hatte spielen müssen, die junge Köchin, Goeth selbst – all die Menschen und Orte, die die Geschichten meiner Kindheit bstimmt hatten. Spielberg war es gelungen, konkrete Bilder zu erschaffen, in dem sie nun endlich ihren Platz fanden. Meine Mutter sagte später, der Film sei ihr furchtbar unter die Haut gegangen und sie hätte die Tränen zurückhalten müssen. Aber eins war ihr aufgefallen, nämlich daß die Gesichter der Lagerinsassen alle polnisch waren und nicht jüdisch. Ganz offensichtlich hatten sich in Polen nicht genug junge jüdische Gesichter finden lassen.

Nach dem Film sind wir in ein Café gegangen, wo ich meine Mutter zu ihrer Reaktion auf den Film befragt habe. Ich schrieb gerade einen Artikel zu dem Thema, und dieses Interview war ihre eigene Idee gewesen. An diesem Tag hat sie mir noch einmal von ihrer Zeit in Płaszów erzählt. Diesmal war für mich alles sehr real, was paradoxerweise daran lag, daß ich gerade einen Film darüber gesehen hatte. Was mich allerdings ärgerte war, daß die Medien ständig über den Film berichteten und Płaszów plötzlich in aller Munde war. Vorher hatte niemand auch nur den Namen gekannt. Mit Amon Goeth war es genauso. Als mir meine Mutter als Kind von ihm erzählt hatte, dachte ich immer, er hieße Armand und sie spreche ihn nur falsch aus, aber ich hatte sie nicht danach fragen wollen. Ich hatte seinen Namen vor dem Film noch nie gelesen. Und jetzt fand ich in jeder Zeitung, in jeder Zeitschrift, die mir in die Hände fiel, seitenlange Artikel über Płaszów und Goeth – es hatte erst einen amerikanischen Film geben müssen, bevor diese Namen bekannt wurden und sich die Öffentlichkeit dafür interessierte. Meine Mutter teilte meinen Ärger.

Noch in der gleichen Woche haben wir beide in einer Radiosendung über »Schindlers Liste«, die im dritten Programm ausgestrahlt wurde, ein Interview gegeben. Und hier sprach meine Mutter über ihre Zeit im Lager auf eine Weise, wie ich es noch nie von ihr gehört hatte, sanft, fast ungläubig. Es sprach eine einfache, direkte Wahrheit aus ihren Worten. Es war, als hätte der Film und die Gefühle, die der Tod meines Vaters in ihr ausgelöst hatten, dies erst möglich gemacht. Am Ende der Sendung spielte sie noch einmal das Nocturne von Chopin, das sie damals für Goeth gespielt hatte. Alle waren tief berührt. Das Interview und das Nocturne wurden im Laufe der folgenden drei Jahre insgesamt drei Mal im dritten und vierten Programm der BBC wiederholt.

Kurze Zeit später haben wir zum ersten Mal bei mir zu Hause den Seder-Abend gefeiert. Meine Schwester kam mit ihrer Familie, meine Mutter war da, und Felek und Recia sind auch gekommen. Zum ersten Mal feierten wir Seder ohne meinen Vater, aber ich muß sagen, daß ich die meiste Zeit zu beschäftigt war, um seine Abwesenheit zu bemerken. Als ich später verkündete, daß ich jetzt jedes Jahr bei mir feiern wollte, sagte meine Mutter, ich solle die Dinge behalten, die sie mir für das Fest geliehen hatte – Elijas Weinkelch, den besonderen Teller und das Tuch, das über die *Mazzen* gebreitet wird. Für mich war dies ein symbolischer Moment. Nun lag die Verantwortung für unser jüdisches Leben bei mir. Ich fühlte mich plötzlich seltsam erwachsen.

Und dann wurde das Haus in Langland Gardens, in dem wir gewohnt hatten, seit ich drei war, doch noch verkauft. Für mich war alles, was ich mit England, mit Heimat verband, in diesem Haus gewesen. Jetzt, wo es nicht mehr da war, hätte ich genausogut in Prag oder in Paris leben können. Es war ein bißchen, als wäre mein Vater zum zweiten Mal gestorben. Ich habe meinen Vater immer mit diesem Haus in Verbindung gebracht, beide symbolisierten für mich Solidität und Standfestigkeit. Ich wußte, eine Ära ging für immer zu Ende. Ich brachte Wochen damit zu, meine alten Kleider, Schallplatten und Bücher auszusortieren, die ich bei meinen Eltern gelassen hatte und die nun schon seit Jahrzehnten in den Regalen und Schränken auf mich warteten. Auch dies war eine symbolische Handlung. Ich nahm wieder Dinge an mich, die meine Eltern für mich aufbewahrt hatten, mußte entscheiden, welche ich jetzt, wo ich erwachsen war, in mein Zuhause mitnehmen wollte und was ich nicht mehr brauchte. Mir war, als hätten wir damals nicht nur einen Hausstand aufgelöst, sondern mit der Wohnung alte Gefühlsmuster hinter uns gelassen.

Die Leute vom Umzugsunternehmen brachten mir vierzehn Kisten nach Hause, dazu noch allerhand Möbel, unter anderem das Schränkchen aus Polen, in dem meine Mutter immer ihre Noten aufbewahrt hatte. Es hatte den Eltern ihres ersten Mannes gehört und war aus der Wohnung in Krakau, in der sie in den ersten Monaten des Krieges gelebt hatte. Und den Schreibtisch meines Vaters. Nichts erinnerte mich mehr an ihn als dieses wuchtige Möbelstück aus Walnußholz, das sein Bruder nach dem Krieg nach England hatte verschiffen lassen. Ich wollte ihn unbedingt haben, er war mir wichtiger als alles andere. Wir merkten bald, daß er niemals durch die Haustür passen würde. Ich habe all meine Überredungskünste aufgeboten, und da hatten die Möbelpacker schließlich ein Herz mit mir. Es dauerte zwanzig Minuten, bis sie die massiven Beine abgehebelt hatten – »So was gibt's heute gar nicht mehr«, kommentierte der eine –, und so haben sie ihn schließlich durch die Tür bekommen. Sein Schreibtisch würde jetzt meiner werden.

Dann kam der Tag, an dem meine Mutter aus Langland Gardens auszog. Ich habe weinen müssen, als ich das kalte, leere Wohnzimmer sah. Aber meine Mutter sagte nur: »Es hat uns gut gedient, aber jetzt ist es Zeit weiterzuziehen.« Ich habe sie noch nie so bewundert wie in diesem Moment.

In diesem Jahr, es war 1994, rückte der Krieg plötzlich wieder ins Interesse der Öffentlichkeit. Ein paar Monate nach der Premiere von »Schindlers Liste« war der fünfzigste Jahrestag der Invasion der Alliierten in der Normandie, D-Day. Ich hatte lange Zeit keine Ahnung gehabt, was das war, D-Day und die Alliierten, erst mit Ende Zwanzig erfuhr ich, was es damit auf sich hatte. Woher hätte ich es auch wissen sollen? Ich glaube, als ich Kind war, wußten nicht einmal meine Eltern, an welches Datum dieser Tag erinnerte – sie hatten ihn ja offensichtlich nicht selbst erlebt. Ich kann mich auch nicht entsinnen, daß wir dies in der Schule durchgenommen hätten, vielleicht hatte es auch so wenig mit meiner Familiengeschichte zu tun, daß ich es mir nicht gemerkt habe. D-Day war für mich eins der vielen Dinge in dieser Kultur, die ich nie verstanden habe. Dazu gehörten zum Beispiel auch Yorkshire Pudding und Mince Pie – als Kind waren diese beiden Gerichte für mich der Beweis, daß die Engländer kulinarische Barbaren waren; wie konnte man bloß als Beilage zu Fleisch Pudding essen, und was hatte denn Hackfleisch in einer Pastete zu suchen? –, die Fastenzeit, Karfreitag, »Good Friday« – für wen war er wohl gut? – und unzählige englische Redewendungen. Für mich waren all das Zeichen für meine kulturelle Zerrissenheit, Teile eines althergebrachten Codes, den ich nie gelernt hatte. Am schlimmsten war es, als ich einmal im Fernsehen bei der Kindersendung »Crackerjack« mitgemacht habe. Ich bekam das Stichwort »Jeder Hund hat sein ...« und sollte das fehlende Wort einsetzen, aber ich hatte natürlich keine Ahnung und zermarterte mir den Kopf. »Futter?« ... »Herrchen?« brachte ich schließlich heraus. Ich habe mich schrecklich blamiert. Eins der ersten und rührendsten Geschenke, die ich später von P bekommen habe, war ein Wörterbuch mit englischen Redewendungen. Ich kannte statt dessen *Gefillte Fisch*, Lebkuchen, eingelegte Gurken und *feh*, das Wort, das alle jüdischen Mütter auf der Zunge tragen, sobald sie etwas in Rage bringt. Aber in der Kultur, in der ich lebte, nützte mir all dies Wissen gar nichts.

Erst bei den D-Day-Feierlichkeiten zum fünfzigsten Jubiläum erfuhr ich Genaueres über die historischen Ereignisse. Ich fühlte mich ziemlich unbehaglich dabei, und vielen anderen Juden ging es genauso. Hier schienen sich die Engländer selbst zu feiern. Es war wie eine Art Nationalfeiertag im Gedenken an den Krieg, der mit allem Pomp und Trara begangen wurde. Ich bin damals mit P und B zu einer Fünfzigjahrfeier gegangen, die in Bs Vorschule stattfand – Montgomery war eng mit dieser Schule verbunden gewesen –, und mir ist ganz mulmig geworden, als ich alle so nostalgisch über den Krieg sprechen hörte. Keiner verlor ein Wort über die Vernichtung der Juden, hier hörte man nur, was die Engländer im Krieg alles hatten durchstehen müssen. Veteranen packten ihre Geschichten aus, und man gedachte mit Wehmut dem Durchhalteschlager der geliebten Vera Lynn: »Packing up your troubles in your old kitbag ...«, dem einzigen Trost im harten, einsamen Soldatenleben ... Naja, sicher gab's auch ab und zu ein Päckchen mit dem unvermeidlichen Yorkshire Pudding, damals natürlich aus Trocken-Ei. Ich weiß, es war unfair von mir, schließlich hatten auch die Engländer unter dem Krieg sehr gelitten, aber ich nahm ihnen übel, daß Juden einmal wieder völlig unsichtbar blieben.

Eine Frau aus meiner Gruppe meinte wütend, sie könne sich die Feierlichkeiten nicht einmal anschauen. Es sei eine Farce, die Engländer hätten jahrelang kaum einen Finger für uns gerührt. Andere britische Juden bemerkten bitter, die Alliierten seien in den Krieg eingetreten, weil sie Hitler vernichten wollten, und nicht, um die Juden zu retten. Ich brauchte einige Zeit, bis mir auffiel, daß meine verächtliche Haltung den Engländern und ihren Kriegserinnerungen gegenüber doch sehr daran erinnerte, wie meine Eltern jedes nicht lebensbedrohende Problem heruntergespielt hatten – alles, was es mit ihrer Leidensgeschichte und den Konzentrationslagern nicht aufnehmen konnte, und was konnte das schon. Erst als mir diese Parallele klar wurde, konnte ich auch den Engländern zugestehen, daß sie durchaus eine eigene Leidensgeschichte zu erzählen hatten.

Dieses Gefühl, ausgeschlossen zu sein von einem nationalen »Wir«, ergriff alle noch einmal besonders stark, als im Juni 1994 die erste britische Konferenz für Kinder von Holocaust-Überlebenden und -Flüchtlingen in London stattfand. Eine Gruppe von Psychotherapeuten hatte sie ins Leben gerufen und mich gebeten, die programmatische Rede zu halten. Hier habe ich zum ersten Mal öffentlich über einige meiner Kindheitserlebnisse gesprochen. Es waren nicht einmal fünf Minuten vergangen, als ich in den ersten Reihen schon jemanden schluchzen hörte. Die Erleichterung, daß dieses Thema in England endlich zur Sprache kam, war deutlich spürbar, und ich hätte wahrscheinlich genausogut das Telefonbuch vorlesen können – für die meisten Teilnehmer war es einfach extrem bedeutungsvoll, daß dieses Ereignis überhaupt stattfand. Ich habe nur den Anfang gemacht, wir haben dort Hunderte ähnlicher Geschichten gehört. So viele Leute erinnerten sich plötzlich an ihre verzweifelten Bemühungen, sich der Gesellschaft anzupassen, und an den Kampf, ihre britische *und* jüdische Identität zu leben. Als ich nach der Rede an meinen Platz zurückkehrte, habe ich am ganzen Körper gezittert, so schwer war es mir gefallen, zuzugeben, daß nicht alles perfekt gewesen war. Ich wußte, ich hatte irgendein magisches Familientabu verletzt, und fühlte mich leer und erschöpft.

Im Januar 1995 wurde der fünfzigste Jahrestag der Befreiung von Auschwitz gefeiert, und plötzlich war der Holocaust in den britischen und internationalen Medien Thema Nummer eins. Zum ersten Mal kamen die in England lebenden Holocaust-Überlebenden in den Medien zu Wort; diese Entwicklung hatte allerdings schon ein Jahr zuvor mit »Schindlers Liste« begonnen. Die Nachrichten brachten Interviews, in den Zeitungen wurden seitenlange Biographien abgedruckt, und überall sprach man über die Konzentrationslager. Die Medien hatten eine außergewöhnlich intensive Diskussion über das Thema entfacht.

Auch in meiner eigenen Einstellung hat sich damals etwas geändert. Bislang hatte ich die Holocaust-Literatur mit gemischten Gefühlen betrachtet und sie weitestgehend gemieden, denn schließlich war ich als Kind mit solchen Geschichten überfüttert worden. Ich hatte genug gehabt von diesem Thema. Jetzt war es auf einmal ganz anders. Ich habe mir keine Sendung im Fernsehen oder Radio entgehen lassen und mich auf jeden Artikel gestürzt, der mir in die Hände fiel. Am Anfang der Debatte habe ich mir zum zweiten Mal Claude Lanzmanns Film »Shoah« angesehen. Diesmal schaute ich genau hin und ließ mir kein Detail entgehen. Es war fast, als hätte ich zum ersten Mal davon gehört. Ich habe plötzlich selbst Vaters Auschwitz-Skulptur aus Bronze mit anderen Augen betrachtet.

Sicher trugen verschiedene Dinge zu dieser Veränderung bei. Zum einen verankerte die ungewöhnlich breite Diskussion den Holocaust endlich im öffentlichen und sozialen Bewußtsein. Er wurde auf gewisse Weise realer, und diesmal teilten ihn auch die anderen. Endlich war er unserem kleinen Familienkreis entrissen. Zum anderen hatte der Tod meines Vaters mich nicht nur gelehrt, was es heißt, einen Menschen zu verlieren. Ich kannte jetzt auch den Unterschied, ob jemand eines natürlichen Todes stirbt oder ob sein Leben gewaltsam ausgelöscht wird. Diese Unterscheidung hatte ich bis dato nur intellektuell begriffen, nicht auf emotionaler Ebene. Erst seit ich gelernt hatte, daß nicht jeder Tod unnatürlich ist, konnte ich das Schicksal der vielen, die es waren, würdigen.

Drittens, und das ist vielleicht das wichtigste von allem, rief der Holocaust jetzt, nach Jahren der Auseinandersetzung mit meiner Familie, nicht mehr sofort dieses Bündel an Verboten und Vorwürfen in mir wach – »Sei brav«, »Das soll ein Problem sein?«, »Wir dürfen sie nicht aufregen«. Nun war ich frei, mich mit den historischen Ereignisse so auseinanderzusetzen, wie es alle anderen taten. Mir schwante, daß mir da einiges bevorstand. Und so war es auch, ich habe in diesem Monat mit erschreckender Intensität gelernt, wie es ist, sich verfolgt zu fühlen. Für mich war das alles ganz neu, ich habe damals zum ersten Mal in meinem Leben über den Holocaust nachdenken können, ohne daß mir sogleich meine Eltern in den Sinn kamen. Das Ergebnis war, daß ich wochenlang nicht über den Schock hinwegkam.

Nach jeder Sendung in Fernsehen oder Radio habe ich meine Mutter angerufen und mich vergewissert, daß alles in Ordnung war und daß sie die bösen Erinnerungen überlebt hatte. Seit der Premiere von »Schindlers Liste« war mir besonders bewußt, daß mein Vater nicht mehr da war, um ihr beizustehen. Ihre außergewöhnliche Überlebensfähigkeit erstaunte und rührte mich – ich konnte sie, wenn ich es recht bedenke, eigentlich zum ersten Mal würdigen, und genauso lernte ich zu schätzen, wieviel Charakterstärke und Kraft das Leben sie gekostet hatte. Jetzt, wo meine Familie mich nicht länger nötigte, zu bedenken, was sie durchgemacht hatte, tat ich dies aus freien Stücken.

Wir haben den fünfzigsten Jahrestag der Befreiung von Auschwitz zum Anlaß genommen, B eine erste Vorstellung vom Holocaust zu vermitteln. Wir haben ihr erzählt, wie viele Menschen damals betroffen waren, aber wir sind nicht näher auf das Thema Tod eingegangen. Was ihr sofort dazu einfiel, war die Tätowierung auf dem Arm meiner Mutter. Ich mußte beide Ärmel hochkrempeln, weil sie sich vergewissern wollte, daß ich auch wirklich keine hatte. Und sie hat sich sofort in die Zeit zurückversetzt. »Hätten die mich auch ins Gefängnis gebracht? Gut, daß ich da nicht gelebt habe. So haben sie mich nicht gekriegt!«

8

Ich hatte nie wirklich den Wunsch verspürt, nach Polen zu fahren, höchstens, wenn ich die Zeit hätte zurückdrehen können. Alles, was mich an dem Land wirklich interessierte, war alt und vergangen, schon fast legendär, und das moderne Polen hatte damit überhaupt nichts zu tun. Aber als dann Vaters Grabstein aufgestellt wurde und Felek mich bei dieser Gelegenheit fragte, ob ich nicht nächsten Juli mit ihm nach Krakau fahren wollte, stimmte ich sofort zu. Seit Vater tot war, interessierte ich mich zunehmend für das Schicksal polnischer Juden und den Holocaust. Ich hatte das Bedürfnis, herauszufinden, wie das alte und das neue Polen zusammenpaßten. Der Krieg war mir in dieser Zeit so nah, als bräuchte ich nur die Hand nach ihm auszustrekken. Er gehörte für mich nicht länger in den Bereich der Mythen, war nicht mehr das, was alte Leute so erzählen. Ich habe damals gehofft, daß mir die Polenreise helfen würde, ihn loszulassen. Vielleicht würde er sich wieder aus meinem Leben zurückziehen. Meine Aufregung wuchs, als ich zum ersten Mal über einer Karte von Polen saß. Krakau, Tarnów, Jasło – diese Orte gab es wirklich, nicht nur in den Erzählungen meiner Eltern, und die Beziehung der Orte zueinander, die Entfernungen, die dazwischenlagen, schienen für mich zum ersten Mal voller Bedeutung. Außerdem hatte ich mir vorgenommen, nach Auschwitz-Birkenau zu fahren. Auch dieser Wunsch war ganz neu für mich.

Aber als die Reise näherrückte, bekam ich Angst. Ich war vor kurzem zum zweiten Mal in Israel gewesen – diesmal hatte ich es endlich geschafft, der Klagemauer einen Zettel mit meinen Wünschen anzuvertrauen. Kaum zurück in

London, entdeckte ich, daß ich wieder schwanger war. Beide Kinder waren kurz vor unserer Abreise nach Israel gezeugt worden. »Vielleicht«, so sagte ich zu P, »sollten wir uns demnächst mal ein anderes Reiseziel suchen.« Ich habe mich unbändig auf das zweite Kind gefreut, aber in den ersten drei Schwangerschaftsmonaten spielten meine Gefühle wieder Poltergeist mit mir. Ein Besuch in Auschwitz würde meine Ängste nur verstärken, davon war ich überzeugt. Ich versuchte mich zu beruhigen und redete mir gut zu. Schließlich zwang mich niemand, nach Auschwitz zu fahren – eine aus unserer Familie war ja schon da gewesen. Außerdem könnte ich mich auch erst in Polen entscheiden, ob ich wirklich dorthin wollte oder nicht.

Der zweite Grund für meine zwiespältigen Gefühle war das, was ich über Polen gelesen hatte. Ein paar Wochen vor meiner geplanten Abreise hatte mein Cousin Ludek, der in Chicago lebt, mir ein sechsseitiges Fax geschickt. Es war das Zeugnis eines seiner Klassenkameraden aus dem Jasłoer Gymnasium, heute emeritierter Professor der Polytechnischen Schule in Krakau. In diesem Dokument mit dem Titel »Liquidation von Juden durch die Deutschen in Jasło und Umgebung im Jahr 1942« beschreibt Ludeks Freund, was er damals als fünfzehnjähriger Schüler miterlebt hatte. Ludek hatte sowohl *Yad Vashem* als auch dem United States Holocaust Memorial Museum in Washington Kopien geschickt. In seinem »Atlas of the Holocaust« berichtet Martin Gilbert, daß im August 1942 16 000 Juden aus Jasło ins Todeslager nach Belzec deportiert wurden.[1] Ludeks Freund beschreibt jedoch die Ankunft der Gestapo im Mai 1942. Der Schlafsaal des Gymnasiums diente ihnen als Hauptquartier. Am nächsten Tag befahlen sie den Schülern, in einer Waldlichtung ein Massengrab auszuheben. An jenem Tag und an verschiedenen anderen trieben die Deutschen die Juden von Jasło mit Hilfe von Ukrainern an das Grab und töteten sie durch Genickschüsse. Die jungen Polen mußten dann Erde auf die Leichen schaufeln.

Ich fand dieses Zeugnis zutiefst erschreckend. Es brachte mir noch einmal zu Bewußtsein, was meinen Vater erwartet hätte, wäre er im Krieg einfach in Jasło geblieben. In meiner Familie haben wir uns immer auf das Schicksal meiner Mutter konzentriert – ich habe eigentlich immer geglaubt, sie sei die einzige Holocaust-Überlebende in der engeren Familie –, aber jetzt wurde mir klar, daß auch mein Vater zweifelsohne ein Überlebender war.

An dem Tag, als ich für Felek und mich den Flug nach Polen gebucht habe, bin ich in eine Panik verfallen, die mich bis zum Abend nicht mehr losließ und immer noch schlimmer wurde. Ich konnte mir nicht erklären, warum, bis ich abends mein Tagebuch zur Hand nahm und mir beim Schreiben einfiel, wie der Tag begonnen hatte. Heute morgen hatte ich mich endgültig dafür entschieden, nach Polen zu reisen, jetzt gab es kein Zurück mehr. Mit diesem Land hatte ich jahrelang nichts als den Tod assoziiert und hatte nun ein starkes, wenn auch irrationales Gefühl, daß Polen zu sehen sterben bedeuten müsse.

Als mir klar war, woher meine Panik rührte, verebbte sie schnell. Am nächsten Tag kam ein Fax vom British Council in Warschau, in dem man mir finanzielle Unterstützung für die Reise zusicherte. Sofort ging es mir viel besser – absurderweise gab mir der Gedanke, auch im Ausland noch irgendwie unter britischer Obhut zu stehen, ein sicheres Gefühl.

Am Tag vor unserem Abflug ist meine Mutter zum Tee gekommen und hat mir die Adresse ihrer alten Schule in mein Notizbuch geschrieben, dazu die Anschriften, wo sie gewohnt hatte und wo sie im Krieg untergeschlüpft war. Ich hatte vor, mir alles anzuschauen. Weder meine Mutter noch meine Schwester wußten, daß ich schwanger war. Ich wollte ihnen nichts sagen, bevor ich nicht das Ergebnis der Fruchtwasseruntersuchung in der Hand hatte. Meine Mutter betrachtete die bevorstehende Reise zwar mit erstaunlichem Gleichmut, aber ich war mir sicher, sie wäre schockiert gewesen bei dem Gedanken, daß ihre in der vierzehnten Woche schwangere Tochter ausgerechnet nach Birkenau fahren wollte. Ich hätte völlig recht mit meiner Vermutung, so hat sie mir später bestätigt. Zum Glück hatte ich das heikle erste Schwangerschaftsdrittel gut überstanden, mein Entschluß stand fest, und ich war aufgeregt. Am gleichen Abend ist noch eine Freundin vorbeigekommen und hat mir ihren Prager *Golem* in die Hand gedrückt, der mir auf meiner Reise Glück bringen sollte.

Es war ein brütendheißer Julitag, als Felek und ich in Warschau ankamen. Gleich zu Anfang überfuhr es mich siedendheiß. Zu sehen, daß dieses Land, das jahrelang nur in meiner Vorstellung als abstraktes Gebilde vorgekommen war, tatsächlich existierte, war überwältigend. Und mir wurde auch sofort deutlich, wie viel mich mit Polen verband – und gleichzeitig wie wenig: Ich habe mir die Gesichter auf dem Flughafen und auf dem Bahnhof genau angeschaut, aber es waren alles polnische Gesichter und nicht ein einziger Jude dabei. Doch als ich die riesigen Reklametafeln erblickte, die hier überall angebracht waren, bemerkte ich zu meiner Verblüffung, daß ich sie lesen konnte und sogar alles verstand, Felek hat mir schnell ein paar erste Lektionen in polnischer Aussprache erteilt.

Eigentlich hätte mich das nicht überraschen sollen, denn meine Schwester und ich haben beide zuerst Polnisch gelernt. Englisch war unsere zweite Sprache, und wir haben sie erst richtig benutzt, als meine Schwester in die Schule kam und darauf bestand, daß man nur noch Englisch mit ihr sprach. Ich war damals zwei und konnte gerade einmal sprechen. Meine Eltern haben jedoch weiterhin Polnisch miteinander geredet und mit uns auch, obwohl wir ihnen auf Englisch geantwortet haben. Deshalb ist Polnisch für mich immer eine passive Sprache geblieben. Ich habe viel verstanden, konnte aber bis auf ein paar Brocken Kauderwelsch kaum sprechen, und die Schrift habe ich nie gelernt. Jetzt stand ich hier und merkte, ich konnte die Schilder und die Reklametexte lesen, und fing auf einmal an, Polnisch zu sprechen – wenn auch in unmöglichen grammatischen Konstruktionen –, Sätze, die ich seit Jahrzehnten vergessen hatte und die plötzlich aus der Tiefe meiner Kindheit in mir aufstiegen. Es war unbeschreiblich aufregend.

Diese ersten 24 Stunden in Polen war ich so hellauf begeistert, daß ich gar nicht mehr zur Ruhe kam. Wir sind mit dem Zug weitergefahren, und von dort aus habe ich zum ersten Mal einen Blick auf Krakau, diese wunderbar grüne Stadt, geworfen. Am nächsten Tag haben wir uns auf dem Marktplatz, Rynek Glówny, verabredet, der so viel von einer italienischen Piazza hatte, daß ich in diesem Moment begriff, warum meine Eltern mit uns so oft nach Italien gefahren sind. Es muß sie einfach an Polen erinnert haben. Doch als wir dann in dem Straßencafé saßen, dem Noworolski, in dem auch meine Mutter schon oft gesessen hatte, waren die Tränen plötzlich da. Wie hat sie es bloß ertragen können, ihre Sprache zu verlieren, ihre Kultur, und all das im Tausch gegen das kalte London, wo Kaffeehauskultur ein Fremdwort ist? Wäre der Krieg nicht gewesen, so mußte ich immer wieder denken, hätte ich sicher oft in diesem Café gesessen. Irgendwo in dieser Gegend wäre ich zu Hause gewesen. Der Konjunktiv hat, so scheint es, schon immer mein Leben beherrscht. Felek schüttelte den Kopf und meinte, vielleicht hätte ich, genau wie er, Krakau als zu provinziell und einengend empfunden. Aber das konnte ich mir schon nach einem Tag in dieser Stadt nicht mehr vorstellen. Und gerade, als mich die Gefühle überwältigen wollten – vom Platz wehten die sentimentalen Klänge eines Akkordeons herüber, offenbar eine feste Einrichtung auf den von Cafés gesäumten Plätzen dieser Stadt –, traf mich die nüchterne Erkenntnis, daß ich wohl gar nicht leben würde, hätte es den Krieg nicht gegeben. Meine Mutter wäre mit ihrem ersten Mann, Julius Hubler, zusammengeblieben und hätte ganz anderen Kindern das Leben geschenkt.

Felek führte mich zu Fuß nach Kazimiersk, dem jüdischen Viertel, wo vor dem Krieg 65 000 Juden gelebt hatten, mehr als ein Viertel der damals insgesamt 250 000 Einwohner Krakaus. Zweihundert sind davon übriggeblieben – allein in Londons Stamford Hill leben heute mehr Juden als hier. Am meisten überraschte mich, wie verfallen alles war. Meine Mutter hatte nicht gerade von Reichtum, so doch von bürgerlichem Wohlstand gesprochen. Hier sah man überall nur Fassaden, an denen der Putz abblätterte, und das ganze Viertel wirkte ärmlich und entvölkert. Und Kazimiersk *war* ja entvölkert worden: Es hat in ganz Europa wohl kaum eine Stadt gegeben, in der so viele Häuser der Innenstadt gleichzeitig und unfreiwillig geräumt wurden wie in Krakau. Später habe ich gehört, daß die kommunistische Regierung hier nach dem Krieg soziale Randgruppen angesiedelt hat, und das ganze Viertel schließlich verfallen ist. Es gibt wohl einen Sanierungsplan für Kazimiersk, der vom Prince of Wales Business Leaders Forum unterstützt wird, doch bislang haben Staat und private Investoren weder Schritte unternommen, dieses Gebiet im Herzen der Stadt zu sanieren, noch hat man den Nachkommen der ehemaligen Bewohner die Möglichkeit gegeben, ihre Ansprüche geltend zu machen.

Felek führte mich durch die Straßen, und in seinen Erzählungen erwachte die Vergangenheit wieder zum Leben. Zwischendurch deklamierte er feierlich kleine Zeilen aus der polnischen Literatur. An jede Ecke knüpfte sich eine Erinnerung, zu jedem Haus hatte er eine Geschichte zu erzählen. Hier, dieses große gelbe Gebäude, das war das hebräische Gymnasium, in der meine Mutter und er Schüler gewesen waren, und Rappaport ihr Lehrer. »Guck mal, da wohnten die Einhorns, da drüben die Danzigers ...«, so ging es in einem fort. »Ich kann dir von jedem einzelnen Haus auf der Ulica Józefa Dietla – der längsten Straße in Kazimiersk – den Namen einer jüdischen Familie nennen, die dort gewohnt hat. Alle sind sie in den Lagern umgekommen. Kannst du mir sagen, wie ein Mensch das begreifen soll?«

Felek bog in eine Seitenstraße und blieb stehen. Der Schreck fuhr mir in die Glieder, als ich erkannte, daß wir vor dem Haus meiner Mutter standen. Hier war sie geboren worden, hier hatte sie gelebt, bevor sie nach Berlin ging, und auch danach wieder. In meiner Phantasie hatte ich mir das Haus immer völlig anders vorgestellt, als es sich mir jetzt präsentierte. Ich hatte mir mindestens ein Haus aus dem 19. Jahrhundert vorgestellt, auf keinen Fall so ein relativ modernes Gebäude wie dieses. Und obwohl es gar nicht in mein Bild paßte, übte das Haus eine magische Anziehungskraft auf mich aus, als lebte in jeder Pore ein Stück unserer Familiengeschichte, als sei jeder Stein durchtränkt mit unserer Vergangenheit. Ungeschickt hantierte ich mit dem neuen Fotoapparat herum, den P mir geliehen hatte – ich bin nicht gerade ein technisches Genie. Ich verwünschte mich, daß ich ihn nicht vorher gefragt hatte, wie er funktioniert, denn ich brannte darauf, das Gebäude Stück für Stück in die Kamera zu bannen und so viele Bilder wie möglich mit nach Hause zu nehmen. Dieses Gefühl hat mich die ganze Zeit in Polen nicht mehr losgelassen: Ich habe jedes kleine Heftchen, jede Quittung und jede Postkarte wie einen Schatz bewahrt, wie einen archäologischen Fund, mit dem es sicher eine besondere Bewandtnis hatte und der mir später vielleicht noch wichtige Hinweise geben könnte. Ich hütete meine Beute wie meinen Augapfel und konnte es kaum erwarten, sie sicher nach Hause zu tragen. Und so fotografierte ich das Haus mit der Hausnummer und seiner prachtvollen Jugendstil-Lampe aus jedem nur erdenklichen Winkel, bis ich endlich das Gefühl hatte, es bis aufs letzte Tröpfchen leergesaugt zu haben.

Felek führte mich ins Zentrum für jüdische Kultur, wo wir eine Kleinigkeit zu Mittag aßen. Danach wollte ich unbedingt noch einmal allein zum Haus zurück. Als ich davorstand, war ich mir plötzlich nicht sicher, ob ich wirklich alle Perspektiven eingefangen hatte, und habe schnell noch ein paar Aufnahmen gemacht – mittlerweile wußte ich auch, wie man mit dem Teleobjektiv umgeht. Draußen auf der Straße stand ein junger Mann, der gerade sein Auto wusch. Als er sah, wie ich versuchte, die Haustür zu öffnen, erkundigte er sich, ob ich jemanden suche. Nein, stotterte ich, wie immer, wenn ich aufgewühlt war, hatte ich plötzlich all mein Polnisch vergessen, aber das Haus habe einmal meinem Großvater gehört und meine Mutter sei hier geboren worden. Ich sollte doch die ältere Frau fragen, die dort am offenen Fenster saß, schlug er vor. Vielleicht könnte sie mir mehr erzählen, sie wohne schon seit fünfzig Jahren hier.

Die alte Frau bat mich herein. Ihre Zweizimmerwohnung im Parterre war bis ins letzte Eckchen mit Möbeln vollgestellt. Sie war erst nach dem Krieg hergezogen und wußte nichts über meine Familie, statt dessen erfuhr ich, daß sie vierundachtzig war und mit ihrem Sohn hier wohnte, daß ihre Beine nicht mehr mitspielen wollten und daß ihr Mann, der als Kellner im Hotel Royal gearbeitet hatte, wo auch ich abgestiegen war, vor drei Jahren gestorben war. Nicht zum letzten Mal auf dieser Reise mußte ich darüber nachdenken, welch merkwürdige Wendung das Leben meiner Eltern genommen hatte. Meine Mutter hatte im Krieg mehr gelitten, als diese Frau sich vorstellen konnte, und dennoch hatte sie es in diesem fernen Land gut getroffen. Wenn ich die beiden miteinander verglich, so war meine Mutter eine elegante, wohlsituierte und noch sehr rüstige Frau. Nein, sie war eindeutig kein Opfer, und diese bedauernswerte alte Frau, die in ihrem Morgenmantel vor mir saß, hatte uns gewiß nichts weggenommen.

Aber als ich dann die Straße verließ, in der meine Mutter gewohnt hatte – Ulica Berka Joselewicza – der Name zerging mir auf der Zunge, er klang so wunderbar polnisch-jüdisch, daß ich ihn immer wieder vor mich hersagte –, kamen mir schließlich doch die Tränen. Wie ich so durch die Straßen von Kazimiersk wanderte, mich in Bücher vertiefte und mir Gedanken machte über das, was gewesen war, kam mir die andere Dimension des Holocaust wieder zu Bewußtsein – diese reiche, lebendige Kultur, die einfach ausgelöscht worden war. Hier hatte das Herz des polnischen, ja des europäischen Judentums geschlagen. Keine anonyme Masse hatte hier die Straßen bevölkert, sondern Individuen, Gelehrte, Künstler und Musiker, und Menschen wie du und ich, die sich dem Studium widmeten.[2] Und jetzt spürte ich nur eine Leere, die mir unerträglich laut in den Ohren klang, sah nur noch das, was fehlte: die Juden.

Eine Frau mit noch jungem Gesicht, schwarzem Minikleid, die Lippen rostrot geschminkt und die Augen hinter der schmucken Sonnenbrille aus Schildplatt versteckt, läuft weinend die Straße entlang und studiert die Namen auf jedem Türschild, für den Fall, daß einer der alten Besitzer plötzlich zum Leben erwacht. Sie schließt einen Pakt mit den Straßen: Sie alle bleiben so, wie sie im Jahr 1942 oder 1943 gewesen sind. Ein »Jetzt und hier« wird es für die Häuser nicht geben, nur ein »Was damals war« und »Was niemals sein wird«. Menschen hasten an ihr vorbei, aber sie gehören in eine andere Zeit, in eine andere, ferne Ebene der Wirklichkeit. Sie sind Kinder der Gegenwart, die keine Vergangenheit kennt, und sie kann nicht ablassen von der Vergangenheit, für die es keine Gegenwart gibt. Schluchzend geht sie ihrer Wege, als könnten die tausend Tränen einer schönen jungen Frau die Toten wieder zum Leben erwekken.

Ich weine wie bislang nur zweimal in meinem Leben: als ich mich von P getrennt habe und als mein Vater gestorben ist. Diesmal bringen die Tränen keine Erleichterung wie sonst, sondern nur noch weitere Tränen. An diesem Abend gehe ich weinend ins Bett und wache am nächsten Morgen weinend wieder auf. Mir ist, als könnte ich nie wieder aufhören.

Ich bin über mich selbst erschrocken, und ich verstehe es nicht ganz: Sollte ich nicht eher die Tatsache feiern, daß meine Mutter überlebt hat? Aber natürlich weine ich nicht nur um sie, und wenn man so viele Tränen um jemanden vergießt, der überlebt hat, wie viele Tränen muß man erst um die weinen, die es nicht geschafft haben? Endlich, nach vierundzwanzig Stunden, ist der Spuk vorbei, und das Leben hat mich wieder. Ich mache Besuche, unterhalte mich, stelle Fragen, gehe einkaufen. Und dann ist es Zeit für meine Reise nach Auschwitz-Birkenau.

Es ist der heißeste Tag bis jetzt, wir vergehen vor Hitze. Ich habe mich einer Tour mit Führer angeschlossen, von denen es jeden Tag mehrere gibt. Außer mir und der Frau, die die Tour begleitet, sitzen nur sechs Leute im Bus, eine vierköpfige Familie aus Norwegen und ein junges Paar aus den Staaten. Meine Angst wächst, je näher wir unserem Ziel kommen, aber die Norweger sind immer noch vergnügt, lachen und kichern vor sich hin, was mich ziemlich entsetzt. Aber was will ich eigentlich – sollen sie sich schon vorher zu Tode grämen? Wir fahren an den rauchenden Schloten Schlesiens vorbei. Ich finde es befremdlich, daß hier überhaupt Schornsteine stehen dürfen. Und wieder muß ich mich fragen: Soll die ganze Welt stehenbleiben und sich nur noch um dieses eine Kapitel in der Geschichte drehen? Ich persönlich, so dämmert es mir, würde diese Frage mit Ja beantworten, denn *mein* Leben hat sich größtenteils darum gedreht.

Wir sind da, und ich bin kaum aus dem Bus heraus, als mich die Tränen überwältigen. Die anderen fotografieren einander unter »Arbeit macht frei« und vor den Bildern ehemaliger Lagerinsassen. Ich bereue es schon jetzt, daß ich mitgekommen bin. Mir graut vor der Führung. Aber ich habe mich bald wieder unter Kontrolle, und als wir durch Auschwitz I gehen – das Hauptlager, nicht zu verwechseln mit Auschwitz II, bekannt als Birkenau –, bleibe ich ziemlich gelassen. Es wirkt alles ein bißchen wie eine Filmkulisse, so klein und mit den Pappeln überall, die sich im Wind bauschen. Außerdem weiß ich, daß viel von dem, was wir hier sehen, erst nach dem Krieg entstanden ist – in Auschwitz I hat es damals keine Krematorien gegeben.[3] Tatsächlich scheint sich Auschwitz I vor allem auf nichtjüdische Schicksale zu konzentrieren; wir werden um das Grab von Vater Kolbe geführt, dem katholischen Märtyrer, der aber vor dem Krieg auch bitterböse antisemitische Schriften verfaßt hat – das wird hier natürlich mit keiner Silbe erwähnt. Der Großteil der Juden, die in den Gaskammern getötet wurden, wurde direkt nach Birkenau gebracht. Sie haben das »Arbeit macht frei«, das später zum Emblem ihrer Mörder geworden ist, nicht einmal zu Gesicht bekommen.[4] Doch trotz dieser offensichtlichen Zeichen, daß das Schicksal von Juden in Auschwitz marginalisiert wird, empfinde ich an diesem Ort seltsamerweise eine gewisse Erleichterung. Hier ist die Abwesenheit so präsent – in Kazimiersk war es einfach nur Abwesenheit, Punkt, aus.

Die Frau, die uns durch das Lager führt, ist Polin. Es stellt sich heraus, daß ihr Vater 1941 in Auschwitz getötet wurde, weil er dem Untergrund angehörte. Das ist mir einerseits ein Trost. Andererseits bringt es mich aus dem Konzept, denn es zwingt mich anzuerkennen, daß ich wieder versuche, mich höherzustellen als die anderen Touristen, als sei ich irgendwie empfindsamer als sie, und daß ich mich wieder mit der altbekannten Aura des Märtyrertums umgebe. Diese Frau ist die Tochter eines Opfers, nicht eines Überlebenden. Sie steht in meiner selbstgemachten Hierarchie höher als ich, und so verlieren meine Bemühungen ihre Grundlage.

Für die anderen steht ein Film über die Befreiung von Auschwitz auf dem Plan. Ich lasse mich statt dessen ins Archiv führen, wo ich mich erkundige, ob sie Informationen über meine Mutter und meine Tante haben. Es dauerte nur ein paar Minuten, da hat der Archivar die beiden Karteikarten gefunden. Lichtewerden, das dritte Lager, in dem meine Mutter war, so lese ich auf den Karten, gehörte zu den etwa vierzig Außenlagern der Kette Auschwitz III – ich bin mir nicht einmal sicher, ob meine Mutter darüber Bescheid weiß. Ich lasse mir die Karten kopieren.

Nach dem Film geht es weiter nach Birkenau. Es ist riesig und immer noch einer der bedrückendsten Orte auf dieser Welt. Es ist schon Mittag, die Sonne brennt unbarmherzig auf uns herab, es gibt fast nirgendwo Schatten. Die Tourleiterin erzählt uns, daß schwangere Frauen zu den ersten gehörten, die in die Gaskammern geschickt wurden. Als ich die Rampe sehe, wird mir klar, warum Claude Lanzmann in dem Film »Shoah« ihr so viel Aufmerksamkeit hat zuteil werden lassen. Dies war ein weiterer Schritt in der Technologie des Tötens, erlaubte er doch, die Opfer so nah wie möglich an den Ort ihrer Vernichtung zu bringen. Etwas Menschenverachtenderes hat es wohl kaum je gegeben, weiter hat sich die Menschheit wohl nie von ihrem Streben, Kultur zu schaffen, entfernt. Die anderen Touristen posieren lächelnd auf der Rampe und schießen Fotos. Ich kann es nicht glauben, aber vielleicht ist die einzige Art, wie sie damit umgehen können, so zu tun, als sei dies ein ganz normaler Touristenausflug.

Und bald wird mir bewußt, daß ich, wie viele andere vor mir, immer zwei Ebenen durcheinander gebracht habe, nämlich Zeit und Ort, Geschichte und Geographie. Ob ich wohl geglaubt habe, mein persönliches Erscheinen an diesem Ort könne die unsäglichen Verbrechen, die vor fünfzig Jahren begangen wurden, im nachhinein verändern, sie aus den Steinen und der Erde herauspressen, und fortgesetzte Trauer würde all die Schicksale ein wenig erträglicher machen? Doch die Greueltaten liegen in der Zeit begraben, nicht an diesem Ort, und die einzigen, die die Verbrechen hätten verhindern können, waren die Zeitgenossen auf den verschiedenen Kontinenten, nicht wir, die wir heute hier stehen. Tatsächlich habe ich gar nicht so sehr das Gefühl, an einem Ort zu sein, an dem vor fünfzig Jahren Abermillionen ums Leben gekommen sind. Ich denke eher an die Millionen vonTouristen, die Jahr für Jahr diesen Ort überfallen. Und nur hier, im eher vernachlässigten und verfallenen Birkenau, wo die Zeichen der Zeit sichtbar sind, wird ein wenig von der Verwüstung und der Verlassenheit dieses Ortes spürbar.

Ich will nur noch fort von hier. Endlich fahren wir los. Im Bus muß ich noch einmal weinen, Tränen der Erleichterung. Es mag lächerlich klingen, aber ich glaube, ich habe Angst gehabt, daß ich in Auschwitz sterben könnte.

Nach diesem Besuch in Birkenau habe ich Einkäufe gemacht, bin in einen regelrechten Kaufrausch verfallen. Wahrscheinlich will ich mir selbst beweisen, daß ich noch am Leben bin. Später, unter der heißen Dusche, spüre ich eine große Sehnsucht. Ich möchte mein Kind unbedingt austragen. Ich kann immer noch nicht ganz daran glauben. Dieser Zustand wird so lange andauern, bis ich endlich das positive Ergebnis der Fruchtwasseruntersuchung in den Händen halte. Gerade jetzt, wo ich dem Tod von Millionen von Juden noch einmal ins Auge geschaut habe, möchte ich unbedingt einem jüdischen Kind das Leben schenken. Es soll all die ersetzen, die nicht mehr sind. Ich hoffe, daß mit ihm eine neue Phase in meinem Leben eingeläutet wird, daß meine Obsession vom Tod endlich ein Ende findet. Und dann merke ich plötzlich, daß ich genau das wiederhole, was meine Eltern und andere Überlebende damals mit ihren Kindern getan haben. Ich werde es nicht mit dieser Bürde belasten, beschließe ich statt dessen.

Ich war mit den Geschichten vom Numerus Clausus und den besonderen Bänken für Kinder aus dem Ghetto aufgewachsen; beide Maßnahmen sollten Juden den Zugang zu einer höheren Schulbildung und akademischen Berufen erschweren. Aber daß das Thema Antisemitismus im heutigen Polen immer noch von so großer Brisanz ist, hat mich sehr schockiert. Es lebten doch kaum noch Juden hier, vielleicht 5000 von den ursprünglich dreieinhalb Millionen im Vorkriegspolen, was damals die größte jüdische Gemeinde in ganz Europa und ein Drittel der Juden weltweit gewesen war. Ich wußte auch, daß die antisemitische Haltung der Polen überhaupt erst seit 1987 öffentlich diskutiert wurde. Anlaß dazu hatte ein Artikel von Jan Blonski, Professor für Geschichte, gegeben, der die Rolle der polnischen Bevölkerung im Holocaust kritisch untersucht hatte. Als der Artikel »The Poor Poles Look at the Ghetto« [Die armen Polen schauen aufs Ghetto] in einer katholischen Wochenzeitung erschien, war eine ganze Flut von Briefen eingetroffen, darunter viele defensive und extrem antisemitische Zuschriften, aber auch erstaunlich viele zustimmende Antworten. Über einen Punkt waren sich alle einig: Die Tatsache, daß alle sechs Vernichtungslager, Belzec, Birkenau, Chelmno,

Majdanek, Sobibor und Treblinka, in Polen errichtet worden waren, hatte nichts damit zu tun, daß die Polen besonders judenfeindlich waren, wie immer wieder spekuliert worden ist, sondern weil hier die meisten Juden lebten. Bis heute mögen die Meinungen auseinandergehen, wie viele »smalcownicy« – Erpresser, die Juden, die sich versteckt hielten, dafür bezahlen ließen, daß sie sie nicht verrieten – es im Krieg gegeben hat, schreibt Blonski, und dennoch seien die Polen für den Holocaust mitverantwortlich. Vielen, wenn auch nicht den meisten, sei das Schicksal der Juden nicht nur gleichgültig gewesen. Sie waren den Deutschen in gewisser Weise sogar dankbar, endlich von ihrer verderbenbringenden Präsenz befreit zu werden.[5]

Eine amerikanische Anthropologin hat sich erst kürzlich mit den zahlreichen Polenreisen heutiger Juden beschäftigt und diese Entwicklung mit dem Schlagwort »Negativtourismus« belegt, Reisen, die nicht zum Vergnügen gedacht sind, sondern bei denen man sich Orte des Schreckens anschaut. Sie meint, solche Reisen dienten allein dazu, die Vorurteile, die die jungen Amerikaner oder Israelis über Ausmaß und Schärfe des polnischen Antisemitismus hegten, noch zu vertiefen. Man setze sich dabei überhaupt nicht mit dem heutigen Polen auseinander, sondern nur mit dem Polen von einst. Offenbar, so schreibt sie, brauche man dieses Negativbild, um das eigene Land weiterhin als sicheren Hafen für Juden verherrlichen zu können. Man erinnere sich gern an vergangenes Leid, denn so würde man stellvertretend wieder zum Holocaust-Überlebenden und müsse sich nicht eingestehen, daß man mittlerweile in die Welt der erfolgreichen und privilegierten Juden gehört, ein Bild, das das eigene Selbstverständnis empfindlich störe.[6]

An dieser These ist durchaus etwas dran, und dennoch war ich überrascht, wie viel Antisemitismus im heutigen Polen noch zu spüren ist. Ich habe auf meiner Reise eine sehr nette Polin kennengelernt. Sie war Katholikin, um die Fünfzig, und ihre einzigen noch lebenden Verwandten sind Juden und leben heute in London. Einmal trafen wir uns bei einer Filmvorführung, bei der ein Fernsehfilm über Felek gezeigt wurde. Danach hat sie mich gefragt: »Gibt es im Englischen ein Wort für ›Jude‹, das keine negativen Konnotationen hat?« Sie mußte die Frage wiederholen, denn ich dachte erst, ich hätte sie falsch verstanden oder etwas überhört. Erst, als Felek mir erklärte, daß »Żyd« im Polnischen dermaßen negativ belegt ist, daß liberale Polen heute die Bezeichnung »żydek« (kleiner Jude) bevorzugen, wurde mir klar, worauf sie angespielt hatte. Felek läßt es sich natürlich nicht nehmen, jedesmal nachzufragen: »Ja, ist er denn so klein?« Und wenn er auf sein exzellentes Polnisch angesprochen wird, da manche Polen offenbar der Ansicht sind, polnische Juden hätten ausschließlich Jiddisch gesprochen und täten dies auch heute noch, kontert er bissig: »Ich spreche das Polnisch der Juden von Kazimiersk.«

Unsere polnische Bekanntschaft war auch völlig erstaunt, als sie hörte, daß Felek vor dem Krieg Zionist gewesen war und trotzdem, wenn man so sagen kann, keine Hörner getragen hat. »Uns hat man erzählt, das seien die Schlimmsten, sie seien schrecklich gewalttätig«, erzählte sie mir und schien nur schwer der Versuchung widerstehen zu können, ihn zu berühren. Offenbar konnte sie kaum glauben, daß dieser kultivierte Mann, mit dem sie sich gestern morgen in dem feinen Jugendstilcafé Jama Michalika so angeregt über Literatur, Mickiewicz und Wyspianski, unterhalten hatte, tatsächlich auch zu dieser Spezies gehört hat.

Die Polen haben derzeit ein großes Interesse an jüdischer Kultur, doch bei manchen dieser Interessensbekundungen beschlich mich ein ungutes Gefühl. Die beiden nebeneinanderliegenden Café Ariels in Kazimiersk, zwei jüdische Restaurants, die sich gegenseitig die Kundschaft stehlen und deren Besitzer Nichtjuden sind, waren wahllos mit allerlei jüdischen Gegenständen vollgestopft – *Menoras, Mesusas* und Kassetten mit jüdischer und hebräischer Musik. Auf dem Marktplatz verkauften sie überall diese grotesken chassidischen Holzpuppen. Polen und ausländische Touristen blieben lächelnd vor den alten, braunstichigen Postkarten stehen, auf denen Szenen aus dem Leben der Chassidim in Kazimiersk vor dem Krieg abgebildet waren. In meinen Augen haftete all diesen Gegenständen etwas Kitschiges an, das nur dazu beitrug, das Leben der Juden vor dem Krieg zu idealisieren. Hier wurde das Bild einer homogenen Welt des frommen Nebeneinanders gezeigt. Genau das war sie nicht gewesen, sondern ganz im Gegenteil eine mannigfaltige Kultur, deren einzelne Gruppierungen oft miteinander im Streit gelegen hatten und die zum Teil, wie uns Felek erinnerte, extrem frauenfeindlich gewesen war. Bildungsfeindliche und Gelehrte hatten hier gelebt, Zionisten, Bundisten (jüdische Sozialisten) und natürlich Assimilierte und Halbassimilierte. Armut und soziale Härten waren an der Tagesordnung gewesen.

Nostalgie tut der gelebten Erfahrung der Juden im Vorkriegspolen Gewalt an, denn sie beraubt uns jeglicher Identifikationsmöglichkeit. Sie werden zu folkloristischen Figuren, und ihre Welt wird reduziert auf eine Ramschhandlung von kitschigen Souvenirs und Andenken. Ich konnte mich des Eindrucks nicht erwehren, daß einige der polnischen Händler, die diesen Ramsch vertrieben, um es einmal freundlich auszudrücken, nicht eine Sekunde über Juden nachgedacht hatten. Sie waren froh über das florierende Geschäft, doch die chassidischen Puppen hätten genausogut irgend etwas anderes sein können.

Aber war ich nicht genauso, reduzierte ich jüdische Kultur nicht genau wie sie auf die verklärte Welt der Chassidim, auf Klezmer-Musik und *Gefillte Fisch*? War es nicht genauso schlimm, die untergegangene Welt des Schtetls zu beweinen, obwohl ich mir fast sicher war, daß ich dieses Leben gehaßt hätte? Obwohl ich genau wußte, daß schon um 1910 herum fast drei Viertel aller Juden Galiziens nicht mehr im Schtetl, sondern schon längst in mittleren und größeren Städten lebten?[7] Tatsächlich haben einige die These aufgestellt, daß die ewig gleichbleibende Welt der orthodoxen Juden auch ohne den Krieg mittlerweile zusammengebrochen wäre. Und doch ist das Schtetl für mich, wie für viele andere auch, eine Ikone der Vorkriegsjuden geblieben. Im Jahr zuvor hatte ich in einem Artikel für den *Guardian* auf das Schtetl Bezug genommen. Ich weiß noch, wie entsetzt ich war, als mich ein Student aus den ersten Semestern anrief und mich fragte, was denn ein Schtetl wäre. Zuerst dachte ich, er mache einen Witz, aber ich wurde bald eines Besseren belehrt. Das Schlimme war, daß auch sonst niemand in meinem Fachbereich die Frage beantworten konnte. Wie konnte ich bloß in einem Land leben, wo noch nicht einmal Studenten wußten, was das Schtetl ist?

Es ist den Forschungsarbeiten amerikanischer Anthropologen seit 1945 zuzuschreiben, daß das Bild des Schtetls so verklärt wurde. Höhepunkt dieser Tendenz war sicher der Film »Anatevka«.[8] Seitdem scheinen die Chassidim – in Gestalt israelischer Siedler, der Messiahs von Brooklyn und den Traditionen, wie man sie aus dem alten Schtetl kennt – *das* vorherrschende Emblem jüdischer Kultur geworden zu sein. Dieses Bild ist tief in den Köpfen verankert. Hier ein Beispiel dazu: Nach meiner Polenreise habe ich in einem Artikel über polnische Juden geschrieben, daß im heutigen Polen keine gläubigen Juden mehr leben. Der *Guardian* brachte dazu diese absolut klassischen Fotos von jungen orthodoxen Juden, die auf Besuch in Polen sind, wobei der Kontext suggerierte, es handele sich hierbei um ältere jüdische Bürger Krakaus. Es ist das gleiche wie bei den Moslems, die heute sofort mit Fundamentalisten in Verbindung gebracht und unweigerlich so und nicht anders dargestellt werden. Genauso schwierig scheint es für Nichtjuden zu sein, Bilder zu zeigen, die einmal nicht auf das altbekannte ultraorthodoxe Stereotyp zurückgreifen, sondern der ganzen Bandbreite modernen jüdischen Lebens gerecht werden.

In Wahrheit hat es auch vor dem Krieg unterschiedliche Formen jüdischen Lebens gegeben. Als ich in London zurück war und mit meiner Mutter Neuigkeiten über Krakau austauschte, wollte sie plötzlich nicht zugeben, daß sie in Kazimiersk gelebt hatte. Ich begriff nicht, warum, schließlich hatte ich doch die Straße selbst gesehen. Ihr Geburtsort hatte eindeutig im jüdischen Viertel gelegen, wenn auch am Rande. Ich wollte nicht damit prahlen, daß ich es besser wußte, außerdem mußte ich zugeben, daß die Grenzen damals vielleicht anders verlaufen waren oder daß zu ihrer Zeit andere Kriterien gegolten hatten. Meine Mutter hat mir dann erklärt, wie wichtig für sie die Hauptstraße gewesen war, die ihre Straße in zwei Hälften geteilt hat. Erst da habe ich verstanden, daß es ihr weniger um Geographie als vielmehr um Zugehörigkeit ging. Sie identifizierte sich nicht gern mit Kazimiersk selbst, und zwar deshalb, weil es so eindeutig mit dem Bild orthodoxen Judentums verbunden war. Wenn Kazimiersk mit der Welt der Chassidim gleichgesetzt wurde, hatte sie eben einfach nicht dort gewohnt.

Ein paar Tage nach meinem Besuch in Auschwitz habe ich noch einmal in der größten Hitze eine Tour gemacht, diesmal in Begleitung meines Cousins Zygmunt, mit dem ich mich auf der Fahrt angeregt auf Polnisch und Englisch unterhalten habe, er lebt in Bytom, einige Autostunden nordwestlich von Krakau. Er hat mich in den Teil des Krakauer Ghettos geführt, in dem mein Onkel Milek vor dem Krieg seine Drogerie betrieben hatte. Wir waren in Płaszów, wo kaum noch etwas daran erinnert, daß hier einst ein Konzentrationslager gestanden hatte, nur ein riesiges und ziemlich scheußliches Denkmal für die Gefallenen. Wie so oft in Polen wird auch auf diesem Denkmal mit keiner Silbe erwähnt, daß die meisten Opfer jüdisch waren. Daran erinnert nur eine kleine Tafel mit einer schmerzvollen Inschrift, die von den Überlebenden der jüdischen Gemeinde Krakaus errichtet worden war. Dann ging es weiter nach Wieliczka, der Stadt, in der meine Cousins geboren sind. Zygmunt hat mich durch die Stadt gefahren und mir gezeigt, welche Grundstücke und Häuser früher seiner Familie gehört haben. »Das ist unsers. Und das da. Und das auch« – nur daß die Zeiten in der Übersetzung oder durch seine Beschreibung plötzlich andere sind. Er hat vor kurzem bei der Stadt darauf hingewiesen, daß auch der große Parkplatz damals seiner Familie gehörte. Die Chancen auf eine Rückführung sind offenbar nicht schlecht, aber das Ganze gestaltet sich doch schwieriger als gedacht, und bislang ist noch keine Lösung in Sicht.

Weiter ging's nach Tarnów, doch auch hier fanden wir kaum noch Spuren von dem Ghetto, in dem meine Mutter und meine Tante 1942 gelebt hatten. Irgendwann stießen wir schließlich auf ein Denkmal für die ersten Deportierten von Tarnów nach Auschwitz, vorwiegend nichtjüdische Polen. Sie waren damals die ersten Insassen in Auschwitz. Aber niemand in der Stadt konnte uns Auskunft erteilen, wo denn das Ghetto nun gelegen hat. Irgendwann trafen wir einen älteren Herrn, der zwar erst nach dem Krieg hierher gezogen war, sich aber zumindest ein wenig in Tarnóws Geschichte auskannte. Er hat uns zu den beiden winzigen Gedenktafeln der Stadt geführt, die an den Brand der Synagoge erinnern. Hier sind auch noch Überreste der *Bima* zu sehen. Danach haben wir uns wieder ins Auto gesetzt, und als wir durch die vielen kleinen Orte fuhren, machten

Zygmunts Kommentare mir noch einmal bewußt, wie sehr diese Gegend vor dem Krieg jüdisch geprägt gewesen war. In all diesen Städtchen waren jeder zweite, zumindest jeder dritte Bewohner jüdisch und alle größeren Geschäfte in jüdischer Hand gewesen. Doch heute ist in den Orten fast nichts mehr von dieser blühenden Kultur zu spüren. Hier ist eine ganze Welt ausgelöscht worden.

Wir fahren weiter nach Jasło. Ich kann es gar nicht ganz glauben, daß wir wirklich hier sind. Die Stadt hat nichts Besonderes, aber die Landschaft ringsum ist wunderbar grün. Dann stehen wir vor dem Haus meines Vaters, und wieder ist es ganz anders als in meiner jahrzehntelang strapazierten Phantasie. Komisch, all diese fremden Menschen in der Stadt, die nichts mit meinem Vater zu tun haben. Die Stadt lebt für mich ausschließlich in Verbindung mit ihm, alles andere existiert in meinem Kopf gar nicht. Und doch bewegen sich all diese Menschen, als gehöre die Stadt ausschließlich in die heutige Welt mit ihren ganz eigenen Regeln. Mein Vater ist jetzt schon neunzehn Monate tot und meine Trauer ein wenig verebbt, doch auf dieser Reise lebt sie kurzfristig wieder auf. So oft habe ich in diesem heißen Sommer daran denken müssen, wie schön es wäre, mich mit ihm über meine Eindrücke in Polen zu unterhalten. Ich habe es bitter bereut, daß mein Interesse an den polnischen Juden erst nach seinem Tod erwacht ist. Aber dann ist mir klar geworden, daß es sich genau andersherum verhielt: Ich interessierte mich jetzt so sehr dafür, *weil* er tot war. Einerseits nahm ich auf diese Art noch einmal Kontakt mit seinem Leben auf, andererseits wußte ich genau, daß ich mich nie von ihm und meiner Mutter hätte lösen können, wenn ich das Interesse für polnische Juden vorher entwickelt hätte. Ich habe mir erst meine eigene Welt erschaffen müssen, bevor ich wieder freiwillig in ihre eintauchen konnte.

Ich hätte so gern irgend etwas aus Jasło mitgenommen, aber die Stadt hat wenig zu bieten. Offenbar weiß man das hier auch, es gibt nicht einmal Ansichtskarten. So habe ich mir von Zygmunt das abgerissene Parkticket geben lassen. Als ich wieder in London war, habe ich mich furchtbar geärgert, daß ich nicht auf die Idee gekommen bin, den jüdischen Friedhof ausfindig zu machen, wo die Eltern meines Vaters begraben sind, oder die Fabriken und das Gut meines Großvaters. Meine Mutter tröstete mich, sie sagte, ich hätte schon mehr als genug getan. Man könne ja nicht ständig den Toten hinterherlaufen. Mein Cousin Ludek hat mir dann geschrieben, daß sie das Land, das zum Gut gehörte, aufgeteilt hätten. Es würde heute von mehreren Bauern bewirtschaftet. Und der Friedhof sei damals von den Deutschen geschändet worden. Mit den Grabsteinen hätte man die umliegenden Straßen gepflastert. Nach dem Krieg war der Friedhof wiederaufgebaut worden, aber es hatte sich wohl als unmöglich herausgestellt, die Steine den Gräbern zuzuordnen – Ludek selbst hatte sich damals wohl erfolglos bemüht. Auf den meisten Grabsteinen hatte man die Inschriften kaum noch lesen können. Auf der Rückfahrt nach Krakau hat Zygmunt mich gefragt, ob ich nicht meine Mutter anrufen wollte. Und da saß ich nun mit dem Autotelefon in der Hand irgendwo mitten in der weiten Landschaft Galiziens, hatte gerade den Geburtsort meines Vaters besichtigt und plauderte mit meiner Mutter im weit entfernten London. Und plötzlich sah ich meinen Vater, der 1900 geboren war, als Zehnjährigen vor mir. Was er wohl für Augen gemacht hätte!

Zygmunt hatte eine Engelsgeduld und zeigte mir alles, was ich sehen wollte, alles Orte der Vergangenheit. Er selbst war ein lebenslustiger Mann und ganz der Gegenwart zugewandt. Als wir zu Anfang aus Krakau hinausfuhren, war meine erste Frage an ihn gewesen, wie er bloß nach dem

Krieg in Polen hatte bleiben können. Er hat mir ganz geduldig seine Gründe dargelegt, und was er sagte, leuchtete mir ein. Ein paar Tage später war es mir plötzlich peinlich, daß ich überhaupt gefragt hatte. Schließlich war es komisch, daß er erklären sollte, warum er hier lebte – von mir selbst hatte ich gar nichts erzählt. Meine Reaktion erinnerte mich an das, was mir zwei junge Jüdinnen erzählt hatten, die ich in einer Bar in Kazimiersk kennengelernt hatte. Es mache sie furchtbar wütend, daß sie ständig von Touristen über den Krieg ausgefragt würden, sagten sie. Man bekäme den Eindruck, Polen sei ein einziger großer Friedhof, dabei gäbe es so viele Aktivitäten, jüdisches Leben heute zu unterstützen. Ein anderes Mal habe ich einen Gottesdienst in der winzigen Synagoge besucht. Es waren kaum Juden aus Krakau da, dafür um so mehr Besucher aus dem Ausland, vor allem Amerikaner und Israelis. Danach gab es ein Essen im jüdischen Jugendclub von Kazimiersk, an dem etwa zwanzig Gäste teilnahmen. Hier hat man mir erzählt, daß die meisten Juden der Stadt lieber erst gar nicht kommen, wenn sie wissen, daß ausländische Gäste da sind. Offenbar sind sie es leid, als besondere anthropologische Spezies, als »die letzten Juden von Krakau«, bestaunt zu werden. Ich verstehe ihre Haltung gut, und dennoch kann ich meine Tränen nicht zurückhalten, als der Leiter des Clubs später nur die wenigen Gemeindemitglieder zur Seite nimmt und wir eine kleine Kostprobe hebräischer Lieder zu hören bekommen. Sie singen so laut und voller Inbrunst, als könne dies die Tatsache wettmachen, daß sie nur so wenige sind. Sie wollen uns beweisen, wie unverwüstlich jüdische Kultur in Krakau ist; ich dagegen trauere immer noch um das, was zerstört wurde.

So trafen hier jeden Tag Vergangenheit und Gegenwart aufeinander. Die meisten Polen sind heute immer noch damit beschäftigt, die Folgen des kommunistischen Regimes aufzuarbeiten, was ich gut nachvollziehen konnte. Ich sah auch, wie hart ihr Leben ist. Als die Kommunisten das Land beherrschten, hatten alle gleich wenig, jetzt klafften plötzlich große Unterschiede auf, und der Lebensstandard der Mehrheit war erschreckend niedrig. An den Straßenständen gab es überall frisches Obst zu kaufen, so billig, daß der Verkaufspreis niemals die Kosten decken kann. Ich habe mir in Polen ein paar schicke Kleider gekauft, zu einem Bruchteil dessen, was sie in London gekostet hätten. Die Polen hätten dafür ihren ganzen Monatslohn hergeben müssen. Aus diesem Grund hat mir das Einkaufen nicht ungetrübt Spaß gemacht. Wenn hier jemand aus der Armut Profit schlägt, so sind es sicher nicht die Polen, sondern Touristen aus dem Westen wie ich. Außerdem war mir der Gedanke unerträglich, daß ich vielleicht zu den Leuten gehörte, die nur der Geschichte ihres eigenen Leids nachgehen, ohne sich darum zu kümmern, was hier im Land vor sich geht. An den letzten Tagen in Polen habe ich meine persönliche Spurensuche hintenan gestellt. Ich war ganz erleichtert, endlich einmal ein bißchen über den Tellerrand schauen zu können – die Wunden von heute zu sehen, nicht immer nur die Narben aus der Vergangenheit.

An meinem letzten Tag in Krakau habe ich dem jüdischen Friedhof einen Besuch abgestattet. Die Namen auf den Gräbern klangen vertraut und riefen viele Erinnerungen hervor: Liebeskind, Rosenthal, Spiro, Kon – so hatten auch die Freunde meiner Eltern geheißen, sie kamen mir vor wie die Namen von lebenden Personen. Ich bin hierher gekommen, weil meine Mutter mich gebeten hat, Adams Grab zu suchen – Adam war der zweite Mann von Hela. Und vor allem natürlich das Grab von Mania, dem Kindermädchen meiner Mutter. Vorher war ich im Versammlungshaus der winzigen jüdischen Gemeinde Kazimiersk gewesen und hatte dort die provisorischen Register eingesehen. Man kann dort nachlesen, welche Gräber noch existieren und restauriert worden sind. Viele waren von den Deutschen zerstört worden, und natürlich hat man auch alle Unterlagen vernichtet. Manias Namen habe ich nirgendwo finden können, dafür aber Adams. Man gab mir einen groben Übersichtsplan vom Friedhof mit, um mir die Suche zu erleichtern. Aber auf der Karte sah alles ganz anders aus. Immer wieder lief ich die Reihen ab, hoch und runter, vorbei an alten, eingefallenen Gruften und Gräbern neueren Datums, überall mußte ich Zweige zur Seite biegen, wo dichtes Gebüsch die Gräber überwuchert hatte. Doch irgendwann gestand ich mir ein, daß es keinen Sinn machte. Ich hätte sie so gerne gefunden. Adam bedeutete mir zwar nichts, ich wußte von ihm nur, daß er meiner Tante seinen Namen überlassen und ihr eine Menge Kummer bereitet hatte. Trotzdem hätte ich ihre Gräber zu gern dieser traurigen Anonymität entrissen und meiner Mutter später erzählt, stell dir vor, ich habe sie gefunden! In diesem Moment bekam ich eine kleine Ahnung davon, wie sich die Menschen fühlen, die keine Gräber haben, wo sie ihre Liebsten besuchen können, keinen Ort, an dem sie ihre Trauer festmachen können. Und so habe ich mich statt dessen an irgendeinem namenlosen Grab niedergelassen und dort ein paar Steinchen hinterlegt. Juden bringen keine Blumen auf den Friedhof, sie legen Steinchen auf das Grab, um zu zeigen, daß jemand da gewesen ist. Ich habe die wenigen Worte Kaddisch aufgesagt, die ich noch im Kopf hatte, und dann auf Englisch zu Mania gesprochen. Ich habe ihr erzählt, wie es meiner Mutter im Krieg und später ergangen ist, und mich als ihre Tochter vorgestellt.

Danach habe ich mich wieder auf den Weg gemacht, in Tränen aufgelöst, und in die Straßen hinausgeschrien, ich hätte »Dosc ze smiercia« – »endlich genug vom Tod«. Vielleicht, so dachte ich, hilft dir das, endlich mit dem Thema

Tod und dem Leid der Juden abzuschließen oder es zumindest nicht mehr so nah an dich heranzulassen. Genauso wie man sich auch leichter von einem geliebten Menschen trennen kann, wenn man seine Leiche noch einmal gesehen hat. Ich wollte auf keinen Fall eine sogenannte »Katastrophen-Jüdin« werden, mit »Ghetto-Nostalgie« und weinerlicher Trauer um die Toten hatte ich nichts im Sinn. Der jüdische Glaube konzentriert sich auf das Leben, nicht auf den Tod, und dieses Wissen hat mir bei meinem Entschluß sehr geholfen. Als ich Polen verließ, wußte ich, ich hatte das Richtige getan. Diese Reise war eine schmerzhafte, aber heilsame Erfahrung gewesen, kein selbstsüchtiges Kramen in der Vergangenheit. Ich konnte jetzt auch die Weltsicht meiner Eltern viel besser verstehen. Es überraschte mich nicht mehr, daß sie sich damals so gegen P gestellt hatten. Im Vorkriegspolen hatte es lediglich ein Prozent Ehen zwischen Angehörigen veschiedener Religionen gegeben,[9] und die meisten Polen hatten für jüdisches Leben keinen Funken Interesse gezeigt.[10] Sie hatten sich den Juden überlegen gefühlt und auf sie herabgeschaut. Ich begriff plötzlich auch, warum meine Mutter früher bei unseren Freunden und Bekannten immer nachgefragt hatte, ob sie Engländer wären – bei ihr hieß das gleichzeitig nichtjüdisch. Denn wenn es vor dem Krieg in Polen geheißen hatte, er oder sie ist polnisch, waren das eindeutig Nichtjuden gewesen.

Meine Obsession aufzugeben stellte sich allerdings als schwieriger heraus, als ich angenommen hatte. London fühlte sich schrecklich fremd an. Stunde um Stunde habe ich dagesessen und den traurigen Weisen jiddischer Musik gelauscht. Wieder hatte mich die Vergangenheit fest im Griff. Plötzlich erinnerte ich mich an das jüdische Krankenhaus in Stoke Newington, in dem ich zur Welt gekommen bin – ich hatte es eigentlich völlig vergessen. Der Gedanke ließ mich nicht mehr los. Ich wälzte aufgeregt das Telefonbuch, um zu sehen, ob es noch verzeichnet war, doch ich konnte keinen Eintrag finden. In diesem Moment wurde mir klar, daß ich zu weit gegangen war. Nur weil es unwiederbringlich vorbei war, sah ich jetzt alles Vergangene in diesem schmerzlichen, verklärten Licht. Ich wußte, so ging es nicht weiter. Mein Verhalten war mir regelrecht peinlich.

Ein paar Tage später habe ich meine Mutter besucht und ihr meinen kleinen Schatz, den ich aus Polen mitgebracht hatte, gezeigt, die Postkartensammlung, Bücher, Fotos und verschiedene Kassetten. Ich erzählte ihr von der Reise und meinen Beobachtungen in Polen und führte ihr die Fotos vor, die ich von den Adressen ihrer verschiedenen Wohnungen gemacht hatte. Sie hat sich interessiert und gelassen alles angeschaut, als handele es sich um irgendwelche historischen Dokumente, die jemand anderem gehörten. Hinterher habe ich eine Kassette von Mordechai Gebirtig aufgelegt. Gebirtig war ein armer jüdischer Tischler, und er hat mit seiner Frau und seinen Töchtern in der Ulica Berka Joselewicza Nummer 5 gewohnt. Eine von ihnen, Siwka, hat meine Mutter gut gekannt, sie ist mit ihr zur Schule gegangen, und manchmal hat sie ihren Vater bei der Arbeit summen gehört. Die ganze Familie ist 1942 von den Nazis getötet worden. Erst nach seinem Tod fand man heraus, daß er ein großer Komponist gewesen war und die schönsten jiddischen Weisen komponiert hatte. Seine Volkslieder sind heute in aller Welt bekannt. Das Stück »Unser Schtetl brennt« hat er im Jahr 1936 nach dem Pogrom in Przytyk geschrieben, und es ist sicher eins der traurigsten und ergreifendsten Lieder in der Musikgeschichte. Schon all die Tage zuvor hatte es mich immer wieder zu Tränen gerührt. Und jetzt, kaum daß die ersten Töne erklangen, verfiel meine Mutter schockartig in eine tiefe Melancholie und fing an, laut zu schluchzen. Wieso war ich bloß überrascht, daß die Musik zu ihr sprach und nicht meine Worte oder die Fotos?

Ich habe den Recorder sofort ausgestellt und mich wohl zehnmal dafür entschuldigt, daß ich sie so aus der Fassung gebracht hatte. Aber sie war nicht mehr zu halten. »Wenn ich an all die Menschen denke, die ich verloren habe. Meinen Bruder, meinen Vater [und sie nannte noch viele mehr]. Ich weiß nicht, warum ich mich nicht aufgehängt habe. Ich weiß nicht, wie ich das geschafft habe, wie ich nach all diesem Elend weiterleben konnte, und jetzt, wo auch Josef tot ist.«

Später konnte ich mir nicht mehr erklären, warum ich das getan hatte. Warum mußte ich sie mit all dem konfrontieren, was sie verloren hatte? War es meine kleine sadistische Ader gewesen oder ganz persönliche Rache für all die Jahre, in denen ich mich für sie verantwortlich gefühlt habe? Vielleicht wollte ich, daß sie mir endlich einen Teil des Leids wieder abnimmt, weil ich ihn nicht mehr tragen konnte? Oder war es einfach nur der perverse Wunsch, noch einmal die traurige Seite ihrer Person zu sehen hinter der Fassade ihrer Fröhlichkeit? Oder alles zusammen? Was immer auch der Grund war, in dem Moment, in dem ich erkannte, wie tief ihre Trauer und ihr Schmerz waren, habe ich es sofort tief bereut. Doch da hatte sie sich schon wieder zusammengerissen. »Und trotzdem stehe ich auf«, sagte sie, »und bin froh, daß ich hier diese schöne Wohnung habe und daß ich noch lebe.« Ich habe sie unnötigerweise noch einmal daran erinnert, wofür sie lebt – für ihre Kinder, ihre Freunde, für ihre Musik und für ihre Enkel.

Ich hätte ihr zu gern erzählt, daß ein weiterer Enkel auf dem Weg war, aber ich beschloß, doch noch das Untersuchungsergebnis abzuwarten. Ich wollte auf keinen Fall, daß sie noch einen Verlust hinnehmen mußte, vor allem, da mir nach meiner Polenreise so deutlich wie nie bewußt war, daß sie wirklich eine Überlebende war – ich konnte nur noch daran denken, daß sie dem Holocaust entkommen war.

Einen Monat später war ich zum ersten Mal wieder wütend auf sie und habe erleichtert zur Kenntnis genommen, daß sich unsere Beziehung langsam normalisierte. Bei meiner zweiten Schwangerschaft fand ich das Warten noch schlimmer. Die Tage zogen sich quälend langsam dahin, und meine Phantasie spielte mir die übelsten Streiche. In Gedanken brachte ich häufig die Worte Abbruch und Vernichtung durcheinander, sie kamen mir plötzlich vor wie zwei Seiten einer Medaille. Aber meine Ängste stellten sich als grundlos heraus, es war alles in bester Ordnung. Meine Mutter hat sich riesig gefreut.

Mein Bauch wurde immer runder, und bald hatte mich die Gegenwart wieder, was ich zum größten Teil meiner quirligen, lebenslustigen Tochter zu verdanken habe. Sie war ins zweite Schuljahr gekommen, und ein paar Monate später gestand sie mir eines Tages: »Als die Schule angefangen hat, habe ich oft einen Rüffel gekriegt. Jetzt nicht mehr so oft. Aber sie loben mich auch nicht mehr so oft. Ich glaube, ich bin ganz normal.« Ich hörte den Stolz in ihrer Stimme, und ich wußte, wenn man aus einer Familie wie unserer kommt, war dies das größte Lob, was man bekommen konnte.

9

Ich bin kein typisches Beispiel, mein Leben keine klassische Fallgeschichte. Ich kenne niemanden, der sich gerne als »Fall« beschreiben läßt, besonders nicht, wenn eine Geschichte dazugehört. Niemand läßt sich gern auf seine Symptome reduzieren. In der Fachliteratur dient die Fallgeschichte dazu, die Diagnose der Therapeuten zu untermauern. Die Geschichte des Patienten wird sozusagen nachträglich manipuliert, und solche Therapien zielen offenbar darauf ab, alle Probleme restlos aufzuarbeiten. Die Symptome sollen einfach für immer verschwinden. Wenn ich diese Geschichten lese, die alle ein perfektes Ende haben – als sei die Reise schlagartig vorbei, kaum daß man nicht mehr in therapeutischer Behandlung ist –, bin ich jedesmal enttäuscht und neidisch. Im Vergleich dazu scheint das, was ich erreicht habe, recht dürftig und eher zufällig.[1] Ich bin kein Fall, mein Weg war viel steiniger und führte auch schon mal im Kreis herum. Ich habe am Ende dieser Geschichte nicht alle Probleme fein säuberlich in der richtigen Schublade verstaut. Aber ich weiß, sie hat mir geholfen, die Lebensgeschichte meiner Eltern niederzuschreiben. Mein Buch hat mich einen Schritt weitergebracht, denn jetzt kenne ich ihre Geschichte, und ich werde sie nicht mehr vergessen.

Wenn man ein Buch über sein Leben schreibt, verdreht man immer ein wenig die Tatsachen. Man konzentriert sich auf ein Thema und vernachlässigt die anderen. So habe ich aus dem Süppchen meiner Lebensgeschichte nur die Zutaten herausgefischt, die in irgendeiner Weise mit den Kriegserlebnissen meiner Eltern zu tun hatten – und dies

Unterfangen ist schon schwierig genug, denn sie existieren ja nicht losgelöst von allem anderen. Sicher habe ich auch unterschätzt, was meine Eltern in ihrer besonderen Situation mir an positiven Dingen mit auf den Weg gegeben haben. Wenn ich all die anderen Einflüsse ausblende, die mein Leben ebenso geprägt haben, und mich nur auf diese Zutaten konzentriere, besteht immer die Gefahr, sie überzubewerten. Es kann leicht so aussehen, als habe es außer ihnen nichts gegeben. Im Zentrum dieses Buchs stehen – notwendigerweise – die Erlebnisse meiner Eltern im Holocaust, und so habe ich sicher manchmal den Eindruck erweckt, daß sich mein Leben um nichts anderes gedreht hat als um den Tod und die Trauer über den Holocaust. Ich erscheine besessener von diesem Thema, als ich es tatsächlich bin. Natürlich ist mein Leben wie das aller anderen ein Konglomerat aus unterschiedlichsten Einflüssen, Entscheidungen und all meinen verschiedenen Gesichtern – ich lache, esse, gehe einkaufen, ich tanze, küsse und arbeite, genauso, wie es Zeiten gibt, in denen ich meinen Gedanken nachhänge und mir erlaube zu trauern, auch wenn das sicher keiner von Ihnen vermutet hätte.

Paradoxerweise habe ich, wie viele andere Kinder von Überlebenden, große Hemmungen, den Holocaust als Metapher für mein persönliches Leben anzuführen. Nichtjuden haben damit offenbar weniger Probleme, zum Beispiel die Lyrikerin Sylvia Plath, die sich in einem ihrer Gedichte als Opfer eines Konzentrationslagers beschreibt, ohne sich um die moralischen Implikationen weiter Gedanken zu machen. Die meisten Menschen und auch viele der Nachkriegsautoren begreifen den Holocaust durchaus als Bild, als gängige Metapher. Wir, die wir zwar nicht direkt betroffen, aber doch eng damit verbunden sind, unterscheiden peinlich genau zwischen Überlebenden und dem Rest.

Wenn man sein Leben niederschreibt, läßt man zu, daß

andere darin wie in einem Text lesen und es auch als solchen beurteilen. Aber ich bin kein Buch, und ich habe keinerlei Ambitionen, meine Aufzeichnungen in all die Erfahrungsberichte und das gängige Psychogewäsch einzureihen – ich gehöre nicht zu den selbstverliebten Autoren, die sich bis aufs Hemd ausziehen und eine große Befriedigung daraus ziehen, der Öffentlichkeit ihre innersten Gefühle zu servieren. Ich habe mich mit diesem Buch schon weit genug aus dem Fenster gelehnt, und manchmal wird mir schwindlig dabei. Es ist in dieser Gesellschaft immer noch verpönt, offen über Gefühle zu sprechen. Schließlich leben wir in England, wo auf die Frage »Wie geht's?« nach wie vor die Antwort »Prima« erwartet wird, und wo es als ungehörig und selbstsüchtig gilt, sich längere Zeit mit dem eigenen Leben auseinanderzusetzen. »Das Leben geht weiter« ist und bleibt die vorherrschende Meinung zum Thema, als sei es unvereinbar, sein Leben zu leben und es gleichzeitig ein wenig zu reflektieren. Jeder hat vielleicht eine Geschichte zu erzählen, aber, so denkt man hier, nur Exhibitionisten tun dies auch. Mein Vater ist sein Leben lang unbritisch geblieben, doch in diesem Punkt war er ausnahmsweise einmal gleicher Meinung mit den Engländern. Ich weiß, er hätte dieses Buch verachtet, weil es so selbstbezogen ist. Vielleicht war es für mich deshalb so wichtig – und so schwierig –, es zu schreiben. Natürlich unterliegt man in einer Autobiographie nur zu leicht der Versuchung, seine Erfahrungen als einzigartig herauszustellen. Ich bin nicht die einzige Jüdin und auch nicht das einzige Kind von Überlebenden und Flüchtlingen, deren Leben vom Holocaust tief geprägt worden ist.[2] Alle Nachkriegsjuden kennen den Gedanken »Was wäre, wenn …« nur zu genau.

Eins ist allerdings sicher: Es ist heute ganz anders, als Jüdin in England zu leben – erst recht als Kind von Überlebenden – als noch vor dreißig Jahren. Meine Tochter geht zwar genauso auf eine kirchliche Schule, wie ich es getan habe, aber sie ist viel unbefangener und forscher in bezug auf ihr Jüdischsein. Mir war das damals nicht möglich. Manchmal denke ich, sie ist so selbstbewußt, wie ich es eher von amerikanischen Juden kenne. Ich bin stolz auf sie, aber ab und zu bekomme ich ein bißchen Angst, wenn ich höre, wie sie in der Öffentlichkeit so selbstbewußt darüber redet, daß sie Jüdin ist. Noch hat sie nicht gelernt, daß damit nicht alles getan ist, aber ich möchte ihr diese Unbefangenheit so lange wie möglich bewahren. Neulich kamen Bekannte vorbei, deren Tochter in dieselbe Schule geht, und wollten wissen, ob wir genauso entsetzt waren über das Lied, das unsere Töchter in der Schule gelernt haben. »Bin so stolz, daß ich Jüdin bin, und alle sollt ihr's wissen«, so lautet die erste Zeile. Wir halten es mit dem jesuitischen Prinzip je früher, um so besser, und fanden es gar nicht schlimm. Schließlich wachsen die beiden, von der Schule einmal abgesehen, in einer rein christlichen und immer noch eindimensionalen Welt auf, multikulturell kann man unsere Umgebung sicher nicht nennen. Mir stehen zwar bei der Grammatik die Haare zu Berge, aber ansonsten finde ich das Lied völlig in Ordnung.

Aber ich fühle mich nicht nur als Jüdin anders, sondern auch als Engländerin, und damit stehe ich sicher nicht allein. Das klassische Bild von den Cricket-spielenden Engländern, Noel Coward, den öffentlichen Schulen und der berühmten Tea-time war schon immer Ideologie und Mythos zugleich. Aber es hat sich doch in den Köpfen festgesetzt und dazu beigetragen, eine »mythische Norm« zu schaffen, wie Audre Lorde es für die USA beschrieben hat – und die ist »weiß, dünn, männlich, heterosexuell, christlich und finanziell abgesichert«.[3] Juden dagegen wurden immer schon an den Rand aller Gesellschaften verbannt, an diesen Ort, wo sich die verschiedensten sozialen Einflüsse kreuzen.[4] In westlichen Ländern dieser Tage wird die Rolle des Außenseiters immer anderen Kulturen zugewiesen, und zwar denen, deren Fremdartigkeit eher ins Auge sticht, wie zum Beispiel Moslems oder Arabern. Juden gelten immer eher als zugehörig.[5] Schwarze haben dieses Konzept einer dominanten britischen Kultur, die allen anderen jegliches Recht abspricht, schon seit langem hinterfragt und bekämpft. Neu ist, daß jetzt auch die Stimmen der weißen Minderheiten laut werden. In unserer postmodernen Kultur gelten Schlagworte wie Diaspora, Ausgrenzung, Marginalisierung und *»les exclus«* plötzlich als chic. Ein wunderbares Beispiel dafür sind Eva Hoffmans Lebenserinnerungen.[6] Sie hat 1959 Polen verlassen müssen und ging damals nach Kanada, fühlte sich fremd und ausgegrenzt in diesem neuen Land, bis sie zur Universität kam und wieder ihresgleichen fand: Hier definierte sich eine ganze Generation als »nicht zugehörig«.

Besonders in der Populärkultur gilt es heute als Vorteil, von verschiedenen ethnischen Gruppen abzustammen, hybride Merkmale sind ein Kapital, und jeder, so scheint es, ist heute in irgendeiner Weise ein Vertriebener. Kulturelle Grenzüberschreitungen üben eine enorme Faszination aus, und im Postkolonialismus gibt es kaum Worte, die so scharf kritisiert und demontiert worden sind wie »Heimat« und »Heimatland«. Wir halten uns offenbar alle für Kreolen und jagen damit der dominanten Kultur solche Ängste ein, daß sie mit der verzweifelten Forderung zurückschlägt, unsere Kinder müßten zu echten Briten erzogen werden. Die größte Ironie der Postmoderne liegt wohl darin, daß es heute ausgerechnet die Kinder von Immigranten sind – die Portillos und Michael Howards –, die auf ihre britische Identität pochen und lauthals gegen alles Fremde protestieren. Wir sind weit gekommen, wenn ausgerechnet der Sohn eines jüdischen Vorkriegsflüchtlings, Innenminister Howard, heute eine Verschärfung der Asylgesetze fordert.

Manchmal habe ich den Eindruck, daß ich durch diese ständige Selbsterforschung nur noch mehr kämpfen muß als früher. Aber zumindest falle ich, außer in extremen Krisen, heute nicht mehr in diese schwarzen Löcher, in denen alles um mich herum versinkt. Jahrzehntelang habe ich all meine Energien aufgewandt, um dem Tod zu entrinnen, so daß für das Leben kaum noch Kraft blieb. So lange hat der Tod im Mittelpunkt meines Lebens gestanden. Heute weiß ich endlich, daß er ans Ende gehört.

Alles in allem betrachtet, bin ich erstaunt, wie genau ich heute bestimmen kann, wohin ich gehöre und wohin nicht.

Es ist windig draußen, und ich gehe mit B auf einen Spaziergang. »Zieh deinen Mantel an«, sage ich zu ihr, »sonst wird dir kalt.« »Nein, Mama«, antwortet sie, »mir ist nicht kalt. *Dir* ist kalt.«

Zweiter Teil

10

In den drei Kapiteln dieses dritten Teils versuche ich die Erfahrungen meiner Familie in einen historischen Kontext zu setzen. Im ersten Kapitel gehe ich der Frage nach, warum die Juden bei Ausbruch des Krieges in einer so schwachen Position waren. Junge anglojüdische Historiker wie Tony Kushner und David Cesarani haben vor nicht langer Zeit spannendes Material zu dieser Frage zusammengetragen, worauf ich mich häufig beziehen werde. Ich möchte hier untersuchen, wie das britische Establishment zu seinen teilweise schockierenden Meinungen über Juden gekommen ist und wie die jüdische Gemeinde Englands vor und während des Zweiten Weltkrieges darauf reagiert hat. Im zweiten Kapitel widme ich mich der Frage, wie sich in der Nachkriegsära die Meinungen zum Holocaust und seinen Überlebenden gewandelt haben. Mein besonderes Interesse gilt der Frage, warum der Holocaust sowohl in England als auch in anderen Ländern so lange totgeschwiegen wurde. Kapitel 12 befaßt sich mit dem zunehmenden Interesse für die psychologischen Folgen des Holocaust bei Überlebenden und ihren Familien und setzt sich kritisch mit Tendenzen und vorherrschenden Meinungen in der professionellen Literatur auseinander.

Die Dankbarkeit, die meine Eltern gegenüber dem Land, das sie aufgenommen hatte, empfanden, rührte mich, war mir aber immer auch etwas peinlich, schließlich waren sie erst aufgenommen worden, als das Schlimmste schon vorbei war. Doch ihre Begeisterung für England schien nicht erwidert zu werden, weder bei ihrer Ankunft noch später.

Sie durften zwar einreisen als Angehörige des diplomatischen Corps und wurden auch sehr schnell eingebürgert, aber ansonsten hat sich ihr Gastland nicht besonders gastfreundlich verhalten. Es gab weder Einbürgerungshilfen noch Willkommensgesten.

Fast noch überraschender war die Tatsache, daß sie auch seitens der hiesigen jüdischen Gemeinde keine Unterstützung bekamen. Als Juden, die gerade dem Krieg und den Lagern entronnen waren, hätten meine Eltern erwarten können, daß die englischen Juden ihnen eine Art Wiedergutmachungsprogramm oder zumindest praktische Hilfen anbieten würden. Aber genau wie andere Überlebende des Holocausts, die in England Zuflucht suchten, wurden sie statt dessen mit kollektiver Gleichgültigkeit empfangen. Sicher hat es einzelne Menschen gegeben, die sich großzügig zeigten, und Kinder haben organisierte Hilfe erhalten – der Großteil der jüdischen Einwanderer nach dem Holocaust waren Kinder, und sie waren die einzigen, die als Gruppe ins Land kamen. Aber für erwachsene Einwanderer hat es kaum organisierte Maßnahmen gegeben, die ihre Übersiedlung und ihre finanziellen Nöte erleichtert hätten. Niemand hat ihnen dabei geholfen, sich in der fremden neuen Kultur zurechtzufinden. Sie waren ganz auf sich gestellt und mußten sich vorwiegend allein durchschlagen. Viele waren darüber sehr verbittert. Das Schlimmste war sicherlich die Erfahrung, daß ihre Geschichte in diesem neuen Land auf taube Ohren stieß. Niemand, die Juden eingeschlossen, wollte hören, was sie in den Lagern durchgemacht hatten, geschweige denn, daß jemand einmal von sich aus danach gefragt hätte.

Ein Überlebender erinnert sich: »Die Leute haben schlicht und einfach nicht begriffen, was wir hinter uns hatten ... Sicher, wir lebten jetzt unter Juden, meine Vermieterin und ihre Tochter waren sogar gläubig. Sie wußten, daß wir aus den Lagern kamen, aber niemand hat einen Finger gerührt, um uns zu helfen.«[1] Eine andere Überlebende erzählt, daß ihr Onkel in Birmingham, bei dem sie nach 1946 lebte, ihr untersagte, die Lager auch nur mit einem Wort zu erwähnen. Sie hätte damals gerne die verlorenen Schuljahre nachgeholt – fünf Jahre waren ihr verlorengegangen –, aber an ein Stipendium oder irgendeine Hilfe bei der Rehabilitation war nicht zu denken. »Was ich bis heute kaum verzeihen kann, ist die Tatsache, daß nicht einmal die jüdische Gemeinde irgendeine Art von Wiedereingliederungsprogramm angeboten hat.«[2]

Zwanzig Jahre lang hat ein Überlebender von Schindlers Liste seine Erfahrungen in sich verschlossen, weil ihn niemand hören wollte. Erst als Spielbergs Film herauskam, hat er seiner zweiten Frau davon erzählt.[3] Ein Überlebender aus Auschwitz berichtet: »Man behauptet ja immer, daß manche Überlebende nicht darüber reden wollten. Ich habe immer reden wollen, aber ich glaube, meine Worte stießen auf taube Ohren. Wir mußten das Trauma und unsere Ängste in uns begraben ..., denn die Leute wollten nichts davon wissen. Oder sie kamen mit irgendwelchen Ausflüchten. ›Weißt du, wir haben es hier auch nicht leicht gehabt‹, hörte ich immer wieder, ›wir hatten doch die Bomben.‹«[4] Das Bedürfnis, über ihre Erfahrungen zu berichten und Zuhörer zu finden, so argumentiert Primo Levi, wurde vor und nach der Befreiung in den Überlebenden bald übermächtig, wie eine fixe Idee. Levi selbst erinnert sich an einen Traum, der ihn über Jahre hinweg verfolgt hat: Er erzählt seinen Freunden und seiner Familie, was er im Lager erlebt hat, aber sie bleiben völlig gleichgültig. »Sie unterhalten sich undeutlich über andere Dinge, als sei ich gar nicht vorhanden.«[5] Dieser Traum – »daß man spricht und niemand hört einem zu, daß man endlich Freiheit erlangt hat und doch allein bleibt«[6] – reißt eine zweite tiefe Wunde, die beinah so schmerzhaft ist wie die Erlebnisse im Lager. Im Krieg hat die Welt Augen und Ohren verschlossen, jetzt wendete sie sich zum zweiten Mal von diesen Menschen ab.

Warum sind die englischen Juden so wenig auf ihre europäischen Cousins und Cousinen eingegangen? Warum war England so wenig an ihnen interessiert? Und warum hat es so lange gedauert, bis der Holocaust endlich in der britischen Öffentlichkeit diskutiert wurde? Die Ursachen sind in der jahrhundertelangen Geschichte der Juden in England zu suchen und in dem Bild, das die Christen von Juden hatten.

Schon im frühen Mittelalter gab es erste jüdische Gemeinden in England, aber die christlich-jüdischen Beziehungen waren schon damals selten harmonisch. 1190, zu Zeiten des dritten Kreuzzuges, begingen zweihundert Juden in York einen Massenselbstmord, weil sie nicht zwangsweise zum Christentum konvertieren oder eines grausamen Todes sterben wollten, und im Jahr 1290 wurden die Juden massenweise aus England vertrieben. Unter Cromwell wurden sie ab 1656 wieder ins Land gelassen, allerdings nur unter der Bedingung, daß sie weder der Gemeinde noch dem Staat zu Lasten liegen würden. Gegen Ende des 18. Jahrhunderts lebten nur 25 000 Juden in England.[7] Die größeren Einwanderungswellen begannen erst im späten 19. Jahrhundert, als Reaktion auf die Verfolgungen in Osteuropa.

Bis Mitte des 19. Jahrhunderts durften praktizierende Juden keine öffentlichen Ämter bekleiden. Sie durften nicht ins Parlament, ebenso blieben ihnen alle Berufe verschlossen, in denen die Eidesformel verlangt wurde; sie endete mit den Worten »beim wahren Glauben eines Christen«. So konnten sie weder als Anwalt noch als Arzt, noch als Lehrer arbeiten. An den großen Universitäten von Oxford und Cambridge waren sie ebenfalls nicht zugelassen.[8] Ab dem Jahr 1847 wurde Baron Lionel de Rothschild von der City of London dreimal ins Unterhaus gewählt, doch er durfte seinen Sitz nicht einnehmen, da er die christliche Eidesformel nicht schwören konnte. 1858 wurde das Gesetz endlich geändert. Rothschild war der erste praktizierende Jude, der Mitglied des Parlaments wurde 76 Jahre, nachdem die Juden in Frankreich Gleichberechtigung erhalten hatten.

Im England des 19. Jahrhunderts war Antisemitismus jedoch weit verbreitet. Selbst der Liberale Macaulay, der sich im Parlament so hartnäckig für die Rechte der Juden einsetzte, fühlte sich offenbar unwohl, sobald er näher mit Juden zusammenkam. In einem Brief an seine Schwester schrieb er, er sei auf einem Ball gewesen, den eine jüdische Familie ausgerichtet hätte, und habe danach die ganze Nacht nicht schlafen können. »Die Fiedeln tönten mir im Ohr, und die grellbunten Kleider, das schwarze Haar und all die jüdischen Nasen tanzten noch lange vor meinen Augen herum.«[9] Juden konnten keine Patrioten sein, so nahm man allgemein an, man hielt sie für »Schmarotzer« und »Sektierer«. In der *Manchester City* liest man im Jahr 1889: »... [der Jude] hockt zusammen mit seinesgleichen, er lernt gar wenig über das Land, das er zu seiner Heimat erkoren hat, und interessiert sich nicht für seine Belange.« Ein Jahrzehnt später tönt es im gleichen Blatt über die osteuropäischen Juden: »Sie fühlen sich wohl im Dreck, einer Vielzahl von Gerüchen, phänomenal großen Familien, sie lieben das Gewimmel und Getümmel ... Es empfiehlt sich nicht, sie zum Nachbarn zu haben.«[10]

Matthew Arnold, der unbedingt verhindern wollte, daß Juden ins Parlament einziehen durften, hielt sie für ein »unbedeutendes, nutzloses und unliebsames Volk«. England müsse »das Land der Engländer bleiben, nicht der Juden«.[11] Trollope ließ sich spöttisch über den scheußlichen Akzent und die Habgier des jüdischen Emporkömmlings aus, ein Bild, das G. K. Chesterton später noch vertieft hat. 1930 schrieb H. G. Wells, die Juden seien »Staatsmännern ein ewiger Dorn im Auge, denn sie reißen eine tiefe Kluft in die kollektive Solidarität.«[12] Wells ging später noch weiter und behauptete, Nazismus sei »im wesentlichen jüdischen Ursprungs und jüdischen Geistes«. In seiner Antwort auf Jan Karskis Augenzeugenbericht über das Todeslager Bełżec vom November 1942 stellt er die Frage, warum »in jedem Land, in dem Juden leben, früher oder später Antisemitismus auftritt«.[13] Das berühmteste Beispiel für Antisemitismus in der Literatur stammt wohl aus dem Gedicht »Gerontion« von T. S. Eliot:

Mein Haus ist ein verfallenes Haus
Und der Jude hockt auf dem Fenstersims[14]

und aus dem Gedicht »Burbank mit einem Baedeker: Bleistein mit der Zigarre«:

Die Ratten unterwühlen den Bau
Der Jude unterläuft das Gros.[15]

In der christlichen Literatur wird immer wieder eine genaue Unterscheidung gemacht zwischen assimilierten (gut) und nicht assimilierten Juden (schlecht). Im Jahr 1938 schreibt George Bernhard Shaw: »Der strenggläubige, beschnittene Jude aus dem Ghetto mag für die nichtjüdischen Staaten noch problematisch sein, aber der Jude, der sich in die Gesellschaft eingefügt hat, stellt heute für uns keinerlei Problem mehr dar.«[16] Wells vertritt sogar die Meinung, daß »der systematische Versuch, die Juden auszurotten«, eine unvermeidliche Folge der jüdischen Weigerung sei, sich der Gesellschaft anzupassen.«[17]

Der assimilierte oder »akkulturierte« Jude – beispielhaft im Bild des deutschen Juden – stand im scharfen Kontrast zum jiddisch-sprechenden »Ghetto«-Juden aus Osteuropa, dem Ostjuden oder galizischen Juden, der als ungebildet, plump und sogar als »Halbwilder«[18] galt, und dies nicht nur bei den Christen. Auch unter den ansässigen Juden vertraten nicht wenige die Meinung, Antisemitismus entstünde überall dort, wo Juden nicht assimiliert seien. Jiddisch wurde als schlechtes Deutsch oder Patois verteufelt. Nicht nur in England, in ganz Westeuropa schlugen sich die Ängste des assimilierten Westjuden im Stereotyp des Ostjuden nieder. »Sie [die Ostjuden] waren wie ein großer Mülleimer, in das die westlichen Juden all die menschlichen Eigenschaften hineinstopften ..., derer sie sich schämten.«[19] Die langerprobte Verachtung, mit der die Juden in den westeuropäischen Ländern wie zum Beispiel Holland ihre Verwandten in Osteuropa betrachten, war, so sagen viele, mit dafür verantwortlich, daß man in den dreißiger Jahren die Ereignisse in Osteuropa nicht ernst nahm. Man begriff sie nicht als Vorboten ähnlicher Tendenzen im eigenen Land.[20] Assimilation, so glaubte man, ginge Hand in Hand mit Fortschritt und Aufklärung; Antisemitismus sei ein Relikt des dunklen Mittelalters.

Auch die Sozialisten verschrieben sich der Assimilationstheorie. Man berief sich auf die Thesen von Karl Marx, denen zufolge die jüdische Religion eine Manifestation der kapitalistischen Gesellschaft war. Wenn sich der Kommunismus erst einmal durchgesetzt hätte, wäre die Besonderheit der Juden überflüssig. Progressive Bewegungen würden die moderne Gesellschaft von allen nationalistischen und sektionalistischen Tendenzen befreien. In der sozialistischen Gesellschaft würden alle Menschen Freiheit und Gleichheit erlangen, und die Assimilation würde sich dann ganz von selbst ergeben. Wie groß war der Schreck für den armen Trotzki, als er von Stalin immer wieder versteckte antisemitische Anspielungen zu hören bekam.[21]

Eine andere Geistesströmung in Westeuropa betrachtete

sogar die Assimilation an sich als Bedrohung. Wenn man Juden nicht mehr als solche erkennen würde, glaubten ihre Vertreter, müsse man Angst haben, daß sie plötzlich überall wären und ihr Einfluß ins Unermeßliche wüchse. Alain Finkielkraut hat diese teuflische Ironie mit den folgenden Sätzen beschrieben: »Den Völkermord gab es nicht etwa *trotz* der Assimilationsbestrebungen der Juden, sondern *weil* sie dies taten. Je mehr sie versuchten, ihr Jüdischsein zu verbergen, desto bedrohlicher wurden sie für die anderen ... So wurde Assimilation zu einem absurden Gerichtsverfahren, in dem die Angeklagten die Anklage ganz falsch verstanden. Die assimilierten Juden dachten, man klage sie an, ihr Jüdischsein zur Schau zu stellen, doch in Wahrheit wurde ihnen ihr Wille zur Integration vorgeworfen.«[22] Eine Erkenntnis, die Finkielkraut zu dem zwangsläufig bitteren Nachsatz veranlaßte: »Und beim Töten, so wissen wir alle, machten die Nazis keinen Unterschied, wessen Geisteskind der Jude war.«[23]

Im 19. Jahrhundert hatten die englischen Juden keine Skrupel, einen Teil ihrer traditionellen, kollektiven Identität über Bord zu werfen. Sie glaubten fest daran, daß ihnen in England Emanzipation – die bürgerlichen Rechte, wie sie alle anderen auch hatten – gewährt würde, und dafür waren sie bereit, Dankbarkeit und Loyalität zu zeigen. Wenn ihnen der (nichtjüdische) Staat die Bürgerrechte gewährte, würden sie ihrerseits auf alle nationalen Ansprüche verzichten und sich fortan als rein religiöse Gemeinschaft definieren.[24] Dieser Emanzipations-»Vertrag« schloß politische Aktivitäten aus: Die jüdische Gemeinde hat von damals an keinerlei Einfluß mehr auf die Belange der nichtjüdischen Welt nehmen können.[25] Als Dank für die Toleranz, die der englische Liberalismus ihnen versprach, beeilten sie sich statt dessen bei jeder nur denkbaren Gelegenheit, ihre patriotische Gesinnung kundzutun.

Die gemeinnützigen Organisationen der englischen Juden wurden von einer kleinen Elitegruppe beherrscht. Sie bestand aus einem Häufchen reicher Familien – den Rothschilds, Mocattas und den Montefiliores –, den »West-End-Juden«, die sich eng an der englischen Aristokratie orientierten und sich in Kleidung, Sprache und Verhalten kaum von ihnen unterschieden. Die Institutionen, die sie ins Leben riefen, wie beispielsweise das Jewish Board of Guardians, die Jewish Ladies' Visiting Association, die Jews' School und die Jewish Lads' Brigade, richteten ihr Erscheinungsbild – bis hin zu den Zylindern – ganz nach ihren englischen Vorbildern aus. Im Ausland geborene Juden, die kulturell, sprachlich und aufgrund ihres Auftretens her sofort ins Auge stachen – man sah ihnen an, daß sie Juden waren, sie waren ganz offensichtlich fremd hier –, bedrohten die Emanzipationsbestrebungen der ansässigen Juden, und so setzten die britisch-jüdischen Organisationen alles daran, die Neuankömmlinge so schnell wie möglich zu anglisieren. Alles, was ans Ghetto erinnerte, sollte »ausgebügelt«, die »buckligen Kinder des Ghettos« lieber heute als morgen zu aufrechten Engländern und Engländerinnen gemacht werden. Im *Jewish Chronicle* schrieb einer der führenden Organisationsmitglieder 1881, »eine unser dringlichsten Aufgaben besteht darin [zu überlegen], wie wir polnischen Juden möglichst schnell die englische Gesinnung nahebringen können ... Es mag uns verwehrt sein, sie reich zu machen, doch besteht durchaus Hoffnung, ihnen englisches Geistesgut und die englischen Sitten und Gebräuche beizubringen.«[26] Ebenfalls im Jahr 1881 monierte die Zeitung: »Überwiegend kommen sie aus Polen. Sie bringen dieses Polen in unser Land und halten es fest. Dies ist keinesfalls wünschenswert: Man mag kaum noch von Unglück sprechen, eher von Verhängnis. Wir dürfen uns nicht hinreißen lassen, sie schalten und walten zu lassen, wie es ihnen beliebt. Die Welt dort draußen ist nicht fähig, die feine Unterscheidung zu treffen zwischen ›Jude‹ und ›Jude‹. Das Urteil, das sie sich vom Juden an sich macht, wird womöglich genauso stark von ihnen beeinflußt wie von uns anglisierten Juden, wenn nicht sogar noch stärker. Wir stehen folglich in der Pflicht, auf sie achtzugeben.«[27]

So haben sich die jüdischen Einwanderer der nichtjüdischen Bourgeoisie unterwerfen müssen. Die Aufgabe einer »fremden« Kultur war der Preis, den sie zahlen mußten, um in die englische Gesellschaft aufgenommen zu werden.[28] Die anglojüdischen Institutionen taten alles, um den Einwanderern die traditionellen Hobbys der englischen Arbeiterklasse nahezubringen, Billiard, Tischtennis, politische Debatten und Blaskapellen.[29] Die Jewish Lads' Brigade lehrte ihre Mitglieder die britischen Werte Teamgeist und Fair play.[30] Das Jewish Board of Guardians unterschied peinlich genau zwischen Armen, die Unterstützung verdient hatten, und solchen, denen man nichts geben sollte, eine Vorgehensweise, die mit den Gepflogenheiten jüdischer Wohltätigkeit brach – dafür stimmten sie jedoch mit dem öffentlichen Fürsorgerecht, wie es in England praktiziert wurde, überein.[31]

Viele Kinder schämten sich ihrer jiddisch-sprechenden Verwandten, denn Jiddisch war in ihrer neuen Heimat verpönt. In einer Schule in Manchester – man schrieb das Jahr 1907 – hatte man offenbar keine Skrupel, die üblichen Weihnachtsdekorationen anzubringen, obwohl vier Fünftel der Schüler jüdisch waren.[32] Die Vorsitzenden des Jewish Working Men's Club saßen auf einer erhöhten Plattform, hinter ihnen ein Banner mit dem Konterfei der englischen Königin.[33] Auch heute noch betet man in den englischen Synagogen regelmäßig für die Gesundheit der königlichen Familie und der Regierung. Es gab damals keinerlei Bestrebungen, die Kultur der Einwanderer zu erhalten, geschweige denn zu fördern oder vielleicht abzuwarten, bis sie sich Schritt für Schritt den Gepflogenheiten dieses Landes anpaßt hätte. Ganz im Gegenteil, ihre Kultur wurde gestrichen und durch die neue ersetzt. Die fremde Welt der englischen Mittelklasse-Gesellschaft mit ihrem öffentlichen Schulsystem wurde den Neuankömmlingen einfach aufgezwungen.[34] Ihre Traditionen galten als abergläubisch und anachronistisch, ja beinah oriental; das Neue verkörperte eine höhere Stufe der Zivilisation. Das Alte war vergilbt, ohne Lebenskraft und führte zur Ausgrenzung, so glaubte man, während das Neue vor Lebenskraft strotzte und direkt in die Integration führen würde. Mit allen Kräften mußte verhindert werden, daß diese neue Welt von der alten besudelt werden würde.

Der Lyriker Israel Zangwill hat die Assimilationszwänge so karikiert:

Brüder, Schwestern, neu im Land,
Hört auf mich sogleich,
Fürchtet nimmer Haß noch Schand
hier im englisch Reich
Eins nur sag ich schreibt geschwind
Jüdisch Sitte in den Wind

Ei, ei, ei, so klingt's gar häßlich
Ach, im englisch Ohr
Ei, ei, ei, so knarrend gräßlich
Oi, oi dröhnt der Chor
Gebt rasch auf den alten Klang
»Trala« tönt es hierzuland.[35]

Es existiert die These, daß die englischen Juden im 19. und 20. Jahrhundert eher akkulturiert als assimiliert waren, Akkulturation gilt als ein etwas sanfterer Prozeß.[36] Andere behaupten, die Einwanderer hätten sich einfach dem sozialen Druck in ihrer neuen Heimat nicht so ohne weiteres gebeugt. Sie hätten sich mit den zum Teil konträren Vorstellungswelten der Anglisierung und der Moderne auseinandersetzen müssen und sich in vielen Fällen durchaus auch gegen die Ideologien und den Einfluß bestimmter Organisationen, die ihnen nicht paßten, gewehrt.[37] Welche der beiden Thesen auch stimmen mag, eins bleibt unbestritten: Die Elite des englischen Judentums hat den Antisemitismus niemals öffentlich angeprangert, sie reagierte eher mit versteckten, vereinzelten Initiativen. Als in den Jahren 1881 und 1882 die russischen Juden vor den Pogromen flüchten mußten und in England um Hilfe baten, waren die englischen Juden eher damit beschäftigt, die Öffentlichkeit zu beschwichtigen, als ein Hilfsprogramm aufzustellen. Auch später änderte sich an dieser vorsichtigen Haltung nicht viel: In den dreißiger und vierziger Jahren des 20. Jahrhunderts scheuten sich die führenden Vertreter der englischen Juden, die Entwicklungen in Europa offen anzusprechen. Man wandte sich statt dessen an die Kirche und nutzte sie als Sprachrohr für die eigenen Belange.[38]

Tatsächlich brüstete sich die größte jüdische Wohlfahrtsorganisation, das Jewish Board of Guardians im Jahr 1888 damit, Tausenden jüdischer Familien die Rückführung in das Land in Osteuropa, aus dem sie geflogen waren, ermöglicht zu haben. Die Neuankömmlinge wären leider »nur zu schnell gewahr geworden, wie hilflos und nutzlos sie in diesem Lande waren.«[39] Nach dem Aliens Act von 1905 – einem Gesetz zur Beschränkung der Einwanderung; danach hatte jeder potentielle jüdische Einwanderer erst den Beweis zu erbringen, daß er sich und seine Familie »ordentlich« ernähren konnte – gab es größere Kontroversen mit dem Staat, doch als die Regierung 1914 verschärft gegen »feindliche Ausländer« vorging, weigerte sich das Board of

Deputies, die Interessen der Tausenden von galizischen Flüchtlingen zu vertreten, die daraufhin als solche eingestuft und interniert wurden.[40]

So blickten die englischen Juden Anfang der Dreißiger auf eine Geschichte zurück, in der sie ihre Interessen und Belange immer wieder hintenan gestellt hatten. Ihre defensive und schwache Position in der britischen Gesellschaft war mittlerweile fest verankert. Diese Tradition und ihre große Furcht vor antisemitischen Angriffen hat ihre Haltung gegenüber Hitlers Machtergreifung, dem Zweiten Weltkrieg und seinen Nachwirkungen extrem geprägt und war sicher mitverantwortlich für Englands schmachvolle Reaktion auf die Ereignisse des Zweiten Weltkriegs und den Völkermord, der weit entfernt war von dem heroischen Ideal »British at war«, das sich so lange in den Köpfen gehalten hat.

Bis zum 31. Oktober 1941, als die Nazis die Auswanderung aus deutschen Gebieten endgültig unterbanden, hätte es für viele europäische Juden die Möglichkeit gegeben, ins Ausland zu fliehen – vorausgesetzt, sie fanden ein Land, das bereit war, sie aufzunehmen. Doch die Briten verfolgten eine restriktive Einwanderungspolitik, und die Regierung betrachtete die Lage der Juden immer noch als reines Einwanderungsproblem, nicht als moralische oder humanitäre Verpflichtung. Juden waren Einwanderer und erst in zweiter Linie Flüchtlinge. Tatsächlich gab es 1933 in England keine Flüchtlingspolitik und keine Asylgesetze – all das fiel unter die Rubrik »ausländische Immigration«.[41]

Vor dem Krieg konzentrierte sich die jüdische Einwanderung vor allem auf die neun Monate zwischen der Kristallnacht (9. November 1938) und dem Kriegsausbruch im September 1939: In dieser Zeit wurden 40 000 jüdische Flüchtlinge ins Land gelassen, während in den vorangegangenen fünf Jahren insgesamt nur 11 000 Juden eingewandert waren. Ihr Aufenthalt war jedoch begrenzt; man machte ihnen zur Auflage, irgendwann wieder auszuwandern, außerdem wurde die Bedingung gestellt, daß sie den Arbeitsmarkt nicht gefährden duften. Grund für diese Maßnahme war nicht nur die Furcht vor wachsenden Arbeitslosenzahlen, sondern auch vor einem Zuwachs der jüdischen Bevölkerung, die ja möglicherweise antisemitischen Tendenzen Nahrung geben könnte. So lautete tatsächlich das offizielle Argument. Es beruhte auf der Annahme, daß Juden am Antisemitismus zum Teil mit schuld waren – und nicht etwa nur darunter litten – und daß man durch eine Beschränkung ihrer Zahl auch den Antisemitismus bekämpfen konnte.[42]

Aufgrund ihrer anhaltenden Furcht vor antisemitischen Ausschreitungen hatten die anglojüdischen Organisationen wenig Interesse daran, daß zu viele neue Juden ins Land kamen. Die Hilfsorganisationen für jüdische Flüchtlinge standen noch immer unter dem Einfluß der Kräfte, die in den Jahren 1880 bis 1914 so lautstark die Andersartigkeit der osteuropäischen Juden angeprangert hatten. Und so legten sie auch diesmal kein Veto ein, als das Innenministerium die Bedingungen festlegte. Danach galten Flüchtlinge als »wünschenswert«, wenn sie den osteuropäischen Einwanderern einer Generation zuvor möglichst wenig ähnlich sahen.[43] Jungen, kräftigen und möglichst unjüdisch aussehenden Einwanderern – diese stammten häufig aus gemischten Ehen oder waren sehr säkularisiert – wurde der Vorzug gegeben. Alle, die eindeutig als Juden zu identifizieren waren, »die polnischen Juden im Kaftan« hatten das Nachsehen, denn sie sahen ja nicht die Notwendigkeit, »ihr fremdes Gebaren abzulegen, und selbst wenn, sind sie freilich an ihren jüdischen Gesichtszügen sogleich zu erkennen«.[44] Der orthodoxe Rabbi Salomon Schonfeld, der Retter vieler orthodoxer Juden, war einer der wenigen, die sich gegen diese Politik gestellt haben.

Natürlich betrachteten die Juden in England die Ereignisse in Mitteleuropa mit großer Sorge. Sie reichten bei der Regierung eine Petition ein, Flüchtlinge aus Deutschland ins Land zu lassen. Doch da die Regierung nicht mit rein humanitären Argumenten zu überzeugen war und Flüchtlinge nach wie vor nur unter der Bedingung aufgenommen wurden, daß ihr Lebensunterhalt gesichert war, versprach man, die Kosten zu übernehmen. Kein Flüchtling sollte dem englischen Staat auf der Tasche liegen; damals wußte natürlich niemand, daß so viele kommen würden. Die Kosten wurden vom Jewish Refugees Committee übernommen, später dann vom Central British Fund for German Jewry (CBF). Manche behaupteten, mit diesem Vorschlag sollten zwei Probleme auf einmal gelöst werden: Einerseits half man der Regierung ein wenig auf die Sprünge und die Einwanderungsbestimmungen würden gelockert, andererseits war diese Regelung auch eine Möglichkeit, die Zahl der Flüchtlinge aufs genaueste zu kontrollieren.[45] Sicher wurden die jüdischen Wohlfahrtsorganisationen in der Folgezeit aufs äußerste belastet, aber der Vorschlag war im Grunde eine logische Fortsetzung des Emanzipations-»Vertrags« und der Tradition, keine Forderungen an den Staat zu stellen.[46]

Für Flüchtlinge, deren Unterhalt nicht gesichert war, gab es nur noch eine Möglichkeit, ins Land zu kommen: Es gab Einreiseerlaubnis für Menschen, die unerwünschte Arbeiten annahmen, vor allem im Bereich der Hausarbeit; die Engländer klagten damals über das »Dienstbotenproblem«. Solche Anstellungen hatten den Vorteil, daß für Kost und Logis gesorgt war, und so kamen 20 000 – vorwiegend weibliche – Flüchtlinge als Hausangestellte nach England. Sicher handelten einige der neuen Arbeitgeber aus altruistischen Motiven, doch viele sahen darin lediglich die Chance, an billige Arbeitskräfte zu kommen.[47] Die Regelung der CBF bezog sich nur auf deutsche Juden. Viele polnische, ungarische und staatenlose Juden warteten damals genauso verzweifelt auf ein Visum, aber die Briten vergaben keine Visa an polnische und ungarische Juden, wenn man sie für Flüchtlinge hielt.[48]

Nach dem Anschluß von Österreich-Ungarn (13. 3. 1938) befürchtete man eine neue Einwanderungswelle, diesmal von österreichischen Juden, und so beschloß die englische Regierung, die Visapflicht für Deutsche und Österreicher wieder einzuführen. In einer Schrift des Innenministeriums hieß es: »Wir müssen verhindern, daß potentielle Flüchtlinge überhaupt erst hierher kommen.«[49] Nach der Kristallnacht wurden die Einwanderungsbestimmungen wieder gelockert. Bestimmte Berufsgruppen durften ungehindert einreisen, andere Berufszweige unterlagen nach wie vor strengen Restriktionen, insbesondere dort, wo mächtige Gewerkschaften ihr Veto einlegten; besonders feindlich gestimmt waren zum Beispiel die *Medical* Practitioners' Union und die British Medical Association[50]. Trotz allem war der Druck auf die Hilfsorganisationen, die im Woburn House und später im Bloomsbury House ihren Sitz hatten, enorm. Endlose Schlangen bildeten sich auf der Straße, es gab unzählige bürokratische Hindernisse zu überwinden, eine Vielzahl von Formularen auszufüllen, und Geld war chronisch knapp – eine Situation, die sich erst nach Ausbruch des Krieges ein wenig entspannte, denn jetzt übernahm die Regierung die Hälfte der Kosten für mittellose Flüchtlinge. Als Alice Strauss, eine junge Deutsche, die als Hausgehilfin in Hendon arbeitete, Anfang 1939 ein Besuchervisum für ihre Eltern beantragte, belief sich deren Akte schließlich auf 390 Seiten.[51]

In den Jahren 1938 und 1939 hatten die britischen Hilfsorganisationen mit der Refugee Children's Movement (RCM, die Kinderaktion) einen besonderen Erfolg. Die Regierung arbeitete insofern mit, als sie die Paß- und Visapflicht für Kinder aufhob. In dieser einzigartigen Rettungsaktion[52] wurden in den zehn Monaten vor Kriegsausbruch etwa 10000 Kinder bis zum Alter von sechzehn Jahren nach England gebracht. 90 Prozent waren Juden, und sie kamen in Gruppen von 100 bis 600 Kindern plus Begleitung per Zug von Berlin oder Wien nach Hoek van Holland und von dort aus mit der Fähre nach Harwich. Der Unterhalt wurde zum Teil von Einzelpersonen oder Verwandten übernommen. Kinder, für die auf diese Weise gesorgt war, wurden als »Guaranteed« eingestuft, daneben gab es die »Non-Guaranteed«, die direkt von der RCM oder lokalen Organisationen unterstützt wurden.[53] Sie wurden in Familien untergebracht, die natürlich nicht zwingenderweise jüdisch waren. Nach Kriegsausbruch weigerte sich die Regierung, weitere größere Einwanderungswellen zuzulassen – zur Begründung hieß es unter anderem, man fürchte, die Flüchtlinge könnten feindliche Agenten sein –, und erklärte alle Visa, die vor dem Krieg ausgestellt worden waren, für ungültig. Im Dezember 1939 erging die Weisung, daß alle derzeit noch in Deutschland lebenden Juden nicht mehr als Flüchtlinge anerkannt werden dürften, denn »andernfalls stünden wir vor einer ganzen Flut von Anträgen«.[54] Als Begründung wurde wieder einmal angeführt, daß der Antisemitismus in England zu leicht ausufern könnte. Dabei hatte eine nationale Umfrage ergeben, daß 76 Prozent der Briten Hilfsmaßnahmen für die Flüchtlinge befürwortete.[55] Vorurteile waren jedoch nach wie vor weit verbreitet. Die Schauspielerin Joyce Grenfell entschloß sich damals, keinen »Ausländer aufzunehmen ... Der Gedanke, einen Nicht-Arier in der eigenen Küche zu haben, bereitet mir doch einiges Unbehagen«.[56] Wie ein Beamter des Außenministeriums erklärte, »hält die deutsche Regierung offenbar – und glücklicherweise, wie man von unserer Warte aus sagen muß – felsenfest an ihrer Politik fest, Juden nicht mehr außer Landes zu lassen«.[57]

Als die Flüchtlinge ins Land kamen, waren ihre Probleme nicht auf einen Schlag gelöst. Wieder einmal wurde ein starker Assimilations-Druck auf sie ausgeübt. Das Board of Deputies, das sich eher als Sprachrohr der englischen Juden denn der Neuankömmlinge verstand und das harmonische Verhältnis zwischen Juden und Nichtjuden nicht aufs Spiel setzen wollte, stellte in London extra eine Mitarbeiterin ab, die die Einwanderer überwachen und ihnen Benimmregeln beibringen sollte. Sie sollte auf alle zugehen, die auf der Straße zu laut Deutsch sprachen, und entschieden gegen das Auslegen von deutschen Zeitungen in Cafés vorgehen. Sie organisierte sogar eine Art jüdisches Überwachungskomitee zur Kontrolle alle jener Flüchtlinge, die in kleineren Städten untergekommen waren.[58]

Im Juni 1939 gab das Board of Deputies zusammen mit dem German-Jewish Aid Committee ein Heftchen mit dem Titel »Nützliche Informationen und Ratschläge für alle Flüchtlinge« heraus. Jeder Flüchtling, so hieß es dort, solle unverzüglich Englisch lernen, wozu natürlich auch die korrekte Aussprache gehöre. Man solle in der Öffentlichkeit nicht laut Deutsch sprechen oder etwa deutsche Zeitungen lesen. Überhaupt sei es unziemlich, in der Öffentlichkeit die Stimme zu erheben. Das ging so weit, daß der Sohn eines deutschen Flüchtlings, als er in den achtziger Jahren schließlich einmal Deutschland besuchte, völlig überrascht war, hier ein ganzes Volk ungeniert reden zu hören. Das Gebot – wenn du schon Deutsch sprichst, dann bitte mit gedämpfter Stimme – war ihm so in Fleisch und Blut übergegangen, daß er es sich gar nicht mehr anders hatte vorstellen können. Dazu gab es eine ganze Liste von Verboten, darunter zum Beispiel: »Üben Sie niemals Kritik an den Weisungen der Regierung... Es ist nicht erwünscht, daß Sie sich politischen Gruppierungen anschließen oder sich in die politischen Belange des Landes einmischen.«[59] Und auch hier fand das gängige Klischee von Juden – und Engländern – seinen Niederschlag: »Der Engländer«, so hieß es, »legt großen Wert auf Bescheidenheit, er schätzt Mäßigung in der Rede eher als Übertreibung. Er liebt unaufdringliche Kleidung und zurückhaltendes Auftreten. Gesittetes Betragen sind ihm wichtiger als alle Anzeichen von Reichtum.«[60] Ein Überlebender erinnert sich: »Ich sollte englischer sein als die Engländer, am besten Kricket spielen und ständig in die Pubs gehen. Ich habe immer das Gefühl gehabt, eine Rolle zu spielen.«[61] Als ich dies las, habe ich plötzlich verstanden, warum meine Freundin, die damals mit dem Kindertransport nach England gekommen ist, bei der Soziologentagung zu Jom Kippur so aufgeregt war, daß ich offen meine Meinung gesagt habe.

Die Flüchtlinge wurden von den englischen Juden nicht gerade mit offenen Armen empfangen. Der Verleger George Weidenfeld erzählt in seinen Memoiren über die Zeit, als er aus Wien frisch in England eingetroffen war. Die Gesellschaft, auf die er stieß, gut Freund mit dem alten Kensington- und Mayfair-Adel, begegnete ihm, so schreibt er, mit großem Mißtrauen. »Verschwende deine Zeit bloß nicht an den da, er ist *Emigrant*«, habe eine Bankiersgattin ihrer Tochter verächtlich ins Ohr geflüstert, als diese sich nach ihm erkundigte.[62] Ein Historiker, der sich mit dieser Zeit befaßt hat, kommt zu dem Schluß, daß sich keiner der Flüchtlinge »in der Hierarchie der anglojüdischen Institutionen einen Platz erkämpft hat, obwohl doch so viele hochintelligente, professionelle, kreative und tatkräftige Menschen darunter waren. Sie wurden eher noch entmutigt. Politisches Engagement, gleich welcher Art, war ihnen versagt. Als Folge davon ... haben gerade die Menschen, die doch am besten Bescheid wußten, die Antwort der englischen

Juden auf die Ereignisse in Europa in keinster Weise beeinflussen können.«[63]

Da die englischen Juden wieder einmal antisemitische Reaktionen fürchteten, bemühten sie sich, die Einwanderer möglichst weit über das Land zu verteilen, als könne es ihre Präsenz »verwässern, wenn nur eine bestimmte Zahl von Juden pro Quadratkilometer vorhanden war«.[64] Trotzdem brach in Nord-West-London eine extrem ausländerfeindliche Stimmung aus, als die dort lebenden Neuankömmlinge angeklagt wurden, feindliche Agenten zu sein. Fünf Monate nach Kriegsende ging in Hampstead eine Unterschriftenliste herum, in der dafür geworben wurde, das Viertel von allen »Fremden« zu befreien. Es kamen 2000 Unterschriften zusammen.[65]

Für die Menschen, die als Hausangestellte ins Land kamen, war die Situation oft besonders belastend. Bis vor kurzem hatten sie selbst Angestellte beschäftigt, nun waren die Rollen vertauscht. Sie hatten nicht nur mit einer völlig fremden Kultur zu kämpfen, sondern auch mit den Tücken der englischen Herde und Kamine. Selten hatten ihre neuen Arbeitgeber für diese enorme Umwälzung in ihrem Leben Verständnis. Außerdem waren viele der Familien, in denen sie unterkamen, Abkömmlinge der osteuropäischen Einwanderer einer Generation zuvor. Diesmal war die Situation freilich umgekehrt, der frühere »Ostjude« war jetzt der neue Arbeitgeber und die deutschen Juden in der Position des ungeschützten Neuankömmlings.[66]

Was die Kinder anging, so zeigte sich die Unterstützung der englischen Juden wohl in Geldspenden, von tatkräftiger Hilfe war jedoch nicht viel zu spüren. Der *Jewish Chronicle* berichtete: »[Als] die [10 000] Kinder 1938 ins Land gebracht wurden, bewies die jüdische Gemeinde, die sich in ihren Geldspenden so überaus großzügig gezeigt hatte, wenig Entgegenkommen. Nur selten fanden sich Familien bereit, ein jüdisches Kind aufzunehmen.«[67] Viele der christlichen Familien, in denen die Kinder ein neues Heim fanden, waren vorher noch nie mit Juden zusammengekommen und hatten dementsprechend keine Ahnung von jüdischen Traditionen und Glaubensinhalten. Sicher waren einige Familien liebevoll und verantwortungsbewußt, aber es hat auch Fälle gegeben, in denen die Kinder jeden Sonntag in die Kirche mitgenommen wurden. Manche wurden adoptiert und mußten daraufhin zum christlichen Glauben konvertieren.[68] Es existiert eine ganze Reihe erschütternder Berichte von den Betroffenen. Die Damen der Flüchtlingskomitees, liest man dort, erwarteten grenzenlose Dankbarkeit von ihnen, und in den Wohnheimen nahm niemand auf ihre seelische und geistige Ausnahmesituation Rücksicht, geschweige denn, daß man die Notwendigkeit sah, sie in Englisch zu unterrichten.[69]

Eine erneute Komplikation brachte die Evakuierung mit sich. Für die Kinder, die gerade erst ihren Familien entrissen worden waren, war diese zweite Trennung besonders schmerzhaft. Ein Zehnjähriger beschreibt seine Gefühle, als der Zug London verließ: »Jetzt war ich wieder ganz allein auf der Welt. Ich kannte weiter niemanden, und diesmal konnte ich mich noch nicht einmal verständlich machen.«[70] Eine Sechzehnjährige hat die Szene beobachtet, als die Kinder von ihren Familien zum Bahnhof gebracht wurden. »Es ging alles so sang- und klanglos vor sich. Von einem herzlichen Abschied kann man nicht sprechen.«[71] Sie erinnert sich daran, wie sie mit ihrem Cousin in einem Örtchen nahe London ankam und dort von Tür zu Tür gereicht wurde. Niemand fand sich bereit, sie aufzunehmen. »Wer würde uns schon haben wollen? Zwei Fremde, noch dazu aus Deutschland, dem feindlichen Ausland! Manchmal haben sie uns ohne ein einziges Wort die Tür vor der Nase zugeschlagen.«[72] Viele jüdische Kinder wurden in Gebiete gebracht, wo bislang nie Juden gelebt hatten. Eine Frau aus Ostanglien beschrieb die Juden, die in ihrem Ort Aufnahme fanden so: »Hier in unserem grünen Norden fallen sie auf wie die bunten Hunde, so fremd und orientalisch scheinen sie uns.«[73] Überall wurden die Neuankömmlinge bestaunt, als wenn sie von einem anderen Stern kämen.[74] In einigen Fällen weigerten sich die Behörden sogar, die Kinder weiterzuvermitteln, auch wenn sie in einer rein christlichen Umgebung gelandet waren[75] und die jüdische Gemeinde mittlerweile Wohnheime für die Kinder errichtet hatte (wobei sie die Möglichkeit bekamen, die örtlichen Schulen zu besuchen).

Nach der Evakuierung erwartete die älteren Flüchtlingskinder – und die erwachsenen Flüchtlinge – eine noch schlimmere Prüfung, nämlich die Internierung. Im Mai 1940 nahm das ausländerfeindliche Klima solche Ausmaße an, daß selbst der *Jewish Chronicle* die Internierung befürwortete und mit ihm große Teile der anglojüdischen Bevölkerung. Die Flüchtlinge waren von Ausländertribunalen bereits in drei Kategorien eingeteilt worden: Kategorie C bedeutete »unzweifelhaft loyal«, B hieß »müssen beaufsichtigt werden«, und unter A fielen alle, deren Loyalität zweifelhaft war. Nur Angehörige der Kategorie A waren schon interniert worden. Ab Mitte 1940 begann man mit der Masseninternierung. Über 20 000 Flüchtlinge, etwa ein Drittel der Flüchtlinge aus Nazideutschland, wurden in provisorischen, hoffnungslos überfüllten Lagern untergebracht,[76] in der Hauptsache auf der Isle of Man, und dies vor allem auf Grund der Anklage, daß sie Angehörige der »Fünften Kolonne« seien. Bemerkenswerterweise warf ihnen der englische Staat vor, sie seien mit Nazideutschland verbündet. Häufig wurden Nazisympathisanten und jüdische Flüchtlinge in dasselbe Lager geschickt, und zuweilen beschwerten sich die Lagerleiter, sie hätten Schwierigkeiten, »zwischen deutschen Juden und Nazis zu unterscheiden«. Andere fanden, trauen könne man eigentlich nur »den wirklichen Deutschen, nicht den deutschen Juden.«[77]

Einige der Internierten trugen seelische Schäden davon, vor allem jene, die in den dreißiger Jahren schon die deutschen Konzentrationslagern kennengelernt hatten.[78] Ein Flüchtling, der als Kind interniert war, hat seine Gedanken so beschrieben: »... falls England den Krieg verliert, hat Hitler wohl keine Probleme, uns zu finden, so hübsch, wie sie uns hier an einen Ort zusammengepfercht haben«.[79] Ein anderer erinnert sich: »Daheim in Berlin hatte ich einen langen Schulweg, und wenn die Leute mitbekamen, daß ich Jude war, haben sie mich oft verspottet und angespuckt. Als wir jetzt [in Douglas auf der Isle of Man] an den Menschenmengen vorbeigingen, wurden wir von beiden Seiten verspottet und angespuckt – nicht weil wir Juden, sondern weil wir Deutsche sind.«[80] Flüchtlinge, die vor dem Naziregime in Deutschland relativ assimiliert gelebt hatten, erzählten davon, wie abstrus es war, jetzt zum zweiten Mal von der Außenwelt, und zwar seitens der Engländer, als Juden definiert zu werden. Wie ein führender Historiker der Zeit schreibt, war »die Internierung der Flüchtlinge ... nicht als Ausrutscher zu sehen. Nein, dieses Ereignis ist auf den Zerfall liberaler Sympathien für die Flüchtlinge und den raschen Erfolg all jener Kräfte zurückzuführen, die den Verfolgten des Naziregimes von vornherein, das heißt seit ihrer Ankunft in England, feindlich gegenüberstanden. Es ist weniger die vielzitierte ›Maihysterie‹ als vielmehr ein Indiz dafür, wie machtvoll britische Intoleranz sich entfalten kann, sobald sie einmal nicht den üblichen Beschränkungen unterworfen ist.«[81]

Heute scheint uns der Gedanke abwegig, daß Antisemitismus in England den Zweiten Weltkrieg überlebt hat, geschweige denn, daß er sich noch verschärfte. Landesweite

Meinungsumfragen aus Kriegszeiten belegen jedoch, daß ein großer Teil der hiesigen Bevölkerung Juden für »unbritisch« hielt und daß mehr als 55 Prozent der Engländer feindliche Gefühle gegenüber den Juden hegte, vor allem im privaten Bereich. Ein englischer Jude, der 1939 noch ein Junge war, erinnert sich an die weit verbreitete Judenfeindlichkeit: »Ich habe die Engländer oft sagen hören: ›Es wird Zeit, daß Hitler endlich herkommt und sie hinauswirft, je früher, desto besser.‹« Im allgemeinen waren solch deutliche Aussagen selten, der britische Antisemitismus fand eher im verborgenen statt. Eine schottische Schriftstellerin erzählt, daß sie das Thema lieber nur unter Freunden angesprochen hat, »naja, wir wollten es uns von der Seele reden, aber das sollte ja nicht öffentlich bekannt werden«.[82] Andere berichten von gemischten Gefühlen gegenüber Hitlers Judenpolitik, wobei eine liberale Romanautorin 1943 davon gesprochen hat, daß »wir durchaus manchmal dachten, ›es geschieht ihnen recht‹. Erst im nächsten Moment wurde uns klar, was dies bedeutete.«[83] Viele Menschen teilten die widersprüchliche Meinung von Harold Nicholson, der erklärte: »Antisemitismus ist mir ein Greuel, aber ich gebe zu, daß ich Juden nicht mag.«[84] A. J. P. Taylor berichtet, viele Menschen »seien sehr verärgert gewesen, daß Antisemitismus [seit Hitlers Judenverfolgung] nicht mehr gesellschaftsfähig war. Jetzt mußten sie sich öffentlich dagegen bekennen, obwohl sie ihn im geheimen immer befürwortet hatten.«[85] Im Jahr 1943 gab es erneute Meinungsumfragen, bei denen ermittelt werden sollte, wie man Antisemitismus am wirksamsten bekämpfen könne. Die einhellige Antwort war: »Es liegt an den Juden selbst, ihn zu bekämpfen.«[86] Wieder einmal wurden Juden für den Antisemitismus verantwortlich gemacht. Tatsächlich wurde der Zusammenhang zwischen Faschismus und den Nazis einerseits und Antisemitismus andererseits »von großen Teilen der englischen Bevölkerung kaum verstanden«[87], so wird behauptet.

In Literatur, Kunst und den Medien herrschte natürlich das Klischeebild des bösen Juden vor, wobei die Flüchtlinge besonders scharf attackiert wurden. 1940 erklärte Orwell: »... Wir haben erst einmal genug von Konzentrationslagern und der Judenverfolgung gehört.«[88] Sicher hatte man Mitgefühl mit den europäischen Juden, doch das hinderte niemanden daran, britische Juden zu verachten. Tony Kushner, Verfasser einer detaillierten Studie über den Antisemitismus der Briten im Zweiten Weltkrieg, kommt zu folgendem Schluß: »Wenn man das Bild der Juden im Krieg untersucht, ist vor allem eins auffällig: nämlich daß es keinerlei Veränderungen gegeben hat, und das trotz Judenverfolgung in Europa«.[89]

1943 waren 12 Prozent der Bevölkerung der Meinung, in England lebten mehr als drei Millionen Juden, und 42 Prozent lagen mit ihrer Schätzung über der tatsächlichen Zahl von 400 000 Juden.[90] Die hartnäckigsten Klischees über Juden hatten mit Geld und Macht zu tun. Ein Flüchtling erinnert sich, wie er als Kind diesen speziellen »einheimischen Antisemitismus« erlebt hat, »... er war niemals offen oder gewalttätig ... aber es gab oft diese kleinen Bemerkungen am Rande – über den Juden als Krösus oder auch als Geizkragen«.[91] In seiner Untersuchung unterscheidet Kushner zwischen zwei Formen des Antisemitismus während des Krieges – er spricht vom sogenannten »Reicher-Jude-Antisemitismus«, der sich gegen die angeblich steinreichen Juden aus Golders Green richtete, und vom »Armer-Jude-Antisemitismus« den die armen, orientalischen »Whitechapel«-Juden zu spüren bekamen. Manchmal verschwammen die Grenzen, wie in Dorothy Sayers hochgelobter BBC-Hörspielserie »The Man Born to Be King«. Das Hörspiel basiert auf Jesus' Lebensgeschichte, und Matthäus erscheint dort als der »ordinärste kleine jüdische Krämer, den man in Whitechapel finden kann«.[92] Dieses Stereotyp knüpft an das uralte Bild der jüdischen Wucherer an und bezieht sich auf altgediente Verschwörungstheorien, in denen internationale jüdische Bankiers versuchen, die Weltherrschaft an sich zu reißen. Solche Theorien waren vor allem in dem gefälschten russischen Dokument »Protokolle der Weisen von Zion« aus dem Jahr 1903 verbreitet worden. Das Hirngespinst über eine geheime jüdische Weltregierung machte während des Krieges in England wieder die Runde. Die englischen Kommunisten nährten den Glauben, Juden seien mit der Hochfinanz eng verbunden, und er verstärkte sich noch, als die Juden für die Existenz des Schwarzmarktes verantwortlich gemacht wurden. Zur gleichen Zeit existierte die Vorstellung, alle Juden seien Bolschewisten. In dieser Dämonologie der Klischees lebten Marx und Rothschild als Schreckgespenster friedlich nebeneinander. So konnten Linke wie Rechte ihren Judenhaß rechtfertigen.[93] Das Bild einer jüdischen Weltverschwörung ließ sich auch durch die Nachrichten über die systematische Vernichtung des europäischen Judentums nicht aus den Köpfen der Leute vertreiben.[94]

Die englischen Juden, die noch immer am Emanzipations-»Vertrag« festhielten, hatten einfach nicht die Voraussetzungen, solche Anfeindungen einzuordnen und dagegen anzugehen. In der Überzeugung, Antisemitismus sei in gewisser Hinsicht selbst verschuldet[95], bemühten sie sich, die Vorurteile durch vorbildliches Verhalten und Argumente zu widerlegen. Sie glaubten daran, daß man Antisemitismus durch Vernunft besiegen würde, wie es der Liberalismus immer versprochen hatte.[96]

Ebensowenig sahen sie sich in der Lage, politischen Druck auf die Regierung auszuüben, um sie auch nur zur kleinsten Rettungsmaßnahme für die europäischen Juden zu bewegen. Sie hatten ja ihr Recht auf politische Betätigung gegen Bürgerrechte eingetauscht und fürchteten, politische Forderungen könnten als Undankbarkeit oder Kritik an der englischen Regierung verstanden werden und zu antisemitischen Reaktionen führen: »Das Board of Deputies fürchtete um seine eigene Sicherheit und hatte Angst davor, unloyal zu erscheinen. Es war in seinem besonderen Verhältnis zur Regierung gefangen und somit unfähig, den verfolgten Juden zu helfen.«[97] Es gab genügend Informationen über die Vernichtung der Juden. Von 1942 an berichtete die jüdische wie die englische Presse unzählige Male über die Massenvernichtung. Am 11. Dezember 1942 erschien der *Jewish Chronicle* mit einer schwarzumrandeten Titelseite und der Überschrift »Zwei Millionen Juden ermordet; Das furchtbarste Massaker aller Zeiten; Der entsetzliche Schrecken der Nazi-Massenmorde«.[98] Man kann verstehen, daß die Menschen nicht in der Lage waren, derartige Informationen zu verarbeiten und diesen beispiellosen Schrecken zu begreifen. Man macht es sich zu einfach, wenn man den Menschen von damals auf der Basis unseres heutigen Wissens einen Vorwurf macht. Sie steckten inmitten von Ereignissen, die einen totalen Bruch in ihrer Erfahrung von Diskriminierung und Unterdrückung darstellten. Der dritte Präsident Israels hat es später so ausgedrückt: »Wir dachten, Nationalsozialismus bedeutet, Dr. Cohen darf nicht mehr als Arzt praktizieren und Dr. Levy nicht mehr als Anwalt.«[99] Man muß bedenken, daß sie das Ende der Geschichte nicht kannten.

Was sie aber wußten, reichte aus, um um die eigene Sicherheit zu fürchteten und sich hilflos, ohnmächtig und verzweifelt zu fühlen.[100] Die anglojüdischen Einrichtungen waren zu dieser Zeit durch Machtkämpfe und hitzige Zionismus-Debatten gespalten. Im September 1943 berichtete der *Jewish Chronicle* in einem Leitartikel über die Reaktion der englischen Juden auf den Krieg: »... sie waren bestürzt, gelähmt, unfähig die Situation zu erfassen, während sich um sie herum alles veränderte. Und sie waren nicht nur bestürzt, sondern auch gespalten! ... Wenn Juden ihren Gefühlen Luft machen wollen, endet das häufig in Zwietracht und Streit. Das bringt sie noch weiter durcheinander und verwirrt ihre Anwälte.[101] Der Leitartikel deutet schon an, daß diese Querelen wohl eher dazu gedient haben, von der unerträglichen Realität abzulenken. Sicher hat es manche gegeben, die über die Gleichgültigkeit der jüdischen Gemeinde empört waren. 1944 erklärte der oberste Rabbi Joseph Hertz: »... die englischen Juden wissen nicht, was vor sich geht, und den wenigen, die es wissen, scheint es egal zu sein«[102]. Doch die Mehrheit beruhigte ihr Gewissen, indem sie Geld für jüdische Flüchtlinge sammelte. Auf der Tagesordnung der Sitzungen des Board of Deputies tauchte die Vernichtung der Juden häufig erst als letzter Punkt auf, wenn sie überhaupt zur Sprache kam.[103]

Das Wissen um ihre schwache, verletzbare Position, die ja eine lange Tradition hatte, führte dazu, daß die Juden dem obersten Grundsatz der Alliierten nichts entgegensetzen konnten. Die Alliierten sahen nur eine Möglichkeit, die Juden zu retten – man mußte den Krieg gewinnen, »... nichts durfte getan werden, was dieser Aufgabe im Weg stand, ironischerweise auch nicht die Rettung der Juden«.[104] Die englischen Juden haben zu keinem Zeitpunkt versucht, die Regierung mit vereinten Kräften davon zu überzeugen, daß ein direkter Schlag gegen das Vernichtungsprogramm der Nazis eine entscheidende Rolle bei der Erreichung der militärischen Ziele spielen könnte oder zumindest genau so wichtig war. »Die englischen Juden haben es nicht geschafft, eine effektive oder breite Bewegung auf die Beine zu stellen, die die Regierung hätte unter Druck setzen können.« Das lag an »dieser Antisemitismus-Phobie – eine

Neurose, die manchmal an Selbsthaß grenzte«.[105] Die jüdischen Abgeordneten setzten sich im Unterhaus nur sehr zögerlich für die europäischen Juden ein. Wieder einmal waren sie der Meinung, Nichtjuden seien die besseren Fürsprecher für ihre Belange, und so überredeten sie lieber die nichtjüdischen Abgeordneten, für sie Anträge einzubringen. Es blieb zum größten Teil engagierten Nichtjuden wie der unermüdlichen Abgeordneten Eleanor Rathbone überlassen, sich für die Sache der Juden einzusetzen. Wenn sich die englischen Juden zu Wort meldeten, um zu zeigen, daß sie loyale Patrioten waren und sich nicht nur um das Schicksal der Juden sorgten, dann griffen sie den Rassismus der Nazis als Ganzes an. Sie haben nicht darauf hingewiesen, daß sich die Politik der Nazis vor allem gegen Juden richtete – als ob es Juden weniger verdient hätten, gerettet zu werden als Nichtjuden oder die Menschheit im allgemeinen.[106]

Wann immer Nichtjuden für sie das Wort ergriffen oder bereit waren, eine Anhörung durchzuführen, reagierten die englischen Juden mit beinah devoter ritueller Dankbarkeit. Und wenn ihre Bitten bei den Nichtjuden auf taube Ohren stießen, bedankte man sich trotzdem – fürs Zuhören. Nachdem sich Churchill geweigert hatte, einen Minister oder auch nur ein befürwortendes Schreiben zur Sitzung des Board of Deputies zu schicken, das im Oktober 1942 in der Albert Hall über Maßnahmen gegen den Völkermord beriet, schrieb ihm der Präsident der Anglo-Jewish Association einen Brief, in dem er sich dafür bedankte, »daß diese Angelegenheit in Erwägung gezogen wurde. Ich hoffe, Sie verzeihen mir, daß ich Sie damit belästigt habe.«[107] Im Dezember 1942 bemerkte Edens Staatssekretär Richard Law nach einem Treffen mit einer Delegation des Council of Christians and Jews, »trotz der Tatsache, daß die Delegation meine, wie man annahm, mitfühlende Einstellung mit großer Dankbarkeit zur Kenntnis genommen hat, glaube ich, daß ich keine Zugeständnisse gemacht habe«.[108]

Man kann das Verhalten der englischen Juden nicht im nachhinein beurteilen, ohne ihre Gesamtsituation in Betracht zu ziehen. Als der Krieg anfing, waren die Kosten für die Unterstützung der unerwarteten Flüchtlingswelle eine enorme finanzielle, noch nie dagewesene Belastung. Tony Kushner bemerkt dazu: »Die englischen Juden waren während des Krieges extrem verängstigt und vorrangig damit beschäftigt, sich zu verteidigen und die Traditionen jüdischen Lebens unter den widrigen Umständen aufrechtzuerhalten ... [Sie] hatten weder die moralische Kraft oder den Weitblick, noch das Selbstbewußtsein, sich mit dem Schrecken auseinanderzusetzen, der über die Juden Europas gekommen war.«[109]

Die englische Regierung kann man für ihre Reaktion auf den Völkermord an den Juden nicht so einfach entlasten. Das einzige jüdische Mitglied des Kabinetts, Leslie Hore-Belisha, wurde im Januar 1940 aus seinem Amt entlassen. Die Tatsache, daß er Jude war, war vielleicht nicht der Grund für diese Maßnahme, spielte aber bei der Entscheidung sicher eine Rolle.[110] Die Regierung verfolgte unerbittlich die Strategie, Antisemitismus nicht zur Kenntnis zu nehmen, und zeigte keine Bereitschaft, über Mittel und Wege nachzudenken, wie man gegen ihn vorgehen könnte. Auf diese Weise leistete sie der Fremdenfeindlichkeit immer wieder Vorschub. Sie weigerte sich, die Tatsache zur Kenntnis zu nehmen, daß nicht etwa Juden für den Antisemitismus verantwortlich waren, sondern Nichtjuden. Und doch wurde jede Diskussion über Antisemitismus aus der renommierten BBC-Sendung »Brains' Trust« verbannt. Bei einem Zusammentreffen der Alliierten im Jahr 1941 erklärte Eden: »Ich sage Ihnen im Vertrauen, mir sind die Araber lieber als die Juden.«[112]

Wenn man die Aussagen der öffentlichen Bediensteten und Beamten des Außenministeriums, die sie gegenüber jüdischen Gruppen gemacht haben, durchsieht, ergibt sich ein trauriges Bild. Die Regierung war nicht gewillt, in ihrer Propaganda gegen die Deutschen die Verfolgung der Juden zu erwähnen. 1941 wurde in einem Memo des Propagandaministeriums festgelegt: »Wir sollten uns zurückhalten, solche Horrormeldungen zu verbreiten. Unsere Nachrichten sollten sich immer mit dem Schicksal von unbestreitbar unschuldigen Menschen beschäftigen. Nicht mit eindeutig politischen Gegnern der Nazis. Und nicht mit Juden.«[113]

Als die Regierung zu Anfang des Krieges erwog, ein Weißbuch über die Bedingungen in den deutschen Konzentrationslagern zu veröffentlichen, legte der Ständige Staatssekretär beim Außenministerium sein Veto ein, weil diese »haarsträubenden Berichte über die jüdischen Konzentrationslager« von den Juden selbst kämen, »die total unzuverlässige Zeugen [seien].«[114]

Der für Immigration zuständige Beamte des Kolonialministeriums ließ keine Gelegenheit aus, seine judenfeindliche Meinung kundzutun. Im April 1940 erklärte er, »Juden tendieren ohne Zweifel dazu, die Verfolgung, der sie ausgesetzt sind, zu übertreiben«.[115] »Es ist beunruhigend«, schrieb er im Dezember 1942, »daß der neue Kolonialminister offensichtlich bereit ist, diesen ›tränenreichen Geschichten‹, die die Jewish Agency verbreitet, unbesehen Glauben zu schenken.« Nachdem er Augenzeugenberichte über die Brutalität der Deutschen gelesen hatte, gab er folgenden Kommentar ab: »Diese Geschichten kennt man doch. Die Juden haben es in den letzten Jahren zu weit getrieben und den Bogen überspannt.«[116] Und auf die Frage, warum er nicht bereit sei, sich für die europäischen Juden einzusetzen, antwortete er ungerührt: »Warum sollte man den Juden Kummer und Demütigung ersparen, wenn sie es doch verdient haben?«[117]

Er war mit seiner Meinung nicht allein. 1944 beklagte ein Beamter des Außenministeriums die »Neigung der Juden, maßlos zu übertreiben«. Im selben Jahr beschwerte sich einer seiner Kollegen, das Außenministerium verschwende wertvolle Zeit mit »diesem Gejammer der Juden«.[118] Als der Geistliche James Parker für das Außenministerium einen Bericht über die Situation der europäischen Juden schrieb, in dem er auf die Ermordung von 50 000 Juden einging, strich das Außenministerium einfach eine der Nullen. Mit seinem zweiten Bericht, in dem er von einer halben Million spricht, passierte das gleiche. Gegen Ende des Krieges schätzte er die Zahl der ermordeten Juden auf fünf Millionen, und wieder strich das Außenministerium die Zahl zusammen.[119]

Die Regierung wollte der Öffentlichkeit gegenüber nicht den Eindruck erwecken, daß sie zugunsten der Juden eingreifen würde, denn sie verfolgte ja eine ganz andere Politik. Nach Angaben von Tony Kushner passierte es nur einmal, Ende 1942, »daß die englische Regierung die Notlage der Juden zur Kenntnis nahm«,[120] und »nach dem Krieg waren die Beamten der Regierung eher damit beschäftigt, die [jüdischen] Flüchtlinge wieder loszuwerden, als den Opfern der Nazis in Europa zu helfen.«[121]

Das Schicksal der polnischen Juden blieb – im Gegensatz zu dem der Deutschen – von den Alliierten weitgehend unbeachtet. Die Engländer verbanden mit polnischen Juden offenbar nur die Pogrome der Jahrhundertwende, und daran änderte sich lange Zeit nichts. So kam es, daß das Schicksal der osteuropäischen Juden bis vor kurzem völlig in Vergessenheit geriet.[122] Im Juni 1942 gelang es, Nachrichten über die Situation der polnischen Juden aus dem Warschauer Ghetto nach London zu schmuggeln. Als sie in der BBC gesendet wurden, war dies ein großer Freudentag für die Untergrundbewegung im Ghetto. Man erwartete sofortige Maßnahmen und massive Vergeltungsangriffe seitens der Engländer und hoffte, daß auf diese Weise zumindest die kleine Schar der noch lebenden polnischen Juden gerettet werden könnte. Aber es geschah nichts.[123]

Genauso war es 1942, als Jan Karski in London eintraf. Er war als geheimer Abgesandter der polnischen Exilregierung und der alliierten Regierungen unterwegs und kam nach London, um über die Situation in Polen zu berichten – er hatte das Warschauer Ghetto und das KZ Bełżec mit eigenen Augen gesehen – und die Anliegen der Ghetto-Untergrundbewegung weiterzuleiten. Unter anderem bat man die alliierten Regierungen um eine öffentliche Stellungnahme zur Judenfrage. Der Schutz der Juden sollte von nun an Teil der alliierten Forderungen sein. Er traf mit Eden und drei anderen Mitgliedern des Kriegskabinetts zusammen. Sie erklärten ihm, die Forderungen könnten nicht erfüllt werden, und wiesen noch einmal darauf hin, daß »die Alliierten es als ihre Hauptaufgabe betrachteten, den Krieg zu gewinnen. Alle nichtmilitärischen Belange waren daher nebensächlich.«[124] Doch als der Krieg zu Ende und die Konzentrationslager befreit waren, wurde der Sieg der Alliierten als Triumph über die Völkermord-Politik der Nazis gefeiert. Es wurde so getan, als ob die Vernichtung der Juden von Anfang an eines der Hauptmotive für den Kriegseinsatz der Alliierten gewesen wäre.[125]

Die pro-jüdischen Lobbyisten, die die Regierung immer wieder gedrängt hatten, Maßnahmen zur Rettung der Juden zu ergreifen, verzweifelten damals an der Angewohnheit der englischen Beamten, nur den eigenen Quellen zu glauben. Man mißtraute nicht nur Juden, sondern auch den Sowjets. Die Befreiung von Majdanek (im Juli 1944) und Auschwitz (im Januar 1945) durch die Rote Armee fand in der englischen Presse nur dürftige Beachtung, ganz im Gegensatz zu der von Bergen-Belsen (im April 1945) durch englische Truppen. Und der Auschwitz-Prozeß, der im Jahr 1947 stattfand, ist von den westlichen Medien völlig ignoriert worden.[126] Die offiziellen Stellen und die Öffentlichkeit reagierten auf die »Schreckensmeldungen« über den Krieg ausgesprochen zynisch, weil sich ähnliche Berichte im Ersten Weltkrieg als übertrieben herausgestellt hatten. Doch leider war es so, wie es ein Kommentator treffend formuliert hat, »daß die Vorkommnisse, die man im Ersten Weltkrieg aus propagandistischen Motiven gefälscht hatte, im Zweiten Weltkrieg Realität wurden«.[127] So wollte bald niemand mehr den Berichten aus Osteuropa Glauben schenken. Schließlich war kaum jemand noch in der Lage, zwischen tatsächlichen Kriegsverbrechen und Propaganda zu unterscheiden. Das Propagandaministerium vertrat die Ansicht, daß man die Verbrechen der Nazis dem englischen Volk nur dann »glaubhaft« machen könne, wenn man sie nicht »zu extrem« darstellte.[128]

Die BBC wurde unter anderem ins Leben gerufen, um das Wiederauftreten der »Schreckensmeldungs«-Propaganda zu verhindern[129], und so war sie kaum der Aufgabe gewachsen, über die nie dagewesenen realen Schrecknisse des systematischen Völkermordes zu berichten.[130] Im Weltbild der BBC galten die Menschen im wesentlichen als anständig, man glaubte einfach nicht, daß etwas so Menschenverachtendes wie der Holocaust tatsächlich stattfinden könnte. Die BBC hat sich damals zwar häufig auf den *Jewish Chronicle* berufen, der als zuverlässige Quelle galt, und viele seiner Titelgeschichten in die Nachrichten übernommen, doch auf der anderen Seite wurde vorrangig über die Deportationen und nur selten über die Morde berichtet. Vor der Realität der Vernichtungslager verschloß man die Augen. Der Antisemitismus hat auch vor der BBC nicht haltgemacht. Ein Memo über die Sendung »Children's Hour« bemerkte: »Wir haben die Erfahrung machen müssen ..., wenn man jüdischen Radiosprechern den kleinen Finger gibt, wollen sie gleich die ganze Hand.«[131] Als Beschwerden kamen, daß in rumänischen, ungarischen und polnischen Sendungen häufig ein störender jüdischer Akzent zu hören sei, wies der Sender sie nicht etwa ab, sondern stellte der polnischen Redaktion einen »Assessor« zur Seite, der auf »Anzeichen von jüdischem Akzent und jüdischem Auftreten«[132] achten sollte.

Juden durften nicht für und über sich reden. 1943 machte die Redaktion, die für Wortbeiträge zuständig war, den Vorschlag, eine Sendung zum Thema Juden zu machen. Man wollte ein Interview senden mit »einem Juden, der keine Verbindung zur Geschäftswelt hat ... Er hat erklärt, daß er nicht für die Sache der Juden eintreten wird, aber sich nicht schämt, Jude zu sein.« Der Vorschlag wurde abgewiesen. Einer der verantwortlichen Redakteure schrieb dazu: »Wir sind übereingekommen, solch einen Beitrag nicht zu senden, würden aber gern eine Sendung über Rassenhaß vorschlagen. Die deutsche Haltung gegenüber Juden könnte als Beispiel durchaus thematisiert werden, jedoch besser von einem gehobenen Standpunkt aus. Vielleicht wäre Julian Huxley hierfür der geeignete Kandidat.«[133]

Tatsächlich hat sich die BBC kategorisch geweigert, »prosemitische« Sendungen ins Programm aufzunehmen.[134]

In der abstrusen Begründung hieß es, man wäre sonst verpflichtet, Antisemiten den gleichen Platz einzuräumen. In dieser Frage wie auch den meisten anderen folgte die BBC den politischen Vorgaben der Regierung. Wenn man all dies bedenkt, verwundert es kaum, daß die englische Öffentlichkeit am Ende des Krieges weniger über die Vernichtung der europäischen Juden gewußt hat als noch drei Jahre zuvor.[135]

11

Zu den weitverbreiteten Mythen des Zweiten Weltkrieges gehört die Überzeugung, die Filmaufnahmen über die Befreiung von Bergen-Belsen hätten in England großes Entsetzen ausgelöst. Schlagartig sei der Holocaust ins Licht der Öffentlichkeit gerückt, und es hätte eine Welle des Mitgefühls für die europäischen Juden gegeben. Die Fakten sprechen eine andere Sprache. Man mag es heute kaum glauben, aber in einer landesweiten Meinungsumfrage von 1946 sprachen sich tatsächlich einige Engländer für die Vergasung der Juden aus, und viele vertraten nach wie vor die Meinung, die Juden seien für den Antisemitismus verantwortlich.[1] Zur gleichen Zeit führte der erneute Antagonismus gegenüber dem besiegten Deutschland wieder zu Feindseligkeiten gegenüber deutsch-jüdischen Flüchtlingen,[2] und die gewalttätigen Aktionen der jüdischen Untergrundbewegung in Palästina verschärften die Situation noch. 1947 gab es in fast jeder größeren englischen Stadt anti-jüdische Ausschreitungen. All dies führte offensichtlich dazu, daß der Völkermord tatsächlich schon bald in Vergessenheit geriet. Die zusammenfassenden Berichte der Meinungsumfragen stellen bereits 1947 fest, daß »der Gedanke an das unbeschreibliche Elend in den Konzentrationslagern die Menschen heute kaum noch berührt«.[3]

Noch erstaunlicher war aber die Weigerung anzuerkennen, daß sich die Politik der Nazis ausdrücklich gegen Juden gerichtet hatte. Fast alle Länder haben diese Tatsache geleugnet, und zwar nicht nur im Krieg, sondern bis vor nicht allzulanger Zeit. Diese Mißachtung ihrer Situation ist vielleicht die schlimmste Erfahrung, die Überlebende und

Flüchtlinge machen mußten. 1943 wurde auf der Bermuda-Konferenz beschlossen, aufgrund der »... sich verschärfenden antisemitischen Stimmung ...« in England seien zukünftig alle öffentlichen Stellungnahmen zu vermeiden, die »... den Eindruck erwecken könnten, daß alle Flüchtlinge zwangsläufig Juden sind ...« Statt dessen solle man von nun an »... die Nationalität und nicht die Rasse der Flüchtlinge ...« hervorheben.[4] Als der führende Rabbiner Englands 1944 die englische Regierung bat, alle Juden in feindlichen Gebieten zu geschützten Personen zu erklären, erhielt er zur Antwort: »Die Regierung Ihrer Majestät sieht keine Veranlassung, Juden als besondere Menschenklasse einzustufen. Eine Diskriminierung dieser Art würde, so lautet die offizielle Meinung, zu sehr an die Judenpolitik der Nazis erinnern.«[5]

Im Nachhall des Emanzipations-»Vertrages« hat sich die britische Regierung immer wieder geweigert, eine jüdische »Nationalität« anzuerkennen.[6] Kushner hebt in diesem Zusammenhang hervor, daß unter all den offiziellen und halboffiziellen Erklärungen der Engländer und Amerikaner nur eine dezidiert auf die Vernichtungspolitik der Nazis hingewiesen hat (im Dezember 1942).[7]

Die Haltung der Regierung schlug sich natürlich auch in den offiziellen Radiosendungen nieder. Die BBC hatte zusammen mit dem Propagandaministerium den Beschluß gefaßt, besser nicht mehr über Juden zu sprechen – auf diese Weise könnte man dem Antisemitismus am wirksamsten entgegentreten.[8] In der 299seitigen Dokumentation über die wichtigsten Reden und Augenzeugenberichte, die die BBC damals über den Zweiten Weltkrieg gesendet hat, finden sich nur vier Hinweise auf Juden. In Ed Murrows Reportage über die Befreiung von Buchenwald kommen sie erstaunlicherweise gar nicht vor,[9] ebensowenig in Leonard Cottrells Radiodokumentation »The Man from Belsen«

aus dem Jahr 1946, die das Leben in einem Konzentrationslager aus der Sicht eines Gefangenen beschreibt.[10]

Ben Helfgott, der als Kind den Holocaust überlebte und das Yad Vashem Committee of the Board of Refugees leitet, berichtet, Richard Dimblebys historische BBC-Reportage über die Befreiung von Bergen-Belsen habe »viele Menschen zutiefst empört. Man stelle sich vor, er kommentierte die Bilder von der Befreiung, ohne auch nur einmal über Juden zu sprechen! Er überging einfach die Tatsache, daß es dort Juden gab. Und als sie (1965) eine Sendung über Holocaust-Überlebende brachten, haben sie nur einen älteren polnischen Mann in einem Sue-Ryder-Haus gezeigt – Juden existierten einfach nicht.«[11] Dimblebys Reportage wurde 1965 zusammen mit den Bildern über die Befreiung erstmalig im Fernsehen ausgestrahlt und 1995, zum fünfzigsten Jahrestag des Kriegsendes, wiederholt. Dabei wurden aus Bergen-Belsen mehr Juden befreit als aus irgendeinem anderen Konzentrationslager, und zwar insgesamt 40 000.[12] Als die Sendung 1995 wiederholt wurde, endete der Film mit einem Gebet, und in der Schlußszene war ein Kreuz zu sehen, was ganz offensichtlich nicht ironisch gemeint war.

Dieses Phänomen war nicht auf England beschränkt. Kushner zufolge glänzt auch in der Berichterstattung der Amerikaner über die Befreiung von Bergen-Belsen »das Wort ›Jude‹ durch Abwesenheit«.[13] Als sich Pétain, der Führer des Vichy-Regimes, im Jahr 1945 vor Gericht verantworten mußte, kam seine Rolle im Holocaust und die Tatsache, daß er 75 000 Juden in den Tod geschickt hatte, nur selten zur Sprache. »Der Prozeß hat sich nicht lange mit der Deportation von Juden aufgehalten, weil zu dieser Zeit kaum Interesse an dieser Gruppe von Opfern bestand«[14], bemerkte der Nazi-Jäger Serge Klarsfeld. Im Frankreich der Nachkriegszeit wurde zwischen Resistance-Mitgliedern und

Kommunisten, die in Arbeitslagern wie Buchenwald gelandet waren, und Juden, die die Todesfahrt nach Auschwitz hatten antreten müssen, kein Unterschied gemacht[15] – man sprach ganz allgemein von »Deportierten«. Dieser Begriff trägt nur der Tatsache Rechnung, daß sie das Land verlassen mußten oder vertrieben wurden, läßt jedoch das Schicksal, das sie am Ziel der Reise erwartete, völlig außer acht. Auch heute machen Franzosen und Engländer häufig keinen Unterschied zwischen Arbeits- und Vernichtungslagern: Viele Engländer nennen das Arbeitslager Bergen-Belsen immer noch in einem Atemzug mit dem Todeslager Auschwitz.

In Polen wiederum hat man die im Holocaust ermordeten polnischen Juden posthum zu Bürgern des Landes erklärt:[16] Als der Papst 1979 in Auschwitz vor dem Denkmal für die »Sechs Millionen« eine Rede hielt, sprach er plötzlich von den »sechs Millionen Polen, die im Zweiten Weltkrieg ums Leben kamen«. Jetzt, im nachhinein, wurden sie plötzlich in die polnische Familie aufgenommen, eine Würdigung, die ihnen zu ihren Lebzeiten verwehrt worden war.[17]

Die Errichtung eines Karmeliterklosters in Auschwitz und das Heiligengrab des zum Märtyrer erklärten katholischen Pfarrers Kolbe, der in der Vorkriegszeit bösartige antisemitische Schriften verfaßt hat, sind ebenso Ausdruck der Weigerung, die besondere Situation der Juden anzuerkennen.[18] Diese Einstellung findet man auch heute noch in England. In ihrer bitterbösen judenfeindlichen Attacke im *Guardian* erinnert sich 1990 die englische Journalistin Jill Tweedie: »[wie ich] die Allee der Gerechten in Jerusalem entlang ging und mein Begleiter mir all diese Tafeln zeigte. Sie sollen an die Nichtjuden erinnern, die im Krieg JUDEN geholfen hatten. Also, ich bitte Sie! Da wurden Menschen geehrt und nicht nur Nichtjuden, die den Mut hatten … ihr Leben für andere Menschen zu riskieren. Es ging doch nicht nur um die Rettung von JUDEN.«[19]

Nach dem Krieg, als das Schicksal der europäischen Juden nicht mehr zu bestreiten war, hätte man erwarten können, daß die englische Regierung die Überlebenden mit praktischen Hilfsprogrammen unterstützt hätte. Und doch war die Einwanderungspolitik damals restriktiver als in der Vorkriegszeit. Wieder kümmerte man sich vorrangig um die Kinder. Auf Vorschlag von Leonard Montefiore richtete der Central British Fund (CBF) World Jewish Relief das Committee for the Care of Children from the Concentration Camps (CCCC) ein[20], das vom Innenministerium die Genehmigung bekam, 1000 Waisenkinder unter sechzehn Jahren zu adoptieren. Dabei gab es keine finanzielle Unterstützung seitens der Regierung.[21] Es wurden nur 732 Kinder gefunden, die die Bedingungen erfüllten. Sie kamen in ein Aufnahmelager in Windermere und wurden dann auf 28 Heime im ganzen Land verteilt. Die Jüngsten – zum größten Teil Überlebende aus Theresienstadt und Auschwitz – kamen nach Lingfield House. Als sie in der Abenddämmerung in Windermere ankamen, hatten sich die »Einwohner mit Fackeln auf der Straße versammelt und begrüßten die Kinder mit großem Hallo«, wobei sie die Kinder unbeabsichtigterweise fast zu Tode erschreckten.[22] Das CCCC versorgte die Kinder mit Lebensmitteln, Kleidung und Taschengeld, sie schickten sie zur Schule und kümmerten sich um ihr Wohlergehen. Viele der Kinder und Jugendlichen, die zwischen 1945 und 1946 ankamen, wuchsen zu einer festen Gemeinschaft zusammen. In Nord-London gründeten sie einen Jugendselbsthilfe-Club, den Primrose Club, und später die 45 Aid Society, die sich heute zu einem internationalen Netzwerk entwickelt hat.[23]

Die erwachsenen Überlebenden wurden weit weniger freundlich empfangen. Es gab damals nur das sogenannte Distressed Relatives Scheme, ein Hilfsprogramm, dessen Bedingungen »tückisch kompliziert«[24] waren und »so drastische Einschränkungen [hatten], daß sie sich in der Praxis als beinah unerfüllbar herausstellten«.[25] Ein britischer Bürger mit festem Wohnsitz in England konnte einen Antrag stellen, Familienangehörige, die unter den Nazis gelitten hatten, nach England zu holen. Voraussetzung war, daß es außer in England keine weiteren Familienangehörigen gab. Wenn die Erlaubnis erteilt wurde, mußten die Tickets in England gekauft werden. Ausreisegenehmigung und Visum bekam man nur über ein besonderes Büro, und die Reise durfte ausschließlich per Schiff von Hamburg nach Tilbury erfolgen.[26] Der ganze Vorgang sollte sicherstellen, daß die Zahl der Bewerber, die alle Bedingungen erfüllten, »... eher ein paar hundert als mehrere tausend betragen würde«.[27] Die Beschränkungen erwiesen sich als effektiv: Nicht mehr als 1200 Juden sind auf diese Weise nach England gekommen; demgegenüber waren es 100 000, die nach dem Krieg in die USA eingereist sind.[28]

Die englische Einwanderungspolitik der Nachkriegszeit hat sich sogar ausdrücklich gegen die Einwanderung von Juden (und nicht-weißen Immigranten) ausgesprochen. 1947 erhielt die englische Kontrollkommission in Deutschland und Österreich die Anweisung, »Bürger ehemals feindlicher Länder, Juden und Volksdeutsche von der Auswahl für die Einwanderung auszuschließen. Die Möglichkeit, einige Volksdeutsche zu einem späteren Zeitpunkt aufzunehmen, wird jedoch weiter geprüft«. Die englische Kommission in Wien reagierte darauf mit der Bitte »zur Aufnahme von Vertriebenen (mit Ausnahme von Juden jeglicher Nationalität)«. Man war der Meinung, daß Juden nicht assimiliert werden könnten, und in Kabinettsprotokollen aus dem Jahr 1945 liest man: »Die Aufnahme zusätzlicher Flüchtlinge, von denen die meisten sicherlich Juden sind, könnte bei bestimmten Teilen der Bevölkerung starke Reaktionen auslösen. Es besteht die Gefahr, daß sich eine Welle antisemitischer Stimmung über das Land verbreitet.«[29] Wieder einmal wurde der Antisemitismus anderer dazu benutzt, die eigene antisemitische Politik zu rechtfertigen. Im Mai 1945 drängte eine Gruppe Parlamentsabgeordneter der Konservativen Partei den Innenminister, endlich öffentlich bekanntzugeben, wann jüdischen Vorkriegsflüchtlinge wieder in ihre Heimatländer zurückgeschickt würden.[30]

Besonders schockierend ist der Vergleich der Einwanderungszahlen jüdischer Holocaust-Überlebender mit denen anderer Nationalitäten, wozu auch Nazi-Kriegsverbrecher gehörten. 1946 gab es in England nicht genügend Arbeitskräfte. Wie ein Regierungsausschuß ermittelte, waren an die 600 000 Stellen unbesetzt. Es wurde beschlossen, den Bedarf mit ausländischen Arbeitern, besonders aus den baltischen Staaten, zu decken. Unter den Angeworbenen fanden sich viele Angehörige der lettischen Waffen-SS, die freiwillig die Einsatzgruppen unterstützt hatte, und darüber hinaus alle Ukrainer, die in der galizischen Division der Waffen-SS gedient hatten. Eine Überprüfung, ob sich unter den Rekrutierten auch Kriegsverbrecher befanden, fand so gut wie nicht statt.

David Cesarani, der diese Ereignisse dokumentiert hat, vertritt die These, daß das Außenministerium entweder davon gewußt oder aber extrem leichtfertig gehandelt habe. Man könne jedoch davon ausgehen, daß ersteres eher der Wahrheit entspreche und daß die Tatsachen in einigen Fällen sogar verschleiert worden seien. Seiner Meinung nach galt England als sicherer Zufluchtsort für Kollaborateure und Kriegsverbrecher. Einige dieser Neuankömmlinge schlossen sich einer Veteranenorganisation an, die den Dienst in der Waffen-SS offen verherrlichte. Zwischen 1945 und 1950 kamen 200 000 Flüchtlinge, Vertriebene und ausländische Arbeitskräfte nach England. Nur 1200 waren Juden, während allein bis 1949 etwa 10 000 Letten eingereist sind.[31]

Der beginnende Kalte Krieg lieferte die ideologische Rechtfertigung für diese Politik. Viele Holocaust-Überlebende sind bis heute empört über die unterschiedliche Behandlung von Juden und Balten durch die englische Regierung.[32]

Meine Eltern haben nach ihrer Ankunft in England im Jahr 1947 weder von der Regierung noch von der jüdischen Gemeinde Unterstützung bekommen. Meine Mutter erinnert sich: »Ich kannte mich überhaupt nicht aus – ich wußte nicht, an wen ich mich wenden sollte. Sicher, ein paar unserer Freunde waren schon hier, aber ansonsten waren wir vollkommen auf uns gestellt.« Erwachsene Holocaust-Überlebende kamen im Gegensatz zu den Kindern allein und nicht in Gruppen nach England. Über das ganze Land verteilt, waren sie schwer zu finden, außerdem ging man davon aus, daß die Verantwortung bei den Familien lag, die für sie gebürgt hatten.[33] Mein Vater arbeitete ja an der polnischen Botschaft in London, und so waren die beiden sicher nicht so leicht als Holocaust-Überlebende zu erkennen. Aber sie trafen sich regelmäßig mit anderen polnischen Überlebenden in London. Wenn eine der jüdischen Organisationen sie wirklich hätte finden wollen, wäre das nicht so schwer gewesen. Wie viele Kinder von Holocaust-Überlebenden war ich immer sehr verbittert über die Untätigkeit der Hilfsorganisationen, und ich habe erst vor kurzem verstanden, warum die englischen Juden so handlungsunfähig waren – eine Folge ihrer spezifischen Geschichte in diesem Land.

Wenn die englischen Juden in Kriegszeiten in einem Schock- und Lähmungszustand gefangen waren, wie mußten sie sich dann nach dem Krieg fühlen, als das Ausmaß des Grauens bekannt wurde? Als niemand mehr die Augen vor der Tatsache verschließen konnte, wie wenig sie aus ihrer relativ sicheren Position heraus getan hatten, um das Schlimmste zu verhindern. Man kann sich vorstellen, wie unwohl und schuldbewußt sie sich in der Gegenwart von Überlebenden gefühlt haben müssen, die sie ständig an das erinnerten, was sie ohne Zweifel vergessen wollten. Überlebende stießen überall auf Befangenheit. Auf diese Reaktion war keiner von ihnen vorbereitet – daß die Regeln des *univers concentrationnaire* sich auf diese Weise fortsetzen würde. Wieder einmal mußten sie darauf achten, niemandem zu nahe zu treten, der das Leid nicht am eigenen Leib erfahren hatte. Eigentlich waren sie es, die das Mitgefühl der anderen verdient hatten, statt dessen mußten sie darauf bedacht sein, bloß nicht die anderen zu verletzen.

Laut Kushner beteiligten sich nur wenige englische Juden an den Hilfsmaßnahmen für die Überlebenden. Gruppen wie die CCCC waren enttäuscht von der Reaktion der englischen Juden auf ihre Bitten um Geld und Kleidung und auch davon, daß die Überlebenden hier kaum eine Möglichkeit bekamen, ihre Erlebnisse in den Lagern mit jemandem zu teilen.[34] Als Rechtfertigung für den schweigsamen Empfang war immer wieder zu hören, daß sie selbst kein Interesse gehabt hätten, über die Vergangenheit zu sprechen. Das traf vielleicht auf einen Teil der Überlebenden zu, aber keinesfalls auf alle. Meine Eltern haben mit Sicherheit kein Blatt vor den Mund genommen, sie wollten reden. Doch da sich – abgesehen von ihren Leidensgenossen – keine Zuhörer fanden, konnten sie nur mit ihren Kindern darüber sprechen.

Für uns hatte das zur Folge, daß es eine absolute Trennung zwischen der Welt da draußen und der Welt zu Hause gab – zwischen diesem kleinen Universum, in dem man über den Holocaust und die Konzentrationslager Bescheid wußte, und dem wirklichen Leben, in dem dieses Wissen kaum existierte – in einer Geographiestunde mußte ich entdecken, daß keiner meiner Mitschüler je von Polen gehört hatte – sie wußten nicht, wo es lag und erst recht nicht, was dort geschehen war. Wir mußten jeden Tag zwischen diesen beiden Welten hin- und herwandern. Meine Eltern hatten es natürlich viel schwerer, denn sie standen vor der ungeheuren Aufgabe, zwischen ihrem jetzigen Leben und der Welt, wie sie sie vor dem Krieg gekannt hatten, eine Brücke zu schlagen.

Seitens der englischen Juden und der Regierung war also keine Unterstützung zu erwarten. Und wie stand es mit der psychoanalytischen Gemeinde in England, die doch so viele Juden zu ihren Mitgliedern zählte? Obwohl der Begriff »posttraumatisches Belastungssyndrom« relativ modern ist und eigentlich erst nach dem Vietnamkrieg in weiten Kreisen bekannt wurde, war es sicher nicht schwer zu erkennen, daß Holocaust-Überlebende nicht nur medizinische, sondern auch psychologische Unterstützung gebraucht hätten. Direkt nach dem Krieg steckte die Psychoanalyse allerdings – relativ gesehen – noch in den Kinderschuhen, und es wäre unmöglich gewesen, für alle Überlebenden dieses bis dahin noch nicht erlebten kollektiven Traumas Hilfe zu organisieren – wenn diese Vorstellung im Rückblick auch sehr attraktiv erscheint. Dazu kommt, daß sie Unabhängigkeit extrem hoch bewerteten. Auf eigenen Füßen zu stehen war ihnen wichtiger als vieles andere. Sie waren überzeugt, den Krieg überlebt zu haben, weil sie sich immer selbst zu helfen gewußt hatten. Niemand hatte Interesse daran, sich mit Schwäche, Verletzbarkeit und Angst auseinandersetzen oder freiwillig Abhängigkeit und Hilflosigkeit zu erfahren. Meine Eltern haben zum Beispiel nie daran gedacht, um therapeutische Unterstützung zu bitten. Sie sahen sich nicht als seelisch gestört. Ich bin sicher, sie hätten ein therapeutisches Angebot – im Gegensatz zu materieller Hilfe – sogar abgelehnt, und an dieser Einstellung hat sich bis heute nichts geändert. Doch es gingen tatsächlich Jahre ins Land, bis sich die Psychoanalyse mit dem Holocaust beschäftigt hat. Viele Überlebende und Kinder von Überlebenden, die in den fünfziger, sechziger und selbst noch in den siebziger Jahren analysiert worden sind, berichten, daß die Holocaust-Erlebnisse in der Analyse kaum eine Rolle gespielt hätten. Die Experten hatten damals nicht einmal angefangen, sich mit der Problematik auseinanderzusetzen.[35]

In den vierziger und Anfang der fünfziger Jahre wurde der Begriff Trauma immer noch eher in bezug auf Kinder als auf Erwachsene verwandt.[36] In der Nachkriegszeit haben sich die Psychologen – mit einigen allerdings bemerkenswerten Ausnahmen – zum Beispiel mit der Frage beschäftigt, wie Kinder den Naziterror erlebt hatten,[37] mit den emotionalen Problemen deportierter Kinder[38] und der Wiederanpassung von Kindern an die Situation in der Nachkriegswelt.[39] Anna Freud arbeitete in einer speziellen Einrichtung in Sussex mit Kindern aus Konzentrationslagern. Sie hat das Aggressions- und Gemeinschaftsverhalten dieser Kinder dokumentiert und versucht, einen Zusammenhang mit ihrer spezifischen Vergangenheit herzustellen.[40]

In bezug auf Erwachsene beschäftigten sich amerikanische und englische Psychologen während und kurz nach dem Zweiten Weltkrieg bemerkenswerterweise mit ganz ähnlichen Themen wie nach dem Ersten Weltkrieg. Damals war es das bis dato unbekannte Phänomen des »Bombenschocks«, das bei Experten auf großes Interesse stieß, jetzt konzentrierte sich die Diskussion auf »Kriegsneurosen« bei Zivilisten und Soldaten, die Folgen psychologischer Kriegsführung für die Bevölkerung, auf die sogenannte »Kriegsmüdigkeit« und das »neurotische Verhalten nach der Befreiung«.[41] Es gab internationale Debatten über die Anpassungsschwierigkeiten weiblicher Militärangehöriger bei der Rückkehr ins zivile Leben, über Gruppentherapien für »neurotische Soldaten« und über Kriegsneurosen.[42] Man berichtete auch über die Behandlung von »Psychoneurose« in der englischen Armee.[43] Doch über erwachsene Überlebende aus den Konzentrationslagern gibt es kein Material. Kriegsneurosen, so nahm man an, betrafen nur Soldaten, nicht etwa auch zivile Kriegsopfer. Da das Problem nicht einmal ansatzweise erkannt worden war, hat es in der ersten Zeit nach dem Krieg keine angemessenen, auf den kulturellen Hintergrund abgestimmte therapeutischen Angebote für Überlebende gegeben – ein Mangel, der von einigen ihrer Kinder bis heute bedauert wird.

Einige Analytiker vertraten unter anderem die Meinung, daß »es für diese Menschen gerade zu Anfang sicher Wichtigeres gab als Psychoanalyse – medizinische Betreuung, Hilfestellung bei der sozialen Eingliederung, zur Ruhe zu kommen und die Sprache zu lernen waren sicherlich vorrangig. Sie mußten sich erst einmal einleben. Psychologische Intervention gleich zu Anfang wäre nicht angemessen gewesen. Erst nach einer Weile traten die psychischen Probleme in den Vordergrund, und zu dieser Zeit beherrschten sie schon unsere Sprache ... Und auch was die Kinder betrifft – in den ersten zwei Jahren brauchten sie doch eher gute Verpflegung, Betreuung, liebevolle Zuwendung usw.«[44]

Es gab einen zweiten Grund für diese zurückhaltende Einstellung. Die renommierte Analytikerin Pearl King hat darauf hingewiesen, daß »viele der Analytiker selbst Flüchtlinge waren, die vom Kontinent kamen. Sie hatten es natürlich schwer und mußten sich ihren Platz erst erkämpfen. Mit der Analyse von Überlebenden konnten sie sich keine Lorbeeren verdienen, weil kaum jemand den Mut hatte, dieses Thema anzufassen.«[45] King erklärt, das Konzept des Erwachsenen-Traumas sei zu der Zeit zwar schon allgemein diskutiert worden, »aber die Analytiker waren zum Teil selbst traumatisiert, weil sie ja auch ihre Heimat, ihre Freunde und ihre Sprache verloren hatten. In der British

[Psychoanalytical] Society gab es plötzlich eine beträchtliche Zahl traumatisierter Analytiker.«[46]

Der Nationalsozialismus hat große Auswirkungen auf die europäische Psychoanalyse gehabt. Kurz nachdem Hitler an die Macht gekommen war, wurden bei der Bücherverbrennung in Berlin (1933) auch die Werke Sigmund Freuds auf den Scheiterhaufen geworfen. Der jüdische Präsident und alle jüdischen Mitglieder des Berliner Instituts und der Gesellschaft für Psychoanalyse, die schon von den Nazis kontrolliert wurden, traten daraufhin von ihren Posten zurück, und so kamen schon damals die ersten deutsch-jüdischen Analytiker nach England.

1934 flohen die meisten der noch verbliebenen jüdischen Analytiker nach New York oder London. Die fünfzehn, die in Deutschland blieben, wurden im KZ gefoltert und ermordet – unter ihnen auch Karl Landauer, dem es zusammen mit einer Handvoll Kollegen erstaunlicherweise gelang, in Bergen-Belsen psychotherapeutische Behandlungen anzubieten.[47] Die deutsch-jüdischen Analytiker fühlten sich von ihren nichtjüdischen Kollegen im Stich gelassen, die der Zerschlagung der Psychoanalyse, wie sie bis dahin in Deutschland existiert hatte, in weiten Teilen stillschweigend zugesehen hatten. Dieses lang tabuisierte Thema wurde erst 1985 auf dem Kongreß der International Psychoanalytical Association in Hamburg, dem ersten IPA-Kongreß in Deutschland nach dem Krieg, vorgebracht.[48]

In Österreich brachte der Anschluß die rasche Auflösung der Wiener Gesellschaft für Psychoanalyse und den Ausschluß aller nicht-arischen Mitglieder aus der Nachfolgeorganisation. Freud wurde von Kollegen und Freunden überredet, Wien zu verlassen, wozu er sich nur schweren Herzens entschließen konnte, und nach London zu gehen, wo er mit seiner Frau Anna im Mai 1938 eintraf – die Gestapo hatte Anna kurz vorher in Wien einen Tag lang festgehalten.[49] Von den 69 Mitgliedern der Wiener Gesellschaft für Psychoanalyse sind nur drei bis 1945 in Wien geblieben.[50]

Schon 1938 kam ein Drittel aller Analytiker in der British Psychoanalytical Society vom Kontinent. Sie wurden von ihren englischen Kollegen nicht besonders freundlich empfangen, denn man fürchtete um die eigenen Arbeitsstellen. Für die Neuankömmlinge war vieles ganz neu, und sie mußten sich erst daran gewöhnen, daß man hier bei den Sitzungen in Reihen saß und sich nicht, wie zum Beispiel in Wien, um einen runden Tisch versammelte. Zudem galten sie als »feindliche Ausländer«, so daß sie London nicht verlassen durften.[51]

Melanie Klein, die seit 1926 in London lebte, hatte 1919 die gewalttätigen antisemitischen Ausschreitungen in Ungarn miterlebt und war 1938 sehr beunruhigt, weil sie eine mögliche Nazi-Invasion fürchtete.[52] Mit der Ankunft von Anna Freud in London begann eine bittere Auseinandersetzung zwischen den beiden Frauen und ihren Anhängern, die über Jahrzehnte andauern und die englische Psychoanalyse spalten sollte. Pearl King hat eine interessante Erklärung dafür: »Vielleicht war die Fehde zwischen Melanie Klein und Anna Freud eine Ablenkung von den bedrückenden Ereignissen und dem Verlust ihres Heimatlandes. Darüber sprach man einfach nicht, es war so etwas wie ein Tabuthema. Erst nach und nach haben die Menschen angefangen darüber nachzudenken, was denn mit ihren Verwandten passiert sei. Sie hatten lange Zeit gehofft, daß sie allem entkommen waren.«[53] So überrascht es wohl kaum, daß die Therapeuten vom Kontinent, die auf den ersten Blick doch perfekt geeignet schienen, sich mit dem Trauma der Holocaust-Überlebenden zu befassen, in Wahrheit am wenigsten in Frage kamen – und zwar, weil sie ihr eigenes Trauma kaum bewältigt hatten. Dazu kam, daß sie, wie alle Flüchtlinge, viel Energie aufwenden mußten, um ihren Platz in England zu finden und die Schreckensnachrichten aus Europa zu verarbeiten.

In der mittlerweile beachtlichen Literatur über Überlebende und den vielen Augenzeugenberichten wird immer wieder darauf hingewiesen, wie wichtig es für die Betroffenen gewesen sei, über ihre Erlebnisse sprechen zu können. Davon, so liest man immer wieder, habe ihr Überleben abgehangen. Jemand hat es einmal so ausgedrückt: »Der Bericht eines Überlebenden nach dem Holocaust ist für ihn der Beweis, daß er die ›Endlösung‹ besiegt hat; die Bestätigung, daß er wirklich noch lebt – denn diese Vorstellung ist für keinen Überlebenden jemals wieder selbstverständlich.«[54]

Doch im Nachkriegsengland herrschte bald wieder das Schweigen. Isaac Deutscher schrieb 1958 sehr treffend: »Es ist eine unbestreitbare Tatsache, daß die Ermordung von sechs Millionen Juden durch die Nazis die europäischen Nationen kaum beeindruckt hat.«[55] Es war fast so, als ob der Völkermord in der Erinnerung der Menschen ausgelöscht worden war, ohne eine Spur zu hinterlassen – auch das war Teil der Nazistrategie. Himmler bestätigte die Absicht der Nazis, keine Zeugen oder Aufzeichnungen zurückzulassen – »dies ist eine ungeschriebene und niemals zu schreibende Ruhmesseite in unserer Geschichte»[56]. Ein Psychoanalytiker hat auf folgendes hingewiesen: »Die Abwesenheit eines einfühlsamen Zuhörers, oder noch drastischer, die Abwesenheit irgendeines Ansprechpartners, das heißt von jemandem, der sich die grausamen Erinnerungen anhört und damit bestätigt, daß sie real sind, macht das Erlebte ungeschehen.«[57] Das kollektive Schweigen war der letzte Beweis dafür, daß die Juden außerhalb dessen lagen, was die Europäer als ihr »Universum der Verpflichtungen« ansahen, wenn man dafür überhaupt Beweise braucht.[58]

Das Wort »Holocaust« wurde tatsächlich erst zwischen

1957 und 1959 in den Sprachgebrauch aufgenommen und auch nur in bestimmten Kreisen.[59] Was die europäischen Juden im Krieg erlitten hatten, kam in all den Werken über den Zweiten Weltkrieg, die in den späten vierziger und frühen fünfziger Jahren in England publiziert wurden, kaum zur Sprache. Und wenn doch, dann ging es um den Nürnberger Prozeß, der fast ausschließlich anhand von deutschen Dokumenten aufgearbeitet wurde. Man beschäftigte sich dabei vor allem mit der Perspektive der Verbrecher: »Die Stimme der Überlebenden wurde nicht gehört«.[60] Die Opfer wurden als anonyme Gruppe gesehen und auf einen abstrakten Begriff reduziert, und über diese gesichtslose Masse übte der Naziprotagonist seine dämonische Kraft aus. Kushner drückte es lakonisch aus: »Die Engländer waren nicht in Auschwitz, weder persönlich noch in ihren Gedanken.« Der Mythos des englischen Kriegshelden, der in England alles andere überdeckt hat, hat die Erfahrung der Juden völlig an den Rand gedrängt.[61]

So hat es bis Anfang der sechziger Jahre nur zwei Bücher gegeben, die sich dezidiert mit dem Holocaust beschäftigten: »Das Tagebuch der Anne Frank«, das in England 1952 auf den Markt kam, und Lord Russells »The Scourge of the Swastika«, ein beinah pornografischer Bericht über den Sadismus in den Konzentrationslagern.[62] Ein englischer Journalist, der in den fünfziger Jahren zur Schule ging, erinnert sich, wie stark der Zweite Weltkrieg die Kinderspiele beherrscht hat. Da gab es die Bösen (die Deutschen) und die Guten (englische Militärs), aber er kann sich nicht entsinnen, daß auch nur ein Wort über das Schicksal der Juden in den KZs gefallen ist.[63] Tom Kushner, der in den sechziger und siebziger Jahren in Manchester zur Schule ging, berichtet, der Holocaust sei kaum zur Sprache gekommen, weder in der Schule noch in jüdischen Gruppen.[64] In der Tat ist die Öffentlichkeit heute paradoxerweise besser über den Holocaust informiert als in der Zeit direkt nach dem Krieg.[65] Und wenn ich selbst zurückdenke, fällt mir auf, daß ich immer die einzige gewesen bin, die den Holocaust angesprochen hat – ob in der Schule, der Universität, bei der Arbeit oder unter Freunden. Daran hat sich bis in die siebziger Jahre hinein nichts geändert.

Wenn damals tatsächlich einmal ein Überlebender im Mittelpunkt des öffentlichen Interesses stand, ging es ausschließlich um seine Kriegserlebnisse, als ob das Leben der Holocaust-Opfer erst mit der Machtübernahme der Nazis begonnen und mit deren Niederlage geendet hätte. Aus dem Zusammenhang gerissen ist es natürlich unmöglich, das Ausmaß der Veränderung und den enormen Einschnitt zu verstehen, die der Krieg in das Leben dieser Menschen gebracht hat. Man betrachte sie nur in ihrer Rolle als Opfer, als Schachfiguren des Bösen, wobei ihre Kultur, ihr Leben und Handeln komplett ausgeblendet wurden. Das Bild der Juden, so wie es in der britischen Öffentlichkeit bis in die siebziger Jahre hinein verbreitet wurde, war direkt der Vorstellungswelt der Nazis entsprungen, und sprach den Juden jegliche unabhängige Identität ab. So blieb Überlebenden nichts weiter übrig, als sich an ihre eigene Gedankenwelt und ihre Landsleute zu halten.

Der Eichmann-Prozeß aus dem Jahr 1961 wird allgemein als Wendepunkt in der Wahrnehmung des Holocaust angesehen. Die regelmäßigen Berichte der Medien aus dem schwer bewachten Gerichtsgebäude in Jerusalem erinnerten die Welt an die Vernichtung der Juden und zeigten – man denke nur an Hannah Arendts unvergessene Anspielung auf »die Banalität des Bösen« – alternative Betrachtungsweisen auf. Doch obwohl die Aussagen der Überlebenden eine wichtige Rolle im Prozeß spielten, änderte sich nichts an der Faszination, die vom Naziterror ausging. Beispiele für diese anhaltende Tendenz sind Robert Shaws Theaterstück über Eichmann, »The Man in the Glass Booth« (1967), und amerikanische Filme wie »Der Pfandleiher« (1964). Laut Kushner war die Wirkung des Prozesses in England jedoch geringer als in Amerika.[66]

Für meine Familie hatte der im Jahr 1964 stattfindende Dering-Prozeß – der polnischen Arzt mußte sich damals für die grauenvollen Operationen, die er an jüdischen Gefangenen in Auschwitz vorgenommen hatte, verantworten – eine sehr viel größere Bedeutung, da eine Freundin meiner Eltern als Zeugin geladen war und wir ihre Aussagen täglich in den Zeitungen verfolgt haben. Endlich hatte zumindest ein kleiner Teil des Wissens, das für uns bisher nur zu Hause Gültigkeit hatte, den Weg an die Öffentlichkeit gefunden. Es war ein merkwürdiges Gefühl, fast als ob ein Familiengeheimnis preisgegeben worden wäre. Für kurze Zeit bekam diese grausame Zeit im Leben meiner Eltern ein wenig öffentliche Anerkennung. Zum größten Teil aber blieb der Holocaust unsere Privatsache: Auf der Gedenkfeier zum fünfundzwanzigsten Jahrestag des Aufstands im Warschauer Ghetto blieben wir wie so oft unter uns; hier traf sich die kleine geschlossene Gesellschaft der Holocaust-Überlebenden in England. Die Welt um uns herum hat sich kaum für solche Veranstaltungen interessiert.

Jeremy Isaacs schonungsloser Fernsehfilm »Genocide« (1975), der im Rahmen der ITV-Serie »The World at War« gezeigt wurde, hat in England die Diskussion über den Holocaust eröffnet, obwohl im Index der Begleitbücher Auschwitz nur einmal und Juden überhaupt nicht aufgeführt werden und die Liste der Vernichtungslager unvollständig ist: Bergen-Belsen wird erwähnt, Chelmo und Bełzec fehlen[67]. Es dauerte noch drei Jahre, bis die Diskussion weltweit in Gang kam. Anlaß dazu war die amerikanische Fernsehserie »Holocaust« von 1978, die allerdings wegen ihrer typischen Seriendramatik von vielen nicht ganz ernst genommen wurde. Trotzdem galt der Holocaust nach wie vor als Sache der Europäer. England, so glaubte man hierzulande, hatte damit nichts zu tun, und die Überlebenden im eigenen Land blieben weiterhin unsichtbar. In England lebende Holocaust-Opfer sind in den Dokumentarfilmen über den Krieg, die im englischen Fernsehen ausgestrahlt worden sind, nur selten zu Wort gekommen. Die Sprecher waren fast immer Überlebende, die in Amerika, Israel oder Frankreich Zuflucht gefunden hatten. Anfang der achtziger Jahre, als ich die Interviews mit meiner Mutter aufnahm, habe ich eines Tages an einer Sendung von »Woman's Hour« teilgenommen – es ging um ein anderes Thema. Im Aufwärmungsgespräch kurz vor der Sendung fragte mich die Moderatorin, womit ich mich derzeit beschäftige. Als sie meine Antwort hörte, zeigte sie sich völlig überrascht, daß es in den achtziger Jahren in England noch Holocaust-Überlebende gibt. Dahinter lag natürlich die unausgesprochene Vermutung, daß all diese Menschen irgendwo im Ausland lebten, wenn sie nicht längst ausgestorben seien.

Der vielleicht aussagekräftigste Beweis, daß das Grauen des Holocaust im öffentlichen Bewußtsein lange Zeit nicht existiert hat, ist die Tatsache, daß es in England bis heute keine größere, allgemein bekannte Gedenkstätte gibt. Tony Kushner hat die Diskussion über solch ein Projekt dokumentiert. Das Resultat war, so schreibt er, ein »kleiner, bescheidener« Gedenkgarten im Londoner Hyde Park, der im Jahr 1983 fertiggestellt wurde.[68] In James Youngs beachtlicher neuer Studie über Holocaust-Mahnmale in aller Welt gibt es nicht einen Eintrag für England, während sich Städte wie Miami, Atlanta, Baltimore, Toledo, Philadephia und selbst New Haven rühmen können, international bekannte Gedenkstätten errichtet zu haben.[69]

Im Jahr 1995 hatte England als einziges der größeren europäischen Länder noch immer kein Holocaust-Museum.[70] Erst vor kurzem wurde eine Initiative zur Errichtung eines solchen Museums ins Leben gerufen. Es existiert hierzulande nur eine Einrichtung, die dem Gedenken an den Holocaust gewidmet ist, und diese ist ein rein privates Unternehmen.[71] Erst seit 1993 gibt es in London ein Zentrum für Überlebende. Eine 1994 von Gallup durchgeführte Meinungsumfrage über den Holocaust ergab, daß nur 33 Prozent der Befragten den Begriff erklären konnten, und bei den anderen Fragen lag die Prozentzahl kaum höher. In dem Bericht des Institute of Jewish Affairs hieß es dazu, die Bevölkerung sei erstaunlich gut informiert, wie man diesen Zahlen entnehmen könne – das war nicht ironisch gemeint.[72]

Erst seit Steven Spielbergs Film »Schindlers Liste« (1994) und den Gedenkfeiern zur Befreiung von Auschwitz im Jahr 1995 weiß nun auch die breitere Öffentlichkeit über die Ereignisse Bescheid (siehe Kapitel 7). Andere, weniger gefeierte Initiativen hatten diese Entwicklung ins Rollen gebracht. In dem neuen landesweiten Lehrplan war das Thema Holocaust anfänglich nicht vorgesehen. Es wurde zwar als Wahlthema angeboten, Pflicht war aber lediglich die Geschichte Englands in den dreißiger Jahren. Nach entschiedenen Protesten wurde es endlich im Lehrplan festgeschrieben, und seitdem sind einige lobenswerte Unterrichtsmaterialien – englischer Autoren – veröffentlicht worden.[73] Im Juli 1995 fand im Spiro Institute in London eine internationale Konferenz zum Thema »Der Holocaust im Unterricht« statt, woraufhin das Institut 900 Kopien der Lehrmaterialien für Abschlußklassen an die Schulen in ganz England verschickt hat. An den Universitäten werden heute Holocaust-Seminare angeboten – und sie werden nicht mehr ausschließlich von jüdischen Studenten besucht.[74] Allerdings kann man das Thema an der London University im Studiengang Geschichte nicht als Prüfungsfach wählen, und es gibt bis heute in ganz England keinen Lehrstuhl für Holocaust-Studien.[75]

Anton Gills Buch über Holocaust-Überlebende hat endlich auch den in England ansässigen Überlebenden eine Stimme gegeben.[76] Und jetzt, kurz vor zwölf, sucht man nach Betroffenen, um sie für die »National Life Story Collection« der British Library National Sound-Archive [Sammlung mündlicher Lebensberichte der British Library] zu befragen. Das neueste, aus vier Audiokassetten bestehende Paket der British Library beschreibt den Krieg aus der Sicht von Holocaust-Überlebenden, die in England Zuflucht gefunden haben.[77] Flüchtlinge und Überlebende wurden zu Gesprächsrunden und in Schulen eingeladen und führten die Besucher durch die Ausstellung »Anne Frank in the World«, die allein 1994 in England von 62.000 Menschen besucht wurde[78]. Vallentine Mitchell gab die »Library of Holocaust Testimonies« heraus, woraufhin eine ganze Reihe von autobiographischen Berichten Überlebender auf den Markt kamen. Das Interesse, das der fünfzigste Jahrestag der Befreiung von Auschwitz gefunden hat, veranlaßte Ben Helfgott zu der optimistischen Bemerkung: »Jetzt haben sie plötzlich den Holocaust endeckt. Es ist tatsächlich noch nicht zu spät.«[79]

Doch Überlebende haben nicht nur in England einen schweren Stand gehabt. In den USA gibt es zwar weitaus mehr Überlebende aus Osteuropa, die sich zudem häufig im selben Viertel ansiedelten und zu einer echten Gemeinschaft zusammenwuchsen, so daß die Kinder teilweise in dem Glauben aufwuchsen, alle Eltern wären Überlebende des Holocaust. Und trotzdem äußern sie – oft im Wortlaut – die gleichen Vorwürfe wie ihre Verwandten in England. Die amerikanischen Juden, so heißt es, wollten nichts von den Konzentrationslagern hören, statt dessen brächten sie vermeintlich vergleichbare Entbehrungen aus ihrem eigenen Leben zur Sprache. Ein Überlebender erinnert sich: »Ich habe immer wieder solche Sätze gehört wie: ›Wir hatten während der Depression auch nicht viel zu essen.‹ Ich muß wohl kaum erklären, wie ich mich dabei gefühlt habe.« Ein anderer meint: »Amerikanische Juden? Das ist eine verwöhnte Bande. Sie haben mir erzählt, daß sie im Zweiten Weltkrieg keine Berechtigungsscheine für Benzin bekommen haben.«[80]

Primo Levis amerikanischer Verleger erinnert sich, daß bei ihm zu Hause oder in der Schule bis in die sechziger Jahre nie über den Holocaust gesprochen wurde und daß er den Begriff erst Anfang der siebziger Jahre in Israel kennenlernte. Levi, so erzählt er, gewann erst in den achtziger Jahren eine größere Leserschaft, nachdem das amerikanische Publikum durch Fernsehserien wie »Holocaust« und andere mit Bildern von jüdischem Leid übersättigt war.[81] 1969 wurden an den amerikanischen Universitäten nur zwei Kurse zum Thema Holocaust angeboten, 1979 waren es schon 200 und in den achtziger Jahren dann 2000.[82]

Auch in Frankreich herrschte lange Zeit völliges Schweigen über den Holocaust, ohne Zweifel ein Resultat der Kollaborations-Politik des Vichy-Regimes. Erst Marcel Ophuls' berühmter Dokumentarfilm »Das Haus nebenan – Chronik einer französischen Stadt im Kriege« erzwang eine Neubewertung Vichys, kratzte am gaullistischen Mythos des für seine Befreiung kämpfenden, heldenhaften Frankreichs und richtete die Aufmerksamkeit auf den französischen Antisemitismus. Doch bemerkenswerterweise kam in dem sonst so entschiedenen Film »Shoah« (1985), bei dem der französische Jude Claude Lanzmann Regie führte, das Schicksal der französischen Juden im Krieg nicht zur Sprache. Obwohl im Film vor allem Französisch gesprochen wird, bringt Lanzmann keine französischen Zeugen vor die Kamera, die über die Ereignisse vor ihrer Haustür hätten berichten können.[83]

In Polen hielt das Schweigen sogar noch länger an. Gebrochen wurde es erst 1987, als Jan Blonskis Artikel »The Poor Poles Look at the Ghetto« [Die armen Polen schauen aufs Ghetto] veröffentlicht wurde, der eine breite und hitzige Debatte über die Reaktion der Polen auf den Völkermord auslöste. 200 Briefe und Artikel wurden im Verlauf dieser Auseinandersetzung geschrieben und veröffentlicht. 1939 hatte Polen nach den USA die zweitgrößte jüdische Gemeinde der Welt, und das Land gilt als die Wiege der jüdischen Kultur in Europa. Blonski wirft den Polen im besten Fall Gleichgültigkeit gegenüber dem Schicksal der Juden vor. Diese Anschuldigung wird von einem jüdischen Polen bekräftigt: »Die Polen haben nicht um ihre Juden getrauert. Über 700 Jahre haben wir gemeinsam auf polnischem Boden gelebt, und doch haben die Polen nicht eine Träne vergossen, als ein ganzes Volk in Feuer und Flammen aufging. Dieses Schweigen hat ihre überlebenden Brüder und Schwestern am tiefsten getroffen. Die Kirche und die Nation schwiegen, man hatte beschlossen zu vergessen. Und so zu tun, als ob es in Polen nie Juden gegeben hätte … Es gab keine Blumen in den Städten und Dörfern, keine Gottesdienste in den Kirchen. Die Menschen bezogen die verlassenen Häuser. Über die Friedhöfe wuchs Gras. Man hatte sich entschieden zu vergessen.«[84]

Selbst in Israel, wo man einen herzlichen Empfang und große öffentliche Anteilnahme für die Davongekommenen erwartet hätte, war die Realität eine andere. Der Holocaust wurde als Niederlage der Juden verstanden.[85] Anfang der fünfziger Jahre gab das Bildungsministerium eine Holocaust-Broschüre mit dem Titel »Wie die Schafe zur Schlachtbank« heraus.[86] Überlebende berichten von ihrem Eindruck, man hätte ihnen ihr Überleben vorgeworfen. Ein Überlebender, der sich in einem Kibbuz niederließ, hat die Situation folgendermaßen kommentiert: »Alle waren nett zu ihr, aber sie wollten nichts von dem hören, was sie erlebt hatte. Sie sprachen nur davon, was sie selbst erlebt hatten. Wie die Araber den Kibbuz angegriffen hatten. Eine Granate war direkt neben der Hühner-Kooperative eingeschlagen, das erzählten sie ihr an die hundertmal ... Die Leute, die ihre Geschichte schon kannten, fragten sie wiederholt, warum sie und ihr Mann nicht gleich zu Anfang etwas gegen Nazis getan hätten ... Das Land wollte Helden. Aber sie [die Familie Brand] hatten nur die Geschichte ihres Überlebens.«[87]

Israels nationale Identität definierte sich in Opposition zum Holocaust und dem vorherrschenden Klischee des Diasporajuden. Israelis sollten heroisch und athletisch sein, nicht ängstlich und dem Studium ergeben, stolz und nationalistisch gesinnt statt religiös. Kraftvoll und potent, ganz das Gegenteil zum Stereotyp des passiven, schwächlichen und gebeugten Holocaust-Opfers oder -Überlebenden. Taten waren gefragt, nicht der Blick nach innen.[88] Es existierte sogar ein besonderer Begriff, »Galuthit«, für die demütige und furchtsame Haltung einer Minderheit, die ihre Ursache in jahrhundertelanger Unfreiheit und Verfolgung hat.[89] Witze über Juden waren weit verbreitet. Es gab eine Zeit, da wurden Holocaust-Überlebende von jungen Israelis »sabon« (Seife) genannt, eine Anspielung auf den Glauben, daß die Nazis Seife aus den Leichen von Juden gemacht hatten.[90] Überlebende galten hier lediglich als Flüchtlinge,[91] und wenn sie Schwierigkeiten in einem Kibbuz hatten, dann war es ihre eigene Schuld.[92]

Der Eichmann-Prozeß wurde zu einem Wendepunkt, denn in seinem Verlauf änderte sich die Einstellung der Israelis gegenüber dem Holocaust und seinen Überlebenden. Der Prozeß wurde bewußt auch als Aufklärungskampagne eingesetzt.[93] Die Anklage wollte bei der israelischen

Jugend eine Identifikation mit den Opfern erreichen und darauf hinwirken, daß sie ihre Arroganz gegenüber den Überlebenden ablegte.[94] So wurden mehr als hundert Augenzeugen in den Zeugenstand gerufen. Die Medien berichteten jeden Tag ausführlich über die Tagesereignisse, und in den öffentlichen Verkehrsmitteln konnten die Fahrgäste die Sondersendungen im Radio live mitverfolgen. In der Schule fielen Unterrichtsstunden aus, damit die Schüler die Möglichkeit bekamen, sich die Prozeßberichterstattung anzuhören. Menschen warteten stundenlang in einer Schlange, um einen Platz im Gerichtssaal zu bekommen.[95] In einer Studie über die Reaktion der israelischen Jugend wurde die Frage gestellt: »Wie haben sich die Juden im Holocaust verhalten?« 15 Prozent der Befragten antworteten: »Heldenhaft«, etwa 24 Prozent beurteilten das Verhalten als »Galuthit«, und 51 Prozent meinten: »Nachvollziehbar«.[96] Der Eichmann-Prozeß war für Israel ein heilsames und verbindendes Erlebnis, und viele Überlebende nahmen ihn zum Anlaß, das Schweigen über die Vergangenheit zu brechen. Häufig sprachen sie zum ersten Mal mit ihren Kindern über die Zeit in den Lagern.[97]

Als allerdings eine amerikanische Psychotherapeutin fünfzehn Jahre später, im Jahr 1978, den Versuch unternahm, eine Gruppe für Kinder von Holocaust-Überlebenden an der Hebrew University in Jerusalem aufzubauen, kamen nur zwölf Anfragen – obwohl etwa die Hälfte der 10 000 Studenten zur zweiten Generation gehörte. Unter den acht Studenten, die dann tatsächlich teilnahmen, war nur ein Israeli.[98] Noch 1995 wurde das Wort »polnisch« von jungen Israelis als abwertender Begriff benutzt, wie zum Beispiel in dem Satz »endlose, todlangweilige Seder-Abende mit polnischen Tanten und anderen *nudniky* Verwandten«.[99]

In Deutschland wurde die Diskussion über die Verdrängung der jüngsten Geschichte erst 1967 entfacht, als Alexander und Margarete Mitscherlichs Buch »Die Unfähigkeit zu trauern« auf den Markt kam. In ihrem psycho-historischen Schlüsselwerk stellen die Mitscherlichs die These auf, daß das Verhältnis der Deutschen zum Zweiten Weltkrieg durch Verdrängung und kollektive Verleugnung gekennzeichnet sei: »Vorerst fehlt das Sensorium dafür, daß man sich darum zu bemühen hätte – vom Kindergarten bis zur Hochschule –, die Katastrophen der Vergangenheit in unseren Erfahrungsschatz einzubeziehen ... Aber die wirklichen Menschen, die wir da unserer Herrenrasse zu opfern bereit waren, sind immer noch nicht vor unserer sinnlichen Wahrnehmung aufgetaucht. Sie sind ein Teil der derealisierten Realität geblieben.«[100] Deutschland stürzte sich statt dessen auf die ungeheure Aufgabe des Wiederaufbaus. Das »deutsche Wirtschaftswunder« war ein willkommener Anlaß, um die Vergangenheit aus dem Gedächtnis zu löschen. Der Kalte Krieg rechtfertigte nicht nur das Vergessen, sondern auch das 1948 beginnende Ende der Entnazifizierung.

So ist es nicht verwunderlich, daß bis in die späten sechziger Jahre an deutschen Schulen kaum über die »Endlösung« gesprochen wurde. Die Schüler hatten wenig über Antisemitismus und so gut wie nichts über Judentum und jüdisches Leben gelernt.[101] Ein junge deutsche Jüdin erinnert sich an den Besuch eines israelischen Journalisten an ihrer Schule (im Jahr 1970). Als er die Schüler fragte, was sie über Hitler wüßten, bekam er zur Antwort, Hitler sei ein Diktator gewesen, der Gutes für die deutsche Wirtschaft getan hätte. Er hätte die Autobahnen bauen lassen und die Arbeitslosigkeit beseitigt. Den Holocaust haben sie nicht erwähnt.[102]

Als die Serie »Holocaust« 1979 über die deutschen Bildschirme lief, wurde der Begriff in Deutschland bekannt, und so konnten »Millionen Deutsche zum ersten Mal nach dem Krieg das Schicksal ihrer Nachbarn beweinen«.[103] Obwohl sich 1992 Hunderttausende zu einer bewegenden Demonstration gegen gewalttätige Angriffe auf Asylanten zusammenfanden, wurden die Verbrechen der Nazis im Historikerstreit der achtziger Jahren relativiert – ja, das waren schlimme Verbrechen, aber die Alliierten und die Bolschewisten waren auch nicht besser. Viele junge Deutsche fühlten sich selbst als Opfer, weil man ihnen immer wieder den Holocaust vor Augen führte. Der Historikerstreit lieferte ihnen neue Argumente. Auf der einen Seite haben die Deutschen in einer nie dagewesenen »Anstrengung, sich ihrer eigenen Verbrechen zu erinnern«[104], unzählige Holocaust-Denkmäler und -Gedenkstätten errichtet. Es gab hitzige Diskussionen über die Frage, welche Form sie haben sollten, damit sie im Laufe der Zeit nicht verblassen, sondern eine lebendige Erinnerung an die Vergangenheit bleiben. Andererseits waren bei einer Umfrage im Jahr 1990 immerhin 65 Prozent der Westdeutschen der Meinung, daß »es Zeit [sei], die Erinnerung an den Holocaust hinter uns zu lassen«.[105]

Jetzt, wo die Jahrtausendwende näherrückt, beschäftigten sich weltweit immer mehr Menschen mit der Aufarbeitung des Holocaust[106] und der Erinnerung an den Zweiten Weltkrieg. Ein kürzlich erschienenes Buch über die Schoa führt neun weitere mit dem Wort »Erinnerung« im Titel auf.[107] Und doch wird heute in England das Leben der Holocaust-Überlebenden und ihrer Kinder mehr durch den aktuellen Antisemitismus bestimmt. Nachdem sich einmal gezeigt hatte, wozu Rassismus in seiner schlimmsten Form fähig war, glaubte man lange Zeit, daß er sich in Europa überlebt hätte. Leider erwies sich diese Hoffnung als Trugschluß. Antisemitismus ist heute in England und überall in Europa zunehmend alltäglich geworden. Nach landläufiger Meinung hat in England nur der »Golfklub«-Antisemitismus[108] – eine milde Form der Diskriminierung – überlebt. Außerdem seien längst nicht mehr die Juden, sondern andere Immigranten Ziel der rassistischen Übergriffe.[109] Kritiker sehen das allerdings anders, für sie hat sich am Antisemitismus in der englischen Gesellschaft kaum etwas geändert.[110] Der kürzlich erschienene Bericht »A very light sleeper« – der Titel bezieht sich auf ein Zitat von Connor Cruise O'Brian, »Antisemitismus hat einen sehr leichten Schlaf« – behauptet, der »soziale Antisemitismus«, der sich in Anspielungen und »Witzen« versteckt, sei immer noch weit verbreitet. Wenn die Medien über Finanzskandale berichteten, höre man häufig genug antisemitische Untertöne. Nicht zuletzt wird festgehalten, daß zwischen 1984 und 1992 die Zahl der gemeldeten antisemitischen Übergriffe, Körperverletzung, Schmierereien und Friedhofschändungen, um 85 Prozent gestiegen ist[111] – 1994 registrierte das Board of Deputies erstmalig seit 1991 wieder gewalttätige – das heißt lebensbedrohende – Ausschreitungen gegen Juden.[112] Heute werden alle jüdischen Einrichtungen von der Polizei oder anderen Sicherheitskräften rund um die Uhr bewacht.

Die jüdischen Einrichtungen in England gehen davon aus, daß Juden nicht primär Ziel der Angriffe sind. Manchmal scheinen sie fast erleichtert, daß mittlerweile asiatische und karibische Minoritäten diesen Platz eingenommen haben. Man begreift nicht, daß rechtsradikale Gruppen wie Combat 18 nicht nur gegen Schwarze vorgehen, sondern *auch* antisemitisch sind. Der Einfluß des Emanzipations-»Vertrages« ist heute noch spürbar, und die anglojüdische Elite hält weiterhin an ihrer Beschwichtigungstaktik fest, die den Ernst der Lage nicht wahrhaben will. Diskussionen über antisemitische Vorfälle sind unerwünscht, weil man nach wie vor überzeugt ist, daß dies den Antisemitismus nur verstärken würde. Die asiatischen und karibischen Gruppen in England reagieren da ganz anders, sie sind mit offensiven Aktionen an die Öffentlichkeit gegangen.[113]

Der englische Antisemitismus ist besonders heimtückisch, weil er sich in der Regel versteckt äußert und auf der Unterdrückung von Unterschieden basiert. Besonders unerträglich ist es, wenn sich öffentliche Stellungnahmen auf »christliche Werte« berufen, so als ob Christen das Monopol auf Nächstenliebe hätten. Als die Regierung 1980 über Kriegsverbrechergesetze debattierte, hieß es, fremde Mächte hätten ihre Hände im Spiel und die Juden wollten Rache üben. Und *The Times* giftete: »England ist ein christliches Land. Englands Gesetze folgen dem Prinzip der Gerechtigkeit und sind von Barmherzigkeit und nicht von Rache geprägt.«[114] P's Mutter hat sich oft beschwert, daß man immer all diese Unterschiede hervorkehrt, man solle sich lieber auf die Gemeinsamkeiten besinnen. Dieser scheinbar liberale Standpunkt fordert in Wahrheit jedoch die Anpassung an die Wertmaßstäbe der Mehrheit. Von außen gesehen scheint die dominante Kultur neutral, und die Hegemonie der christlichen Religionen ist kaum sichtbar. Und doch werden Minderheiten dafür bestraft, daß sie ihre kulturelle Identität bewahren wollen und auf ihre Andersartigkeit pochen. Ein Historiker schrieb dazu: »Wenn man sich die Diskussion über die Andersartigkeit der Juden ansieht, dann muß doch die Frage gestellt werden: ›Anders in bezug auf wen?‹«[115]

Eine jüdische Bekannte, die in New York lebt, wurde von ihren nichtjüdischen Schwiegereltern aus Neuseeland gleich beim ersten Treffen gefragt, ob sie die Kinder »nach all diesen fremden Sitten« aufziehen wollte. »Für mich sind sie nicht fremd«, hat sie erwidert.

Eine englische Jüdin berichtet, daß sie selbst im Alter von über vierzig Jahren »nie auf den Gedanken gekommen wäre, meinen Arbeitskollegen zu erzählen, daß ich Jüdin bin. Erst als ich Mitte Vierzig war, habe ich genug Selbstvertrauen gehabt, darüber zu sprechen.«[116] Eine jüdische Frau, die genug von England hatte und in die USA ausgewandert ist, schreibt, daß amerikanische Juden ihr Jüdischsein genießen, während englische Juden sich »zurückziehen. Sie sind offenbar ständig von unterdrückten Ängsten geplagt, und in dieser Hinsicht sind sie sehr britisch. Gefangen in Passivität, unfähig zu reagieren, etwas zu bewegen oder sich endlich aufzuregen. Na ja, es ist ja auch erst 400 Jahre her, seit sie wieder zurück nach England durften.«[117]

Ein englisch-jüdischer Filmemacher, der im Nachkriegsengland großgeworden ist, bestätigt ihre Erfahrung. Er erinnert sich an die Spielregeln, die ihm schon als Kind eingebleut wurden, wie zum Beispiel die Aufforderung: »Sei bloß nicht zu jüdisch in der Öffentlichkeit.« Die englischen Juden, so meint er, seien nach wie vor eine verängstigte Gemeinschaft. Als er für eine Fernsehserie über Juden in England nach Archivmaterial suchte, mußte er zu seinem Entsetzen feststellen, daß darüber kaum etwas zu finden war, in seinen Augen ein weiteres Zeichen für die Zurückhaltung und Unsichtbarkeit der englischen Juden und natürlich auch für das Desinteresse der englischen Medien.[118] Die Lyrikerin Sue Hubbard schreibt, wie sie gelernt hat, »dies elastische Tennis-Club-Lächeln ans Gesicht zu heften damit verdeckt' ich die dunkle Ahnung daß ich Jüdin war.«[119]

England tut sich schwer mit Gruppen, die eine starke ethnische Identität haben. Es gibt keine allgemein akzeptierten Bezeichnungen wie die in den USA gängigen Begriffe afroamerikanisch oder irisch-amerikanisch.[120] Einer der deutlichsten Hinweise, daß sich Juden in England immer noch unwohl fühlen, ist die Namengebung. Die englischen Juden standen immer unter dem Druck, ihre Namen zu anglisieren. Um die Jahrhundertwende legte man jüdischen Immigranten nahe, ihre jiddisch- oder jüdischklingenden Namen so schnell wie möglich in englische Namen zu ändern[121] Anna Freud hat schon kurz nach dem Krieg darauf hingewiesen, daß solche angeblich assimilationsfördernden Namensänderungen bei Erwachsenen und auch bei Kindern häufig zu einer Identitätskrise geführt haben.[122] Paradoxerweise sahen Kritiker wie G. K. Chesterton in den neuen Namen den Beweis dafür, daß Juden auf diese Weise ihre wahre Identität verschleiern wollten.[123] Die anglojüdische Autorin Rosemary Friedman, die sich weigerte, ihren Namen zu ändern, erzählt: »Wenn ich mich einem Nicht-Juden vorstelle und meinen Namen nenne, dann spüre ich gleich diesen kaum wahrnehmbaren Schauder. Ich bin als ›Jüdin‹ erkannt worden, ohne daß ich auch nur die Chance hatte, als Mensch wahrgenommen zu werden.«[124]

Mein eigener Name wird regelmäßig falsch ausgesprochen und auch falsch geschrieben. Ich habe schon unendlich viele Witze über meinen Namen gehört. Die Leute denken immer, es macht mir nichts aus, sie erwarten sogar, daß ich mitlache. Früher habe ich mich immer bemüht, die Situationen zu entkrampfen, und habe das Spielchen mitgemacht. Aber heute schweige ich unnachgiebig und gnadenlos, wenn meine Gesprächspartner sich wieder einmal davor drücken wollen, meinen Namen richtig auszusprechen, nur weil er nicht so gebräuchlich ist.

Die Engländer sind offensichtlich nicht in der Lage, irgendeinen Namen richtig auszusprechen oder zu schreiben, es sei denn, er lautet Smith oder Jones. Diese Unfähigkeit ist Teil der generellen Blindheit, mit der die Engländer anderen Kulturen begegnen – das linguistische Gegenstück zu »Sie sehen doch alle gleich aus«. Seit Jahren werden zwei asiatische Frauen, Urvashi und Shampa, von ihren englischen Kollegen »Eye-wash« und »Shampoo« genannt. Vielleicht sollen das nette Spitznamen sein, andererseits zeigt dies auch, daß die wirklichen Namen als zu kompliziert, zu anders empfunden werden. Als eine andere Frau aus Asien, Khanoma, ihre Arbeit in einer Kindertagesstätte antrat, wurde sie von ihren englischen Arbeitskollegen jeden Tag anders genannt, manchmal auch »Chanukka« – man muß wohl gedacht haben, irgendein Name tut es schon, solange er nur ethnisch klingt.

Doch es werden nicht nur die komplizierten Namen verunstaltet. In einer Radiosendung der BBC, in der lebhaft über das Thema »Kindheit und Jugend in England« diskutiert wurde, erzählte die chinesische Schriftstellerin und Schauspielerin Pui Fan Lee von ihrer Schulzeit. Ihre Lehrer, so berichtete sie, hätten es fünf Jahre lang nicht geschafft, ihren Namen richtig auszusprechen. »Es ist ja auch zu schwierig, sich eine Silbe zu merken«, bemerkte sie trocken. Statt dessen ist es allgemein gebräuchlich, ausländische Namen durch phonetisch ähnliche englische Namen zu ersetzen. Man hat mich oft genug mit Anne Clark angesprochen, statt mich zu fragen, wie mein Name ausgesprochen oder geschrieben wird – ich hätte es sicher liebend gern erklärt. Meine Mutter hat sich der *force majeure* gebeugt, das F aus ihrem Namen gestrichen und mich widerstrebend Anne statt Anna genannt. Ich habe darauf bestanden, meinen Kindern diesen offensichtlich unaussprechlichen Namen zu vererben und ihnen noch dazu ausländisch klingende Vornamen zu geben.

Ich kann mir nicht helfen, aber ich beneide die amerikanischen Juden um die Stellung, die sie in der amerikanischen Gesellschaft haben. Das hat zum Teil natürlich mit der Größe der jüdischen Gemeinde zu tun. In New York leben und arbeiten so viele Juden, daß die *New York Times* auf ihrer Titelseite vermeldet, daß Jom Kippur heute gefeiert wird und die Stadtverwaltung aus diesem Grund die Parkplatzbeschränkungen aufhebt. In London, auf dem Weg zur Synagoge, treffe ich eine der netten, klugen Erzieherinnen aus der Kindertagesstätte meiner Tochter. »Sie sind ja so schick heute«, begrüßt sie mich. »Ja, ich bin auf dem Weg in die Synagoge, es ist Jom Kippur.« »Was ist denn das?« bekomme ich zur Antwort. Bloomingdales hat im November drei gleich große Ausstellungsflächen für Weihnachten, Thanksgiving (Erntedankfest) und Chanukka. Aber als ich nach einem Kinderbuch über Chanukka suche und die Londoner Buchläden durchtelefoniere, können sie mir nur einen einzigen Titel nennen.

Es sind nicht nur die Zahlen, die Millionen in den USA gegen die paar hunderttausend in England, es geht vor allem um unser Selbstvertrauen. Amerikanische Nichtjuden benutzen unbekümmert jiddische Worte wie »shlepp« und »nosh« – bei uns fängt man gerade erst an, diese Worte zu verstehen, obwohl sie seit langem Bestandteil der Sprache sind –, und die amerikanisch-jüdischen Komiker haben den amerikanischen Humor entscheidend geprägt. Die Einwohner von Peoria haben vielleicht noch nie einen Juden zu Gesicht bekommen, und in den Buchläden gibt es dort vielleicht genauso wenige Chanukka-Bücher wie in London. Wie kommt es bloß, daß wir dieses kleine Städtchen im mittleren Westen der USA dennoch mit London vergleichen? Ich wette, selbst in Peoria haben einige Leute schon Woody-Allen-Filme gesehen und könnten sogar einen jiddischen Witz erzählen.

Die englischen Juden haben in den letzten zehn Jahren deutlich an Selbstvertrauen gewonnen. In London gibt es ein alljährliches jüdisches Filmfestival, und in den achtziger Jahren wurde der jüdischen Mutter die ultimative Anerkennung zuteil, in der Fernsehwerbung der British Telecom die Hauptrolle zu spielen. Und die Medien werden zunehmend auf die anglojüdischen Komiker aufmerksam.

An einem Sommerabend im Jahr 1994 bin ich mit meiner amerikanischen Freundin zu einer Veranstaltung in der Queen Elizabeth Hall gegangen, bei der der anglojüdische Humor präsentiert werden sollte. Und was erwartete uns dort? Es drehte sich alles um Lebensstil – sie erzählten die altbekannten Witze über Synagogen, Liturgie, Volvos und wie grausig der koschere Wein schmeckt. Aber es fiel kaum ein Wort darüber, daß wir in einer nichtjüdischen Gesellschaft leben und an den Rand gedrängt werden. Man wäre nie auf den Gedanken gekommen, daß England eben nicht Golders Green ist, die Grenzen gezogen durch die weißen Klippen von Edgware. Da gab es weder »Angst« – jüdischer Humor ohne »Angst«? – noch Vergangenheit, es wurde nur gemeinsam das Altgewohnte gefeiert. Mir schien, dort wollte man mit aller Macht alles Jüdische verdrängen – als ob es eine Todsünde wäre, in der Öffentlichkeit über Juden zu reden. Ist es das, was geschieht, wenn Juden Engländer sein wollen?

All dies erklärt zum Teil, warum die Kinder von Flüchtlingen und Überlebenden hierzulande so lange gebraucht haben, um zu sich selbst zu finden, um einander zu begegnen und Gruppen und Tagungen auf die Beine zu stellen, wie es sie in den USA, in Kanada und in Israel seit langem gibt. Die erste Konferenz für Angehörige der zweiten Generation in England fand erst im Sommer 1994 statt. Holocaust-Überlebende und Flüchtlinge, die nach England kamen, mußten ihre Kinder in einer Gesellschaft großziehen, die Juden im besten Fall mit Gleichgültigkeit begegnete.

Daß der englische Antisemitismus sich nicht verändert hatte, zeigte sich im Oktober 1994 in einem Artikel in der Zeitschrift *Spectator*, der sich mit Juden in Hollywood befaßte und uns all die altbekannten Klischees von neuem präsentierte. Da war er wieder, der Jude, der mit seinesgleichen zusammengluckt und sich doch überall einschleichen will, daneben die alten Bilder vom Geizkragen und vom Machtmogul. Wenn Juden assimilationswillig sind und soziale Anerkennung suchen, haben sie nicht die geringste Chance, denn allein der Versuch wird als Beweis ihres Jüdischseins gesehen. Ihr übertriebenes Insider-Verhalten zeigt nur zu deutlich, daß sie in Wahrheit Außenseiter sind. So macht sich der Artikel über Louis Mayer lustig, weil er unbedingt ein Photo haben möchte, auf dem er dem Prince of Wales die Hand schüttelt. Andere Juden aus Hollywood werden verspottet, weil sie an Fuchsjagden teilnehmen. Aber auch wenn sie sich nicht assimilieren wollen, haben sie keine Chance, diese Super-Mogule mit den »weißen Socken« und den riesigen Davidsternen, dazu ihr offen zur Schau getragenes zionistisches »Das ist mit vollkommen egal«-Gehabe.[125] Der Artikel wurde von Dominic Lawson, dem jüdischen Herausgeber des Magazins, zur Veröffentlichung freigegeben. Er folgte damit der guten alten Tradition der englischen Juden, um jeden Preis Unparteilichkeit und Loyalität zu beweisen, auch wenn man dabei antisemitischem Geschwätz Vorschub leistet. Die Immigranten des 19. Jahrhunderts hätten sich im Grab umgedreht, wenn sie dies gelesen hätten.

12

Ich habe zum ersten Mal von den Untersuchungen über die Zweite Generation gehört, als ich mich mit der amerikanischen Jugendbuchautorin Judy Blume zum Lunch in Mayfair getroffen habe. Ich sollte für eine englische Zeitschrift ein Interview mit ihr machen, aber wir sind schnell auf private Themen zu sprechen gekommen und tauschten bald unsere Jugenderinnerungen aus. Sie fragte mich, ob ich das Buch über die Kinder von Holocaust-Überlebenden kenne, das vor kurzem in den USA veröffentlicht wurde, und ob ich schon von den Selbsthilfegruppen für die zweite Generation gehört hätte, die es jetzt in England gäbe.

Ihre Frage erstaunte mich. Es war 1979, und die Feststellung, ob man zur Gruppe der Benachteiligten oder Privilegierten gehörte, schien seit langem geklärt; es gab ja nur ein Entweder-Oder. Ich selbst hielt mich für privilegiert und moralisch verpflichtet, anderen Menschen zu helfen. Es wäre mir nie in den Sinn gekommen, daß ich zu einer Gruppe von Menschen gehören könnte, die selbst Hilfe braucht. Ihre Erzählungen machten mich neugierig, und sie versprach, mir das Buch zu schicken. Ein paar Wochen später hielt ich es in den Händen, zusammen mit einem Zeitungsartikel über Selbsthilfegruppen für amerikanische Kinder von Überlebenden, die dort überall aus dem Boden schossen.

Das Buch war Helen Epsteins »Die Kinder des Holocaust«[1]. Es begeisterte mich sofort, obwohl ich zu Anfang nur die ersten Kapitel überflogen habe. Kinder von Holocaust-Überlebenden fühlen sich schnell stigmatisiert, wenn man sie auf die psychologische Fachliteratur zu diesem Thema hinweist. Bei mir war das nicht so, ganz im Gegenteil, ich fühlte mich zutiefst erleichtert bei dem Gedanken, daß meine Probleme möglicherweise doch nicht das Resultat meiner verkorksten Persönlichkeit waren, sondern daß es eine anerkannte Erklärung gab, die außerhalb meiner Person begründet lag.

Von da an war ich unermüdlich auf der Suche nach Literatur zu diesem Thema. Andere Leute sammeln Art-Deco-Teetassen oder kitschige Souvenirs, bei mir stapelte sich das Material über die psychologischen Auswirkungen des Holocaust. Gelesen habe ich es zu dieser Zeit allerdings noch nicht. Ich traute mich erst daran, als ich zwei Jahre später mit meiner Therapie begann. Meine Therapeutin hat mir damals dringend abgeraten, meine Probleme auf intellektuelle Weise zu lösen. Für mich war sowieso klar, daß ich eine ganz eigene Herangehensweise an das Thema hatte. Mir ging es ja nicht darum, der aktuellen wissenschaftlichen Diskussion Punkt für Punkt zu folgen. Selbst als ich anfing, meine Geschichte aufzuschreiben, habe ich nie in den Büchern nachgelesen. Ich wollte mich nicht von all diesen Theorien und Meinungen beeinflussen lassen, das Buch sollte *meine* Situation widerspiegeln. Das einzige, was mich beeinflußt hat, waren Diskussionen mit anderen Kindern von Überlebenden. Wir haben uns über Jahre hinweg regelmäßig auf Konferenzen und Seminaren getroffen, und so wußte ich natürlich, was man anderswo über das Thema dachte. Erst als dieses Buch fast fertig war, habe ich angefangen, den dicken Stapel Bücher, Zeitschriften und Papiere durchzuarbeiten. Am Anfang war es furchtbar – ein typischer Anfall des berühmten »Medizinstudent-Syndroms« –, ich fand plötzlich jedes Symptom, das dort beschrieben wurde, bei mir selbst. Erst später hat sich das ein wenig relativiert.

Die Untersuchungen über die zweite Generation basieren direkt auf der Forschung über die erste Generation, die Überlebenden, die ja lange auf sich hatte warten lassen. Der Psychiater Paul Friedman schrieb schon 1948: »Es scheint heute unvorstellbar, daß man bei der Planung von Rehabilitationsmaßnahmen für Holocaust-Überlebende den psychologischen Aspekt des Problems vollkommen außer acht gelassen hat. Man dachte ausschließlich an materielle Hilfe ... Die bloße Tatsache, daß sie überlebt hatten, war doch ein Beweis für ihre physische und psychische Überlegenheit – das war damals die gängige Theorie, und wir haben sie alle unbesehen akzeptiert. Wir haben uns keine Gedanken darüber gemacht, daß ein solcher Ansatz Millionen von toten Märtyrern entehrt.«[2] Danach herrschte nur noch Schweigen, bis 1961.

Es gibt tatsächlich einen Bericht des Psychoanalytikers Bruno Bettelheim über die psychologischen Auswirkungen des Holocaust, der noch vor Friedman veröffentlicht wurde. Bettelheim war für ein Jahr (1938–1939) als Häftling in Dachau und Buchenwald gewesen und hatte seine Erfahrungen 1943 in einer psychologischen Fachzeitschrift dargelegt. In seinem Buch »Aufstand gegen die Masse«[3] beschreibt er seine Schlußfolgerungen ausführlicher. Die Häftlinge in den Lagern, so heißt es dort, wurden irgendwann träge, streitsüchtig und wehleidig, die Behandlung durch die SS löste eine Regression in die Kindheit aus. Ihren Mithäftlingen gegenüber waren sie bald genauso gewalttätig wie die Gestapo, ein Ausdruck der Identifikation mit dem Feind.

In Bettelheims Bericht ist der Anfang der Stereotypisierung der Holocaust-Überlebenden – und später auch die der Kinder – zu erkennen. Diese Tendenz hat in den nachfolgenden Jahren bösartige Formen angenommen. Es hat allerdings viele Kritiker gegeben, die dieses Klischee aufs schärfste verurteilten. Bettelheims Ansatz, so argumentieren sie, sei ahistorisch und lasse die Vorkriegserfahrungen der Überlebenden vollkommen außer acht.[4] Und als Freudianer konnte sich Bettelheim mit lebensbedrohlicher physischer und psychischer Deprivation nur mit Hilfe der Regressionstheorie auseinandersetzen. Seine Erklärungsversuche basieren allein auf dem Unbewußten und setzen sich in keiner Weise mit der physischen und psychischen Realität auseinander, der die Gefangenen in ihrer besonderen Situation ausgesetzt waren.[5] So hat Bettelheim beispielsweise von »analer Regression« gesprochen, während andere auf die Tatsache hinwiesen, daß der Gang zu den Latrinen in den Lagern streng reglementiert war.[6] Bettelheim interpretierte das Verhalten der Häftlinge mit Hilfe normaler Triebe und Impulse, aber wo gab es denn im *univers concentrationnaire* noch ein Quentchen Normalität?[7] Außerdem hat Bettelheim, der 1939 freigelassen wurde, die Konzentrationslager nicht in ihrer vollen Brutalität erlebt.[8]

1961 beschrieb William Niederland zum ersten Mal die Merkmale des KZ-Syndroms: eine chronische Depression mit Gefühlen von Hilflosigkeit und Unsicherheit, Antriebslosigkeit und Desinteresse. Die Betroffenen glichen »lebenden Leichen«. Dazu kommen ein schwerer, anhaltender Schuldkomplex sowie psychosomatische und hypochondrische Begleitsymptome, nicht zuletzt Angst- und Unruhegefühle, die zu Schlaflosigkeit und manchmal zu Paranoia führen.[9]

Es ist heute einfach, in Niederlands grober Typisierung Unstimmigkeiten zu finden, man darf aber den historischen Kontext nicht vergessen, in dem sie entstand. Niederland und Krystal haben Überlebende aus den Konzentrationslagern untersucht, die im Rahmen der Wiedergutmachung (1952) Ansprüche an die deutsche Regierung gestellt hatten. Je schwerer die Folgeschäden, die sie feststellten, desto höher war die Rente, die der Betroffene von den Deutschen bekam. Die von der deutschen Regierung gestellten Psychiater und Ärzte versuchten oft, die Folgen der Leiden der Überlebenden herunterzuspielen. Sie behaupteten, die Krankheiten hätten schon vor den Lagern existiert. Viele Überlebende fühlten sich wieder als Opfer und erneut traumatisiert – einerseits durch die unsensible Vorgehensweise der deutschen Regierung, andererseits durch die Tatsache, daß die Aussagen der Antragsteller grundsätzlich als unzuverlässig bewertet wurden.[10] Die Einstufung als »seelisch gestört« hatte natürlich auch Auswirkungen auf die Überlebenden. Niederland und Krystal versuchten also nicht, den Betroffenen die Schuld zuzuschieben, sie wollten nur unter widrigen Bedingungen das ganze Ausmaß des Leidens sichtbar machen.

Der Arzt, der meine Mutter untersuchte, war kein Deutscher, sondern deutscher Jude. Meine Eltern stellten ihre Anträge wegen körperlicher, nicht etwa psychischer Folgeschäden, und so haben sie den ganzen Vorgang als relativ untraumatisch empfunden. Sie haben oft Witze darüber gemacht, daß die jährliche Untersuchung ja nur den Sinn habe, festzustellen, ob sie immer noch am Leben wären. Natürlich haben sie die Rente, die beide von der deutschen Regierung bekamen, als ihr Recht angesehen und als entscheidende Starthilfe in ihrem neuen Leben.

Die Aufmerksamkeit der psychiatrischen Gemeinschaft konzentrierte sich schnell auf die Überlebenden, denn bei den Tätern zeigten sich offensichtlich kaum Folgeschäden. Es gab keine Anzeichen von Angst- oder Schuldgefühlen bei den Ex-Nazis, keine Hinweise darauf, daß sie psychiatrische oder psychologische Hilfe gebraucht hätten.[11]

Das posttraumatische Belastungssyndrom wird erst seit 1980 als anerkannte Diagnose akzeptiert. Doch damals stellten die Ärzte alle ein bestimmtes Phänomen bei Überlebenden fest, das als »Latenzzeit« bezeichnet wurde – eine symptomfreie Zeit nach dem Krieg, die nach Meinung einiger Analytiker die Zeitspanne umschreibt, die Überlebende brauchen, um mit der Verdrängung des Erlebten aufzuhören.[12] Robert Jay Lifton, der Hiroshima-Überlebende mit Überlebenden der Nazi-Verfolgung verglichen hat, fand bei beiden Gruppen ein Verhalten, das er »psychisches Abschalten« nannte, eine ständige Abwehr, fast ein symbolischer psychischer Tod, eine extreme Identifikation mit den Toten.[13]

Es dauerte nicht lange, bis sich ein grobes Klischee in den Köpfen festsetzte: Überlebende grübelten zwanghaft über traumatische Erlebnisse der Vergangenheit nach und litten unter übermächtigen Existenzängsten – eine Aura von Apathie, Schwermut und Leere läge über ihren Familien.[14] Arbeitsunfähig und kommunikationsgestört wie sie seien, könnten sie kaum am Leben teilnehmen und so normale Dinge wie Konzert- und Kinobesuche, die Gesellschaft anderer Menschen und sogar Sex kaum genießen.[15] Die extremsten Darstellungen scheinen billigen Hollywood-Film entommen: Menschen, die auf den ersten Blick ein ganz normales Leben führen, werden durch irgendeine Kleinigkeit – ein Klopfen an der Tür, einen rauchenden Schornstein – in die Zeit der Konzentrationslager zurückversetzt, woraufhin sie von Panik und Hysterie überwältigt werden. Es mag sein, daß dies auf einige schwere Fälle zutraf, aber man machte damals keinerlei Unterschiede. Ein Experte sprach davon, daß »niemand ohne einen schweren Persönlichkeitsschaden davongekommen ist«.[16] Meine Eltern, die so überaus lebendig und positiv eingestellt sind, habe ich in dieser Scheinwelt der Verzweiflung und Passivität natürlich nicht entdecken können.

Diese plumpen Ansichten über Holocaust-Überlebende verbreiteten sich schnell, doch es gab schon bald eine Wende.

Endlich führte man ernsthafte Kriterien für die Analyse von Schäden der Verfolgten ein. Man erkannte, daß die Persönlichkeit und die Erfahrungen der Überlebenden vor ihrer Zeit in den Lagern die Reaktion auf das Trauma beeinflußten.[17] Ein sensibler Analytiker, so hieß es bald, befasse sich weder ausschließlich mit der Kindheit der Überlebenden vor dem Holocaust noch mit dem Holocaust-Trauma, sondern immer mit beiden Bereichen.[18] Diese Erkenntnis war Teil der allgemeinen Tendenz, dem unterschiedlichen Hintergrund der Überlebenden Rechnung zu tragen. Bislang hatte man sie als homogene Masse betrachtet, jetzt entdeckte man, daß sie aus den unterschiedlichsten Ländern und Sprachräumen kamen. Religiöse und kulturelle Identität, politische Zugehörigkeit sowie Bildung und wirtschaftliche Verhältnisse spielten zunehmend eine Rolle.[19]

Das von den Nazis gezeichnete Schreckensbild der Juden schien endlich abgelegt zu sein, und die darin gefangenen Menschen wurden sichtbar. Es war jetzt möglich, neue Fragen zu stellen: Wie lange waren sie in den Konzentrationslagern gewesen? Waren sie alleine dort oder mit Freunden und Verwandten? Hatten sie in einem Ghetto, einem KZ, in einem Versteck überlebt – oder sowohl als auch?[20] Die Forscher nahmen nunmehr die Unterschiede zwischen den Konzentrationslagern wahr und auch die Tatsache, daß nicht alle Menschen gleiche Erfahrungen gemacht hatten, selbst wenn sie im selben KZ interniert gewesen waren.[21] Sie berücksichtigten die Zusammensetzung der Familien vor dem Krieg, die Anzahl der Überlebenden in der ursprünglichen Familie[22] und persönliche Stärken und Schwächen. Wie reagierten die Betroffenen auf die Notsituation – mit Verzweiflung oder der Mobilisation ungeahnter Kräfte?[23]

Man entdeckte, wie wichtig es war, in einer Gruppe oder zumindest zu zweit überlebt zu haben – das hätte ihnen meine Mutter schon vor Ewigkeiten erzählen können – und den Stellenwert der »sozialen Bindung« in den Konzentrationslagern und danach,[24] denn jetzt richtete man die Aufmerksamkeit auch auf das Leben nach dem Krieg. Das Thema Immigration kam zur Sprache, und es wurde die Frage gestellt, ob neben dem Kriegstrauma auch der Verlust des Heimatlandes und der Muttersprache eine Rolle spielt. Untersuchungen verglichen die Familien der Überlebenden mit denen anderer Immigranten[25] und Holocaust-Überlebende mit Opfern anderer von Menschen verursachten Traumata.[26]

Die Aufmerksamkeit richtete sich auch auf das Alter und darauf, in welcher Phase ihres Lebens die Betroffenen den Holocaust erlebt hatten. Kinder haben ihn beispielsweise anders erfahren als Erwachsene. Ihr Trauma hatte mehr mit der frühen Trennung von den Eltern zu tun[27] als mit dem Verlust ihres Geburtslandes und hat in vielen Fällen zu einer ernsthaften psychologischen Entwicklungshemmung geführt. Für Verheiratete, die einen Ehepartner und Kinder verloren hatten, war die Situation wiederum anders. Am wenigsten betroffen schienen junge unverheiratete Erwachsene. Allerdings muß man sagen, daß Überlebende, die bei ihrer Freilassung zwischen zwanzig und dreißig Jahre alt waren und kurz nach der Befreiung geheiratet und Kinder bekommen hatten, weder die Zeit noch den Raum fanden, um sich mit dem erlittenen Verlust auseinanderzusetzen, oft mit schwerwiegenden Folgen für ihre Rolle als Eltern.[28]

Experten wiesen vor allem auf den Mangel an Trauerarbeit hin. Laut Krystal und Niederland hatten Überlebende weder im Holocaust die Möglichkeit, die Toten zu beweinen, noch nach dem Krieg, denn von da an fühlten sie sich schuldig, weil sie überlebt hatten. Diese frühen Theoretiker führten die Psychopatholgie der Überlebenden vor allem auf letztgenanntes Phänomen zurück, das sie ihren Angaben zufolge bei 92 Prozent von 149 untersuchten Fällen feststellten.[29] Die Idee, daß die Betroffenen unter Schuldgefühlen litten, war so weitverbreitet, daß Therapeuten ihren Patienten oft erzählten: »Sie müssen sich doch schuldig fühlen, daß sie überlebt haben, während um sie herum alle ums Leben gekommen sind«, als ob tatsächlich kein Zweifel an ihrer Schuld bestünde und die Überlebenden ein Verbrechen begangen hätten.[30]

Sicher, es gab einige Betroffene, die solche Gefühle eindrucksvoll beschrieben haben. Primo Levi hat es so ausgedrückt: »Die ›Geretteten‹ der Lager waren nicht die Besten, die zum Guten vorbestimmten ... überlebt haben die Schlimmsten, und das heißt die Anpassungsfähigsten. Die Besten sind alle gestorben.«[31] Die Trauerarbeit war unter solchen Umständen natürlich viel schwieriger. So berichtet ein israelischer Analytiker, viele Überlebende hätten das Gefühl, »wenn man zu sehr trauert, dann verrät man die Toten«.[32] Selbst unter normalen Umständen kann es passieren, betont ein anderer Experte, daß der Vorgang des Trauerns niemals abgeschlossen wird – was sicher dann eintritt, wenn Eltern um ein Kind trauern.[33] Andere Analytiker sind der Meinung, Freuds Konzept der Trauer, das sich auf normale Lebensläufe beziehe, sei auf die Extremsituation der Schoa kaum anwendbar: »Wir haben von den Opfern, die den perversen, psychotischen Schrecken der Nazi-Verfolgung erlebt haben, gelernt, daß es für sie absolut unmöglich ist, auf diese Weise zu trauern und sich *vollständig* mit der abscheulichen Vergangenheit abzufinden.«[34] Ein Überlebender hat es treffend ausgedrückt: »Es sind einfach zu viele, um die man trauern muß.«[35]

Der wohl aussagekräftigste Kommentar zum Thema Überlebensschuld kam von Dr. Jack Terry: »Die amerikanischen Psychiater, die diese Überlebenden befragt haben, waren gewöhnlich deutschsprachige Kollegen, die selbst in letzter Sekunde vor den Konzentrationslagern flüchten konnten und ihre Familie, Verwandten und Freunde zurücklassen mußten. Es liegt doch auf der Hand, daß eher diese Gruppe unter der sogenannten Überlebensschuld litt, und weniger die Menschen, die für ihr Überleben in den Konzentrationslagern einen so hohen Preis zahlen mußten.«[36]

Zur selben Zeit machte sich ein anderer Trend bemerkbar. Nachdem man sich lange Zeit ausschließlich auf die Schäden der Verfolgten konzentriert hatte, beschäftigte sich die Forschung jetzt auch mit der außergewöhnlichen Stärke der Überlebenden. Im Gegensatz zum Klischee der »wandelnden Leichen« wurden nun Eigenschaften wie Lebensfreude, Zielstrebigkeit und Mut entdeckt, die bei vielen der Betroffenen besonders ausgeprägt waren.[37] Als man die Kinder, die nach dem Krieg nach Windermere gebracht wurden, als Erwachsene befragte, zeigten sie, so heißt es, ein »robustes Durchhaltevermögen« und eine lebensbejahende Einstellung. »Für einige Kinder ist die Entwicklung überraschend positiv und mit Sicherheit nicht so düster verlaufen, wie es uns die psychologische, besonders die psychoanalytische Fachliteratur vormachen wollte ..., denn trotz all der Probleme, die natürlich weiterhin zu beobachten sind, und der Last der Vergangenheit finden wir in Lingfield House bei den Kindern Ausdauer, Unverwüstbarkeit und große individuelle Anpassungsfähigkeit.«[38] Allgemein richtete sich die Aufmerksamkeit jetzt auf die »unerwartete Widerstandsfähigkeit« der Überlebenden und ihrer Familien, die hatte man vorher ignoriert, so sagt man, damit niemand auf den Gedanken käme, daß Verfolgung auch positive Eigenschaften fördern könnte.[39] 1992 erschien in der *New York Times* sogar ein Artikel mit der Überschrift »Holocaust-Überlebender kommt zu Wohlstand«. Der Artikel betonte die besondere Eigeninitiative und Zielstrebigkeit der Betroffenen, die Tatsache, daß viele Karriere gemacht hätten und generell zu den Besserverdienenden gehörten, sowie die besondere Stabilität ihrer Ehen. Es wurde aber auch darauf hingewiesen, daß der soziale und wirtschaftliche Erfolg leicht die inneren Krisen überdecken könne.[40] In Fachkreisen wurde davor gewarnt, solche Erfolgsgeschichten zu sehr hervorzuheben. Andere Überlebende könnten sich minderwertig fühlen, so hieß es, und darin leicht den Vorwurf sehen, daß sie es nicht geschafft hätten, etwas Positives aus der Tragödie »zu lernen«.[41]

Was in dieser Forschungs-Orgie über Holocaust-Überlebende fehlte, war irgendein Hinweis auf ihre Kinder – sie blieben über zwanzig Jahre lang unbeachtet. Jahrzehntelang sahen die Analytiker keine Verbindung zwischen der Vergangenheit der Eltern und dem Leben ihrer Kinder. Anna Freud hatte zwar in der Klinik in Hampstead viele Überlebende und auch ihre Kinder analysiert, doch man konnte ihre Unterlagen leider nicht auswerten, weil der sehr spezialisierte Index keine Einträge für »Überlebende«, geschweige denn »Kinder von Überlebenden«, enthielt.[42] Erst 1966 machte ein kanadischer Psychiater, Vivian Rakoff, die Entdeckung, daß unter seinen jugendlichen Patienten unerwartet viele Kinder von Holocaust- Überlebenden waren. Er veröffentlichte einen ersten Artikel zum Thema, in dem er drei Fallstudien vorstellte.[43] Krystals wichtiges Buch »Massive Psychic Trauma« (1968) erwähnt nur ganz nebenbei, daß Kinder von Überlebenden die Aggressionen ausleben, die ihre Eltern unterdrückt hätten. Er führt an, daß eine steigende Zahl dieser Kinder depressiv ist und eine symbiotische Beziehung zu ihren Müttern hat, die ihnen die Abnabelung erschwert. Soziale Pathologie, so behauptet er, wird so an die nächste Generation weitergegeben.[44]

Die amerikanische Analytikerin Judith Kestenberg verschickte im Jahr 1970 Fragebögen an Kollegen in verschiedenen Ländern, um festzustellen, wie viele von ihnen schon

Kinder von Holocaust-Überlebenden behandelt hätten. Die meisten ihrer Kollegen reagierten erstaunt. Es wäre ihnen nie in den Sinn gekommen, die Probleme ihrer Patienten mit der Vergangenheit der Eltern in Verbindung zu bringen.[45] 1973 gab es noch relativ wenig Literatur zu diesem Thema.[46] Das sollte sich erst in den folgenden Jahren ändern, als eine Vielzahl von Studien und klinischen Untersuchungen über die sogenannte »Zweite Generation« durchgeführt wurden.[47] Offensichtlich suchten alarmierend viele Betroffene jetzt professionelle Hilfe.[48] Als Helen Epstein im Jahr 1976 versuchte, die *New York Times* für einen Artikel über Kinder von Holocaust-Überlebenden zu interessieren, bekam sie zur Antwort, es sei nicht bekannt, daß eine solche Gruppe überhaupt existiere.[49]

Es dauerte allerdings nicht lange, bis man den Kindern von Überlebenden ihr eigenes Syndrom zuschrieb. Eine wahre Flut von wissenschaftlichen Arbeiten verkündete dieses neue Krankheitsbild. Sie beschäftigten sich mit Störungen der Eltern-Kind-Beziehung und stellten die These auf, daß Kinder, deren Eltern ein extremes körperliches und seelisches Trauma erlebt hätten, selbst von diesem Trauma betroffen sein könnten.[50] Spätere Untersuchungen gingen noch weiter und kamen zu dem Ergebnis, daß »Kinder von Überlebenden Symptome zeigen, die man nur erwarten würde, wenn sie tatsächlich den Holocaust erlebt hätten«.[51] Der Holocaust, so hieß es, sei zum unbewußten Organisationsprinzip der Zweiten Generation geworden und bestimme sowohl ihre innere Realität als auch die zwischenmenschlichen Beziehungen.[52] Einige gingen sogar soweit zu behaupten: »In einer Welt, in der der Holocaust die Gedanken beherrscht, kann ein Kind nicht aufwachsen, ohne Schaden zu nehmen. Von den wenigen Ausnahmen einmal abgesehen, ist die geistige Gesundheit der Kinder von Überlebenden gefährdet.«[53]

Also, was genau ist das Zweite-Generation-Syndrom? Es geht dabei nicht nur um »übertragene Präsenzen, Inhalte und seelische Konflikte ..., sondern auch ... um übertragene Mängel, Lücken, Verleugnungen sowie ein seelisches Vakuum zwischen den Generationen«.[54] Holocaust-Überlebende, sagte man, tendieren dazu, zuviel in ihre Kinder zu investieren und sie übermäßig zu beschützen. »Sie haben tausend Spiele für uns erfunden. Wir wurden gefüttert, bis wir pappsatt waren, und das Bäuerchen durfte auch nicht fehlen. Sie haben uns mit ihrer Liebe überschüttet und uns geknuddelt, geherzt und gehätschelt, bis wir schon weit über Dreißig waren«, erinnert sich ein Kind eines Überlebenden.[55] Eltern und Kinder entwickeln häufig eine extrem symbiotische Bindung.[56] Die Eltern unterstützen die Selbständigkeit des Kindes nicht[57], sie erleben den Prozeß der Loslösung und Individuation des Kindes als Bedrohung und schmerzhafte narzißtische Wunde, die in die Familie gerissen wird[58] – nachdem sie so unbeschreiblich viel verloren haben, ist jede Trennung wie ein Todesfall.[59] Trennung löst auch bei den Kindern das Gefühl aus, ausgelöscht zu werden. Sie haben übersteigerte Schuldgefühle, weil sie anders als ihre Eltern sein wollen.[60] Sie empfinden die ständige Aufmerksamkeit ihrer Eltern als Überwachung, Einmischung und Belastung, finden sich aber widerstrebend damit ab, weil sie sehr oft die Ängste der Eltern als ihre eigenen erleben.[61] Außerdem lassen die Studien darauf schließen, daß Kinder von Überlebenden später als andere Jugendliche aus dem Haus gehen und nach der Trennung in engem Kontakt mit ihren Eltern bleiben.[62]

Andere beobachteten eine Verkehrung der Rollen: Die Kinder kümmern sich um die Eltern[63] und spenden ihnen Trost statt umgekehrt, die Bedürfnisse der Eltern werden wichtiger als die eigenen.[64] So ist es kein Zufall, daß in einer Studie 60 Prozent der betroffenen Kinder in helfenden Berufen wie Sozialarbeit, Medizin und Psychologie arbeitete.[65] Immer wieder wird die hohe Erwartungshaltung der Eltern erwähnt. Oft höre man in solchen Familien den Satz: »Dafür habe ich den Holocaust überlebt? Dafür habe ich das KZ überlebt?« Damit lösten Eltern große Schuldgefühle bei den Kindern aus.[66] Die Eltern könnten es nicht ertragen, wenn ihre Kinder nicht wunschlos glücklich und zufrieden waren: »Wenn sie sehen würden, daß ich unglücklich oder krank bin, würden sie es sofort als Strafe empfinden. Aber ich wollte sie nicht bestrafen.«[67]

Oft wird die These vertreten, daß sich die Zweite Generation auf extreme Weise mit dem Leben der ersten Generation identifiziert. In einem Prozeß, der als Transposition bezeichnet wurde, lebten betroffene Kinder oft gleichzeitig in der Gegenwart und in der Vergangenheit. Sie versetzten sich in die Vergangenheit ihrer Eltern und versuchten, den Verlust, den ihre Eltern erlitten hatten, wiedergutzumachen.[68] Manchmal testeten sie ihre körperliche Ausdauer und ihre Fähigkeit, in Verstecken zu überleben.[69] In einigen Extremfällen bereiteten die Kinder sich gegenseitig auf den Holocaust vor und versuchten herauszufinden, ob sie sich befreien könnten.[70] In einer klinischen Umgebung benahmen sie sich so, als ob ihr Leben auf dem Spiel stünde,[71] in anderen Zusammenhängen, war für sie jede Entscheidung eine Frage von Leben oder Tod.[72] Krankheiten waren allgegenwärtig: »Jedesmal wenn ich Halsschmerzen hatte, hat meine Mutter geglaubt, daß ich Krebs hätte.«[73] Ein anderer erinnert sich: »Es ging ständig um Leben und Tod. Sie waren immer auf das Schlimmste gefaßt.«[74]

Ein israelischer Psychotherapeut vertritt die These, daß in den meisten Familien von Überlebenden ein Kind die Funktion einer »Gedenkkerze« für die im Holocaust gestorbenen Verwandten einnimmt »und an der Gefühlswelt seiner Eltern in viel stärkerem Maße teilnimmt als seine

Geschwister«, die dadurch zumindest teilweise vom Trauma ihrer Eltern befreit werden.[75] Die Kinder werden häufig nach einem toten Verwandten oder toten Kind benannt. Sie sehen sich dann als Ersatz für den Verstorbenen und müssen versuchen, dem idealisierten Bild ihres Vorgängers gerecht zu werden. Der amerikanische Cartoonist Art Spiegelman hatte einen Bruder, der im Alter von fünf oder sechs Jahren starb, noch bevor Spiegelman geboren wurde. Im Schlafzimmer seiner Eltern hing ein unscharfes Foto seines »Geist-Bruders«. Er erzählt: »Das Foto bekam niemals Wutanfälle und brachte sich nie in Schwierigkeiten ... es war das ideale Kind, und *ich* war immer die freche Göre, der Schrecken meiner Eltern. Ich konnte dagegen nicht ankommen. Sie sprachen nie über Richieu, aber das Foto war eine Art Vorwurf. *Er* wäre Arzt geworden und hätte ein reiches jüdisches Mädchen geheiratet ... dieser Widerling ... Es ist gruselig, mit einem Schnappschuß zu konkurrieren.«[76]

Die Literatur hat häufig auf ein weiteres Problem hingewiesen, nämlich daß Kinder von Holocaust-Überlebenden Schwierigkeiten hätten, ihren Eltern gegenüber Ärger oder Wut zu äußern. Im Holocaust hätten die Eltern ihre Wut verdrängen müssen, und auch nach dem Krieg habe es kaum Gelegenheiten gegeben, solchen Gefühlen Ausdruck zu verleihen. Die Kinder erlebten später, daß ihre normalen Aggressionen sie fast überwältigten: »Meine Wut ist so groß, daß sie alles verschlingen wird. Fast wie ein Holocaust.«[77] Einige Wissenschaftler meinten, aus Angst vor ihrer eigenen Wut bestärkten die Eltern die Kinder unbewußt in ihrem Aggressionspotential, so daß die Kinder die unterdrückten Aggressionen der Eltern auslebten.[78] Die Eltern legten aus naheliegenden historischen Gründen großen Wert darauf, »richtig« zu handeln und alles unter Kontrolle zu haben,[79] in ihrer Welt gab es keinen Platz für Zweifel.[80]

Die Liste der Probleme ist natürlich noch länger. Kinder von Überlebenden wurden als ungewöhnlich ängstlich beurteilt, besonders wenn ihre Mütter mit ihnen unzufrieden waren.[81] Ihre Fähigkeit, Belastungen auszuhalten, sei schon früh eingeschränkt worden, weil die Eltern, die mit der Aufarbeitung der Vergangenheit beschäftigt waren, nicht als »Schutzschild« agieren konnten.[82] Die Kinder hätten oft Schwierigkeiten, ein positives Gefühl zu ihrer jüdischen Identität zu entwickeln, da sie Jüdischsein mit ermordet werden gleichsetzten.[83] Die Eltern wünschten einerseits eine reibungslose Integration der Kinder in die nichtjüdische Gesellschaft, andererseits legten sie Wert darauf, daß sie die verlorene Kultur und die Familiengeschichte in Erinnerung behielten.[84] Es scheint, daß Kinder von Holocaust-Überlebenden immer wieder sehr erfolgreich sind. Auch darin spiegele sich die Haltung der Eltern wider: »... beschäftigt sein und oft mehr zu tun, als man muß, das war ein wichtiger Schutzmechanismus ... wenn die KZ-Häftlinge nicht mehr arbeiten konnten, bedeutete das in der Regel, daß sie in die Gaskammer geschickt oder auf andere Weise ermordet wurden«.[85]

In der Literatur wird oft auf Ernährungsprobleme in den betroffenen Familien hingewiesen. Eltern, die in den Konzentrationslagern fast verhungert waren, machten sich Sorgen, ob ihre Kinder genug zu essen bekamen – wieder einmal stand das Leben der Kinder auf dem Spiel.[86] Bei Töchtern von Überlebenden werden häufig Eßstörungen festgestellt.[87] Gleichzeitig fand man heraus, daß sich Kinder von Holocaust-Überlebenden als »besonders« und einzigartig fühlen. Ihr Verhalten zeige exzessiven Narzißmus[88] und anhaltende kindliche Omnipotenz[89].

Man kann sich des Eindrucks nicht erwehren, daß Holocaust-Überlebende in all den Jahren sehr beschäftigt gewesen sein müssen, um in dieser verhältnismäßig kurzen Zeit so viele Neurosen auf ihre Kinder zu übertragen. Wie haben sie das nur geschafft? Wie funktionierte die Übertragung? Kinder und Familie waren für Überlebende natürlich besonders wichtig, sie versuchten, »die Zerstörung auf magische Weise ungeschehen zu machen, indem sie so schnell wie möglich eine Familie gründeten. Oft geschah das in den Vertriebenenlagern, wo die Bedingungen dafür denkbar ungünstig waren.«[90] Sie brachten ihren Kindern bei, daß man nur der Familie trauen könne – Freunde könnten einen letzten Endes betrügen[91] –, und schafften sich so ein kontrolliertes, geschlossenes System.[92] Innerhalb der Familie waren die Eltern jedoch oft mit sich selbst und ihrer Trauer beschäftigt, und empfanden so das normale, robuste Verhalten ihrer Kinder als Störung oder als zusätzliche Belastung ihrer bereits angegriffenen Kräfte.[93] Sie waren unerreichbar[94] und zeigten »einen bedenklichen Mangel an Einfühlungsvermögen« für die Probleme und emotionalen Bedürfnisse ihrer Kinder, besonders im Vergleich zu ihren eigenen.[95]. Im verzweifelten Bemühen, ihre Aufmerksamkeit zu gewinnen, haben sich die Kinder oft mit ihrer Mutter identifiziert, »was dazu geführt hat, daß sich Angehörige der Zweiten Generation häufig nicht als lebendige, selbständige Menschen betrachten. Solche Klagen hört man von den Betroffenen immer wieder.«[96]

Welcher Holocaust-Überlebende wäre wohl nicht zutiefst getroffen, wenn er solche Berichte lesen müßte? Man warf ihnen vor, sie hätten ihren Kindern keine oder zu enge Grenzen gesetzt.[97] Sie wurden kritisiert, weil sie nicht wollten, daß ihre Kinder das gleiche Schicksal wie sie erlitten.[98] Auf der anderen Seite hieß es, sie betrachteten ihre Kinder als narzißtische Erweiterung ihrer eigenen Persönlichkeit.[99] Welche Eltern sehen denn ihr Kind nicht so, zumindest von Zeit zu Zeit? Es kommt mir manchmal so vor, als ob man Holocaust-Überlebende in ihrer Funktion als Eltern immer an einem Idealbild und nicht an normalen Eltern mißt, oder auch nur an dem, was man unter derartigen Umständen erwarten kann. Bei der Aufzählung ihrer Fehler wird oft vergessen, mit wieviel Liebe sie ihre Kinder aufgezogen haben. Diese Liebe kann nicht immer nur schädlich oder narzißtisch gewesen sein.

Es gab Versuche, die unterschiedlichen Verhaltensweisen der Eltern systematisch zu erfassen. Berühmt-berüchtigt sind die vier Typen, die Danieli aufgestellt hat: die »Opfer«-Familie, die »Kämpfer«-Familie, die »abgestumpfte« Familie und die »erfolgreiche« Familie[100] – obwohl sie, offengesagt, alle im gleichen Maß pathologisch erscheinen. Danieli hat außerdem viele Ehen von Überlebenden als »Ehen aus Verzweiflung« bezeichnet,[101] während andere Untersuchungen einräumten, daß ein einfühlsamer, unterstützender Ehepartner[102] einen ausgleichenden Einfluß hat und gefühlsmäßig eher auf die Kinder eingehen kann.[103]

Vieles von dem, was ich über Kinder von Holocaust-Überlebenden gelesen habe, kam mir sehr bekannt vor, und ich hatte manchmal das Gefühl, jemand hätte bei uns zu Hause Mäuschen gespielt. Trotzdem blieb ein ungutes Gefühl zurück, was zum Teil daran lag, daß es nur Lippenbekenntnisse über die Stärke von Überlebenden gibt, viele der besonderen Fähigkeiten der Eltern jedoch nicht zur Sprache kommen. Die Strenge und Autorität meiner Eltern wurde oft durch ihren unschlagbaren Humor wieder wettgemacht, und ich bewundere sie heute noch dafür, daß sie es geschafft haben, sich nach dem erlebten Trauma in einem völlig fremden Land eine neue Existenz aufzubauen.

Mein Unbehagen, mit dem ich nicht alleine dastehe, hat seine Ursache auch in der äußerst stigmatisierenden und pathologisierenden Tendenz vieler Arbeiten zu diesem Thema. Was soll man zum Beispiel von einem Kapitel mit der Überschrift »Hysterische Eigenschaften bei Kindern von

Überlebenden« halten – auch wenn man berücksichtigt, daß »hysterisch« ein Fachbegriff der Psychoanalyse ist –, noch dazu in einem Buch, in dem wieder und wieder spekuliert wird, wie Überlebende das Leben ihrer Kinder verpfuschen können – und dies auch getan haben?[104] Oder von Dina Wardis »Memorial Candles«, das alle Probleme im Leben der Kinder auf die Holocaust-Erfahrung der Eltern zurückführt und darüber hinaus eine nur rudimentär skizzierte Gruppentherapie als Allheilmittel empfiehlt?[105] Es hilft auch nicht, darüber zu diskutieren, ob das »Syndrom der Kinder von Überlebenden«, eine Bezeichnung, die aus der Pathologie zu kommen scheint, nicht besser in »Komplex« oder »Konstellation«[106] umbenannt werden sollte, Begriffe, die für ähnliche – jedoch nicht unbedingt pathologische – Erscheinungen und Emotionen stehen.[107]

Auch weist ein großer Teil der Literatur methodische Fehler auf. Nach Ansicht eines Kritikers sind einige der Arbeiten und Bücher nichts weiter als eine Ansammlung von nicht bewiesenen Anekdoten und Spekulationen – nach dem Motto, die Zweite Generation *muß* doch einen Schaden davongetragen haben.[108] Andere Kritiker erheben den Vorwurf, daß bei vielen Untersuchungen die Anzahl der Probanden zu gering gewesen sei und daß es sich bei ihnen um klinische Patienten gehandelt habe – also Menschen, die sich bereits in psychotherapeutische Behandlung begeben hatten –, so daß sich die Ergebnisse nicht auf die Zweite Generation im allgemeinen anwenden ließ.[109] Außerdem sind die Angehörigen der Zweiten Generation ja unter individuellen Bedingungen und Einflüssen aufgewachsen, und solche Variablen sind kaum meßbar.[110] Die Literatur neigt zu Verallgemeinerungen und der Bereitschaft, allem den Stempel Neurose oder Psychose aufzudrücken. Ein Wissenschaftler hat es treffend ausgedrückt: »Wir müssen folgendes verstehen und respektieren: Was wir manchmal als psychiatrisch auffällig ansehen, sind oft nichts weiter als die Bewältigungsstrategien der Opfer.«[111]

Die zahlreichen Untersuchungen über die Zweite Generation kommen zu ganz unterschiedlichen Ergebnissen. Eine Reihe von Forschungsprojekten und klinischen Untersuchungen schlußfolgern, es gäbe keine ausgeprägte Psychopathologie bei Kindern von Überlebenden,[112] im Gegensatz zu den bereits erwähnten Untersuchungen, die ja deutliche Probleme festgestellt haben. Interessanterweise werden diese Schwierigkeiten unabhängig davon festgestellt, ob die Kinder wußten, was ihre Eltern erlebt hatten oder nicht. Und so gibt es zwei Meinungen zu dieser Frage: Die einen sagen, offene Gespräche über den Holocaust verstärken die psychischen Probleme der Kindern, die anderen behaupten, sie würden dadurch verringert.[113] Sicherlich können Schweigen und Familiengeheimnisse einen starken Einfluß auf ein Kind ausüben, dies kann aber ebensogut passieren, wenn ein Kind ständig mit der traumatischen Vergangenheit konfrontiert wird.[114] Darüber hinaus erleben Eltern und Kinder häufig ganz unterschiedlich, wie oft und in welcher Weise über ein Thema gesprochen wird. Es gibt Berichte, in denen die Kinder aussagten, ihre Eltern hätten ständig über den Krieg gesprochen, während die Eltern der Meinung waren, sie hätten das Thema ausgeklammert, weil es sie zu sehr bedrückte. Ein Blick, so hat es einmal jemand kommentiert, kann schon alles sagen.[115] Eine Gruppe von Experten spricht von acht Stufen des Wissens – beziehungsweise Nicht-Wissens – über den Holocaust.[116]

Die Tatsache, daß Holocaust-Überlebende nur widerstrebend therapeutische Hilfe angenommen haben und sich auch sehr dagegen gewehrt haben, ihre Kinder behandeln zu lassen, ist bestens dokumentiert.[117] Zum Teil schreibt man dies dem Bedürfnis der Überlebenden zu, die Demütigungen der Vergangenheit zu vergessen – eine Haltung, die sich in übertriebener Intoleranz gegenüber menschlicher Schwäche äußerte[118]. Außerdem hatten Betroffene Angst, durch die Einstufung als »psychischer Fall« [119] erneut traumatisiert zu werden, denn viele osteuropäische Überlebende sind der Ansicht, Therapie sei nur etwas für Verrückte.[120] Mein eigener Vater hat meine Therapeutin immer scherzhaft »die Hexe« genannt und mich regelmäßig gefragt, ob ich noch zu ihr ginge und warum. Er hat sehnlich auf meine Erklärung gewartet, daß die Therapie abgeschlossen sei – für ihn hätte das die Rückkehr zur Normalität bedeutet.

Die Therapiefeindlichkeit der Überlebenden wurde vielfach schlicht und einfach als Verdrängung angesehen.[121] 1991 besuchte ich ein Treffen von Kindern Holocaust-Überlebender in England, auf dem wir die Gründung einer nationalen Organisation diskutiert haben. In den Gesprächen ging es nur um soziale und erzieherische Projekte. Als ich erwähnte, daß ich an einer Gruppe für Angehörige der Zweiten Generation teilnehme, reagierten sie darauf mit offener Feindseligkeit. »Wir wollen mit diesem deprimierenden Psychokram nichts zu tun haben«, rief jemand aufgebracht, und die anderen unterstützten ihn einstimmig. Es lagen plötzlich so viel Wut, Aggressionen – und Angst? – in der Luft, daß alles völlig außer Kontrolle geriet. Später hat sich der Mann bei mir entschuldigt. Doch in der Pause sind die Leute einzeln auf mich zugekommen und haben mich über die Gruppe ausgefragt. Alle wollten wissen, ob noch neue Mitglieder aufgenommen würden. Es scheint, daß das Tabu, über den Schmerz zu sprechen, von den Eltern auf die Kinder übertragen wurde. Die Kinder erwiesen ihren Eltern gewissermaßen Ehre, indem sie über ihre eigenen Schwierigkeiten schwiegen. Sie wollten nach wie vor nur über das Leben ihrer Eltern sprechen.

Auf der anderen Seite kann man die Feindseligkeit, mit

der die Überlebenden-Familien auf die Psychologen reagierten, nicht nur mit Widerstand und Verdrängung erklären. Experten haben darauf hingewiesen, daß im Laufe der Jahre eine interessante Umkehrung stattfand, nämlich, daß die Schuld den Opfern zugeschoben wurde. Als Erklärung mußte das Schlagwort »Identifikation mit dem Aggressor« herhalten. Es scheint fast, als hätten einige Analytiker Opfer und Täter miteinander verwechselt, besonders auch deshalb, weil die Täter als klinische Objekte nicht greifbar waren. So mußten Überlebende den Platz des Aggressors *und* des Opfers einnehmen. Primo Levi hat sich dazu unmißverständlich geäußert: »Ich weiß nicht, und es interessiert mich eigentlich auch nicht, ob in meinen innersten Tiefen ein Mörder haust, aber ich weiß, daß ich ein schuldloses Opfer und kein Mörder gewesen bin. Ich weiß, daß es Mörder gegeben hat, nicht nur in Deutschland, und daß es sie noch gibt, sowohl im Ruhestand als auch im aktiven Dienst, und daß sie mit ihren Opfern zu vermengen auf eine kranke Moral, ein ästhetisierendes Getue oder ein unheimliches Anzeichen für Komplizenschaft hindeutet.«[122]

Die Psychoanalyse hat, was den Umgang mit Holocaust-Überlebenden und ihren Kindern angeht, keine weiße Weste, nicht nur aufgrund der Tendenz, alles über einen Kamm zu scheren und zu pathologisieren. Es gibt unzählige Fälle, in denen Psychoanalytiker Hinweise auf die Holocaust-Erfahrung der Patienten oder deren Eltern einfach ignoriert haben. Ein Analytiker erfuhr zum Beispiel schon in der ersten Sitzung, daß die Eltern des Patienten von den Nazis verfolgt worden waren, hat dies aber im Laufe der Analyse nie wieder angesprochen.[123] Ein Freund von Rabbi Hugo Gryn wurde von Psychiatern jahrelang als Psychotiker behandelt, ohne daß jemals eine Verbindung zwischen den Symptomen und seiner Zeit in Auschwitz hergestellt wurde.[124] Viele Patienten wurden am Ende ihrer Analyse ermahnt, »in der Gegenwart zu leben«. Ihre Therapeuten betrachteten jeden Hinweis auf den Holocaust als ein Ausweichen vor heutigen Konflikten.[125]

Holocaust-Überlebende und Patienten aus der Zweiten Generation haben immer gespürt, bewußt oder unbewußt, daß viele Therapeuten zögern, die traumatischen Erfahrungen direkt anzugehen – eine Erfahrung, die den Verdrängungsprozeß bei den Patienten noch verstärken kann.[126] In einigen Fällen bemerken die Patienten, daß die Therapeuten unruhig werden oder ständig unterbrechen, und entscheiden sich, ihnen zu ersparen, was sie offenbar nicht ertragen können.[127] Eine Erklärung für das Unbehagen der Therapeuten lautet, daß sie ihre Patienten unbewußt verachten, weil sie leiden.[128] Andere sehen es als Ausdruck des übermächtigen Wunsches, die durch den Holocaust zerstörten Leben zu retten und wieder in Ordnung zu bringen, und des resultierenden Gefühls der Ohnmacht, wenn sie erkennen müssen, daß ihnen dies nicht gelingt.[129] Ein Kritiker hat seiner eigenen Berufsgruppe sogar vorgeworfen, daß »Therapeuten ein Vokabular und eine Terminlogie geerbt haben, die nicht geeignet sind, die eine oder die andere Generation zu beschreiben oder zu behandeln«.[130]

Andererseits gibt es einige sehr einfühlsame Berichte über therapeutische Arbeit mit Holocaust-Überlebenden und ihren Kindern. Joan Freybergs Bericht über die langwierige und komplizierte Analyse einer Tochter von Überlebenden hat mich tief bewegt. Am Ende der Behandlung hat sich die Tochter ihre Selbständigkeit hart erkämpft und war sogar fähig, mit ihren Eltern mitzufühlen.[131] Analytiker wie Freyberg und Robert Krell hören ihren Patienten wirklich zu, sie tolerieren die schmerzlichen Gefühle, die dabei ans Tageslicht kommen, und erkennen ihre Grenzen im therapeutischen Prozeß. Der Respekt, mit dem sie den Holocaust-Überlebenden und ihren Kindern begegnen, gehört zu den wirksamsten Hilfen, die sie geben können.[132] Ich habe das Glück gehabt, daß meine Analytikerin eine von diesen war.

Eine generelle Aussage über die Erfahrungen von Holocaust-Überlebenden und ihren Kindern ist schwierig, denn die Probleme beginnen schon bei der Definition. Kann man einen Flüchtling aus Nazi-Deutschland und einen Holocaust-Überlebenden in die gleiche Kategorie einordnen?

Häufig wird die Meinung vertreten, die Probleme von Holocaust-Überlebenden und Überlebenden anderer von Menschen verursachter Katastrophen seien gleich schlimm. Andere sagen – ohne das Schicksal der Flüchtlinge herunterspielen zu wollen –, die Flüchtlingsproblematik sei ja in der Geschichte nichts Neues, während Hitlers »Endlösung« beispiellos gewesen sei. Die Erfahrung, in einem KZ oder in einem Versteck zu leben, täglich mit dem Tod konfrontiert zu werden, sei mit nichts zu vergleichen.[133] Organisationen, die Überlebende betreuen, setzen ebenfalls unterschiedliche Kriterien an: Eine Gruppe sieht als Zielpublikum alle Juden, die Deutschland nach 1933 verlassen haben,[134] während im Holocaust Survivor's Centre in London alle, die nach der Kristallnacht im Jahr 1938 nach England gekommen sind, Mitglieder werden können. Menschen, die zwischen 1935 und 1939 aus den von den Nazis besetzten Ländern geflohen sind, zeigen die gleichen psychischen Symptome – Überlebensschuld und Hilflosigkeit – wie diejenigen, die dort geblieben sind.[135] Alle verloren ihre Heimat und ihre Muttersprache. Doch das Leben unter totalem Terror, so argumentiert man, sei eine Erfahrung, die nur Überlebende gemacht haben.[136]

Die Auseinandersetzung mit solchen Fragen ist sehr gefühlsbelastet, was es nicht gerade leichter macht. Viele meinen, wenn man Flüchtlinge und Überlebende mit unterschiedlichen Maßstäben mißt, reproduziert man lediglich die Leidenshierachie, die so bedrückend für die Zweite Generation ist. Einige sehen darin die Rache der Menschen, die in der »Hackordnung des Schmerzes« eher unten stehen, nach dem Motto: »Ich habe zwar nicht so viel Leid erlebt wie meine Eltern, aber du hast noch lange nicht soviel gelitten wie ich.« Ein Therapeut berichtet, Patienten, die vor den Nazis in den späten dreißiger Jahren geflohen waren, hätten ihn oft gefragt, ob auch sie unter die Rubrik Überlebende fallen würden. Er schloß daraus, daß »die Frage eigentlich eine Bitte war, sie suchten Gnade ... Die Frage zeigte, daß sie sich mit denen, die gelitten hatten, identifizieren wollten. Sie lebten in dem quälenden Glauben, sie hätten nicht genug gelitten.«[137] Robert Jay Lifton hat einmal beschrieben, wie sich das Schuldgefühl von den Toten auf die Lebenden überträgt: »Überlebende fühlen sich schuldig gegenüber den Toten. Alle Menschen, die dem grausamen Schicksal knapp entronnen sind, fühlen sich schuldig gegenüber den Überlebenden, und gegenüber dieser Gruppe fühlen sich alle schuldig, die noch weiter entfernt sind.«[138]

Das Thema ist sehr komplex. Natürlich haben Flüchtlinge und Überlebende vor dem Krieg ähnliche Erfahrungen gemacht. Sie sind diskriminiert worden, man hat ihnen Gewalt androht und angetan. Nach dem Krieg mußten alle gleichermaßen den Tod von Eltern, Großeltern und Freunden verkraften. Beide Gruppen haben das Trauma der Vertreibung und des Heimatverlustes erlebt. Manchmal beschleicht mich allerdings das ungute Gefühl, daß es fast so etwas wie einen Wettstreit um den Status des »besseren« Opfers gibt. Die Opfer sind heute zwar stigmatisiert, aber ihre Lage bringt ihnen auch direkte und indirekte Vorteile. Von einer »Kultur der Beschwerde« zu sprechen ist übertrieben, aber es mag durchaus seinen Reiz haben, zu denen zu gehören, die eindeutig Unrecht erlitten und deshalb Anspruch auf unser Mitgefühl haben. Eine feministische Zeitschrift aus Kanada hat kürzlich eine Sonderausgabe über jüdische Frauen herausgebracht, in der eine Frau von ihrem Vater erzählt, der als Kind die Pogrome zu Anfang des Jahrhunderts miterlebte und zusehen mußte, wie sein eigener Vater vor seinen Augen ermordet wurde. Sie plädiert dafür, daß er »in jeder Hinsicht« als Holocaust-Überlebender einzustufen sei und sie als Kind von Überlebenden.[139] Er war aber keiner, und es ist sehr beunruhigend, daß sie glaubt, sein Leid – und auch ihres – finde nur durch die Zugehörigkeit zu dieser Gruppe Anerkennung. Der Gedanke, daß der Status »Kind von Überlebenden« für manche erstrebenswert scheint, ist zutiefst erschreckend. Wir tun uns offenbar schwer damit, die verschiedenen historischen Erfahrungen nebeneinander bestehen zu lassen, ohne dabei zu bewerten oder eine Rangordnung aufzustellen. Ich bin der Meinung, daß Flüchtlinge und Überlebende und ihre Kinder wirklich ähnliche Erfahrungen gemacht haben. Doch ich denke, man sollte *sowohl* die Parallelen *als auch* die Unterschiede sehen. Die Nazis haben die Juden als homogene Gruppe betrachtet, damals zählte nur die ethnische Zugehörigkeit. Für uns muß es deswegen eine Verpflichtung sein, unsere Unterschiede genau unter die Lupe zu nehmen.

Ende der siebziger, Anfang der achtziger Jahre hat sich die Situation entscheidend verändert: Die Kinder von Holocaust-Überlebenden gründeten erste Organisationen und meldeten sich zu Wort. Erstmalig kam ein Buch zu diesem Thema heraus, dessen Autorin, Helen Epstein, selbst Kind von Überlebenden war. Auffällig ist, daß sie längst nicht so negativ bewertet, obwohl sich ihre Thesen kaum von denen der klinischen Experten unterscheiden, die bis dahin die Diskussion beherrscht hatten. Ihr ist zuzuschreiben, zum ersten Mal das Wesen der Gefühle der Zweiten Generation erkannt zu haben. Sie hat ihre Gefühle mit einer »eisernen Kiste« verglichen, die so tief in ihr vergraben sei, daß sie noch nicht einmal wüßte, was sie enthielt. Indem sie darüber sprach, brachte Epstein sie ans Licht der Öffentlichkeit, und man konnte sich mit dem Inhalt auseinandersetzen. In den USA hatten sich neben den Gruppen, die von Therapeuten der Zweiten Generation wie Eva Fogelman und Bella Savran geführt wurden, bereits erste Selbsthilfegruppen gegründet; in den USA gibt es 250 000 Kinder von Überlebenden[140]. Organisationen wie das International Network of Children of Jewish Holocaust Survivors wurden ins Leben gerufen, die allerdings eher therapiefeindlich eingestellt waren. Sie sahen es als ihre Aufgabe an, dafür zu sorgen, daß die Welt das Schicksal ihrer Eltern niemals vergißt, anstatt sich mit ihren eigenen Erlebnissen zu beschäftigen. Bald erschienen, besonders in Israel, eine Reihe von Filmen, Theaterstücken und Büchern zu diesem Thema. Orna Ben Dor-Nivs eindrucksvoller Dokumentarfilm »Because of the War« aus dem Jahr 1988 beschäftigt sich mit zwei bekannten Rockmusikern, Yehuda Poliker und Yaacov Gilead, beides Söhne von Holocaust-Überlebenden, und verknüpft die Lebensgeschichten der Eltern mit den Kindheitserinnerungen der Söhne. Yossi Hadars Film »Biboff« erzählt das Schicksal eines jungen Mannes, der durch die Holocaust-Vergangenheit seiner Eltern traumatisiert wurde. Obwohl David Grossman nicht zur Zweiten Generation gehört, beschreibt sein Buch »See Under Love« bemerkenswert genau die Gefühle eines Kindes von Überlebenden, vor allem seine übermächtigen Rettungsphantasien gegenüber den Eltern.[141]

Bei den Interviews, die Epstein und andere mit der Zweiten Generation geführt haben, stellte sich interessanterweise heraus, daß die Kinder Schwierigkeiten hatten, die Geschichte ihrer Eltern wiederzugeben. In einer Gruppe von etwa dreißig Kindern von Überlebenden konnten sich 90 Prozent nur bruchstückhaft an die Holocaust-Erlebnisse ihrer Eltern erinnern. Also war ich nicht die einzige, die dieses Problem hatte.

Heute haben sich auch die Schwerpunkte in der Holocaust-Literatur geändert. Immer häufiger beschäftigen sich Studien mit der Dritten Generation, den Enkelkindern der Überlebenden. Sie untersuchen, ob die Zweite Generation die Erziehungsmethoden der Eltern wiederholt oder sie bewußt abgelehnt hat. Man widmet sich auch der Frage, ob, wann und wieviel sie ihren Kinder über den Holocaust erzählt haben.[142] Eine interessante Studie, die erst kürzlich erschienen ist, enthält Interviews mit drei Generationen aus einer Familie. Die Studie untersucht, wie sich die Geschichten der Überlebenden auf die nachfolgenden Generationen auswirken und inwieweit dies auch von der Art und Weise des Erzählens abhängig ist.[143]

Und doch gibt es in der Forschung immer noch bemerkenswerte Lücken. Als ich auf einer Konferenz über die Verfolgung von Lesben und Schwulen durch die Nazis, die 1995 in London stattfand, einen Vortrag über schwule und lesbische Kinder von Überlebenden halten sollte, konnte ich in der gesamten Literatur nicht einen einzigen Hinweis auf dieses Thema finden. Das ist erstaunlich, denn gerade diese Gruppe hat sicher in besonderem Maße das Gefühl »Wie kann ich ihnen das antun?« kennengelernt und öfter als andere den Satz: »Und dafür habe ich das KZ überlebt?« zu hören bekommen. Die besondere Situation der Familien mit lesbischen oder schwulen Kindern – vor allem auch die Tatsache, daß sie keine Enkelkinder haben – verdient eine genauere Betrachtung.

Noch beunruhigender ist die Tendenz, kulturelle Unterschiede in den Gemeinschaften der Überlebenden zu ignorieren. Über die Zweite Generation in Israel und Deutschland wurde zwar viel geschrieben, doch ein Großteil der Literatur kam bis vor kurzem aus den USA. Durch ihren universellen Anspruch entstand fast der Eindruck, als ob alle Kinder von Überlebenden Amerikaner sein müßten. Man vergißt leicht, wie stark die Normen und Konventionen der einzelnen Länder die Zweite Generation geprägt haben. Es ist einleuchtend, daß sich in Israel den Holocaust-Überlebenden und ihren Kindern eine besondere Situation bot. Dort war es möglich, die alte Identität abzustreifen und aus einem Kind von Holocaust-Überlebenden zu einem israelischen Pionier zu werden und den Holocaust im nachhinein als Vorboten des israelischen Heroismus zu verstehen.[144] Allerdings konnten gerade deshalb viele Israelis nicht verstehen, daß die Zweite Generation noch unter den Folgen der Vergangenheit litt.[145] Direkt nach dem Krieg entdeckten Freud-nahe Psychiater alle Arten von Komplexen bei überlebenden Kindern. Ihr Mangel an Einfühlungsvermögen ist aus heutiger Sicht erschreckend. Über ein Kind hieß es zum Beispiel, es sei »übermäßig auf die Mutter fixiert«. Die Mutter war im Krieg getötet worden.[146]

Auf der anderen Seite gab Jom Ha'schoah, der Holocaust-Gedenktag, allen die Möglichkeit, gemeinsam zu trauern. Für die Kinder der Überlebenden verringerte sich dadurch der Druck, als lebende Erinnerung an die Toten zu fungieren, da der Staat diese Aufgabe institutionalisiert hatte.[147] Und durch die Tatsache, daß Israel von feindlichen Nachbarn umgeben war, konnten einige Überlebenden-Familien ihre Aggressionen und ihre Wut gegen die neuen Feinde richten.[148]

Für viele der 300 000 Holocaust-Überlebenden und der 500 000 bis 700 000 Angehörigen der Zweiten Generation, die nach Israel kamen, symbolisierte dieses Land eine Art Neugeburt. Der Kibbuz wurde sehr oft zur neuen Familie – eine neue Gemeinschaft, die ihnen alles bot, was sie im Krieg verloren hatten. In den Kibbuzim wurden die Mütter zudem bei der Erziehung der Kinder entlastet.[149]

Aus Deutschland stammen Interviews mit Kindern von Nazi-Tätern[150] sowie psychoanalytische Fachliteratur über die Folgen des Holocaust für die Kinder aus Nazi-Familien, für die deutschen Analytiker und die Bevölkerung im allgemeinen[151], ebenso wie Berichte über und von Kindern von Überlebenden im heutigen Deutschland.[152] Manchmal wurde das Material über Kinder von Überlebenden und Nazis nebeneinandergestellt, eine allerdings sehr umstrittene Praxis.[153] Nach wie vor gibt es kaum Berichte über die Zweite Generation in den anderen europäischen Ländern, und das Material konzentriert sich bis heute vor allem auf die USA ... Erst seit kurzem weiß man, wie unterschiedlich die Erfahrungen der Kinder von Holocaust-Überlebenden zum Beispiel in Polen waren. In diesem Land war die jüdische Gemeinde bis auf ein paar wenige Überlebende ausgelöscht worden. Nach dem Krieg verhinderte das kommunistische Regime und der anhaltende Antisemitismus ein Wiederauferstehen jüdischer Kultur. Für die polnischen Angehörigen der Zweiten Generation stellten sich damit kritische Fragen über ihre kulturelle Identität.[154] Holland, mit seiner drastisch dezimierten jüdischen Bevölkerung, hatte ganz eigene Probleme, bot aber auch einzigartige Bewältigungsstrategien an. Die holländische Regierung finanzierte psychiatrische Einrichtungen für Holocaust-Überlebende und ihre Familien, es gab spezielle Angebote für die Zweite Generation, und ein Professor an der Katholischen Universität in Nijmegen spezialisierte sich auf die Zweite und Dritte – jüdische und nichtjüdische – Generation.[155]

Und was ist mit England? Erst seit kurzem ist der Öffentlichkeit bewußt, daß es Flüchtlinge und Überlebende gibt. Nach Anna Freuds Arbeit mit überlebenden Kindern geschah sehr lange Zeit nichts, bis die Group-Analytic Society im September 1979 in London einen zweitägigen Workshop zum Thema »Überlebenden-Syndrom« organisierte.

Es war der erste Versuch, der englischen Öffentlichkeit die internationale Forschung über Holocaust-Überlebende und deren Familien nahezubringen. Es sind zwar einige Fallstudien veröffentlicht worden, und zwar von der englischen Analytikerin Dinora Pines, aber sie beruhen nur zur Hälfte auf Aussagen englischer Kinder, die andere Hälfte sind Berichte im Ausland geborener Kinder.[156]

Tatsächlich entsteht erst jetzt die erste fundierte englische Untersuchung über die Zweite Generation. Sie basiert auf den Interviews der National Life Story Collection mit Überlebenden und der Zweiten Generation – in diesem Fall Betroffenen, die in England leben und zwischen 1943 und 1967 geboren wurden.[157] Seit Mitte der achtziger Jahre gibt es Selbsthilfegruppen und psychotherapeutische Angebote (Link, Shalvata, The Raphael Centre) für Überlebende und ihre Kinder. Darüber hinaus haben zwei landesweite Konferenzen zu diesem Thema stattgefunden. Aber sie, oder besser gesagt, wir fangen erst an, uns Gehör zu verschaffen. Kinder von Überlebenden haben eine Abneigung, in der ersten Person zu sprechen, sie tun sich schwer damit, ihre eigenen Probleme ernst zu nehmen und sie einmal ganz unabhängig von der Erfahrung ihrer Eltern zu durchleuchten. Es ist, als hätten diese Eigenschaften zusammen mit der altbekannten britischen Höflichkeit und Zurückhaltung verhindert, daß sich in England eine eigenständige Zweite Generation entwickeln konnte – zumindest hat es den Prozeß extrem verzögert. Bis vor kurzem folgte die Zweite Generation der Flüchtlinge und Überlebenden dem Beispiel ihrer Eltern. Sie waren rücksichtsvoll, schwiegenn und sie waren sich nur zu genau bewußt, wie schnell man in dieser Gesellschaft peinlich berührt ist. Es gibt in England sehr viel mehr Flüchtlinge als Holocaust-Überlebende. So ist es nicht überraschend, daß die psychosozialen Auswirkungen des Holocaust erst durch Diane Samuels Theaterstück »Kindertransport« ins Licht der Öffentlichkeit gerückt wurden, ein Stück über die Erfahrungen einer Frau, die als Kind nach England flüchtete, und das Leben ihrer Tochter.

England hat es bis heute nicht geschafft, das Trauma der Flüchtlinge und Überlebenden angemessen zu würdigen und zu integrieren

Anmerkungen

Kapitel 2

1 Wie Eugenius Duda in »A Guide to Jewish Cracow« (*Our Roots*, Jewish Information and Tourist Bureau, Poland, 1992) beschreibt, gab es in Płaszów Sektion A, ein Zwangsarbeitslager, und Sektion B, in dem alle Ankömmlinge auf der Stelle zu Tode geprügelt oder erschossen wurden. Płaszów hatte zwar keine Gaskammern, es galt aber ab Mitte 1943 als Außenlager des KZ Majdanek.

Kapitel 8

1 Martin Gilbert, *The Dent Atlas of the Holocaust*, J. M. Dent, 1993.

2 Felek hat ein rührendes Kapitel geschrieben über all die Amateur-Gelehrten, die so typisch für das osteuropäische Judentum waren und die im Holocaust ums Leben kamen. Er zitiert den Schriftsteller Yitzhak Katzenelson, der seinem Vater folgende Zeilen gewidmet hat:

Wann fand er die Zeit, die Bibel auswendig zu lernen?
Die Texte von Onkelos und Martin Luther?
Den Talmud, die Gebote, den Midrasch, Shakespeare und
 Heine?
Wann las er Gogol, Thucydides und Plutarch?
Wann studierte er das Buch Zohar?
Und wann fand er Zeit zu schlafen?

Dieser polnische Lyriker hat das Schtetl als einen Ort beschrieben, »an dem der Flickschuster ein Dichter ist, der Uhrmacher Philosoph und der Barbier ein Troubadour« (siehe Rafael F. Scharf, »A Beloved Teacher: A Vanished Human Landscape«, Seite 31, in: *Judaism Today*, Nr. 1, Frühjahr 1995).

3 Debórah Dwork und Robert Jan van Pelt, »Reclaiming Auschwitz«, in Geoffrey H. Hartman, a. a. O.
4 Ibid.
5 Jan Blonski, »The Poor Poles Look at the Ghetto«, in: Antony Polonsky, *My Brother's Keeper? Recent Polish Debates on the Holocaust*, Routledge, 1990, in dem auch andere Beiträge zu diesem Thema zu finden sind. Schon im Jahr 1946 hat Isaac Deutscher eine polnische Schrift zitiert, die in der Hochphase des Holocaust entstanden war. Dort war folgender Satz zu lesen: »Die Nazis lösen das Judenproblem ganz nach unserem Geschmack und besser, als wir es gekonnt hätten.« (Isaac Deutscher, a. a. O., Seite 88). Während liberale Organisationen wie die Zegota sich um Unterstützung für Juden verdient machten, argumentierten rechtsgerichtete Organe der Untergrundbewegung ganz anders, so zum Beispiel die *Barkada* in der Märzausgabe 1946: »Die Liquidation der Juden auf polnischem Boden ... wird unser Land von mehreren Millionen Parasiten befreien« (zitiert von Lucjan Dobroszycki, »The Jews in the Polish Clandestine Press«, Seite 292, in: Andrzej K. Paluch (Hrsg.), *The Jews in Poland*, Band 1, Jagiellonian University, 1992).
6 Jack Kugelmass, »The Rites of the Tribe: The Meaning of Poland for American Jewish Tourists«, YIVO Annual 21, 1993.
7 Tomasz Gasowski, »Jewish Communities in Autonomous Galicia: Their Size and Distribution«, in: Paluch, a. a. O. Ende der zwanziger Jahre war ein Großteil der jüdischen Landbevölkerung Osteuropas auf der Suche nach Arbeit in die Städte gezogen.
8 In ihrem äußerst interessanten Vorwort zu Mark Zborowskis und Elizabeth *Herzogs Life is with People: The Culture of the Schtetl*, Schocken Books, 1955, schreibt Barbara Kirshenblatt-Gimblett, die Verklärung des Schtetls sei erst nach 1945 erfolgt und auf die Arbeit einiger amerikanischer Anthropologen unter der Schirmherrschaft von Margaret Mead zurückzuführen. Mead leitete damals ein Projekt, das sich mit jüdischer Kultur vor dem Zweiten Weltkrieg auseinandersetzte. Sie arbeitete mit Methoden, die auf die Lebensumstände kleiner Völkergruppen auf den pazifischen Inseln

abgestimmt waren und für die Verhältnisse in den viel größeren Gesellschaften Osteuropas völlig ungeeignet waren. Das obengenannte folgenträchtige Buch, das in den USA 1952 veröffentlicht wurde, beschrieb die untergegangene Welt des Schtetls in Osteuropa als zeitlose, völlig idealisierte Gesellschaft – ein Bild, das der Wirklichkeit in keinster Weise gerecht wurde, denn das Schtetl war keine kulturelle Insel, sondern eine heterogene Gesellschaft, die sich zudem ständig veränderte und weiterentwickelte.

9 Robert Wistrich, 1995, a. a. O.

10 Rafael Scharf in Polonsky, a. a. O.

Kapitel 9

1 Dorothy Smith beschreibt in dem Aufsatz »K is Mentally Ill: The Anatomy of a Factual Account«, in: *Sociology*, Bd. 2, Nr. 1, 1978, wie Fallgeschichten dazu beitragen können, jemanden als geistesgestört abzustempel.

2 In dem Buch *Jewish Perspectives: The Twenty-Five Years of Jewish Writing*, Jacob Sontag (Hrsg.), Secker und Warburg, 1980, kommen unterschiedliche jüdische Autoren zu Wort. Sie beschreiben, auf welche Weise die Vernichtung des europäischen Judentums ihr Werk geprägt hat.

3 Audre Lorde: »Age, Race, Class, and Sex: Women Redfining Difference«, in: *Out there: Marginalization and Contemporary Cultures*, Russell Ferguson (Hrsg.) et. al., The MIT Press, 1990.

4 Isaac Deutscher, a. a. O.

5 Robert Wistrich, 1995, a. a. O.

6 Eva Hoffmann: »Lost in Translation«, Heinemann 1989.

Kapitel 10

1 Zitiert in Anton Gill. *The Journey Back From Hell*, Seite 76, Grafton, 1988

2 Ibid., Seite 154. Bei Gill kommen viele Überlebende zu Wort,

die die Gleichgültigkeit der Engländer und auch der britischen Juden beklagen, sobald es um ihre Kriegserfahrungen ging.

3 Linley Boniface, »Saved from death by Schindler's list«, in: *Hampstead and Highgate Express*, 5 Mai 1995.

4 Esther Bronstein, *Open Space: Bringing the Holocaust Home*, BBC 2, 19. Januar 1995.

5 Primo Levi, *If This is a Man*, Seite 66, Abacus, 1987. Übersetzung aus *Ist das ein Mensch? Die Atempause*, Seite 58, Carl Hanser Verlag, 1991.

6 Primo Levi, *The Truce*, Seite 227, Abacus, 1987.

7 Robert Wistrich, *Anti-Semitism: The Longest Hatred*, Methuen, 1991.

8 David Feldman, *Englishmen and Jews: Social Relations and Political Culture, 1840–1914*, Yale University Press, 1994.

9 Zitiert in ibid.

10 Zitiert in Bill Williams, »The Anti-Semitism of Tolerance: Midle-Class Manchester and the Jews 1870–1900«, Seite 86 u. 88, in A. J. Kidd und K. W. Roberts (Hrsg.), *City, class and culture*, Manchester University Press, 1985.

11 Zitiert in Bryan Cheyette, *Constructions of ›the Jew‹ in English literature and society*, Seite 16, Cambridge University Press, 1993.

12 H. G. Wells, *The Shape of Things to Come: the Ultimate Revolution* (1933), zitiert in ibid, Seite 144.

13 Zitiert in ibid., Seite 145 u. 157.

14 T. S. Eliot, *Selected Poems*, Seite 31, Faber and Faber, 1961. Übersetzung aus T. S. Eliot, *Gesammelte Gedichte*, Seite 49, Suhrkamp, 1972.

15 Ibid., Seite 35. Übersetzung aus ibid., Seite 55.

16 Zitiert in Cheyette, a. a. O., Seite 116.

17 Zitiert in Cheyette, a. a. O., Seite 146.

18 Feldman, a. a. O., Seite 332.

19 Zygmunt Bauman, »The Homecoming of Unwelcome Strangers: Eastern European Jewry Fifty Years After the War«, Seite 18, *Jewish Quarterly*, Nr. 135, Herbst 1989.

20 Zygmunt Bauman, *Modernity and the Holocaust*, Polity Press, 1989.

21 Isaac Deutscher, *The Non-Jewish Jew*, Merlin Press, 1981. Sartre brach mit Moskau, als er erklärte: »Der authentische Jude gibt den Mythos vom allgemeinen Menschen auf«, Jean-Paul Sartre, *Anti-Semite and Jew*, Seite 136. Schocken Books, 1965. Übersetzung: *Überlegungen zur Judenfrage*, Seite 82, Rowohlt, 1994.

22 Alain Finkielkraut, *The Imaginary Jew*, Seiten 69–70, University of Nebraska Press, 1994.

23 Ibid., Seite 68.

24 Ein ähnlicher Prozeß fand 1791 in Frankreich statt, als die Juden dort Gleichstellung erlangten. Wie Graf Stanislaus Clermont-Tonnerre in seiner berühmten Rede zur Gleichstellung der Juden sagte: »Den Juden als Menschen alles, den Juden als Nation nichts«, zitiert in: Judith Friedlander, »Anti-Semitism in France, 1978–1992«, Seite 64, in Lawrence D. Kritzman (Hrsg.), *Auschwitz and After: Race, Culture, and the ›Jewish Question‹ in France*, Routledge, 1995. Übersetzung aus Ismar Elbogen, *Ein Jahrhundert jüdischen Lebens*, Seite 18, Europäische Verlagsanstalt, 1967.

25 Richard Bolchover, *British Jewry and the Holocaust*, Seite 78, Cambridge University Press, 1993. Nach Bolchover ist es höchst unwahrscheinlich, daß Nichtjuden in der Gleichstellung jemals etwas Gegenseitiges gesehen haben: »So existierte der Emanzipations-»Vertrag« ausschließlich in den Köpfen der britschen Juden. Das Ganze war eine Täuschung, wenn auch einige englische Intellektuelle des 19. Jahrhunderts mit ihren Äußerungen durchaus dazu beigetragen haben«, Seite 181.

26 Zitiert in Rickie Burman, »The Jewish Woman as Breadwinner: The Changing Value of Women's Work in a Manchester Immigrant Community«, Seite 36, *Oral History*, Bd. 10. Nr. 2, Herbst 1982. Ein gnadenloses Portrait der snobbistischen und materialistischen Haltung der Upper-class-Juden des 19. Jahrhunderts ist Amy Levys Kurzroman *Reuben Sachs: A Sketch*, in Melvyn New (Hrsg.), *The Complete Novels and Selected Writings of Amy Levy, 1861–1889*, University Press of Florida, 1993.

27 Zitiert in Rosalyn Livshin, »The Acculturation of the Child-

ren of Immigrant Jews in Manchester, 1890–1930«, Seite 81, in David Cesarini, (Hrsg.), *The Making of Modern Anglo-Jewry*, Basil Blackwell, 1990.

28 Williams, a. a. O., Seite 92.

29 Bill Williams, »›East and West‹ in Manchester Jewry, 1850–1914«, Seite 81, in David Cesarini (Hrsg.), a. a. O.

30 Williams, 1990, a. a. O.

31 Livshin, a. a. O.

32 Livshin, a. a. O.

33 Steven Cohen, *That's Funny, You Don't Look Anti-Semitic*, Beyond the Pale Collective, 1984.

34 Livshin, a. a. O.

35 Zitiert in Howard Cooper und Paul Morrison, *A Sense of Belonging*, Seite 76, Weidenfeld and Nicolson, 1991.

36 Bolchover, a. a. O. Der jüdische Philosoph Franz Rosenzweig spricht sehr hilfreich von zwei unterschiedlichen Formen der Assimilation: bei der einen werden Identität und Geschichte der Einwanderer komplett ausgelöscht, bei der zweiten nur die wertvollsten und nützlichsten Elemente des Neuen in die eigene Kultur übernommen. (Cooper and Morison, a. a. O.) Assimilation ist häufig auch dem Begriff Integration gegenübergestellt worden, was weniger sinnvoll erscheint; wobei das erste den Prozeß der Einverleibung und das Verschwinden jeglicher Unterschiede bezeichnet und das letztere auf dem Konzept gegenseitiger Akzeptanz beruht. (Claire Pajaczkowska und Barry Curtis, »Assimilation, Entertainment, and the Hollywood Solution«, in Linda Nochlin und Tamar Garb (Hrsg.), *The Jew in the Text: Modernity and the Construction of Identity*, Thames and Hudson, 1995).

37 Feldman, a. a. O.

38 Ibid.

39 Zitiert in ibid., Seite 302 f.

40 David Cesarini, »Communal Authority in Anglo-Jewry, 1914–1940«, in Cesarini, a. a. O.

41 Louise London, »Jewish Refugees, Anglo-Jewry and British Government Policy, 1930–1940«, in Cesarini, a. a. O.

42 Ibid.

43 Ibid., Seite 166.

44 Jewish Chronicle, 28. Oktober 1938, zitiert in ibid., Seite 185. Der Konflikt zwischen deutschen Juden und Ostjuden dauert schon so lange an, daß jüdische Flüchtlinge vor dem Krieg selbst in Bolivien die Auseinandersetzungen weiterführten (siehe auch Leo Spitzer, »Andean Waltz«, in Geoffrey H. Hartman (Hrsg.), *Holocaust Remembrance: The Shapes of Memory*, Basil Blackwell, 1994).
45 Tony Kushner, *The Holocaust und the Liberal Imagination*, Basil Blackwell, 1994.
46 Bolchover, a. a. O.
47 Jewish Women in London Group, *Generations of Memories: Voices of Jewish Women*, The Women's Press, 1989.
48 London, a. a. O.
49 Zitiert in ibid., Seite 175.
50 1938 erklärte die Medical Practitioners' Union, daß »alle Menschen wissen, daß es eine Rasse gibt, die sich niemals anpaßt, eine Rasse, für die ihre ›Geschäfte‹ wichtiger sind als die Menschen, die so dumm waren, ihnen ihre Gastfreundschaft anzubieten.« Zitiert in Kushner, 1994, a. a. O., Seite 84.
51 Barry Turner, *The Long Horizon: 60 Years of CBF World Jewish Relief*, CBF World Jewish Relief, 1993.
52 Kushner, 1994, a. a. O.
53 Norman Bentwich, *They Found Refugee*, The Cresset Press, 1956.
54 Zitiert in Tony Kushner, *The Persistence of Prejudice: Anti-Semitism in British society during the Second World War*, Seite 153, Manchester University Press, 1989.
55 Ibid.
56 Zitiert in Kushner, 1994, a. a. O., Seite 114.
57 Zitiert in Kushner, 1989, a. a. O., Seite 155.
58 Bolchover, a. a. O.
59 Zitiert in Cohen, a. a. O., Seite 74.
60 Zitiert in Bolchover, a. a. O., Seite 50.
61 Zitiert in Kushner, 1994, a. a. O., Seite 57.
62 George Weidenfeld, *Remembering My Good Friends*, Seite 91, HarperCollins, 1995.
63 Bolchover, a. a. O., Seite 51

64 Louise London, Wiener Library conference, »Family/History: Survivors, Refugees and their Children«, London, 29. Januar 1995.

65 Kushner, 1989, a. a. O.

66 Kushner, 1994, a. a. O. weist auf viele Beispiele von unglücklichen Arbeitgeber/Hausangestellten-Beziehungen hin.

67 Zitiert in in Bolchover, a. a. O., Seite 72.

68 Bertha Leverton und Shmuel Lowenson (Hrsg.), *I Came Alone: The Stories of the Kindertransports*, Book Guild, 1990.

69 Helga Wolff, *No longer strangers*, The World of Books, 1995.

70 Herbert Levy, *Voices from the Past*, Seite 39, Book Guild, 1995.

71 Wolff, a. a. O., Seite 40.

72 Ibid., Seiten 41 f.

73 Zitiert in Kushner, 1989, a. a. O., Seite 68.

74 Ibid.

75 Bentwich, op. cit.

76 Kushner, 1994, op. cit.

77 Zitiert in Kushner, 1989, a. a. O., Seite 149.

78 Ibid.

79 Zitiert in Ruth Gorb, »An enemy alien in Britain«, *Hampstead and Highgate Express*, 5. Mai 1995.

80 Levy, a. a. O., Seite 44.

81 Tony Kushner, »All Quiet on the Home Front?«, Seite 12, *Jewish Quarterly*, Nr. 135, Herbst 1989. (Kushner, 1989, a. a. O., verweist von hier an jedoch auf *The Persistence of Prejudice: Anti-Semitism in British society during the Second World War*, Seite 153, Manchester University Press, 1989.)

82 Zitiert in Kushner, 1989, a. a. O., Seite 98

83 Ibid., Seite 92.

84 Ibid., Seite 2.

85 Zitiert in ibid., Seite 96.

86 Ibid., Seite 92.

87 Angus Calder, *The People's War*, zitiert in ibid., Seite 99.

88 Zitiert in ibid., Seite 96.

89 Ibid., Seite 133.

90 Ibid.

91 Levy, a. a. O., Seite 88.

92 Zitiert in ibid., Seite 107.

93 Und dieses Phänomen beschränkte sich nicht auf England: Eine ähnliche Verflechtung der Überzeugungen war auch in Frankreich anzutreffen. Siehe auch Lawrence D. Kritzman, a. a. O.
94 Kushner, 1989, a. a. O.
95 Ibid.
96 Bolchover, a. a. O.
97 Kushner, 1989, a. a. O., Seite 180.
98 Zitiert in Bolchover, a. a. O., Seiten 10 f.
99 Zalman Shazar, zitiert in Haim Gouri, »Facing the Glass Booth«, in Geoffry H. Hartman, a. a. O.
100 Bolchover, a. a. O.
101 Zitiert in ibid., Seite 58.
102 Zitiert in ibid., Seite 66.
103 Ibid.
104 Yehuda Bauer, zitiert in ibid., Seite 99.
105 Ibid., Seite 156.
106 Ibid.
107 Zitiert in ibid., Seite 115.
108 Zitiert in Kushner, 1989, a. a. O., Seite 177.
109 Kushner, 1994, a. a. O., Seiten 131 f.
110 Kushner, 1989, a. a. O.
111 Ibid.
112 Zitiert in Jean Seaton, »The BBC and the Holocaust«, Seite 71, *European Journal of Communication*, Band 2, 1987.
113 Zitiert in Kushner, 1989, a. a. O., Seite 117.
114 Zitiert in ibid., Seite 157.
115 Ibid., Seite 157.
116 Zitiert in Martin Gilbert, *Auschwitz and the Allies*, Seite 99, Mandarin, 1991.
117 Zitiert in Kushner, 1989, a. a. O., Seite 160.
118 Ibid., Seite 159.
119 Ibid.
120 Ibid., Seite 160.
121 Kushner, 1994, a. a. O., Seite 200.
122 Ibid.
123 Michael R. Marrus, *The Holocaust in History*, Penguin Books, 1989.

124 Zitiert in Antony Polonsky (Hrsg.), *My Brother's Keeper? Recent Polish debates on the Holocaust*, Seite 92, Routledge, 1990. Der polnische Botschafter in London schlug, nachdem er Karski getroffen hatte, der englischen Regierung Hilfsmaßnahmen für die Juden vor. Ein hoher Beamter des Außenministeriums, Frank Roberts, wies diese zurück. »Hitler«, warnte er, »scheint eine sehr heikle Haltung zur Frage der Kriegsgefangenen zu haben. Es scheint mir daher ratsam, ihn in diesem Punkt nicht mehr als notwendig zu reizen, besonders, wenn es dabei um Juden geht.« (Zitiert in Louis L. Gerson, »The Reaction of the Polish Government-in-Exile and the Allied Governments to the News of the Endlösung: the Role of Jan Karski«, Seite 315, in Andrzej K. Paluch (Hrsg.), *The Jews in Poland*, Band 1, Jagiellonian University, 1992.)
125 David Cesarani, *Justice Delayed*, Mandarin, 1992.
126 Kushner, 1994, a. a. O.
127 Seaton, a. a. O., Seite 57.
128 Zitiert in a. a. O., Seite 61.
129 Antony Smith, zitiert in ibid.
130 Seaton, a. a. O.
131 Zitiert in ibid., Seite 66, eine Elle entspricht 1,14 Metern.
132 Ibid., Seite 66.
133 Stephen Ward, »Why the BBC ignored the Holocaust«, *Independent on Sunday*, 22. August 1993.
134 Seaton, a. a. O.
135 Kushner, 1994, a. a. O.

Kapitel 11

1 Tony Kushner, 1994, a. a. O.
2 Ibid.
3 Zitiert in Tony Kushner, 1989, a. a. O., Seite 199. Ein Monat nach Ende des Krieges waren 85 Prozent der Amerikaner der Meinung, daß Juden in Amerika zuviel Macht hätten (Leonard Dinnerstein, *America and the Survivors of the Holocaust*, Columbia Press, 1982.)

4 zitiert in Martin Gilbert, a. a. O., Seite 133.
5 zitiert in Kushner, 1994, a. a. O., Seite 199.
6 Gilbert, a. a. O.
7 Kushner, 1994, a. a. O.
8 Seaton, a. a. O.
9 Henning Krabbe (Hrsg.), *Voices from Britain: Broadcast History 1939–45*, George Allen and Unwin, 1947.
10 Leonard Cottrell, »The Man from Belsen« in Laurence Gilliam (Hrsg.), *BBC Features*, Evans Brothers, 1950.
11 Ben Helfgott, persönliches Gespräch, 13. Januar 1995.
12 Tony Kushner, 1994, a. a. O.
13 Ibid., Seite 216.
14 »France remembers Pétain 's trial for collaboration – Fifty years on«, in *Jewish Chronicle*, 11. August 1995.
15 Lawrence D. Kritzman, a. a. O.
16 Robert Wistrich, 1991, a. a. O.
17 Iwona Irwin-Zareckas genaue Beobachtungen werden in Debórah Dwork und Robert Jan van Pelt, »Reclaiming Auschwitz«, in Hartman, a. a. O., zitiert.
18 Eine Tatsache, die kein Besucher des heutigen Polens übersehen kann – siehe Kapitel 8.
19 Jill Tweedie, »The silent byways of the righteous gentiles«, in *Guardian*, 17. Dezember 1990.
20 Anton Gill, a. a. O.
21 Barry Turner, a. a. O.
22 Zitiert in Sarah Moscowitz, *Love Despite Hate: Child Survivors of the Holocaust and Their Adult Lives*, Seite 6, Schocken Books, 1983. Einige der Kinder, die später in ein Heim in Sussex kamen, profitierten in ihrer Entwicklung auch durch die Warmherzigkeit der Einheimischen. Sie zeigten ihnen ihre Tiere und Gärten und schenkten ihnen Blumen. Siehe auch Gill, a. a. O.
23 Gill, a. a. O., siehe auch Martin Gilberts aufwühlendes neues Buch über die überlebenden Kinder, *The Boys: Triumph over adversity*, Weidenfels und Nicholson, 1996
24 Bentwich, a. a. O.
25 Kushner, 1994, a. a. O., Seite 232.
26 Bentwich, a. a. O.

27 Zitiert in Kushner, 1994, a. a. O., Seite 232.

28 David Cesarani, 1992, a. a. O. Siehe auch Dinnerstein, a. a. O., der über den gleichzeitig in den USA stattfindenden Vorgang berichtet.

29 Zitiert in ibid., Seiten 78 f. 1945 erklärte General Patton, dem die Vertriebenenlager unterstanden, daß Juden »noch unter den Tieren angesiedelt seien« (Dinnerstein, a. a. O., Seite 17).

30 Cesarani, 1992, a. a.O

31 Ibid. Tom Bower, *Blind Eye to Murder*, Little Brown, 1995. Bower beschreibt, wie die Ex-Nazis mit Hilfe der Engländer die Macht in Deutschland wieder übernahmen. Ihre enormen Vermögen blieben unangetastet. England hat erst 1991 Kriegsverbecher-Gesetze verabschiedet.

32 Ben Helfgott bemerkt dazu, »daß sie Litauer, Letten und Ukrainer ins Land ließen – aber das letzte, was sie haben wollten, waren Juden« (persönliches Gespräch, 13. Januar 1995).

33 David Cesarani, persönliches Gespräch, Januar 1995.

34 Kushner, 1994, a. a. O.

35 Dieses Phänomen gab es nicht nur in England. Janine Chasseguet-Smirgel berichtet: »Supervisionen ... zeigen, daß viele Analytiker, jüdische und nichtjüdische, nicht in der Lage sind, Verbindungen zur Schoa zu erkennen. Wenn ein jüdischer Patient zum Beispiel an einen Zug denkt, dann ist es in der Regel kein Zug, mit dem man Ausflüge macht ...« Janine Chasseguet-Smirgel, »›Time's White Hair We Ruffle.‹ Reflections on the Hamburg Congress«, in *International Review of Psycho-Analysis*, Nr. 14, 1987, Seite 434. In Kapitel 12 wird der Ablauf der Debatte über die psychologischen Folgen des Holocaust und die Diskussion über die Ablehnung der Psychoanalyse durch die Überlebenden beschrieben.

36 Cesarani, persönliches Gespräch, Januar 1995.

37 Rudolph M. Witenberg, »Children under the Nazi System«, in: *American Journal of Orthopsychiatry*, Band 15, Nr. 3, Juli 1945.

38 Editha Sterba, »Emotional Problems of Displaced Children«, in: *Journal of Social Casework*, Band 30, Nr. 5, Mai 1949.

39 Zelda S. Wolpe, »Readjustment of the Child in the Post-war Era«, in: *American Journal of Orthopsychiatry,* Band 15, Nr. 3, Juli 1945. In Kapitel 12 werden zwei Ausnahmen beschrieben, Bruno Bettelheim und Paul Friedman.

40 Anna Freud, »Gemeinschaftsleben im frühen Kindesalter« (1951), in: *Die Schriften der Anna Freud,* Band IV: *Indikationsstellungen in der Kinderanalyse und andere Schriften,* Kindler, 1980.

41 A. M. Meerloo, »Psychological war experiences in the second world war«, in: *Overgedrukt uit de Psychiatrische en Neurologische Bladen,* Nr. 5/6, 1946.

42 Alle Artikel in Band 15, Nr. 3 des *American Journal of Orthopsychiatry,* Juli 1945.

43 H. A. Thorner, »The Treatment of Psychoneurosis in the British Army«, in: *International Journal of Psychoanalysis,* Band 27, Teil 1 und 2, 1946.

44 Hansi Kennedy, der eng mit Anna Freud zusammengearbeitet hat, persönliches Interview, 13. Januar 1995.

45 Pearl King, persönliches Gespräch, 13. Januar 1995.

46 Ibid.

47 Geoffrey Cocks, *Psychotherapy in the Third Reich,* Oxford Universtiy Press, 1985. Einige deutsche Psychoanalytiker traten der NSDAP bei, wenige, wie John Rittmeister, schlossen sich dem Widerstand an. (Rittmeister starb im Dienste des Widerstands.) Die Mehrheit kollaborierten jedoch mehr oder weniger. Im Gegensatz zur Holländischen Gesellschaft für Psychoanalyse, die sich 1941 aus Protest gegen das Berufsverbot für ihre jüdischen Kollegen auflöste.

48 Martin Wangh, »The Working-Through of the Nazi Experience in the German Psychoanalytical Community« und Volker Friedrich, »The Internalisation of Nazism and Its Effects on German Psychoanalysts and Their Patients«, in Hella Ehlers und Joyce Crick (Hrsg.), *The Trauma of the Past: Remembering and Working Through,* Goethe Institut, London, 1994. Siehe auch Janine Chasseguet-Smirgels interessanten Artikel über den Kongreß, a. a. O., in dem sie nebenbei bemerkt, daß es bemerkenswert viele nichtjüdische Analytiker in Deutschland gibt, die in den Jahren vor dem Kongreß

immer auf ihre jüdische Großmutter hingewiesen haben – so viele [jüdische Großmütter], daß der Gedanke, daß es in Deutschland nur so von Juden wimmelte, gar nicht so weit hergeholt erschien«, Seite 435.

49 Ernest Jones, *Das Leben und Werk von Sigmund Freud*, Huber, 1982.

50 Andre Haynal, »Central European Analysis and Its Move Westwards in the Twenties and Thirties«, in Ehlers und Crick, a. a. O.

51 Phyllis Grosskurth, *Melanie Klein: Leben und Werk*, Verl. Internat. Psychoanalyse, 1993.

52 Ibid.

53 Pearl King, persönliches Gespräch.

54 James Edward Young, *Beschreiben des Holocaust: Darstellung und Folgen der Interpretation*, Jüdischer Verlag, 1992.

55 Isaac Deutscher, a. a. O., Seite 37.

56 Heinrich Himmler, zitiert in Alexander und Margarete Mitscherlich, *Die Unfähigkeit zu trauern.*

57 Dori Laub, »Bearing Witness«, in Shoshana Felman und Dori Laub, *Testimony: Crises of Witnessing in Literatur, Psychoanalysis, and History*, Seite 68, Routledge, 1992.

58 Helen Fein, zitiert in Zygmunt Baumann, *Modernity and the Holocaust*, Polity Press, 1989.

59 James Young, a. a. O., zitiert Gerd Korman.

60 Cesarani, 1992, a. a. O., Seite 162.

61 Tony Kushner, »Survivors in the 1940s and beyond«, Vortrag, gehalten im Institute of Contemporary History and Wiener Library conference, »Family/History: Survivors, Refugees and their Children«, London, 29. Januar 1995.

62 Cesarani, 1992, a. a. O. Kushner weist darauf hin, daß sich das in den fünfziger und sechziger Jahren geringe Interesse an den Konzentrationslagern auf die sexuelle Mißhandlung von Frauen konzentrierte. Deswegen sei es kein Wunder, daß sich viele Überlebende nur ungern über ihre Erlebnisse äußerten. Kushner, 1995, a. a. O.

63 Philip Norman, »A cosy British dose of the same old anti-Semitic poison«, in: *Independent on Sunday*, 25. August 1991.

64 Kushner, 1994, a. a. O.

65 Cesarani, 1992, a. a. O.
66 Kushner, 1994, a. a. O.
67 Mark Arnold-Foster, *Die Welt im Krieg*, Ed. Bergh, 1975.
68 Kushner, 1994, a. a. O.
69 James Young, *The Texture of Memory*, Yale University Press, 1993.
70 Madeleine Bunting, »Holocaust centre ›long overdue‹«, in: *Guardian*, 19. September 1994.
71 »Holocaust Centre opens in House of Peace« on Beth Shalom in Nottinghamshire, in: *Holocaust Survivors' News*, The Holocaust Survivors' Centre, September 1995.
72 *Anti-Semitism World Report 1994*, Institute of Jewish Affairs, 1994.
73 Siehe zum Beispiel auch *Where Shall We Go?*, Swing Bridge Video, 1991, in dem sich in England lebende Holocaust-Überlebende mit Jugendlichen über die Folgen des Holocaust auf ihr Leben unterhalten, und Carrie Supples *From Prejudice to Genocide: Learning about the Holocaust*, Trentham Books, 1992.
74 Kushner, 1994, op. cit.
75 Geoffrey Alderman, »Agenda: Holocaust Studies«, in: *Guardian Education*, 1. November 1994.
76 Gill, op. cit.
77 *Voices of the Holocaust*, British Library, 1993.
78 Journal of the Anne Frank Educational Trust UK, 1995.
79 Helfgott, persönliches Gespräch.
80 Aaron Hass, *The Aftermath: Living with the Holocaust*, Seite 90, Cambridge University Press, 1995. Siehe auch Helen Epstein, *Die Kinder des Holocaust: Gespräche mit Söhnen und Töchtern von Überlebenden*, Deutscher Taschenbuch Verlag, 1990.
81 Arthur H. Samuelson, »A Writer, Not a Celebrity«, in: *Jerusalem Post Magazine*, 13. Januar 1989.
82 Bjorn Krondorfer, *Remembrance and Reconciliation: Encounters between Young Jews and Germans*, Yale University Press, 1995.
83 Nelly Furman, »The Languages of Pain in *Shoah*« in: Lawrence D. Kritzman, a. a. O. Siehe auch die Einführung von

Kritzman, und Naomi Greens interessanten Artikel »La vie en rose: Images of the Occupation in French Cinema«.

84 Kazimierz Brandys, 1984, zitiert in Antony Polonsky, a. a. O., Seite 182, in dem auch Blonskis Artikel und viele der Zuschriften abgedruckt sind.

85 Tom Segev, *The Seventh Million: The Israelis and the Holocaust*, Hill and Wang, 1994.

86 Dan Bar-On, *Fear and Hope: Three Generations of the Holocaust*, Harvard University Press, 1995.

87 Segev, a. a. O., Seite 471 f. Der israelische Schriftsteller David Grossman, der in den fünfziger Jahren geboren wurde, erinnert sich, daß »wir in der Schule mehr über die französische Revolution gelernt haben als über den Holocaust«. (Robin Lustig, »Dreams written on his palm«, in: *Observer*, 21. Januar 1990.)

88 Rafael Moses, »An Israeli Psychoanalyst Looks Back in: 1983«, in Steven A. Luel und Paul Marcus, *Psychoanalytic Reflections of the Holocaust: Selected Essays*, Ktav Publishing House, 1984.

89 Akiva W. Deutsch, *The Eichmann Trial in the Eyes of Israeli Youngsters*, Bar-Ilan University Press, 1974.

90 Segev, a. a. O.

91 Hass, a. a. O.

92 Segev, a. a. O.

93 Deutscher, a. a. O., Seite 18.

94 Segev, a. a. O.

95 Ibid.

96 Deutscher, op. cit.

97 Haim Gouri, »Facing the Glass Booth«, in Hartman, a. a. O.

98 Eva Fogelman, »From Mourning to Creativity: Second Generation in Different Continents«, Vortrag, gehalten auf der First International Jerusalem Conference of Children of Holocaust Survivors am 21. Dezember 1988. Ein israelischer Professor wies Fogelman darauf hin, daß sie ein amerikanisches Phänomen auf israelische Verhältnisse angewandt hätte. Israelische Kinder von Überlebenden seien besser integriert, behauptete er, und die Teilnahme an der Gruppe hätte sie ihren Altersgenossen entfremdet.

99 Michael Yudelman, »The Week That Was«, in: *Jerusalem Post*, 20. April 1995.

100 Alexander und Margarete Mitscherlich, a.a.O., Seite 65. Übersetzung aus a.a.O., Seite 23 und 81.

101 Krondorfer, a.a.O.

102 Elena Lappin, *Jewish Voices, German Words: Growing Up Jewish in Post-War Germany and Austria*, Catbird Press, 1994.

103 Susan Neiman, zitiert in Krondorfer, a.a.O., Seite 33.

104 James E. Young, 1993, a.a.O., Seite 25.

105 Zitiert in Krondorfer, a.a.O.

106 Nancy Wood, »The Holocaust: historical memories and contemporary identities«, in: *Media, Culture and Society*, Band 13, 1991.

107 Lawrence L. Langer, *Admitting the Holocaust*, Oxford University Press, 1995.

108 Wie Kushner (1989), a.a.O., ihn bezeichnet. 1957 erwiesen sich die Beschuldigungen, der Finchley Golf Club schließe Juden von der Mitgliedschaft aus, als wahr. In der Folge wurde enthüllt, daß auch andere Londoner Golfklubs Quoten für die Aufnahme von Juden hatten. Siehe auch Geoffrey Alderman, »Political Attitudes and Voting Patterns« in Robert S. Wistrich (Hrsg.), *Terms of Survival: The Jewish world since 1945*, Routledge, 1995.

109 Eine Ansicht, die von David Rosenberg, »Racism and Anti-Semitism in Contemporary Britain«, in: *Jewish Quarterly*, Band 32, Nr. 1, 1985, energisch bestritten wird.

110 Siehe auch Wistrich, 1991, a.a.O.

111 Runnymede Trust Commission on anti-Semitism, *A very light sleeper*, Runnymede Trust, 1994.

112 Annual Report 1994, das Board of Deputies of British Jews. Nach Angaben eines Zeitungsartikels, Peter Popham, »Stalked by the shadows of history«, in: *Independent*, 14. November 1995, gab es in England von 1992–1994 die weltweit größte Zahl antisemitischer Übergriffe.

113 Rosenberg, a.a.O.

114 Zitiert in Cesarani, 1992, a.a.O., Seite 204.

115 Feldman, a.a.O., Seite 11.

116 Ena Abrahams, »I Had This Other Life ...«, Seite 101, in Jewish

Women in London Group, *Generations of Memories: Voices of Jewish Women*, The Women's Press, 1989.

117 Lesley Hazleton, *England, Bloody England*, Seite 48, The Atlantic Monthly Press, 1990.

118 Cooper und Morrison, a. a. O. Lord Young erinnert sich daran, wie seine Eltern über Hitlers Aufstieg gesprochen haben.« Sie wollten nach außen hin nicht als Juden erscheinen. Wenn das anders gewesen wäre, dann hieße ich heute Lord Yankelovitch« (Ruth Bloomfield, »Jewishness in UK ›fading away‹«, in: *Hampstead and Highgate Express*, 15. September 1995).

119 Sue Hubbard, »Inheritance«, Seite 87, in: Sonja Lyndon und Sylvia Paskin (Hrsg.), *The Dybbuk of Delight: An Anthology of Jewish Women's Poetry*, Five Leaves Publications, 1995.

120 Elena Lappin, »Between the Lines«, in: *Jewish Quarterly*, Band 42, Nr. 1 (157), Frühjahr 1995.

121 Siehe Rosalyn Livshin, »Acculturation of Immigrant Jewish Children, 1890–1930«, in: Cesarani, 1990, a. a. O., und Ena Abrahams, a. a. O., Seite 101. Als sie Lehrerin war, ermunterte ein Inspektor sie, sich um eine Stellvertreterposition zu bewerben. Er gab ihr den Rat: »Denken Sie ... ernsthaft ... über eine Namensänderung nach, denn das könnte ein großes Problem für Sie werden.«

122 Anna Freud, »Special Experiences of Young Children Particularly in Times of Social Disturbance«, Seite 155, in Kenneth Soddy (Hrsg.), *Mental Health and Infant Development*, Routledge and Kegan Paul, 1955.

123 Siehe auch Bryan Cheyette, a. a. O.

124 Rosemary Friedman in »The Meaning of Anti-Semitism«, in: *Jewish Quarterly*, Band 38, Nr. 1 (141), Frühjahr 1991.

125 William Cash, »Kings of the Deal«, in: *Spectator*, 29. Oktober 1994.

Kapitel 12

1 Helen Epstein, a. a. O.

2 Zitiert in Henry Krystal (Hrsg.), *Massive Psychic Trauma*, Seite 8, International Universities Press, 1968.

3 Bruno Bettelheim, *Aufstand gegen die Masse*, Szcesny, 1966.

4 Hillel Klein, zitiert in Paul Marcus und Alan Rosenberg, »A Philosophical Critique of the ›Survivor Syndrome‹ and Some Implications for Treatment«, in Randolph L. Braham (Hrsg.), *The Psychological Perspectives of the Holocaust and of Its Aftermath*, Columbia University Press, 1988.

5 Leslie Berger, »The Long-Term Psychological Consequences of the Holocaust on the Survivors and Their Offspring«, in Braham, a. a. O.

6 Paul Marcus und Alan Rosenberg, »Treatment Issues with Survivors and their Offspring: An Interview with Anna Ornstein«, in Paul Marcus und Alan Rosenberg (Hrsg.), *Healing Their Wounds: Psychotherapy with Holocaust Survivors and Their Families*, Praeger, 1989.

7 Robert Krell, »Alternative Therapeutic Approaches to Holocaust Survivors«, in ibid.

8 Zitiert in Arlene Steinberg, »Holocaust Survivors and Their Children: A Review of the Clinical Literature«, in ibid.

9 William Niederland, »The Problem of the Survivor«, in Krystal, a. a. O.

10 Eva Fogelman, »Therapeutic Alternatives for Holocaust Survivors and Second Generation«, in Braham, a. a. O.

11 Robert Krell, »Holocaust Survivors and Their Children: Comments on Psychiatric Consequences and Psychiatric Terminology«, in: *Comprehensive Psychiatry*, Band 25, Nr. 5, September/Oktober 1984.

12 Martin S. Bergmann und Milton E. Jucovy, *Generations of the Holocaust*, Columbia University Press, 1982.

13 Robert J. Lifton, »The Survivors of the Hiroshima Disaster and the Survivors of Nazi Persecution«, in Krystal, a. a. O.

14 A. Russell, »Late Psychosocial Consequences in Concentration Camp Survivor Families«, in: *American Journal of Orthopsychiatry*, Band 44, Nr. 4, Juli 1974.

15 William Niederland, »The Clinical After-effects of the Holocaust in Survivors and Their Offspring«, in Braham, a. a. O.

16 Vortrag aus dem Jahr 1974 zitiert in Jack Terry, »The Damaging Effects of the»Survivor Syndrome‹«, Seite 137, in Steven A. Luel und Paul Marcus, op. cit.

17 Terry, op. cit.
18 Bergmann und Jucovy, op. cit.
19 Myra Giberovitch, »Formulating an Agenda to Meet the Needs of Elderly Holocaust Survivors«, in John Lemberger (Hrsg.), *A Global Perspective on Working with Holocaust Survivors and the Second Generation*, JDC-Brookdale Institute of Gerontology and Human Development, 1995.
20 Hillel Klein, »The Survivors Search for Meaning and Identity«, in *The Nazi Concentration Camps*, Proceedings of the Fourth Yad Vashem International Historical Conference, Yad Vashem, 1984.
21 Shamai Davidson, »Human Reciprocity Among Jewish prisoners in the Nazi Concentration Camp«, in ibid.
22 Janice F. Bistritz, »Transgenerational Pathology in Families of Holocaust Survivors«, in Braham, op. cit.
23 Dan Bar-On, a. a. O.
24 Davidson, a. a. O.
25 Siehe unter anderem John J. Sigal und Morton Weinfeld, »Mutual Involvement and Alienation in Families of Holocaust Survivors«, in: *Psychiatry*, Band 50, August 1987.
26 Shamai Davidson, »The Survivor Syndrome Today: An Overview«, in *Group Analysis: The Survivor Syndrome Workshop*, Trust for Group Analysis, 1980.
27 Dov R. Aleksandrowicz, »Children of Concentration Camp Survivors«, in E. James Anthony und Cyrille Koupernik (Hrsg.), *The Child in His Family: The Impact of Disease and Death*, John Wiley and Sons, 1973.
28 Davidson, 1980, a. a. O.
29 Krystal, a. a. O.
30 Robert Krell, »Alternative Therapeutic Approaches to Holocaust Survivors«, Seiten 216 f., in Marcus und Rosenberg, a. a. O.
31 Übersetzung aus: Primo Levi, *Die Untergegangenen und die Geretteten*, Seiten 83 f., dtv 1993.
32 Rafael Moses, »Discussion of Dinora Pines' Paper on Transmission of the Holocaust Trauma to the Second Generation«, Seite 108, in *Holocaust Trauma: Transgenerational Transmission to the Second Generation*, Sonderausgabe des *Journal of Social Work and Policy in Israel*, Bände 5–6, 1992.

33 Terry, a. a. O.
34 Ludwig Haesler, »Modes of Transgenerational Transmission of the Trauma of Nazi Persecution and their Appearance in Treatment«, Seite 53, in: *Journal of Social Work and Policy in Israel*, a. a. O.
35 Paul Handel, zitiert in Aaron Hass, *The Aftermath*, Seite 41, Cambridge University Press, 1995.
36 Terry, a. a. O., Seite 136.
37 Moses Laufer, »The Analysis of Child Survivors«, in: Anthony und Koupernik, a. a. O.
38 Sarah Moscovitz, *Love Despite Hate: Child Survivors of the Holocaust and Their Adult Lives*, Seite 237, Schocken Books, 1983.
39 John J. Sigal, »Resilience in Survivors, Their Children and Their Grandchildren«, in: *Echoes of the Holocaust*, Nr. 4, Juni 1995 (Bulletin des Jerusalem Center for Research into the Late Effects of the Holocaust).
40 Daniel Goleman, »Holocaust Survivor Had Skills to Prosper«, in: *New York Times*, 6. Oktober 1992.
41 Leo Eitinger, zitiert in Fogelman, a. a. O.
42 Bergmann und Jucovy, a. a. O.
43 Vivian Rakoff (zitiert in Epstein, a. a. O.). Sie hat zusammen mit John Sigal zu dem Thema gearbeitet. Interessanterweise kamen die ersten Arbeiten aus Kanada. Bernard Trossmann war ein weiterer Pionier dieser Forschung.
44 Krystal, a. a. O.
45 Milton E. Jucovy, »Therapeutic Work with Survivors and Their Children: Recurrent Themes and Problems«, in: Marcus und Rosenberg, op. cit.
46 Russell, a. a.O
47 Siehe auch John J. Sigal et al., »Concentration Camp Survival: A Pilot Study of Effects on the Second Generation«, in: *Canadian Psychiatric Association Journal*, Band 16, 1971; Stanley L. Rustin und Florence S. Lipsig, »Psychotherapy with the Adolescent Children of Concentration Camp Survivors«, in: *Journal of Contemporary Psychotherapy*, Band 4, Nr. 2, Frühjahr 1972; und J. J. Sigal et al., »Some Second-Generation Effects of Survival of the Nazi Persecution«, in:

American Journal of Orthopsychiatry, Band 43, Nr. 3, April 1973.

48 Harvey A. Barocas und Carol B. Barocas, »Wounds of the Fathers: The Next Generation of Holocaust Victims«, in: *International Review of Psycho-Analysis*, Nr. 6, 1979.

49 Epstein, a. a. O.

50 Rustin und Lipsig, a. a. O.

51 Barocas und Barocas, a. a. O., Seite 331.

52 Dori Laub und Nanette C. Auerhahn, »Reverberations of Genocide: Its Expressions in the Conscious and Unconscious of Post-Holocaust Generations«, in: Luel und Marcus, a. a. O.

53 Bergmann und Jucovy, a. a. O., Seite 312.

54 Moshe Halevi Spiro, »Editor's Preface«, Seite 8, in: *Journal of Social Work and Policy in Israel*, a. a. O.

55 Aaron Hass, »In the Shadow of the Holocaust«, Seite 57, I. B. Tauris, 1991.

56 Rustin und Lipsig, op. cit.

57 Harvey A. Barocas und Carol B. Barocas, »Separation-Individuation Conflicts in Children of Holocaust Survivors«, in: *Journal of Contemporary Psychotherapy*, Band 11, Nr. 1, Frühjahr/Sommer 1980.

58 Barocas und Barocas, 1979, a. a. O.

59 Joan T. Freyberg, »Difficulties in Separation-Individuation as Experienced by Offspring of Nazi Holocaust Survivors«, in: *American Journal of Orthopsychiatry*, Band 50, Nr. 1, Januar 1980.

60 Barocas und Barocas, 1980, a. a. O.

61 Freyberg, 1980, a. a. O.

62 Yael Danieli, »The Heterogeneity of Post-war Adaptation in Families of Holocaust Survivors«, in Braham, a. a. O.

63 Nanette C. Auerhahn und Ernst Prelinger, »Repetition in the Concentration Camp Survivor and Her Child«, in: *International Review of Psycho-Analysis*, Nr. 10, 1983.

64 Bistritz, op. cit.

65 Hillel Klein, in »Discussion«, in: *The Nazi Concentration Camps*, a. a. O.

66 Hass, 1991, a. a. O., Seite 51.

67 Epstein, a. a. O., Seite 307.
68 Judith S. Kestenberg, »Transposition Revisited: Clinical, Therpeutic, and Developmental Considerations«, in: Marcus und Rosenberg, op. cit.
69 Judith S. Kestenberg, »Psychoanalyses of Children of Survivors from the Holocaust: Case Presentations and Assessment«, in: *Journal of the American Psychoanalytical Association*, Band 28, Nr. 4, 1980.
70 Bergmann und Jucovy, a. a. O.
71 Barocas und Barocas, 1979, a. a. O.
72 Danieli, a. a. O.
73 Yael Danieli, »The Impact of Holocaust Experience on Families of Survivors Living in the United States«, Seite 607, in: *The Nazi Concentration Camps*, a. a. O.
74 Hass, 1991,a. a.O, Seite 59.
75 Dinah Wardi, *Memorial Candles: Children of the Holocaust*, Seite 6, Routledge, 1992.
76 Art Spiegelman, *Maus II*, Seite 15, Penguin Books, 1992.
77 Danieli, 1988, a. a. O., Seite 116.
78 J. J. Sigal et al., a. a. O.
79 Danieli, 1984, a. a. O.
80 Dinora Pines, »The Impact of the Holocaust on the Second Generation«, in Dinora Pines (Hrsg.), *A Woman's Unconscious Use of Her Body*, Virago, 1993.
81 Joan T. Freyberg, »The Emerging Self in the Survivor Family«, in Marcus und Rosenberg, a. a. O.
82 Bergmann und Jucovy, a. a. O.
83 Eva Fogelman, »Group Treatment as a Therapeutic Modality for Generations of the Holocaust«, in Marcus und Rosenberg, a. a. O.
84 Aleksandrowicz, a. a. O.
85 Shamai Davidson, »Psychosocial Aspects of Holocaust Trauma in the Life-Cycle of Survivor/Refugees and their Families« Seite 23, in Ron Baker (Hrsg.), *The Psychosocial Problems of Refugees*, The British Refugees Council, 1983.
86 Judith Kestenberg, 1980, a. a. O.
87 Natasha Burchardt, »Transgenerational Transmission in the Families of Holocaust Survivors in England«, in: Daniel Ber-

taux und Paul Thompson (Hrsg.), *Between Generations: Family Models, Myths, and Memories*, Oxford University Press, 1993. In: *Maus II*, a. a. O., sagt Art Spiegelmans Vater: »Seit der Hitlerzeit kommt mir nichts mehr weg, nicht mal ein Krümel.«

88 Florabel Kinsler, »Second Generation Effects of the Holocaust: The Effectiveness of Group Therapy in the Resolution of the Transmission of Parental Trauma«, in: *Journal of Psychology and Judaism*, Band 6, Nr. 1, Herbst/Winter 1981.

89 Laufer, a. a. O.

90 Krystal, a. a. O., Seite 192.

91 Epstein, a. a. O., und Hass, 1991, a. a. O.

92 Danieli, 1984, a. a. O.

93 J. J. Sigal et al., a. a.O

94 Howard B. Levine, »Towards a Psychoanalytic Understanding of Children of Survivors of the Holocaust«, Seite 80, in: *The Psychoanalytic Quarterly*, Band 21, Nr. 1, 1982.

95 Hass, 1991, a. a. O., Seite 61.

96 Vivian Eskin, »The Impact of Parental Communication of Holocaust-related Trauma on Children of Holocaust Survivors«, Seite 382, in John Lemberger, a. a. O.

97 Russell, 1973, a. a. O.

98 Nadine Fresco, »Remembering the Unknown«, in: *International Review of Psycho-Analysis*, Nr. 11, 1984 – eine sehr einfühlsame Arbeit, in der acht französische Kinder von Überlebenden befragt werden.

99 Levine, a. a. O.

100 Danieli, 1988, a. a. O.

101 Ibid.

102 Davidson, 1983, a. a. O.

103 John J. Sigal, »Hypotheses and Methodology in the Study of Families of the Holocaust Survivors«, in: Anthony und Koupernik, a. a. O.

104 Bergmann und Jukovy, a. a. O.

105 Wardi, a. a. O.

106 Kestenberg, 1980, a. a. O.

107 Levine, a. a. O.

108 Norman Solkoff, »Children of Survivors of the Nazi Holo-

caust: A Critical Review of the Literature«, in: *American Journal of Orthopsychiatry*, Band 51, Nr. 1, 1981.

109 Elana Kuperstein, »Adolescents of Parent Survivors of Concentration Camps: A Review of the Literature«, in: *Journal of Psychology and Judaism*, Band 6, Nr. 1, Herbst/Winter 1981.

110 Aleksandrowicz, a. a. O.

111 Davidson, 1983, a. a. O., Seite 25.

112 Siehe auch L. Rosenberger, »Children of Survivors«, in Anthony und Koupernik, a. a. O.; Aleksandrowicz in ibid.; Moshe Almagor und Gloria R. Leon, »Transgenerational Effects of the Concentration Camp Experience«, in: Marcus und Rosenberg, a. a. O., sowie die Studie von Dr. Gloria Leon, zitiert von Robert Krell, 1984, a. a. O.; Uriel Last und Hillel Klein, »Holocaust Traumatization: The Transgenerational Impact«, in: *The Nazi Concentration Camps*, a. a. O.; Arie Nadler et al., »Transgenerational Effects of the Holocaust: Externalization of Aggression in Second Generation of Holocaust Survivors«, in: *Journal of Consulting and Clinical Psychology*, Band 53, Nr. 3, 1985; John J. Sigal und Morton Weinfeld, »Mutual Involvement and Alienation in Families of Holocaust Survivors«, in: *Psychiatry*, Band 50, August 1987; und siehe auch Berger, a. a. O., für Details über ähnliche Ergebnisse anderer Studien.

113 Bei Anthony und Koupernik, op. cit. Berger, a. a. O., kommen Experten zu Wort, die Gespräche über den Holocaust für heilsam halten, sowie auch die Gegner dieser These.

114 Eskin, a. a. O.

115 Hass, 1991, a. a. O.

116 Dori Laub und Nanette C. Auerhahn, »Knowing and Not Knowing Massive Psychic Trauma: Forms of Traumatic Memory«, in: *International Journal of Psycho-Analysis*, Nr. 74, 1993.

117 Siehe auch Barocas und Barocas, 1979, a. a. O.

118 Hass, 1991, a. a. O.

119 Giberovitch, a. a. O.

120 Fogelman, 1988, a. a. O.

121 Krystal, a. a. O.

122 Primo Levi, a. a. O., 1988, Seite 32 f., Übersetzung aus a. a. O., 1993, Seite 47.

123 Bergmann und Jucovy, a. a. O.

124 Gill Pyrah, »The Survivor Syndrome«, in: *Listener*, 16. August 1979.

125 Judith S. Kestenberg, »Children of Survivors and Child-Survivors« in: *Echoes of the Holocaust*, Nr. 1, April 1992 (Bulletin des Jerusalem Center for Research into the Late Effects of the Holocaust).

126 Davidson, 1983, a. a. O.

127 Krell, 1989, a. a. O.

128 Terry, 1984, a. a. O.

129 Dinora Pines, »Working with Women Survivors of the Holocaust«, in: Pines, a. a. O.

130 Krell, 1984, a. a. O.

131 Freyberg, 1989, a. a. O.

132 Krell, 1989, a. a. O.

133 Bergmann und Jucovy, a. a. O.

134 Haim Factor, »The Need for Long-term Care Services Among Elderly Holocaust Survivors Living in Israel«, in Lemberger, a. a. O.

135 Bar-On, op. cit.

136 Florabel Kinsler, »Group Services for Holocaust Survivors and their Families«, in: Lemberger, op. cit.

137 Aaron Hass, »Survivor Guilt in Holocaust Survivors and their Children«, Seite 179, in: Lemberger, op. cit.

138 Lifton, Seite 184, in: Krystal, a. a. O.

139 »Jewish Women«, in: *Fireweed*, Nr. 35, Frühjahr 1992.

140 Danieli, in *The Nazi Concentration Camps*, a. a. O.

141 David Grossman, *See Under Love*, Jonathan Cape, 1990. Avi Erlichs *Short Eternity*, das von seiner Familie in Israel veröffentlicht wurde, handelt auch von einem Kind von Überlebenden, das sich an den Peinigern seiner Eltern rächt. Gila Almagors *The Summer of Aviya*, Collins, 1991, ist eine eindrucksvolle autobiographische Kurzgeschichte über die Tochter einer psychisch gestörten überlebenden Mutter und wurde später verfilmt.

142 Siehe auch Flora Hogman, »Memories of the Holocaust«,

und John J. Sigal, »Resilience in Survivors, Their Children and Their Grandchildren«, beide in: *Echoes of the Holocaust*, Nr. 4, Juni 1995 (Bulletin des Jerusalem Center for Research into the Late Effects of the Holocaust); und Bjorn Krondorfers faszinierendes und einfühlames Buch *Remembrance and Reconciliation: Encounters between Young Jews and Germans*, a. a. O., das auf den Workshops basiert, die er für die Dritte Generation der Juden und Deutschen anbietet.

143 Bar-On, a. a. O.

144 Ibid.

145 Bergmann Und Jucovy, a. a. O., Seite 169.

146 Tom Segev, a. a. O., Seite 169.

147 Aleksandrovicz, a. a. O.

148 Krystal, a. a. O.

149 Hillel Klein, »Children of the Holocaust: Mourning and Bereavement«, in: Anthony und Koupernik, op. cit.

150 Siehe auch Gerald Posners fesselndes Buch, *Hitler's Children: Inside the Families of the Third Reich*, Mandarin, 1992; Peter Sichrovsky, *Born Guilty: Children of Nazi Families*, Basic Books, 1988; und Dan Bar-On, *Die Last des Schweigens. Gespräche mit Kindern von Nazi-Tätern*, Campus, 1993.

151 Siehe auch zum Beipiel Volker Friedrich, »The Internalisation of Nazism and Its Effects on German Psychoanalysts and their Patients«, in: Ehlers und Crick, a. a. O.; Ludwig Haeslers ausdrucksvolle Arbeit, op. cit.; und zwei beeindruckende Bände – Barbara Heimannsberg und Christoph J. Schmidts *Das kollektive Schweigen: Nazivergangenheit und gebrochene Identität in der Psychotherapie*, Asanger, 1988, in dem sich deutsche Therapeuten teilweise sehr persönlich der Nazivergangenheit stellen; und Krondorfer, a. a. O., in dem Deutsche und Juden der Dritten Generation gemeinsam versuchen, ihre unterschiedlichen Holocaust-Erfahrungen aufzuarbeiten.

152 Peter Sichrovskys *Wir wissen nicht, was morgen wird, wir wissen wohl, was gestern war: junge Juden in Deutschland und Österreich*, Kiepenheuer & Witsch, 1985, enthält einen qualvollen Meinungsaustausch eines verheirateten Paares (der Mann ist ein Kind von Überlebenden und die Frau nichtjü-

dische Österreicherin). In Elena Lappins Anthologie *Jewish Voices, German Words: Growing Up Jewish in Post-War Germany and Austria*, a. a. O., beschweren sich deutsch-jüdische Autoren, daß sie sich ständig mit der Vergangenheit auseinandersetzen sollten und man sie nicht in der Gegenwart leben läßt.

153 Siehe auch Bergmann und Jucovy, a. a. O., und Dinora Pines, »The Impact of the Holocaust on the Second Generation«, in: *Journal of Social Work and Policy in Israel*, a. a. O., in dem Rafael Mose, a. a. O., sein Unbehagen über diese Gleichrangigkeit äußert.

154 Maria Orwid et al., »Psychological Effects of the Holocaust on Survivors and the Second Generation in Poland: Preliminary Report«, in Lemberger, a. a.O.

155 J. Lansen, »The Second Generation: Dutch Examinations and Professional Care«, in: *Echoes of the Holocaust*, Nr. 2, April 1993 (Bulletin des Jerusalem Center for Research into the Late Effects of the Holocaust); H. G. Vuysje, »A Model for Integrated Psychosocial Support of the Jews in The Netherlands«, in Lemberger, a. a. O.

156 Pines, a. a. O.

157 Burchardt, a. a. O.

Glossar

Das Jiddische setzt sich aus Wörtern verschiedenen, oft nicht mehr eindeutig nachvollziehbaren Ursprungs zusammen. Die meisten stammen jedoch aus dem Mittelhochdeutschen, Hebräischen und den slavischen Sprachen.

Dieses kleine – in der Übersetzung ergänzte – Glossar soll vor allem dem besseren Verständnis des Textes dienen und erhebt darüber hinaus keinen Anspruch auf Vollständigkeit oder erschöpfende Ethymologie.

Aktion (dt.)	Hier: Zusammentreiben der Juden im KZ durch die Nazis zum Zweck der Selektion, in der entschieden wurde wer arbeiten und wer sterben mußte
Bima	Erhöhte Plattform in der Mitte der Synagoge, auf der das Lesepult steht
Chanukka	Das Tempelweihfest, auch bekannt als Lichterfest, das meist in den Dezember fällt (um Weihnachten herum)
Charosät	Eine Paste aus Rosinen, Nüssen, Wein, Äpfeln und Zimt, die traditionell auf den Seder-Tisch gehört; Symbol für die Ziegel, mit denen die Juden die Pyramiden der Pharaos erbauten
Gefillte Fisch	Fischbällchen
Gewalt! (jidd.)	Angstschrei, Ausdruck des Erstaunens oder Hilfeschrei

Golem	Ein künstlicher Mensch; am bekanntesten ist wohl der Golem von Prag, der der Sage nach von einem Rabbi geschaffen wurde, um die Juden zu beschützen
Jarmelke (pol.)	Samtkäppchen, welches orthodoxe Juden unter der Kopfbedeckung tragen, um beim Lüften derselben nicht barhäuptig zu erscheinen, was als unstatthaft gilt
Jeschiwa	Jüdische Theologie-Hochschule oder -Schule
jiddisch	Sprache der osteuropäischen Juden, die dem Deutschen verwandt ist. Jiddisch ist nicht Hebräisch, die Sprache, die den Gebeten vorbehalten ist. In Israel wird Neuhebräisch (Iwrith) gesprochen
Kaddisch	Gebet, in dem der Name Gottes gepriesen wird; beendet alle Gebete in der Synagoge; auch ein Trauergebet
Kascha (pol.)	Graupen
Kayn ayn hore (hebr.)	Beschwörungsformel gegen den bösen Blick
Klezmer-Musik	Traditionelle Musik in Osteuropa
knejdl, knéjdlach (jidd.)	Knödel; besonders die, die traditionell am Seder-Abend gegessen werden
kweln (jidd.)	Sich sehr freuen; vor Freude ›dick und fett werden‹
Mazzen	Ungesäuertes Brot; es wird traditionell zu Pessach gegessen und erinnert an den Aus-

	zug aus Ägypten. Auf der Flucht blieb keine Zeit, den Teig gehen zu lassen, deshalb nahm man ungesäuertes Brot mit
Menora	Siebenarmiger Kerzenleuchter
mentsch (jidd.)	Mensch, ehrbare Person
Mesusa	Ein kleines Röhrchen, das am Türpfosten jüdischer Häuser befestigt wird; es enthält einen Pergamentstreifen mit Versen aus dem 5. Buch Mose
Mikwe	Rituelles Bad für jüdische Frauen
nebbich (jidd-)	Ausdruck des Mitleids, Erbarmens, der Teilnahme; auch Narr, Tolpatsch
nudniky (russ.)	Von nudnik, Trottel, lästiger Mensch, also ärgerlich, störend
Rosch Ha'schana	Das jüdische Neujahrsfest
Schiwa, schiwe	Die sieben vorgeschriebenen Tage der Trauer
Schoa	Das hebräische Wort für Vernichtung; Bezeichnung für den Holocaust
Schtetl (jidd.)	Kleiner Ort bzw. Dorf, besonders in Osteuropa
Seder	Erster Abend des Pessach-Festes, an dem ein feierliches Mahl bereitet wird
Simchat Thora	Jüdischer Feiertag zu Ehren der Thora, die fünf Bücher Mose, des Pentateuch (auch Fest der Gesetzesfreude)

stolat (pol.)	Sprichwort: Mögest du hundert Jahre leben! Auf daß es immer so bleibt!
Tallit	Gebetsmantel (besteht aus einem viereckigen Tuch)
Talmud	(hebr. Lehre) Die Ausführungen, Diskussionen und Kommentare jüdischer Gelehrter zur Thora
Tefillin	Gebetsriemen mit kleinen Gehäusen, die auf Pergament geschriebene Bibelabschnitte enthalten; jüdische Männer tragen sie beim Morgengebet am linken Arm oder auf der Stirn
Yad Vashem	Die Holocaust-Gedenkstätte in Jerusalem

Danksagung

Die langwierige Entstehungsgeschichte dieses Buches wurde im wesentlichen ermöglicht von Stipendien der Author's Foundation und des K Blundell Trust sowie einer Zuwendung der British Academy (sie wurde mir durch die Unterstützung von Flüchtlingen aus Nazideutschland gewährt). Ich danke dem British Council in Warschau, der mir durch seine finanzielle Unterstützung meine Reise nach Polen ermöglicht hat.

Juliet Spitzer, die ich 1988 bei der ersten Internationalen Konferenz der Kinder von Holocaust-Überlebenden in Jerusalem kennenlernte, übersandte mir eine Sammlung von Artikeln über die Zweite Generation, die für mich von unschätzbarem Wert war. Gedankt sei Sylvia Paskin für die vielen Artikel und Unterlagen zum Thema und Linda Rozmovits, die mir bei einem eher zufälligen Treffen nützliche Hinweise zu historischen Quellen gegeben hat. Von unschätzbarem Wert waren für mich die Bestände der Wiener Bibliothek und der Bibliothek des Anna-Freud-Zentrums. Ich danke Jerzy Ficowski für die Erlaubnis, diesem Buch sein Gedicht »Ich konnte nicht retten« voranstellen zu dürfen.

Dank an meine Eltern, Natalia und Josef Karpf, daß sie bereit waren, mir über Monate hinweg Rede und Antwort zu stehen und ihre traumatischen Erlebnisse zu Protokoll zu geben; an Recia Herschdoerfer und Józik Rozewicz in London und Bianka Karpf in Israel, die mir halfen, die Lücken in der Geschichte meiner Eltern zu schließen. An Rafael (Felek) Scharf, der mich nach Polen einlud und mir die Welt polnischer Juden vor dem Krieg nahebrachte, und für seine Geduld bei unseren wiederholten Telefongesprächen.

An Joachim Russek und das Zentrum für Jüdische Kultur in Krakau für ihre großzügige Unterstützung und an Zygmunt Rozewicz, meinen wunderbaren Reiseführer auf meinen Fahrten nach Tarnów, Jašlo und andere polnische Städte, die das Leben meiner Eltern geprägt haben.

Dank an David Fainman, Alfred Garwood und Tanya Gutter, daß sie ihre Gedanken und Einsichten über die Zweite Generation mit mir teilten und mir in meinen Krisen beigestanden haben. An Beth Noakes und Sarah Walker, die in der Endphase des Buches so oft spontan als Babysitter eingesprungen sind. Ich danke all meinen Freunden für ihre Unterstützung, vor allem Corinne Pearlwood, Caroline Pick und Lennie Goodings. Ihr Zuspruch, daß ich dieses Buch irgendwann vollenden würde, hat mich oft gerettet. Besonders erwähnt sei auch Barbara Rosenbaum, die mich mit Verständnis und Weitsicht durch viele schmerzliche Erfahrungen begleitet hat, wie sie hier beschrieben sind.

Meine ehemalige Agentin Anne McDermid hat mir mit ihrer Begeisterung für dieses Buchprojekt durch die ersten schwierigen Jahre geholfen, und ihre Nachfolgerin Felicity Rubinstein ist eine ebenso aufmerksame und begeisterte Leserin gewesen. Dank an Dan Franklin, für seinen spontanen Beschluß, das Buch in Auftrag zu geben. An Tom Weldon, meinen geduldigen ersten Lektor, der mich in (schuldbewußter) Ruhe arbeiten ließ und sich über jedes Kapitel freute, das ihm auf den Tisch flatterte (auch wenn in der Zwischenzeit ein paar Jahre vergangen waren). An seine Nachfolgerin Victoria Hipps, die das Projekt auf ihre diskrete Art ein wenig beschleunigt hat: Ihre dezenten Erkundigungen nach meinen Fortschritten, die gut durchdachten Änderungsvorschläge (die, ich brauche es wohl kaum erwähnen, nicht immer auf Zustimmung trafen) und ihre warmherzige Unterstützung haben mir sehr geholfen, das Buch zu Ende zu bringen.

Esther Green hat mich immer wieder auf meiner Reise begleitet, in dunklen Tagen bei mir gesessen, meine Wutausbrüche ertragen, jeden noch so kleinen Fortschritt begrüßt und mir den Weg zurück ins Leben gezeigt.

Dank auch an Bianca Lewis Karpf, daß sie in den letzten fünf Monaten so tapfer (jedenfalls meistens) auf ihre Mutter verzichtet hat, die immer am Schreibtisch saß. Sie und Peter Lewis haben mich (mit Knüffen und viel Geschrei) immer wieder in die Gegenwart zurückgeholt. Kann man auch einem Baby danken, das noch gar nicht auf der Welt ist? Nun gut, da fast zwei Drittel dieses Buches zwischen der sechzehnten und siebenunddreißigsten Schwangerschaftswoche entstanden sind, Dank auch an das winzige Wesen, das so freundlich war, mir nicht alle Energien zu rauben (obwohl es nachts bis in die Puppen getanzt hat).

Peter M. Lewis wird im Buch oft genug erwähnt. Achtzehn Jahre lang ist er mit mir durch dick und dünn gegangen. Das ist genug an Lob, denn in der Kultur, aus der er stammt, erträgt man nicht mehr, sonst bekommt er noch Oberwasser (leider gibt's in unserer Sprache kein Wort wie das jiddische »kweln« – vor Freude dick und fett werden –, nur das eher abwertende »prahlen« oder »angeben«, zu schade). Er hat sich unermüdlich für dieses Buch eingesetzt, obwohl es unser Leben oft sehr belastet hat. Die letzten sechs Monate hatte er die Verantwortung für Haushalt und Kind größtenteils allein zu tragen, aber sein Humor und seine Energien waren schier unerschöpflich. Du warst nicht ein *mentsch*, sondern anderthalb.

London
Januar 1996

Die junge Roberta Spire ist geschockt: Ihre Eltern haben ihr ein Leben lang verheimlicht, daß sie vom Judentum zum Katholizismus übergetreten sind. Noch mehr berührt die selbstbewußte Frau der Hintergrund dieser Entscheidung: Ihre Eltern waren im Zweiten Weltkrieg aus Deutschland nach Amerika emigriert und nahmen dort eine völlig neue Identität an. Roberta versucht verzweifelt, ihre Eltern zu verstehen, und forscht nach Zeugnissen ähnlicher Schicksale. Auf ihrer Suche lernt sie den Archivar Matthias Lane kennen, und schon bald ist es nicht mehr nur die ihnen gemeinsame Leidenschaft für Bücher, die sie verbindet ...

Ein Fest für alle Freunde von A. S. Byatts Roman *Besessen*

Martha Cooley

Der Archivar

Roman

»Das außerordentliche Debüt einer Schriftstellerin, die ihr Metier bereits meisterhaft beherrscht.«
Publishers Weekly

Econ | Ullstein | List

B36

S. 15. Keine Erinnerung an ihre Kindheit!
S. 20 Das bringt mich noch ins Grab"
x 21 "Wir haben nie gelernt die Welt und unseren Platz darin als selbstverständlich zu begreifen."
x 33 Wir versuchten unsere Eltern am Leben zu erhalten.